개정증보판

# 법인세법 실무

박성욱(경희대 교수) · 김지민 공저

SAMIL | 삼일인포마인

# 차례

# 차례

# 차례

# 차례

제 **1** 장

# 총칙

## 제1절 | 법인세의 납세의무자와 과세소득

### 01 법인세법의 목적

법인세법은 법인세의 과세 요건과 절차를 규정함으로써 법인세를 공정하게 과세하고, 납세의무의 적절한 이행을 확보하여, 재정수입의 원활한 조달에 이바지함을 목적으로 한다.

### 02 법인세의 납세의무자

> 1. 내국법인(국가와 지방자치단체 제외)
> 2. 국내원천소득이 있는 외국법인

\* 내국법인이란 본점, 주사무소 또는 사업의 실질적 관리장소가 국내에 있는 법인을 말하고, 외국법인이란 본점 또는 주사무소가 외국에 있는 단체(사업의 실질적 관리장소가 국내에 있지 아니하는 경우만 해당함)로서 다음 중 어느 하나에 해당하는 단체를 말한다(법인세법 2 (1), (3), 법인세법 시행령 2 ②).
  1. 설립된 국가의 법에 따라 법인격이 부여된 단체
  2. 구성원이 유한책임사원으로만 구성된 단체
  3. 그 밖에 해당 외국단체와 동종 또는 유사한 국내의 단체가 「상법」 등 국내의 법률에 따른 법인인 경우의 그 외국단체(사법적 지위 비교방식)

내국법인과 국내원천소득이 있는 외국법인은 법인세법에 따라 그 소득에 대한 법인세를 납부할 의무가 있다. 그러나 내국법인 중 국가와 지방자치단체(지방자치단체조합 포함)는 그 소득에 대한 법인세를 납부할 의무가 없다(법인세법 3 ②). 왜냐하면 국가와 지방자치단체에 법인세를 과세해도 결국 과세권자인 국가와 지방자치단체가 납세의무를 부담하므로 과세의 실익이 없기 때문이다.

그리고 연결법인은 각 연결사업연도의 소득(토지 등 양도소득에 대한 법인세 및 투자·상생협력 촉진을 위한 과세특례를 적용하여 계산한 법인세 포함)을 연대하여 납부할 의무가 있고, 법인세법에 따라 법인세를 원천징수하는 자는 해당 법인세를 납부할 의무가 있다.

\* 연결납세방식이란 둘 이상의 내국법인을 하나의 과세표준과 세액을 계산하는 단위로 하여 법인세를 신고·납부하는 방식을 말하고, 연결법인이란 연결납세방식을 적용받는 내국법인을 말한다(법인세법 2 (6), (7)).

# 03 법인세의 과세대상

## (1) 내국법인의 과세소득

내국법인에 법인세가 과세되는 소득은 다음의 소득으로 한다. 다만, 비영리법인의 경우에는 수익사업에서 발생하는 각 사업연연도의 소득과 토지등 양도소득(법인세법 55의2)의 소득으로 한정하며, 연결법인의 각 사업연도 소득은 각 연결사업연도의 소득을 말한다.

> 1. 각 사업연도의 소득
> 2. 청산소득
> 3. 법인세법 제55조의2에 따른 토지등 양도소득
> 4. 미환류소득

* 비영리내국법인이란 내국법인 중 다음 중 어느 하나에 해당하는 법인을 말한다(법인세법 2 (2)).
  가. 「민법」 제32조에 따라 학술, 종교, 자선, 기예, 사교 기타 영리아닌 사업을 목적으로 하는 사단 또는 재단은 주무관청의 허가를 얻어 설립된 법인
  나. 「사립학교법」이나 그 밖의 특별법에 따라 설립된 법인으로서 「민법」 제32조에 규정된 목적과 유사한 목적을 가진 법인(대통령령으로 정하는 조합법인 등이 아닌 법인으로서 그 주주(株主)·사원 또는 출자자(出資者)에게 이익을 배당할 수 있는 법인은 제외)
  다. 「국세기본법」 제13조 제4항에 따른 법인으로 보는 단체(법인으로 보는 단체)
* 비영리법인이 지방자치단체로부터 위탁받은 사업을 영위하면서 해당사업에서 발생하는 손익이 실질적으로 지방자치단체에 귀속되는 경우 법인세가 부과되지 않는다(사전-2020-법령해석법인-0377, 2020.11.16.).
* 법인이 설립무효 또는 설립취소의 판결을 받은 경우에도 당해 판결의 확정일까지 발생한 소득에 대한 법인세와 청산소득에 대한 법인세를 납부할 의무가 있다(법인세법 기본통칙 2-0…1).
* 미환류소득에 대한 법인세는 2017년 12월 19일 조세특례제한법 개정 시 법인세법 제59조에서 조세특례제한법 제100조의32의 규정으로 이관되었다. 이에 대해서는 제11장 제2절에서 상세히 살펴보기로 한다.

## (2) 외국법인의 과세소득

외국법인에 법인세가 과세되는 소득은 각 사업연도의 국내원천소득과 토지등 양도소득(법인세법 95의2)으로 한다. 다만, 비영리외국법인의 각 사업연도의 국내원천소득은 수익사업에서 생기는 소득으로 한정한다.

> 1. 각 사업연도의 국내원천소득
> 2. 법인세법 제95조의2에 따른 토지등 양도소득

| 법인의 종류 | | 각 사업연도 소득 | 토지 등 양도소득 | 미환류소득 | 청산소득 |
|---|---|---|---|---|---|
| 내국법인 | 영리 | 국내외 모든 소득 | 과세○ | 과세○ | 과세○ |
| | 비영리 | 국내외 수익사업 소득 | 과세○ | 과세× | 과세× |
| 외국법인 | 영리 | 국내원천소득 | 과세○ | 과세× | 과세× |
| | 비영리 | 국내원천소득 중 수익사업 소득 | 과세○ | 과세× | 과세× |
| 국가, 지방자치단체 등 | | 납세의무 없음 | | | |

* 영리법인은 고유목적사업과 수익사업의 구분없이 모두 과세
* 내국법인의 국외원천소득에 대한 이중과세를 조정하기 위하여 외국납부세액공제 적용
* 미환류소득은 상호출자제한기업집단에 속하는 영리내국법인에 한해 과세
* 비영리외국법인이란 외국법인 중 외국의 정부·지방자치단체 및 영리를 목적으로 하지 아니하는 법인 (법인으로 보는 단체 포함)을 말함(법인세법 2 (4)).

## 04 신탁소득에 대한 법인세 과세방식

「신탁법」상의 신탁이란 신탁설정자(위탁자)와 신탁인수자(수탁자) 간의 신임관계에 기하여 위탁자가 수탁자에게 특정의 재산을 이전하거나 담보권의 설정 또는 그 밖의 처분을 하고 수탁자로 하여금 일정한 자(수익자)의 이익 또는 특정의 목적을 위하여 그 재산의 관리, 처분, 운용, 개발, 그 밖에 신탁 목적의 달성을 위하여 필요한 행위를 하게 하는 법률관계를 말한다(신탁법 2).

신탁재산의 이익은 형식상 수탁자에게 발생되나 그 실질적 수익은 모두 수익자에게 귀속되는 것이므로 신탁재산에서 발생하는 소득에 대해서는 원칙적으로 그 신탁의 이익을 받을 수익자를 납세의무자로 보아 과세한다. 이처럼 과거 법인세법은 신탁을 단순히 도관으로 보아 신탁소득에 대해서는 수익자에게 납세의무를 부담하게 하였으나, 신탁의 형태가 다양화됨에 따라 법인세법은 신탁의 경제적 실질에 맞게 과세하기 위하여 법인세법을 개정하여 신탁소득에 대한 과세체계를 정비하였다.

### (1) 수익자 과세방식

신탁재산에 귀속되는 소득에 대해서는 그 신탁의 이익을 받을 수익자가 그 신탁재산을 가진 것으로 보고 법인세법을 적용한다(법인세법 5 ①).

## (2) 수탁자 과세방식(법인과세 신탁재산)

법인세법은 (1)에도 불구하고 다음 어느 하나에 해당하는 신탁으로서 적용요건을 모두 갖춘 신탁(투자신탁 및 「소득세법」 제17조 제1항 제5호의3에 따른 수익증권발행신탁 제외)의 경우에는 신탁재산에 귀속되는 소득에 대하여 그 신탁의 수탁자(내국법인 또는 소득세법에 따른 거주자인 경우에 한정함)가 법인세를 납부할 의무가 있다. 이 경우 신탁재산별로 각각을 하나의 내국법인으로 본다(법인세법 5 ②).

> 1. 「신탁법」 제3조 제1항 각 호 외의 부분 단서에 따른 목적신탁(수익자가 특별히 정해지지 않거나 없는 신탁)
> 2. 「신탁법」 제78조 제2항에 따른 수익증권발행신탁
> 3. 「신탁법」 제114조 제1항에 따른 유한책임신탁(수탁자가 신탁재산에 속하는 채무에 대해 신탁재산만으로 책임지는 신탁)
> 4. 그 밖에 제1호부터 제3호까지의 규정에 따른 신탁과 유사한 신탁으로서 대통령령으로 정하는 신탁 **(현재 대통령령으로 정하는 신탁은 없음)**

\* 수탁자 과세방식 적용요건 : 다음 요건 모두에 해당하지 않는 신탁을 말한다(법인세법 시행령 3의2 ①).
  ① 위탁자가 신탁을 해지할 수 있는 권리, 수익자를 지정하거나 변경할 수 있는 권리, 신탁 종료 후 잔여재산을 귀속 받을 권리를 보유하는 등 신탁재산을 실질적으로 지배·통제할 것
  ② 신탁재산 원본을 받을 권리에 대한 수익자는 위탁자로, 수익을 받을 권리에 대한 수익자는 위탁자의 지배주주등의 배우자 또는 같은 주소 또는 거소에서 생계를 같이 하는 직계존비속(배우자의 직계존비속 포함)으로 설정했을 것

## (3) 위탁자 과세방식

법인세법은 (1), (2)에도 불구하고 위탁자가 신탁재산을 실질적으로 통제하는 등 적용요건을 충족하는 신탁의 경우에는 신탁재산에 귀속되는 소득에 대하여 그 신탁의 위탁자가 법인세를 납부할 의무가 있다(법인세법 5 ③).

\* 위탁자 과세방식 적용요건 : 다음 어느 하나에 해당하는 신탁을 말한다(법인세법 시행령 3의2 ②).
  ① 위탁자가 신탁을 해지할 수 있는 권리, 수익자를 지정하거나 변경할 수 있는 권리, 신탁 종료 후 잔여재산을 귀속 받을 권리를 보유하는 등 신탁재산을 실질적으로 지배·통제할 것
  ② 신탁재산 원본을 받을 권리에 대한 수익자는 위탁자로, 수익을 받을 권리에 대한 수익자는 위탁자의 지배주주등의 배우자 또는 같은 주소 또는 거소에서 생계를 같이 하는 직계존비속(배우자의 직계존비속 포함)으로 설정했을 것

## (4) 신탁회사의 신탁수입과 지출의 귀속

「자본시장과 금융투자업에 관한 법률」의 적용을 받는 법인의 신탁재산(보험회사의 특별계정은 제외)에 귀속되는 수입과 지출은 그 법인에 귀속되는 수입과 지출로 보지 아니한다(법인세법 5 ④).

* 신탁업법 및 간접투자자산 운용업법의 적용을 받는 법인의 신탁재산에 귀속되는 수입과 지출은 그 법인에 귀속되는 수입과 지출로 보지 아니함(법인세과－933, 2009.8.27.)

## 01 사업연도

### (1) 의의

사업연도란 법인의 소득을 계산하는 1회계기간을 말한다(법인세법 2 (5)).

#### 1) 원칙 : 법령이나 법인의 정관에서 정하는 1회계기간

사업연도는 법령이나 법인의 정관(定款) 등에서 정하는 1회계기간으로 한다. 다만, 그 기간은 1년을 초과하지 못한다(법인세법 6 ①).

#### 2) 법령이나 정관 등에 사업연도에 관한 규정이 없는 경우

| ① 내국법인 | 법인 설립신고 또는 사업자등록과 함께 납세지 관할세무서장에게 신고한 사업연도 |
|---|---|
| ② 국내사업장이 있는 외국법인 | 국내사업장 설치신고 또는 사업자등록과 함께 납세지 관할세무서장에게 신고한 사업연도 |
| ③ 국내사업장이 없는 외국법인 (국내원천 부동산소득 및 부동산 등 양도소득이 있는 경우에 한함) | 국내원천 부동산소득 및 부동산등양도소득이 최초로 발생하게 된 날로부터 1개월 이내 납세지 관할세무서장에게 신고한 사업연도 |

\* 법인의 설립등기일(사업의 실질적 관리장소를 두게 되는 경우에는 그 실질적 관리장소를 두게 된 날을 말하며, 법인과세 신탁재산의 경우에는 설립일을 말함)부터 2개월 이내에 법인 설립신고를 하여야 한다. 다만, 외국법인의 경우에는 국내사업장을 가지게 된 날부터 2개월 이내에 국내사업장 설치신고를 하여야 한다(법인세법 109 ①, ②).

\* 사업자등록을 하고자 하는 법인은 사업장마다 당해 사업의 개시일부터 20일내에 사업자등록신청서를 제출하여야 하고, 「부가가치세법」에 따라 사업자등록을 한 사업자는 그 사업에 관하여 「법인세법」에 따른 사업자등록을 한 것으로 본다(법인세법 시행령 154 ①, ②).

\* 법인의 정관에 정하여진 사업연도가 해당 법인이 납세지 관할세무서장에게 신고한 사업연도와 다른 경우에는 기한 내에 사업연도변경신고를 한 경우를 제외하고는 해당 법인이 납세지 관할세무서장에게 신고한 사업연도를 적용한다(법인세 집행기준 6-0-1).

#### 3) 사업연도의 신고를 하지 않은 경우

사업연도 신고를 하여야 할 법인이 그 신고를 하지 아니하는 경우에는 매년 1월 1일부터 12월 31일까지를 그 법인의 사업연도로 한다(법인세법 6 ⑤).

## (2) 최초 사업연도의 개시일

법인의 최초 사업연도의 개시일은 다음의 날로 한다(법인세법 시행령 4 ①).

| ① 내국법인 | 설립등기일* |
|---|---|
| ② 국내사업장이 있는 외국법인 | 국내사업장을 가지게 된 날 |
| ③ 국내사업장이 없는 외국법인<br>(국내원천 부동산소득 및 부동산등<br>양도소득이 있는 경우에 한함) | 국내원천 부동산소득 또는 부동산등양도소득이 최초로 발<br>생한 날 |

\* 법인으로 보는 단체의 경우에는 최초 사업연도의 개시일은 다음의 날로 한다(법인세법 시행령 4 ①).
  ① 법령에 의하여 설립된 단체에 있어서 당해 법령에 설립일이 정하여진 경우 : 그 설립일
  ② 설립에 관하여 주무관청의 허가 또는 인가를 요하는 단체와 법령에 의하여 주무관청에 등록한 단체의
     경우 : 그 허가일·인가일 또는 등록일
  ③ 공익을 목적으로 출연된 기본재산이 있는 재단으로서 등기되지 아니한 단체의 경우 : 그 기본재산의
     출연을 받은 날
  ④ 「국세기본법」 제13조 제2항의 규정에 의하여 납세지 관할세무서장의 승인을 얻은 단체의 경우 : 그
     승인일

만약 최초 사업연도의 개시일전에 생긴 손익을 사실상 그 법인에 귀속시킨 것이 있는 경우 조세포탈의 우려가 없을 때에는 최초 사업연도의 기간이 1년을 초과하지 아니하는 범위내에서 이를 당해 법인의 최초 사업연도의 손익에 산입할 수 있다. 이 경우 최초 사업연도의 개시일은 당해 법인에 귀속시킨 **손익이 최초로 발생한 날**로 한다(법인세법 시행령 4 ②).

> ### 📈 실무
>
> 12월말 결산법인인 ㈜A는 법인설립등기를 20×1.12.27.에 하고, 법인설립등기일 이후 20일 내의 기간인 20×2.1.10.에 사업자등록을 신청을 하였다. ㈜A의 20×1년 귀속 법인세 신고의무는?
>
> ▶ 내국법인의 최초 사업연도 개시일은 법인설립등기일이므로 ㈜A는 최초 사업연도인 20×1.12.27.~20×1.12.31.까지의 각 사업연도 소득에 대해서 법인세 신고·납부의무가 있다.

## (3) 사업연도의 변경

사업연도를 변경하려는 법인은 그 법인의 **직전 사업연도 종료일부터 3개월 이내**에 사업연도변경신고서를 납세지 관할세무서장에게 제출하여야 한다. 법인이 신고를 기한까지 하지 아니한 경우에는 그 법인의 사업연도는 변경되지 아니한 것으로 본다. 다만, 법령에 따라 사업연도가 정하여지는 법인의 경우 관련 법령의 개정에 따라 사업연도가 변경된 경우에는 변경신고를 하지 아니한 경우에도 그 법령의 개정 내용과 같이 사업연도가 변경된 것으로 본다(법인세법 7 ①, ②). 이 경우 승인이 필요하지 않으며 직전 사업연도 종료일 이전에 제출하여도 적법하다.

사업연도가 변경된 경우에는 종전의 사업연도 개시일부터 변경된 사업연도 개시일 전날까지의 기간을 1사업연도로 한다. 다만, 그 기간이 1개월 미만인 경우에는 **변경된** 사업연도에 그 기간을 포함한다(법인세법 7 ③).

\* 신설법인의 경우에는 최초 사업연도가 경과하기 전에는 사업연도를 변경할 수 없는 것으로 한다(법인세법 기본통칙 7-5…1).

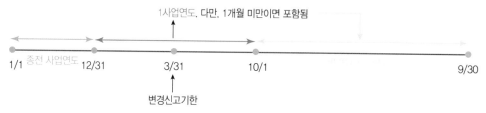

## (4) 사업연도의 의제

사업연도 중에 법인에게 해산·합병·분할 등 특정한 사유가 발생한 경우 본래의 사업연도에 관계없이 그 사유가 발생한 날을 기준으로 사업연도를 획일적으로 정하는 것을 사업연도 의제라고 하며, 해당 사유별 의제사업연도는 다음과 같다(법인세 집행기준 8-0-1).

| 구 분 | 사업연도 |
|---|---|
| ① 해산시(합병·분할 제외) | 사업연도 개시일 ~ 해산등기일(파산등기일)<br>해산등기일 다음 날 ~ 사업연도 종료일 |
| ② 합병·분할에 의한 해산시 | 사업연도 개시일 ~ 합병등기일·분할등기일* |
| ③ 청산 중 잔여재산가액 확정시 | 사업연도 개시일 ~ 잔여재산가액 확정일 |
| ④ 청산 중 사업계속시 | 사업연도 개시일 ~ 계속등기일<br>계속등기일의 다음날 ~ 사업연도 종료일 |

| 구　분 | 사업연도 |
|---|---|
| ⑤ 연결납세방식 적용시 | 사업연도 개시일 ～ 연결사업연도 개시일의 전날 |
| ⑥ 외국법인의 국내사업장 폐지시 | 사업연도 개시일 ～ 국내사업장을 가지지 않게 된 날 |
| ⑦ 외국법인의 국내 부동산소득 등 미발생 신고시 | 사업연도 개시일 ～ 신고일 |
| ⑧ 설립무효·설립취소의 판결시 | 사업연도 개시일 ～ 확정판결일 |

* 내국법인이 사업연도 중에 제78조 각 호에 따른 조직변경을 한 경우에는 조직변경 전의 사업연도가 계속되는 것으로 본다(법인세법 8 ③).
* 합병등기일전에 사실상 합병한 경우 합병한 날로부터 합병등기를 한 날까지 생기는 손익은 「국세기본법」에 따라 실질상 귀속되는 법인에게 과세한다(법인세법 기본통칙 4-0…9).
  • 합병기준일 : 합병이 실질적으로 실행되어 피합병법인의 자산 및 부채와 권리 및 의무가 합병회사에 승계되고 합병대가가 확정되어 합병거래가 시실상 완료된 날
  • 합병등기일 : 상법상의 등기규정 등에 따라 합병기준일로부터 소정기간 내에 공부상에 등기된 날

---

### 실무

12월말 결산법인인 ㈜경희는 20×1.12.31.을 합병기준일로 합병하고 합병등기는 20×2.1.3.에 하였다면 피합병법인 ㈜경희의 의제사업연도에 대한 법인세 신고의무는?

▶ 합병등기일 전에 사실상 합병한 경우 사실상 합병한 날부터 합병등기일까지 발생하는 소득은 실질적으로 귀속되는 법인에게 과세하는 것이며, 사업연도 개시일부터 합병등기일까지 사이에 실제로 피합병법인에 귀속되는 소득이 없는 경우에는 피합병법인의 의제사업연도에 대한 법인세 과세표준 신고를 아니할 수 있다(법인 46012-4128, 1998.12.29.).

---

## 02 납세지

### (1) 법인세의 납세지

납세지는 납세의무자가 세법에서 정한 의무를 이행하고 그 권리를 행사하는 기준이 되는 장소로서, 법인 유형별 법인세의 납세지는 다음과 같다(법인세 집행기준 9-0-1).

| 구 분 | 법인유형 | 납세지 |
|---|---|---|
| 내국<br>법인 | 일반법인 | 법인의 등기부에 따른 본점이나 주사무소의 소재지<br>(국내에 본점 또는 주사무소가 있지 아니하는 경우에는 사업을 실질적으로 관리하는 장소의 소재지) |
| | 법인으로 보는 단체 | • 사업장이 있는 경우 : (주된)사업장 소재지<br>• 사업장이 없는 경우 : 정관 등에 기재된 주사무소의 소재지(정관 등에 규정이 없는 경우에는 대표자 또는 관리인의 주소지) |
| | 피합병법인·분할법인·소멸한 분할합병의 상대방 법인 | 합병 또는 분할 당시 피합병법인 등의 본래납세지<br>다만, 합병법인·분할신설법인·분할합병의 상대방 법인의 납세지로 변경 가능 |
| 외국<br>법인 | 국내사업장이 있는 경우 | 국내사업장의 소재지(2이상의 국내사업장이 있는 경우에는 주된 사업장의 소재지) |
| | 국내사업장이 없는 경우 | 국내원천 부동산소득 및 부동산양도소득이 있는 경우 그 소득발생 자산의 소재지(2이상의 자산이 있는 경우 납세지로 신고한 장소) |

⌁ **실무** ○

12월말 결산법인인 ㈜A는 20×2.1.5.에 본점을 이전하였다면 20×1년 귀속 법인세와 법인지방소득세 납세지는 다음과 같다.

▶ 법인세의 납세지 : 법인세 <u>신고 당시</u> 본점소재지
▶ 법인지방소득세의 납세지 : 해당 법인의 <u>사업연도 종료일 현재</u> 그 사업장 소재지

## (2) 원천징수한 법인세의 납세지

원천징수한 법인세의 납세지는 해당 원천징수의무자의 소재지로 다음의 장소를 말한다.

| 원천징수의무자 | | 납세지 |
|---|---|---|
| 개인 | 거주자 | • 거주자의 주된 사업장 소재지(주된 사업장 외의 사업장에서 원천징수한 경우에는 그 사업장의 소재지)<br>• 사업장이 없는 경우 : 거주자의 주소지 또는 거소지 |
| | 비거주자 | • 비거주자의 주된 국내사업장 소재지(주된 국내사업장 외의 국내사업장에서 원천징수한 경우에는 그 국내사업장의 소재지)<br>• 국내사업장이 없는 경우 : 비거주자의 거류지 또는 체류지 |

| 원천징수의무자 | | 납세지 |
|---|---|---|
| 법인 | 원 칙 | 해당 법인의 본점 등의 소재지(법인으로 보는 단체의 경우 그 단체의 법인세 납세지)<br>단, 본점 등이 소재하지 않는 경우에는 사업의 실질적 관리장소 |
| | 예 외 | 법인의 지점·영업소 또는 그 밖의 사업장이 독립채산제에 의해 독자적으로 회계사무를 처리하는 경우에는 그 사업장의 소재지(그 사업장의 소재지가 국외에 있는 경우는 제외)* |

* 다만, 법인이 지점·영업소 또는 그 밖의 사업장에서 지급하는 소득에 대한 원천징수세액을 본점 등에서 전자계산조직 등에 의해 일괄계산하는 경우로서 본점 등의 관할세무서장에게 신고하거나 「부가가치세법」에 따라 사업자단위로 관할세무서장에게 등록한 경우에는 해당 법인의 본점 등의 소재지로 한다(법인세법 시행령 7 ⑥ (2) (나)).

## (3) 납세지의 지정

납세지를 관할하는 지방국세청장이나 국세청장*은 납세지가 그 법인의 납세지로 적당하지 않다고 인정되는 경우*에는 위 (1), (2)에도 불구하고 그 납세지를 지정할 수 있다. 납세지를 지정한 경우에는 해당 법인의 당해 사업연도 종료일부터 45일 이내에 해당 법인에 이를 알려야 하며, 기한 내 통지하지 않은 경우에는 종전의 납세지를 해당 법인의 납세지로 한다(법인세법 10, 법인세법 시행령 8).

* 새로이 지정될 납세지가 그 관할을 달리하는 경우에는 국세청장이 그 납세지를 지정할 수 있다.
* 다음 중 어느 하나에 해당하는 경우 법인의 납세지로 적당하지 않다고 인정된다.
  ① 내국법인의 본점 등의 소재지가 등기된 주소와 동일하지 아니한 경우
  ② 내국법인의 본점 등의 소재지가 자산 또는 사업장과 분리되어 있어 조세포탈의 우려가 있다고 인정되는 경우
  ③ 둘 이상의 국내사업장을 가지고 있는 외국법인의 경우로서 주된 사업장의 소재지를 판정할 수 없는 경우
  ④ 둘 이상의 자산이 있는 외국법인의 경우로서 납세지 신고를 하지 않은 경우

## (4) 납세지의 변경

법인은 납세지가 변경된 경우에는 그 변경된 날부터 15일 이내에 납세지변경신고서를 **변경 후의** 납세지 관할세무서장에게 제출하여 이를 신고*하여야 한다. 납세지의 변경신고를 받은 세무서장은 그 신고받은 내용을 변경 전의 납세지 관할세무서장에게 통보하여야 한다.

납세지가 변경된 법인이 신고를 하지 아니한 경우에는 종전의 납세지를 그 법인의 납세

지로 하며, 신고기한을 경과하여 변경신고를 한 경우에는 변경신고를 한 날부터 그 변경된 납세지를 당해 법인의 납세지로 한다.

\* 외국법인이 제9조 제2항에 해당하는 납세지를 국내에 가지지 아니하게 된 경우에는 그 사실을 납세지 관할 세무서장에게 신고하여야 한다.

> 📊 **실무** ○
>
> 납세지가 변경된 법인이 「부가가치세법」에 따라 그 변경된 사실을 사업자등록 정정신고 한 경우에는 납세지 변경신고를 한 것으로 본다.
> → 별도의 납세지 변경신고 불필요함.

## 03 과세관할

법인세는 납세지를 관할하는 세무서장 또는 지방국세청장이 과세한다(법인세법 12).

**연습문제 1**

「법인세법」상 납세의무자와 과세소득의 범위에 관한 설명으로 옳지 않은 것은? 2022 CTA 1차
① 내국법인 중 국가와 지방자치단체는 그 소득에 대한 법인세를 납부할 의무가 없다.
② 비영리내국법인은 청산소득에 대한 법인세를 납부할 의무가 있다.
③ 국내원천소득이 있는 외국법인은 법인세 납세의무가 있다.
④ 「법인세법」에 따라 법인세를 원천징수하는 자는 해당 법인세를 납부할 의무가 있다.
⑤ 비영리내국법인은 주식·신주인수권 또는 출자지분의 양도로 인한 수입에 대하여 법인 세 납세의무가 있다.

[풀이] ②
　　영리내국법인은 청산소득에 대한 법인세를 납부할 의무가 있다.

「법인세법」상 사업연도와 납세지에 관한 설명이다. 옳지 않은 것은?　　　2019 CPA 1차

① 내국법인이 사업연도 중에 「상법」의 규정에 따라 조직변경을 한 경우에는 조직변경 전의 사업연도가 계속되는 것으로 본다.

② 내국법인이 사업연도 중에 연결납세방식을 적용받는 경우에는 그 사업연도 개시일부터 연결사업연도 개시일 전날까지의 기간을 1사업연도로 본다.

③ 사업연도를 변경하려는 법인은 그 법인의 직전 사업연도 종료일부터 3개월 이내에 사업연도변경신고서를 납세지 관할세무서장에게 제출하여 이를 신고하여야 한다.

④ 둘 이상의 국내사업장이 있는 외국법인의 경우 주된 사업장의 소재지를 납세지로 한다.

⑤ 납세지 관할세무서장은 내국법인의 본점 소재지가 등기된 주소와 동일하지 아니한 경우 납세지를 지정할 수 있다.

[풀이] ⑤

　　납세지를 관할하는 <u>지방국세청장이나 국세청장</u>은 납세지가 그 법인의 납세지로 적당하지 않다고 인정되는 경우에는 그 납세지를 지정할 수 있다.

「법인세법」의 총칙에 관한 설명으로 옳지 않은 것은?　　　2018 CTA 1차 수정

① 내국법인 중 국가와 지방자치단체에 대하여는 법인세를 부과하지 아니한다.

② 자산이나 사업에서 생기는 수입이 법률상 귀속되는 법인과 사실상 귀속되는 법인이 서로 다른 경우에는 그 수입이 사실상 귀속되는 법인에 대하여 「법인세법」을 적용한다.

③ 법령이나 정관 등에 사업연도에 관한 규정이 없는 경우 법인 설립신고 또는 사업자등록과 함께 납세지 관할세무서장에게 신고한 사업연도로 한다.

④ 사업연도가 변경된 경우에는 종전의 사업연도 개시일부터 변경된 사업연도 개시일 전날까지의 기간을 1사업연도로 한다. 다만, 그 기간이 1개월 미만인 경우에는 종전의 사업연도에 그 기간을 포함한다.

⑤ 국내사업장이 있는 외국법인이 사업연도 중에 국내사업장을 가지지 아니하게 된 경우에는 그 사업연도의 개시일부터 국내사업장을 가지지 아니하게 된 날까지의 기간을 1사업연도로 본다.

[풀이] ④

　　사업연도가 변경된 경우에는 종전의 사업연도 개시일부터 변경된 사업연도 개시일 전날까지의 기간을 1사업연도로 한다. 다만, 그 기간이 1개월 미만인 경우에는 <u>변경된</u> 사업연도에 그 기간을 포함한다.

「법인세법」상 사업연도에 관한 설명이다. 옳지 않은 것은?                    2024 CPA 1차

① 국내사업장이 있는 외국법인으로서 법령이나 정관 등에 사업연도에 관한 규정이 없는 ㈜A가 사업연도를 신고하지 아니하는 경우 ㈜A의 최초사업연도는 국내사업장을 가지게 된 날부터 그 날이 속하는 해의 12월 31일까지로 한다.

② 내국법인 ㈜B(사업연도 : 1월 1일~12월 31일)가 사업연도를 7월 1일부터 6월 30일까지로 변경하기 위하여 2024년 4월 15일 사업연도변경신고서를 납세지 관할 세무서장에게 제출한 경우 변경 후 최초사업연도는 2025년 1월 1일부터 2025년 6월 30일까지이다.

③ 최초사업연도 개시일 전에 생긴 손익을 사실상 그 법인에 귀속시킨 것이 있는 경우 조세포탈의 우려가 없을 때에는 최초사업연도의 기간이 1년을 초과하지 아니하는 범위 내에서 이를 해당 법인의 최초사업연도 손익에 산입할 수 있다.

④ 사업연도가 변경된 경우에는 종전의 사업연도 개시일부터 변경된 사업연도 개시일 전날까지의 기간을 1사업연도로 한다. 다만, 그 기간이 1개월 미만인 경우에는 변경된 사업연도에 그 기간을 포함한다.

⑤ 내국법인 ㈜C(사업연도 : 1월 1일~12월 31일)가 2024년 6월 30일 조직변경을 한 경우에는 2024년 1월 1일부터 2024년 6월 30일까지의 기간과 2024년 7월 1일부터 2024년 12월 31일까지의 기간을 각각 1사업연도로 본다.

[풀이] ⑤

　　내국법인이 사업연도 중에 조직변경을 한 경우에는 조직변경 전의 사업연도(1월 1일~12월 31일)가 계속되는 것으로 본다.

제**2**장

# 법인세의 구조

## 제1절 세무조정

### 01 세무조정의 의의

내국법인의 각 사업연도의 소득은 그 사업연도에 속하는 익금의 총액에서 그 사업연도에 속하는 손금의 총액을 뺀 금액으로 한다(법인세법 14 ①). 그 사업연도에 속하는 손금의 총액이 그 사업연도에 속하는 익금의 총액을 초과하는 경우에 그 초과하는 금액은 내국법인의 각 사업연도의 결손금으로 한다(법인세법 14 ②).

> 각 사업연도의 소득 = 해당 사업연도의 익금총액 - 손금총액

각 사업연도의 소득은 별도로 익금총액과 손금총액을 계산하여 직접적으로 가감하여 계산하지 않고, 기업회계상의 당기순손익에 익금산입·손금불산입액을 가산하거나 손금산입·익금불산입액을 차감하여 간접적인 방법으로 계산한다. 이처럼 기업회계상의 당기순이익을 법인세법상의 각 사업연도 소득으로 조정하는 절차를 세무조정이라 한다. 이는 세무조정을 수행하여 각 사업연도의 소득을 계산함에 있어 모든 사항에 대해 법인세법에서 규정할 수 없기 때문에 일반적으로 공정·타당하다고 인정되는 기업회계의 기준에 의해 작성한 당기순손익에 기초하여 각 사업연도의 소득을 계산하는 것이다.

\* 법인세법 기본통칙 14-0…2【기간손익 계산 원칙】

각 사업연도소득을 계산함에 있어서 기간손익은 법에서 정하고 있는 경우를 제외하고는 일반적으로 공정·타당하다고 인정되는 기업회계의 기준 또는 관행에 따라 계산한다. 다만, 법인이 계속적인 회계관행에 따라 판매비와 일반관리비에 속하는 소모품을 매입하는 시점에 손금으로 경리하는 경우에도 기업회계기준 중 중요성의 원칙과 신뢰성의 원칙에 위배되지 아니하는 때에는 이를 당해 사업연도의 손금으로 할 수 있다.

| 기업회계(결산서) | 세무조정 | 법인세법 |
|---|---|---|
| 수익 | (+)익금산입 (-)익금불산입 | 익금총액 |
| - | | - |
| 비용 | (+)손금산입 (-)손금불산입 | 손금총액 |
| = | | = |
| 당기순이익 | (+)익금산입·손금불산입 (-)손금산입·익금불산입 | 각 사업연도 소득금액 |

① 익금산입 : 결산서에 수익으로 계상되어 있지 않지만 법인세법에 따른 익금에 해당하는 금액은 소득금액에 가산한다.

② 익금불산입 : 결산서에 수익으로 계상되어 있으나 법인세법에 따른 익금에 해당하지 않는 금액은 소득금액에서 차감한다.

③ 손금산입 : 결산서에 비용으로 계상되어 있지 않지만 법인세법에 따른 손금으로 인정되는 금액은 소득금액에서 차감한다.

④ 손금불산입 : 결산서에 비용으로 계상되어 있으나 법인세법에 따른 손금에 해당하지 않는 금액은 소득금액에 가산한다.

## 02 세무조정의 구분

### (1) 세무조정의 주체에 따른 구분

일반적으로 세무조정은 납세의무자인 법인이 각 사업연도의 소득에 대한 법인세를 신고하는 경우에 이루어지는데, 법인 스스로 세무조정을 행하는 것을 '자기조정'이라 하고, 세무사(세무사인 공인회계사 포함)가 세무조정을 행하는 것은 '외부조정'이라 한다. 만약 법인이 법인세 신고를 하지 않거나, 정부가 과세표준과 세액을 경정할 사유가 발생하여 세무조정을 행하는 것은 '정부조정'이라고 한다.

### (2) 세무조정의 유형에 따른 구분

법인이 결산서에 비용으로 계상하지 아니한 경우 이를 각 사업연도의 소득금액계산상 손금에 산입할 수 있는지 여부는 당해 비용이 결산조정항목이냐 신고조정항목이냐에 따라 달라진다.

#### 1) 결산조정사항

결산조정이란 법인의 결산서에 비용으로 계상한 경우에 한하여 법인세법상 손금에 산입되는 즉, 법인의 결산과정에서 세무조정하는 것을 말한다. 결산조정사항이란 결산서에 비용 계상한 경우에만 손금산입 할 수 있는 특정 손금항목을 말하는데, 결산조정대상 손금의 경우에는 세법에 "각 사업연도의 결산을 확정할 때 …를 손비로 계상한 경우에는 …를 해당 사업연도의 소득금액을 계산할 때 손금에 산입한다"라고 규정하고 있다. 이처럼 결산조정사항은 법인의 선택에 따라 손비의 계상여부가 결정되는 항목으로 손금산입이 강제되지 않는다.

법인세법 등에 특별히 정하는 경우를 제외하고는 다음의 손금은 이를 결산에 반영함이

없이 세무조정계산서에 손금으로 계상할 수 없다(법인세법 기본통칙 19-19…42 및 법인세 집행
기준 19-0-4).

| 결산조정사항 | 비 고 |
|---|---|
| ① 고정자산에 대한 감가상각비 | • K-IFRS 도입기업은 신고조정 허용(임의신고조정)<br>• 법인세를 감면받은 법인 및 업무용승용차의 감가상<br>각의제는 (강제)신고조정사항이다. |
| ② 자산의 평가차손 | |
| ③ 퇴직급여충당금, 대손충당금, 구상채권상<br>각충당금 | 퇴직연금충당금 및 소멸시효가 완성된 채권 등 강제대<br>손사유에 해당하는 대손금은 (강제)신고조정사항이다. |
| ④ 책임준비금과 비상위험준비금 | |
| ⑤ 일시상각충당금 및 압축기장충당금 | 신고조정 허용(임의신고조정) |
| ⑥ 고유목적사업준비금, 조세특례제한법상 준<br>비금 | 신고조정 허용(임의신고조정) |

## 2) 신고조정사항

신고조정은 법인의 결산서에 수익 또는 비용으로 계상되지 않은 상태로 결산을 마친 다음 법인세 과세표준 신고과정에서 세무조정을 통해 법인세법상 익금 또는 손금에 산입되는 즉, 법인세 신고과정에서 세무조정하는 것을 말한다. 신고조정사항이란 결산서에 수익 또는 비용으로 계상되지 않은 경우에 반드시 익금산입·손금산입을 해야 하는 익금·손금항목을 말한다. 이처럼 신고조정사항은 법인의 선택에 따라 익금·손금에 산입되는 것이 아니라 세법상 규정된 사업연도의 익금·손금으로 강제 산입된다. 모든 익금항목 및 대부분의 손금항목(결산조정사항 제외)은 (강제)신고조정사항인 반면, 다음의 경우에 한하여 신고조정에 의한 손금산입여부를 법인이 선택할 수 있게 하였다(임의신고조정사항).

| 임의신고조정사항 | 비 고 |
|---|---|
| ① 유형자산·비한정내용연수 무형자산 감<br>가상각비 | K-IFRS 도입으로 감가상각비가 감소된 기업의 세부<br>담 완화를 위해 신고조정 허용 |
| ② 설비투자자산 감가상각비 | 기업의 설비투자를 지원하기 위해 신고조정 허용 |
| ③ 일시상각충당금 및 압축기장충당금 | 기업회계기준에서 이들의 비용계상을 허용하지 않으므<br>로 정책적으로 특별히 신고조정 허용 |
| ④ 조세특례제한법상 준비금 | |
| ⑤ 고유목적사업준비금 | |
| ⑥ 비상위험준비금 | |

이에 따라 기업이 법인세를 최소화하기 위해서는 결산서상 비용으로 계상하지 않았더라도 임의신고조정사항을 신고조정으로 손금산입하여야 한다.

> #### 📈 실무 ○─────
>
> 법인세 과세표준 신고과정에서 발생하는 세무조정사항은 「소득금액조정합계표」에 적어 익금 및 손금조정사항을 집계하고, 여기서 집계된 익금 및 손금조정사항 합계금액을 「법인세 과세표준 및 세액조정계산서」 (102), (103) 항목에 각각 기재한다.

| 사 업<br>연 도 | ·  ·  ·<br>~<br>·  ·  · | 소득금액조정합계표 | 법인명 | |
|---|---|---|---|---|
| | | | 사업자등록번호 | |

| 익금산입 및 손금불산입 | | | | 손금산입 및 익금불산입 | | | |
|---|---|---|---|---|---|---|---|
| ①과목 | ②금액 | ③소득처분 | | ④과목 | ⑤금액 | ⑥소득처분 | |
| | | 처분 | 코드 | | | 처분 | 코드 |
| | | | | | | | |
| | | | | | | | |
| | | | | | | | |
| | | | | | | | |
| | | | | | | | |
| | | | | | | | |
| | | | | | | | |
| | | | | | | | |
| | | | | | | | |
| | | | | | | | |
| | | | | | | | |
| | | | | | | | |
| | | | | | | | |
| | | | | | | | |
| | | | | | | | |
| | | | | | | | |
| | | | | | | | |
| | | | | | | | |
| | | | | | | | |
| | | | | | | | |
| | | | | | | | |
| | | | | | | | |
| | | | | | | | |
| | | | | | | | |
| | | | | | | | |
| | | | | | | | |
| 합계 | | | | 합계 | | | |

210mm×297mm[백상지 80g/㎡ 또는 중질지 80g/㎡]

(앞쪽)

| 사 업<br>연 도 | . . ~<br>. . | 법인세 과세표준 및<br>세액조정계산서 | 법 인 명 | |
| --- | --- | --- | --- | --- |
| | | | 사업자등록번호 | |

| ① 각 사 업 연 도 소 득 계 산 | ⑩ 결 산 서 상 당 기 순 손 익 | 01 | | ⑬ 감 면 분 추 가 납 부 세 액 | 29 | |
| --- | --- | --- | --- | --- | --- | --- |
| | 소득조정<br>금액 ⑩ 익 금 산 입 | 02 | | ⑭ 차 감 납 부 할 세 액<br>(⑬－⑫+⑬) | 30 | |
| | ⑩ 손 금 산 입 | 03 | | | | |
| | ⑭ 차 가 감 소 득 금 액<br>(⑩ + ⑩ － ⑩) | 04 | ⑤ 토 지 등 양 도 소 득 에 대 한 법 인 세 계 산 | 양도<br>차익 ⑬ 등 기 자 산 | 31 | |
| | ⑩ 기 부 금 한 도 초 과 액 | 05 | | ⑬ 미 등 기 자 산 | 32 | |
| | ⑩ 기부금한도초과이월액<br>손 금 산 입 | 54 | | ⑬ 비 과 세 소 득 | 33 | |
| | ⑩ 각 사업연도소득금액<br>(⑩+⑩－⑩) | 06 | | ⑬ 과 세 표 준<br>(⑬+⑬－⑬) | 34 | |
| ② 과 세 표 준 계 산 | ⑩ 각 사 업 연 도 소 득 금 액<br>(⑩=⑩) | | | ⑬ 세 율 | 35 | |
| | ⑩ 이 월 결 손 금 | 07 | | ⑭ 산 출 세 액 | 36 | |
| | ⑩ 비 과 세 소 득 | 08 | | ⑭ 감 면 세 액 | 37 | |
| | ⑪ 소 득 공 제 | 09 | | ⑭ 차 감 세 액 (⑭－⑭) | 38 | |
| | ⑫ 과 세 표 준<br>(⑩ － ⑩ － ⑩ － ⑪) | 10 | | ⑬ 공 제 세 액 | 39 | |
| | ⑲ 선 박 표 준 이 익 | 55 | | ⑭ 동업기업 법인세 배분액<br>(가산세 제외) | 58 | |
| ③ 산 출 세 액 계 산 | ⑬ 과 세 표 준(⑫+⑲) | 56 | | ⑭ 가 산 세 액<br>(동업기업 배분액 포함) | 40 | |
| | ⑭ 세 율 | 11 | | ⑭ 가 감 계(⑭－⑭+⑭+⑭) | 41 | |
| | ⑮ 산 출 세 액 | 12 | | 기납부세액 ⑭ 수 시 부 과 세 액 | 42 | |
| | ⑯ 지 점 유 보 소 득<br>(「법인세법」 제96조) | 13 | | ⑭ ( ) 세 액 | 43 | |
| | ⑰ 세 율 | 14 | | ⑭ 계 (⑭+⑭) | 44 | |
| | ⑱ 산 출 세 액 | 15 | | ⑮ 차감납부할세액 (⑭－⑭) | 45 | |
| | ⑲ 합 계(⑮ + ⑱) | 16 | | | | |
| ④ 납 부 할 세 액 계 산 | ⑳ 산 출 세 액(⑳ = ⑲) | | ⑥ 미 환 류 소 득 법 인 세 | ⑯ 과 세 대 상 미 환 류 소 득 | 59 | |
| | ㉑ 최 저 한 세 적 용 대 상<br>공 제 감 면 세 액 | 17 | | ⑯ 세 율 | 60 | |
| | ㉒ 차 감 세 액 | 18 | | ⑯ 산 출 세 액 | 61 | |
| | ㉓ 최 저 한 세 적 용 제 외<br>공 제 감 면 세 액 | 19 | | ⑯ 가 산 세 액 | 62 | |
| | ㉔ 가 산 세 액 | 20 | | ⑯ 이 자 상 당 액 | 63 | |
| | ㉕ 가 감 계(㉒－㉓+㉔) | 21 | | ⑯ 납부할세액(⑯+⑯+⑯) | 64 | |
| | 기 한 내 납 부 세 액 ㉖ 중 간 예 납 세 액 | 22 | | | | |
| | ㉗ 수 시 부 과 세 액 | 23 | ⑦ 세 액 계 | ⑮ 차 감 납 부 할 세 액 계<br>(⑭ + ⑮ + ⑯) | 46 | |
| | ㉘ 원 천 납 부 세 액 | 24 | | ⑮ 사 실 과 다 른 회 계 처 리<br>경 정 세 액 공 제 | 57 | |
| | ㉙ 간접투자회사등의<br>외국납부세액 | 25 | | ⑮ 분 납 세 액 계 산 범 위 액<br>(⑮－㉔－⑮－⑮－⑮+⑯) | 47 | |
| | ㉚ 소 계<br>(㉖ + ㉗ + ㉘+㉙) | 26 | | | | |
| | ㉛ 신고납부전가산세액 | 27 | | ⑮ 분 납 할 세 액 | 48 | |
| | ㉜ 합 계(㉚+㉛) | 28 | | ⑮ 차 감 납 부 세 액<br>(⑮ － ⑮ － ⑮) | 49 | |

210mm×297mm[백상지 80g/㎡ 또는 중질지 80g/㎡]

## 01 소득처분의 의의

결산서상 당기순이익과 법인세법상 각 사업연도 소득금액의 차이를 조정하는 과정에서 발생하는 각 세무조정 항목에 대한 귀속자와 소득의 종류 등을 확정하는 세법상의 절차를 소득처분이라 한다.

| 기업회계 | 세무조정 | 법인세법 |
|---|---|---|
| 당기순이익 | (+)익금산입·손금불산입<br>(−)손금산입·익금불산입 | 각 사업연도 소득금액 |
| 상법상 ↓ 이익처분 | 법인세법상 ↓ 소득처분 | 세무회계상 ↓ 이익처분 |
| 사외유출<br>사내유보 | 사외유출<br>유보금액 | 사외유출<br>사내유보 |

## 02 소득처분의 유형

법인세 과세표준의 신고·결정 또는 경정이 있는 때 익금에 산입하거나 손금에 산입하지 아니한 금액은 그 귀속자 등에게 사외유출·유보·기타로 처분하고, 손금에 산입하거나 익금에 산입하지 아니한 금액은 △유보·기타로 처분한다(법인세법 67).

| 세무조정 | 법인 외부로 유출된 경우 | 법인 내부에 남아있는 경우 | |
|---|---|---|---|
| | | 자산부채의 차이 있음 | 자산부채의 차이 없음 |
| 익금산입·손금불산입 | 사외유출 | 유보 | 기타 |
| 손금산입·익금불산입 | – | △ 유보 | 기타 |

## (1) 사외유출

### 1) 귀속자가 분명한 경우

익금산입·손금불산입금액이 사외에 유출된 것이 분명한 경우에는 사외유출로 보아 그 귀속자에 따라 배당, 상여, 기타소득, 기타사외유출로 처분한다(법인세법 시행령 106 ① (1)).

| 귀속자 | 소득처분 | 귀속자에 대한 과세 | 법인의 원천징수의무 |
|---|---|---|---|
| ① 주주 등<br>(임원 또는 직원인 주주 등 제외) | 배당 | 소득세법상 배당소득<br>(인정배당)으로 과세 | ○ |
| ② 임원 또는 직원 | 상여 | 소득세법상 근로소득<br>(인정상여)으로 과세 | ○ |
| ③ 법인 또는 개인사업자* | 기타사외유출 | 추가적인 과세 없음 | × |
| ④ 그 외의 자 | 기타소득 | 소득세법상 기타소득으로 과세 | ○ |

\* 그 분여된 이익이 내국법인 또는 외국법인의 국내사업장의 각 사업연도의 소득이나 거주자 또는 비거주자 의 국내사업장의 사업소득을 구성하는 경우에 한한다.

### 2) 귀속자가 불분명한 경우

익금산입·손금불산입금액이 사외유출된 것은 분명하나 소득의 귀속자가 불분명한 경우 에는 **대표자에게 귀속된 것으로 보아 상여로 처분한다**. 이는 대표자에게 귀속을 밝히지 못 한 책임을 묻기 위함이다. 다만, 법인의 경영을 사실상 지배하고 있는 임원이 있는 경우*에 는 사실상 지배자에게, 대표자가 2명 이상인 경우에는 사실상의 대표자에게 상여로 처분한 다(법인세법 시행령 106 ① (1) 단서). 사업연도 중에 대표자가 변경된 경우 대표자 각인에게 귀속된 것이 분명한 금액은 이를 대표자 각인에게 구분하여 처분하고 귀속이 분명하지 아 니한 경우에는 재직기간의 일수에 따라 구분계산하여 이를 대표자 각인에게 상여로 처분한 다(법인세법 시행규칙 54).

\* 소액주주 등이 아닌 주주등인 임원 및 그와 특수관계에 있는 자가 소유하는 주식 등을 합하여 해당 법인의 발행주식총수 또는 출자총액의 100분의 30 이상을 소유하고 있는 경우의 그 임원이 법인의 경영을 사실상 지배하고 있는 경우

\* 만약 법인이 수정신고기한 내에 매출누락, 가공경비 등 부당하게 사외유출된 금액을 회수하고 세무조정으 로 익금에 산입하여 신고하는 경우의 소득처분은 사내유보로 한다. 이는 해당 법인에게 스스로 시정할 기 회를 주는 것이다. 다만, 다음의 어느 하나에 해당되는 경우로서 경정이 있을 것을 미리 알고 사외유출된 금액을 익금산입하는 경우에는 그러하지 아니하다(법인세법 시행령 106 ④).
  1. 세무조사의 통지를 받은 경우
  2. 세무조사가 착수된 것을 알게 된 경우
  3. 세무공무원이 과세자료의 수집 또는 민원 등을 처리하기 위하여 현지출장이나 확인업무에 착수한 경우

4. 납세지 관할세무서장으로부터 과세자료 해명 통지를 받은 경우
5. 수사기관의 수사 또는 재판 과정에서 사외유출 사실이 확인된 경우
6. 그 밖에 제1호부터 제5호까지의 규정에 따른 사항과 유사한 경우로서 경정이 있을 것을 미리 안 것으로 인정되는 경우

• 예제 2-1  소득처분 - 사외유출 •

㈜경희의 제7기 손익계산서상 소모품비 중에는 K씨가 사용한 비용 1,200,000원이 포함되어 있다. 해당 비용은 ㈜경희의 업무와 무관한 비용이고, 법인세법은 해당 법인의 사업과 관련하여 발생하거나 지출된 손실 또는 비용에 한해 손금으로 인정하고 있다. 다음 각 사례별로 세무조정과 소득처분을 행하시오.

| K 씨 | 세무조정 | 소득처분 |
|---|---|---|
| (1) 임원 또는 직원 | | |
| (2) 임원 또는 직원이 아닌 주주 등 | | |
| (3) 주주 등이 아닌 법인 | | |
| (4) 출자임원 | | |
| (5) 법인주주 | | |
| (6) 그 외의 자 | | |
| (7) 귀속이 불분명한 경우 | | |

|풀이|

| K 씨 | 세무조정 | 소득처분 |
|---|---|---|
| (1) 임원 또는 직원 | 손금불산입 1,200,000원 | 상여 |
| (2) 임원 또는 직원이 아닌 주주 등 | 손금불산입 1,200,000원 | 배당 |
| (3) 주주 등이 아닌 법인 | 손금불산입 1,200,000원 | 기타사외유출 |
| (4) 출자임원 | 손금불산입 1,200,000원 | 상여 |
| (5) 법인주주 | 손금불산입 1,200,000원 | 기타사외유출 |
| (6) 그 외의 자 | 손금불산입 1,200,000원 | 기타소득 |
| (7) 귀속이 불분명한 경우 | 손금불산입 1,200,000원 | 대표자 상여 |

### 3) 추계결정 또는 경정을 하는 경우

추계에 의해 결정된 과세표준과 법인의 재무상태표상의 법인세차감전 당기순이익과의 차액은 대표자에 대한 이익처분에 의한 상여로 한다. 다만, 천재지변 등으로 장부나 그 밖의 증명서류가 멸실되어 추계하는 경우에는 기타사외유출로 처분하며, 법인이 결손신고를

한 경우에는 그 결손은 없는 것으로 본다(법인세법 시행령 106 ②, ③).

* 외국법인에 대한 과세표준을 추계결정 또는 추계경정하는 경우에 결정된 과세표준과 당기순이익과의 차액은 기타사외유출로 처분한다(법인세법 기본통칙 67-106…15).

### 4) 무조건 기타사외유출로 해야 하는 경우

다음의 세무조정 사항은 1)에도 불구하고 무조건 기타사외유출로 처분해야 한다(법인세법 시행령 106 ① (3)). 이는 사후관리가 불필요하거나 불가능한 사항들이기 때문이다.

① 특례·일반기부금 한도초과액의 손금불산입액

② 적격증명서류 미수취 기업업무추진비 및 기업업무추진비 한도초과액의 손금불산입액

③ 업무용승용차 임차료 중 감가상각비 한도초과액의 손금불산입액·업무용승용차 처분손실 중 한도초과액의 손금불산입액

④ 채권자 불분명한 사채의 이자, 비실명 채권·증권이자에 대한 원천징수세액 상당액

⑤ 업무무관자산에 대한 지급이자의 손금불산입액

⑥ 임대보증금 등의 간주익금

⑦ 사외유출된 금액의 귀속이 불분명하거나 추계로 과세표준을 결정·경정할 때 익금에 산입한 금액이 대표자에게 귀속된 것으로 보아 처분한 경우 당해 법인이 그 처분에 따른 소득세 등을 대납하고 이를 손비로 계상하거나 그 대표자와의 특수관계가 소멸될 때까지 회수하지 아니함에 따라 익금에 산입한 금액

⑧ 불공정자본거래에 대한 부당행위계산의 부인규정에 따라 익금에 산입한 금액으로서 귀속자에게 「상속세 및 증여세법」에 의하여 증여세가 과세되는 금액

⑨ 외국법인의 국내사업장의 각 사업연도의 소득에 대한 법인세의 과세표준을 신고하거나 결정 또는 경정함에 있어서 익금에 산입한 금액이 그 외국법인 등에 귀속되는 소득과 「국제조세조정에 관한 법률」의 정상가격 및 정상원가분담액 등에 따른 과세조정, 정상가격에 의한 신고 등으로 익금에 산입된 금액이 국외특수관계인으로부터 반환되지 않은 소득

## (2) 사내유보

익금산입·손금불산입 세무조정으로 익금에 산입한 금액 또는 손금산입·익금불산입 세무조정으로 손금에 산입한 금액이 사외에 유출되지 아니한 경우에는 유보·△유보로 소득처분한다(법인세법 시행령 106 ① (2)). 사내유보에 관한 법인세법 규정이 없으므로 사외유출

을 기준으로 사내유보를 판단하여 사외로 유출되지 않고 사내에 남아 있는 것으로 인정하는 처분이다.

유보(또는 △유보)의 금액만큼 결산서상 당기순이익에 비해 각 사업연도의 소득이 증가 또는 감소될 뿐 아니라, 결산서상 자본에 비해 세법상 자본이 증가 또는 감소하게 된다. 그런데 자본의 차이는 자산과 부채의 차이이므로 결국 유보(또는 △유보)는 그 금액만큼 결산서상 자산·부채보다 세법상 자산·부채를 증가 또는 감소시키는 경우에 행하는 소득처분인 것이다.

| 결산서상 자산·부채·자본의 상태 | | 세무조정 | 소득처분 | |
|---|---|---|---|---|
| 자산의 과소계상 부채의 과대계상 | 자본의 과소계상 | 익금산입·손금불산입 | 세법상 자본증가 필요 (자산↑·부채↓) | 유보 |
| 자산의 과대계상 부채의 과소계상 | 자본의 과대계상 | 손금산입·익금불산입 | 세법상 자본감소 필요 (자산↓·부채↑) | △유보 |

당기에 유보(또는 △유보)로 소득처분된 세무조정사항이 발생하면 당기 이후에 반드시 반대의 세무조정과 소득처분에 의해 추인되므로, 이후 일정요건이 충족되어 추인될 때까지 사후관리를 해야 한다. 법인은 유보처분된 세무조정금액의 증감내용을 「자본금과 적립금 조정명세서(을)」에 명확히 기재하여 다음 사업연도 이후의 소득금액계산에 참조하도록 해야 한다. 그러므로 당해 사업연도의 소득금액을 계산할 때 당해 사업연도에 발생된 익금과 손금에 대한 세무조정뿐 아니라, 직전 사업연도까지 유보로 처분된 세무조정금액 중 당해 사업연도의 소득금액의 조정에 관련된 금액이 있는지도 함께 검토하여야 한다.

| 유보의 추인 |

| 당기 유보발생시 | 소득처분 | | 당기 이후 자산·부채 소멸시 | 소득처분 |
|---|---|---|---|---|
| 익금산입·손금불산입 | 유보 | → | 손금산입·익금불산입 | △유보 |
| 손금산입·익금불산입 | △유보 | → | 익금산입·손금불산입 | 유보 |

다음의 자료를 이용하여 ㈜경희의 제8기와 제9기의 세무조정 및 소득처분을 행하시오.

1. ㈜경희는 제8기에 건물을 취득하고 다음과 같이 손익계산서에 감가상각비를 계상하였다. 세법상 해당 건물의 감가상각 한도액은 250이다.

| (차) 건물 | 10,000 | (대) 현금 | 10,000 |
|---|---|---|---|
| 감가상각비 | 500 | 감가상각누계액 | 500 |

2. ㈜경희는 제9기 초에 건물을 매각하고 다음과 같이 회계처리하였다.

| (차) 현금 | 11,000 | (대) 건물 | 10,000 |
|---|---|---|---|
| 감가상각누계액 | 500 | 유형자산처분이익 | 1,500 |

[풀이]

| 제8기 | | 제9기 | |
|---|---|---|---|
| 손금불산입 250 | 유보 | 익금불산입 250 | △유보 |
| • **결산상 비용 500 〉 세법상 비용 250** 감가상각비 한도초과액으로 인해 비용이 과대계상되었으므로 250을 손금불산입하여 각 사업연도 소득을 증가시켜야 한다. | | • **결산상 수익 1,500 〉 세법상 수익 1,250** 전기 감가상각비 과대계상액은 당기의 유형자산처분이익을 250만큼 과대계상하였으므로 해당 차이금액 250을 익금불산입하여 각 사업연도 소득을 감소시켜야 한다. | |
| • **결산상 자산(B.V) 9,500 〈 세법상 자산(B.V) 9,750** 한편 감가상각비 과대계상으로 자산이 감소하였으므로 유보로 처분하여 자산을 증가시켜야 한다. | | • **결산상 자산(B.V) - 9,500 〉 세법상 자산(B.V) - 9,750** 한편 감소하는 건물의 장부가액은 9,500이 아닌 9,750이므로 △유보로 처분하여 자산을 감소시켜야 한다. | |

## (3) 기타

세무조정금액이 사외로 유출되지 않고 사내에 남아있으나, 결산서상 자본과 세법상 자본과의 차이가 발생하지 아니함에 따라 유보(또는 △유보)에 해당하지 아니하는 경우에는 기타(잉여금)로 소득처분하게 된다. 이 경우에는 사외유출이 발생하지 않았으므로 귀속자에 대한 납세의무도 없고, 결산서상 자산·부채가 왜곡되지 않았기 때문에 차기 이후에 반대의 세무조정도 유발되지 않으므로 별도의 사후관리가 불필요하다. 기타처분은 사실상 아무런 기능이 없는 예외적인 소득처분 유형이다.

## 제3절 | 법인세의 계산구조

### 01 각 사업연도 소득금액의 계산

각 사업연도의 소득은 결산서상 당기순이익을 기초로 익금산입(손금불산입 포함)·손금산입(익금불산입 포함)의 세무조정을 통해 계산된다. 세무조정에 의하여 익금에 산입하거나 손금에 산입하는 금액이 있는 때에는 「소득금액조정합계표」를 작성해야 하고, 가산조정과 차감조정의 합계액은 「법인세과세표준 및 세액조정계산서」 (102), (103)에 기재한다. 단, 기부금 한도초과액 및 기부금 손금추인액은 소득금액을 기준으로 계산되므로 「소득금액조정합계표」에 기재하지 않고 「법인세과세표준 및 세액조정계산서」 (105), (106)에 기재한다.

| ① 각 사업연도 소득계산 | ⑩ 결산서상 당기순손익 | 01 | | … 기업회계상 당기순손익 |
|---|---|---|---|---|
| | 소득조정 금액 ⑩ 익금산입 | 02 | | … 소득금액조정합계표상의 가산조정 합계액 |
| | ⑩ 손금산입 | 03 | | … 소득금액조정합계표상의 차감조정 합계액 |
| | ⑩ 차가감소득금액 (⑩+⑩−⑩) | 04 | | |
| | ⑩ 기부금한도초과액 | 05 | | |
| | ⑩ 기부금한도초과이월액 손금산입 | 54 | | |
| | ⑩ 각 사업연도소득금액 (⑩+⑩−⑩) | 06 | | … 과세소득금액 : 익금총액 − 손금총액 |

### 02 법인세 과세표준의 계산

각 사업연도의 소득에 대한 법인세의 과세표준은 각 사업연도의 소득에서 이월결손금, 비과세소득, 소득공제액을 차례로 공제한 금액으로 한다. 다만 이월결손금에 대한 공제는 각 사업연도 소득의 100분의 80을 한도*로 하고, 중소기업과 회생계획을 이행 중인 기업 등*은 100분의 100을 한도로 한다(법인세법 13 ①). 또한 결손금을 공제할 때에는 먼저 발생한 사업연도의 결손금부터 차례대로 공제한다.

* 개별납세방식을 적용하는 내국법인(중소기업 등 제외)의 이월결손금 공제 한도
  • 2023.1.1. 이후 : 각 사업연도 소득금액의 80%

- 2019.1.1. 이후 : 각 사업연도 소득금액의 60%
- 2018.1.1.~2018.12.31. : 각 사업연도 소득금액의 70%
- 2016.1.1.~2017.12.31. : 각 사업연도 소득금액의 80%
- 2015.12.31. 이전 : 각 사업연도 소득금액의 100%

\* 각 사업연도의 소득의 100%를 이월결손 공제한도로 하는 '회생계획을 이행 중인 기업 등'은 다음 어느 하나에 해당하는 법인을 말한다(법인세법 시행령 10 ①).
 1. 회생계획·기업개선계획 등을 이행 중인 법인
 2. 유동화전문회사 등
 3. 조세특례제한법 제74조 중 수익사업소득을 전액 고유목적사업준비금으로 손금산입하는 비영리내국법인

| ⑧ 각 사업 연도 소득 금액 (⑧=⑦) | | | | | |
|---|---|---|---|---|---|
| ②<br>과<br>세<br>표<br>준<br>계<br>산 | ⑩ 이 월 결 손 금 | 07 | | | |
| | ⑩ 비 과 세 소 득 | 08 | | | |
| | ⑪ 소 득 공 제 | 09 | | | |
| | ⑫ 과 세 표 준 (⑧ − ⑩ − ⑩ − ⑪) | 10 | | | |

… 15년 이내 개시한 사업연도에서 발생한 결손금
 − 2020.1.1. 이후에 개시한 사업연도에 발생한 결손금 : 15년간 이월공제
 − 2019.12.31. 이전에 개시한 사업연도에 발생한 결손금 : 10년간 이월공제

… 비과세소득은 이월공제 불가

… 소득공제액은 이월공제 불가

… 이월결손금, 비과세소득, 소득공제액을 차례로 공제한 금액

 **법인세 산출세액의 계산**

내국법인의 각 사업연도의 소득에 대한 법인세는 과세표준에 법인세율을 적용하여 계산한 금액(토지등 양도소득에 대한 법인세액 및 투자·상생협력 촉진을 위한 과세특례를 적용하여 계산한 법인세액이 있으면 이를 합한 금액으로 한다. 이하 "산출세액"이라 함)을 그 세액으로 한다(법인세법 55 ①).

| ③<br>산<br>출<br>세<br>액<br>계<br>산 | ⑬ 과 세 표 준(⑫+⑮) | 56 | | | |
|---|---|---|---|---|---|
| | ⑭ 세 율 | 11 | | | |
| | ⑮ 산 출 세 액 | 12 | | | |

… 2억원 이하 9%, 2억원 초과 200억원 이하 19% 200억원 초과 3,000억원 이하 21%, 3,000억원 초과 24%

## 04 차감납부할세액의 계산

차감납부할세액은 산출세액에서 세액감면과 세액공제를 적용하고 가산세가 있으면 가산한 후 중간예납세액 등 기납부세액을 차감하여 계산한다.

| | | | | | | | | |
|---|---|---|---|---|---|---|---|---|
| ⑭ 납부할세액계산 | | ⑳ 산 출 세 액(⑳ = ⑲) | | | | | | |
| | | ㉑ 최저한세 적용대상<br>공 제 감 면 세 액 | 17 | | | | | |
| | | ㉒ 차 감 세 액 | 18 | | | | | |
| | | ㉓ 최저한세 적용제외<br>공 제 감 면 세 액 | 19 | | | | | |
| | | ㉔ 가 산 세 액 | 20 | | | | | |
| | | ㉕ 가 감 계(㉒ − ㉓ + ㉔) | 21 | | | | | |
| | 기납부세액 | 기한내납부세액 | ㉖ 중 간 예 납 세 액 | 22 | | | | |
| | | | ㉗ 수 시 부 과 세 액 | 23 | | | | |
| | | | ㉘ 원 천 납 부 세 액 | 24 | | | | |
| | | | ㉙ 간접투자회사등의<br>외 국 납 부 세 액 | 25 | | | | |
| | | | ㉚ 소 계<br>(㉖ + ㉗ + ㉘ + ㉙) | 26 | | | | |
| | | ㉛ 신고납부전가산세액 | | 27 | | | | |
| | | ㉜ 합 계(㉚ + ㉛) | | 28 | | | | |
| | ㉝ 감 면 분 추 가 납 부 세 액 | | | 29 | | | | |
| | ㉞ 차 감 납 부 할 세 액<br>(㉕ − ㉜ + ㉝) | | | 30 | | | | |

「법인세법」상 소득처분에 관한 설명이다. 옳지 않은 것은?　　　　　2020 CPA 1차 수정

① 익금에 산입한 금액 중 사외로 유출된 것이 분명하나 그 처분이 배당, 상여, 기타사외유출에 해당하지 않는 경우 기타소득으로 처분한다.

② 익금에 산입한 금액이 사외에 유출되지 아니한 경우 유보 또는 기타로 처분한다.

③ 익금에 산입한 금액 중 그 귀속이 불분명하여 대표자에게 상여로 처분한 경우 당해 법인이 그 처분에 따른 소득세 등을 대납하고 이를 손비로 계상함에 따라 익금에 산입한 금액은 기타사외유출로 처분한다.

④ 천재지변으로 장부나 그 밖의 증명서류가 멸실되어 법인세 과세표준을 추계결정하는 경우 그 추계에 의한 과세표준과 결산서상 당기순이익과의 차액(법인세상당액을 공제하지 아니한 금액)을 상여로 처분한다.

⑤ 익금에 산입한 금액 중 사외로 유출되어 그 귀속자가 당해 법인의 주주이면서 임원인 경우 그 출자임원에 대한 상여로 처분한다.

[풀이] ④

　　천재지변으로 장부나 그 밖의 증명서류가 멸실되어 법인세 과세표준을 추계결정하는 경우 그 추계에 의한 과세표준과 결산서상 당기순이익과의 차액(법인세상당액을 공제하지 아니한 금액)을 기타사외유출로 처분한다.

「법인세법」상 소득처분에 관한 설명으로 옳지 않은 것은?　　　　　2020 CTA 1차

① 소득처분은 각 사업연도 소득에 대한 법인세 납세의무가 있는 영리법인뿐만 아니라 비영리내국법인과 비영리외국법인에 대하여도 적용한다.

② 사외유출된 금액의 귀속자가 법인으로써 그 분여된 이익이 내국법인 또는 외국법인의 국내사업장의 각 사업연도의 소득을 구성하는 경우 기타사외유출로 처분한다.

③ 내국법인이 국세기본법상 수정신고기한 내에 매출누락, 가공경비 등 부당하게 사외유출된 금액을 회수하고 세무조정으로 익금에 산입하여 신고하는 경우 기타사외유출로 처분한다.

④ 법령으로 정하는 채권자가 불분명한 사채의 이자(동 이자에 대한 원천징수세액은 제외)는 대표자에 대한 상여로 처분하고 익금에 산입한 이자·할인액 또는 차익에 대한 원천징수세액에 상당하는 금액은 기타사외유출로 처분한다.

⑤ 사외유출된 금액의 귀속이 불분명하여 대표자(법령이 정하는 대표자로 함)에게 귀속된 것으로 처분한 경우 당해 법인이 그 처분에 따른 소득세 등을 대납하고 이를 손비로 계상하거나 그 대표자와의 특수관계가 소멸될 때까지 회수하지 아니함에 따라 익

금에 산입한 금액은 기타사외유출로 처분한다.

[풀이] ③

법인이 국세기본법상 수정신고기한 내에 매출누락, 가공경비 등 부당하게 사외유출된 금액을 회수하고 세무조정으로 익금에 산입하여 신고하는 경우의 소득처분은 <u>사내유보로 한다</u>. 다만, 세무조사의 통지를 받은 경우 등 경정이 있을 것을 미리 알고 사외유출된 금액을 익금산입하는 경우에는 그러하지 않는다.

---

**연습문제 3**

「법인세법」상 소득처분에 관한 설명이다. 빈칸에 맞는 소득처분을 작성하시오.

2020 CTA 1차 수정

① 사외유출된 금액의 귀속자가 법인으로써 그 분여된 이익이 내국법인 또는 외국법인의 국내사업장의 각 사업연도의 소득을 구성하는 경우 (     )로 처분한다.
② 사외유출된 금액의 귀속이 불분명하여 대표자에 대한 (     )로 처분한 경우 당해 법인이 그 처분에 따른 소득세 등을 대납하고 이를 손비로 계상하거나 그 대표자의 특수관계가 소멸될 때까지 회수하지 아니함에 따라 익금에 산입한 금액은 (     )로 처분한다.
③ 업무무관자산에 대한 지급이자 및 기업업무추진비 한도초과액 같은 손금불산입액은 모두 (     )로 처분한다.
④ 국세 등을 과오납한 경우 환급가산금에 대한 익금불산입액은 (     )로 처분한다.

[풀이] ① 기타사외유출        ② 상여, 기타사외유출
     ③ 기타사외유출        ④ 기타

---

**연습문제 4**

다음은 내국법인 ㈜A의 제22기 사업연도(1.1.~12.31.) 자료이다. 세무조정시 대표자에 대한 상여와 기타사외유출로 소득처분할 금액은 각각 얼마인가?

2017 CTA 1차

(1) 현금매출누락 100,000,000원 (부가가치세 제외한 금액)
(2) 채권자가 불분명한 사채이자 15,000,000원 (원천징수세액 7,425,000원 포함)
(3) 증빙불비 기업업무추진비 4,000,000원 (귀속자 불분명)
(4) 업무와 관련하여 발생한 교통사고 벌과금 1,000,000원
(5) 사외유출된 금액의 귀속이 불분명하여 대표자에 대한 상여로 처분을 한 경우, ㈜A가 그 처분에 따른 소득세를 대납하고 이를 손비로 계상한 금액 2,500,000원

|  | 대표자에 대한 상여 | 기타사외유출 |
|---|---|---|
| ① | 111,575,000원 | 10,925,000원 |
| ② | 114,875,000원 | 7,625,000원 |
| ③ | 115,000,000원 | 7,500,000원 |
| ④ | 117,375,000원 | 5,125,000원 |
| ⑤ | 119,000,000원 | 3,500,000원 |

[풀이] ①

- 대표자에 대한 상여 = (1) 100,000,000원 + (2) 7,575,000원 + (3) 4,000,000원
  = 111,575,000원
- 기타사외유출 = (2) 7,425,000원 + (4) 1,000,000원 + (5) 2,500,000원 = 10,925,000원

## 연습문제 5

다음은 ㈜A의 제10기(1.1.~12.31.) 사업연도 법인세 신고를 위한 자료이다.

1. 당기 손익계산서

(단위 : 원)

| 과 목 | 금 액 |
|---|---|
| 매 출 액 | 2,556,000 |
| 매 출 원 가 | (1,757,000) |
| 매 출 총 이 익 | 799,000 |
| 판 매 비 와 관 리 비 | (570,000) |
| 영 업 이 익 | 229,000 |
| 영 업 외 수 익 | 71,000 |
| 영 업 외 비 용 | (90,000) |
| 법인세차감전순이익 | 210,000 |

2. 결산관련 추가자료

(1) 당기 말에 외상판매한 매출액 240,000원과 매출원가 180,000원이 누락되어 있다.

(2) 판매비와 관리비 중 손금귀속시기가 도래하지 아니한 선급비용 해당액 48,000
원이 포함되어 있다.

(3) 판매비와 관리비 중 기업업무추진비는 52,000원이나 세무상 한도액은 40,000원
이다.

(4) 세무상 당기에 귀속되는 이자비용 40,000원이 선급비용으로 계상되어 있다.

(5) 당기에 압축기장충당금 26,000원을 설정할 수 있으나 장부에는 반영하지 아니하였다.

(6) 당기 법인세 비용은 장부에 계상하지 않았다.

위 자료에 의하여 각 사업연도 소득금액을 계산하면 얼마인가? 단, ㈜A는 법인세 부담을 최소화하려고 한다.

① 290,000원

② 264,000원

③ 255,000원

④ 252,000원

⑤ 204,000원

|풀이| ②

| 익금산입 및 손금불산입 | | | | 손금산입 및 익금불산입 | | | |
|---|---|---|---|---|---|---|---|
| ①과목 | ②금액 | ③소득처분 | | ④과목 | ⑤금액 | ⑥소득처분 | |
| | | 처분 | 코드 | | | 처분 | 코드 |
| 매출액 | 240 000 | 유보 | 유보400 | 매출원가 | 180 000 | 유보 | 유보100 |
| 선급비용 | 48 000 | 유보 | 유보400 | 이자비용 | 40 000 | 유보 | 유보100 |
| 기업업무추진비 한도초과액 | 12 000 | 기타 사외유출 | 기타 사외유출 500 | 압축기장 충당금 | 26 000 | 유보 | 유보100 |
| 합계 | 300 000 | | | 합계 | 246 000 | | |

| ① | | | | | |
|---|---|---|---|---|---|
| 각 사 업 연 도 소 득 계 산 | | ⑩ 결 산 서 상 당 기 순 손 익 | 01 | | 210 000 |
| | 소득조정 금 액 | ⑩ 익 금 산 입 | 02 | | 300 000 |
| | | ⑩ 손 금 산 입 | 03 | | 246 000 |
| | ⑭ 차 가 감 소 득 금 액 (⑩+⑩-⑩) | | 04 | | 264 000 |
| | ⑮ 기 부 금 한 도 초 과 액 | | 05 | | 0 |
| | ⑯ 기 부 금 한 도 초 과 이 월 액 손금산입 | | 54 | | 0 |
| | ⑰ 각 사 업 연 도 소 득 금 액 (⑭+⑮-⑯) | | 06 | | 264 000 |

제3절 법인세의 계산구조 **45**

제**3**장

# 익금

## 01 익금의 개념

익금은 자본 또는 출자의 납입 및 이 법에서 규정하는 것은 제외하고 해당 법인의 순자산을 증가시키는 거래로 인하여 발생하는 수익의 금액으로 한다(법인세법 15 ①). 수익의 범위 및 구분 등에 필요한 사항은 법인세법 시행령 제11조에서 규정하고 있으나, 법인세법은 순자산증가액에 대해 원칙적으로 모두 익금으로 보기 때문에 시행령에 열거되지 않은 수익이라도 법인세법에서 달리 정하는 것을 제외하고는 익금*에 해당한다.

* 손해배상청구권 또는 손실보상청구권에 의하여 받는 보상금 등은 법인의 순자산을 증가시키는 거래로 인하여 발생하는 수익이므로 각 사업연도의 소득금액 계산상 이를 익금에 산입한다(법인세법 기본통칙 15 - 11…1).

## 02 익금의 범위

법인세법은 익금을 순자산증가설에 의하여 정의하고 있고 익금에 산입할 수 있는 대표적인 수익을 법인세법 시행령 제11조에 다음과 같이 예시적으로 나열하고 있다. 동 시행령에 구체적으로 열거되지 않은 거래라도 법인의 순자산을 증가시키는 것이라면 익금으로 보아야 한다.

### (1) 사업수입금액

사업수입금액은 기업회계기준에 따른 매출액*(매출에누리금액 및 매출할인금액은 제외함)을 말한다(법인세법 시행령 11 (1)). 매출할인을 하는 경우 상대방과의 약정에 의한 지급기일(지급기일이 정해지지 않은 경우에는 지급한 날)이 속하는 사업연도의 매출액에서 차감한다(법인세법 시행령 68 ⑤).

| (차) 외상매출금 | 1,000 | (대) **매출액** | 1,000 |
|---|---|---|---|

* 수입금액은 일반적으로 자산의 판매 또는 용역의 제공에 의해 생기는데, 그 대표적인 것은 기업회계상의 매출액이다. 매출액은 업종에 따라 도급금액, 판매금액, 보험료액 등이 될 수 있다. 여기서 설명하고 있는

수입금액은 기업회계상의 매출액과 유사한 의미로 사용되나, 수익인식방법의 차이 등으로 인해 수입금액과 기업회계상의 매출액이 반드시 일치하는 것은 아니다.

* 판매장려금의 귀속시기
  • 사전약정에 의해 지급되는 판매장려금 : 약정에 의하여 지급하는 판매장려금의 손익귀속시기는 약정에 따라 지급하기로 한 날(지급기일이 정해지지 않은 경우에는 지급한 날)이 속하는 사업연도의 매출액에서 차감한다(서이 46012-10170, 2002.1.29., 서면2팀-526, 2005.4.11.).
  • 상대방의 통지 및 승낙 등에 의하여 확정되는 판매장려금 : 최종적으로 상대방이 장려금을 결정하여 통지하는 날이 속하는 사업연도의 매출액에서 차감한다.

## (2)-1 자산의 양도금액

위 (1) 사업수입금액에 해당하지 않는 것으로서, 재고자산을 제외한 자산의 양도금액을 말한다. 재고자산의 양도금액은 (1) 사업수입금액에 해당하기 때문이다. 양도란 매도, 교환*, 법인에 대한 현물출자 등으로 인하여 그 자산이 유상으로 사실상 이전되는 것을 말하며, 토지수용의 경우도 포함된다.

기업회계기준에서는 자산처분손익을 양도가액에서 장부가액을 차감한 금액으로 처리하고(순액법), 법인세법에서는 자산의 양도가액은 익금항목으로 양도당시의 장부가액은 손금항목으로 규정(총액법)하고 있다. 이는 회계처리 방법의 차이일 뿐 금액의 차이를 발생시키지 않기 때문에 회계상 및 세무상 자산처분이익이 차이가 나는 경우에만 세무조정을 한다.

| 기업회계기준 | (차) 현금 | 1,000 | (대) 토지 | 700 |
| | | | 유형자산처분이익 | 300 |
| 법인세법 | (차) 현금 | 1,000 | (대) **양도가액(익금)** | 1,000 |
| | **장부가액(손금)** | 700 | 토지 | 700 |
| 세무조정 | 세무조정 없음 | | | |

* 교환의 경우 각 사업연도 소득금액 계산에 있어서의 양도차익은 교환에 의하여 자기가 취득하는 자산의 시가에서 교환으로 인하여 양도하는 자산의 양도당시의 장부가액을 차감하여 계산한다(서면인터넷방문상담2팀-264, 2006.2.2.).

## (2)-2 자기주식의 양도금액

자기주식(합병법인이 합병에 따라 피합병법인이 보유하던 합병법인의 주식을 취득하게 된 경우를 포함)의 양도금액은 익금에 해당한다. 따라서 자기주식을 매각함으로써 생긴 손익은 익금 또는 손금에 해당한다.

이처럼 법인세법은 법인이 취득한 자기주식도 다른 유가증권과 마찬가지로 양도성 있는 자산으로 보아 자기주식처분을 자본거래가 아닌 과세대상이 되는 손익거래로 보는 것이다. 반면 기업회계기준에서는 자기주식처분손익을 자본거래로 인한 손익으로 인식하여 자본잉여금 또는 자본조정으로 회계처리한다. 따라서 자기주식처분손익에 대해 익금산입 또는 손금산입의 세무조정이 발생한다.

〈자기주식 취득 시〉

| 기업회계기준 | (차) 자기주식 | 700 | (대) 현금 | 700 |
|---|---|---|---|---|
| 법인세법 | (차) 자기주식 | 700 | (대) 현금 | 700 |
| 세무조정 | 자기주식 700 손금산입 기타<br>자기주식 700 익금산입 유보 | | | |

〈자기주식 처분 시〉

| 기업회계기준 | (차) 현금 | 1,000 | (대) 자기주식 | 700 |
|---|---|---|---|---|
| | | | 자기주식처분이익 | 300 |
| 법인세법 | (차) 현금 | 1,000 | (대) 양도가액(익금) | 1,000 |
| | 장부가액(손금) | 700 | 자기주식 | 700 |
| 세무조정 | 자기주식 700 익금산입 기타<br>자기주식 700 손금산입 △유보 (자기주식 취득시점의 유보 추인)<br>**자기주식처분이익 300 익금산입 기타** | | | |

\* 자기주식소각익은 기업회계기준과 법인세법 모두 자본거래로 인한 손익으로 인식하므로 이에 대한 세무
  조정이 발생하지 않는다.

## (3) 자산의 임대료

이는 일시적으로 자산을 임대하여 얻는 수익으로서 손익계산서상 영업외수익을 구성하는 임대료 수익을 말한다(법인세법 시행령 11 (3)). 법인이 자산의 임대를 계속적으로 하여 수익을 얻는 경우 손익계산서상 매출액을 구성하게 되고 법인세법에서 규정하는 사업수입금액에 해당하기 때문이다. 여기에서 임대료는 부동산을 포함한 모든 자산의 대여 또는 임대에 대한 대가를 포함한다.

| (차) 현금 | 1,000 | (대) **임대료** | 1,000 |
|---|---|---|---|

\* 골프장 경영법인이 받는 입회금의 처리
  골프장을 경영하는 법인이 그 회원인 자로부터 수입한 입회금은 이를 익금에 산입한다. 다만, 정관·규약

등에서 당해 회원이 탈퇴할 때에 반환할 것을 명백히 규정하고 있을 경우에는 그러하지 아니하다(법인세법 기본통칙 15-11…5).

## (4) 자산의 평가차익

이는 법인의 자산을 시가로 평가할 때 장부가액을 초과하는 금액(시가 – 장부가액)을 말한다(법인세법 시행령 11 (4)). 이 같이 자산의 평가차익이 발생하는 경우에는 법인의 순자산을 증가시키므로 수익에 해당하므로 예시적으로 기재해 놓았지만, 대부분의 평가차익 항목은 익금불산입항목으로 규정되어 있다.

* 내국법인이 보유하는 자산 및 부채를 평가하여 장부가액을 증액 또는 감액(감가상각을 제외)한 경우에는 이를 인정하지 아니하고 그 평가하기 전의 가액을 기준으로 각 사업연도의 소득금액을 계산한다. 다만, 평가대상이 되는 자산 및 부채에 해당하는 경우에는 그러하지 아니하다(법인세 집행기준 42-0-1 ①).

## (5) 자산수증이익

법인이 주주 또는 주주 이외의 자로부터 자산을 무상으로 제공받는 경우 무상으로 받은 자산의 가액은 법인의 순자산을 증가시키므로 익금에 해당하고(법인세법 시행령 11 (5)), 무상으로 받은 자산의 가액은 취득당시의 시가에 의한다(법인세법 시행령 72 ② (7)). 다만, 자산수증이익 중 이월결손금을 보전하는 데에 충당한 금액은 익금으로 보지 않는데 이러한 예외적인 규정은 익금불산입항목에서 살펴보기로 한다.

| (차) 자산 | 1,000(시가) | (대) **자산수증이익** | 1,000 |
|---|---|---|---|

## (6) 채무면제이익

채무의 면제 또는 소멸로 인하여 부채가 감소하는 경우에는 법인의 적극재산이 증가하지는 않지만 소극재산이 감소함으로써 순자산이 증가하므로 원칙적으로 익금에 해당한다(법인세법 시행령 11 (6)). 다만, 채무면제이익 중 이월결손금을 보전하는 데에 충당한 금액은 익금으로 보지 않는데 이러한 예외적인 규정은 익금불산입항목에서 살펴보기로 한다.

| (차) 차입금 | 1,000 | (대) **채무면제이익** | 1,000 |
|---|---|---|---|

법인이 채무의 출자전환으로 주식을 발행하는 경우, 발행주식의 시가를 초과하여 발행된 금액은 익금항목인 채무면제이익으로 본다(법인세법 17 ① (1)).

| 발행가 〉 시가 〉 액면가액(자본금) | | | 발행가 〉 액면가액(자본금) 〉 시가 | | |
|---|---|---|---|---|---|
| 구분 | | 과세여부 | 구분 | | 과세여부 |
| (1) 자본금 | 액면가액 | 익금제외 | (1) 자본금 | 액면가액 | 익금제외 |
| (2) 발행가액<br>－액면가액 | 시가－액면가액 | 주식발행초과금<br>(익금불산입) | (2) 발행가액－액면가액 | | 채무면제이익<br>(익금산입) |
| | 발행가액－시가 | 채무면제이익<br>(익금산입) | * 주식발행초과금 없음 | | |

## (7) 손금에 산입한 금액 중 환입된 금액

손금에 산입한 금액 중 환입된 금액은 순자산을 증가시키는 수익의 금액에 해당한다(법인세법 시행령 11 (7)). 이는 엄격한 사업연도 독립의 원칙의 예외사항으로써 과세소득에 큰 영향을 주지 않는 범위 내에서 전기 이전에 손금에 산입한 금액 중 환입된 금액은 당해 연도의 익금으로 보고 있다.

| 구 분 | 환입액 |
|---|---|
| 지출 당시 손금에 산입된 금액 | 익금에 해당함(재산세 등) |
| 지출 당시 손금에 산입되지 않은 금액 | 익금에 해당하지 않음(법인세 등) |

## (8) 불공정자본거래로 인하여 특수관계인으로부터 분여받은 이익

특수관계인인 법인간의 합병 등 자본거래로 주주 등(소액주주등은 제외함)인 법인이 특수관계인인 다른 주주에게 이익을 분여한 경우에 이익을 분여한 법인주주에 부당행위계산의 부인대상이 되며, 이익을 분여받은 법인주주에 대하여는 분여받은 이익을 익금으로 본다(법인세법 시행령 11 (8)).

## (9) 정당한 사유 없이 회수하지 아니한 가지급금 및 그 이자

가지급금 및 그 이자로서 다음의 어느 하나에 해당하는 금액은 익금으로 본다. 다만, 채권·채무에 대한 쟁송으로 회수가 불가능한 경우 등 정당한 사유*가 있는 경우는 제외한다(법인세법 시행령 11 (9)).

① 특수관계가 소멸되는 날까지 회수하지 아니한 가지급금 등(②에 따라 익금에 산입한 이자는 제외)

② 특수관계가 소멸되지 아니한 경우로서 가지급금의 이자를 이자발생일이 속하는 사업
연도 종료일부터 1년이 되는 날까지 회수하지 아니한 경우 그 이자

\* 채권·채무에 대한 쟁송으로 회수가 불가능한 정당한 사유란 다음 각 호의 어느 하나에 해당하는 경우를
말한다(법인세법 시행규칙 6의2).
　1. 채권·채무에 대한 쟁송으로 회수가 불가능한 경우
　2. 특수관계인이 회수할 채권에 상당하는 재산을 담보로 제공하였거나 특수관계인의 소유재산에 대한 강
　제집행으로 채권을 확보하고 있는 경우
　3. 해당 채권과 상계할 수 있는 채무를 보유하고 있는 경우
　4. 그 밖에 1~3호와 비슷한 사유로서 회수하지 아니하는 것이 정당하다고 인정되는 경우

## (10) 보험회사가 적립한 책임준비금의 감소액으로서 보험감독회계기준에 따라 수익으로 계상된 금액

「보험업법」에 따른 보험회사가 같은 법 제120조에 따라 적립한 책임준비금의 감소액(할
인율의 변동에 따른 책임준비금 평가액의 감소분은 제외)으로서 보험감독회계기준에 따라
수익으로 계상된 금액은 익금으로 본다(법인세법 시행령 11 (10)).

## (11) 주택도시보증공사가 적립한 책임준비금의 감소액으로서 보험계약 국제회계기준에 따라 수익으로 계상된 금액

「주택도시기금법」에 따른 주택도시보증공사가 「주택도시기금법 시행령」 제24조에 따라
적립한 책임준비금의 감소액(할인율의 변동에 따른 책임준비금 평가액의 감소분은 제외)
으로서 보험감독회계기준에 따라 수익으로 계상된 금액은 익금으로 본다(법인세법 시행령 11
(10의 2)).

## (12) 그 밖의 수익으로서 그 법인에 귀속되었거나 귀속될 금액

법인세법은 익금을 순자산증가설에 입각하여 정의하고 시행령에서 익금의 항목이 되는
수익을 예시적으로 열거하고 있으나, 그 밖의 수익으로서 법인에 귀속되었거나 귀속될 금
액도 익금에 해당한다는 포괄적인 규정을 두고 있다(법인세법 시행령 11 (11)). 이는 지금까지
살펴본 익금의 범위는 예시에 불과할 뿐이므로 법인의 순자산을 증가시키는 수익이 있으면
모두 익금에 해당한다는 것이다.

# 03 익금산입 특례

다음의 금액은 익금으로 본다.

## (1) 특수관계인인 개인으로부터 유가증권을 저가로 매입하는 경우 그 이익

법인이 **특수관계에 있는 개인**으로부터 **유가증권**을 저가매입하는 경우에는 당해 매입가액과 시가와의 차액을 익금으로 본다(법인세법 15 ② (1)). 종전에는 자산을 저가로 매입하였다 하더라도 매입시점에 저가매입금액을 취득가액으로 인정하고 자산을 처분하는 시점에 과세하였다. 그러나 개인이 유가증권을 특수관계에 있는 법인에게 무상에 가까운 저가로 양도하여 실질적인 상속·증여를 행하였음에도 양도자인 개인에게 양도소득세를 과세할 수 없어 조세회피수단으로 악용될 수 있으므로 매수하는 법인에게 시세차익만큼 매입시점에 익금으로 보아 과세한다.

> **예제 3-1** 익금산입 특례 - 자산의 저가매입
>
> 다음의 자료를 이용하여 ㈜경희의 제11기와 제12기의 세무조정 및 소득처분을 행하시오.
>
> 1. ㈜경희는 제11기에 특수관계인인 김씨로부터 시가 200,000,000원인 자산을 150,000,000 원에 매입하고 다음과 같이 회계처리하였다.
>
> | (차) 자산 | 150,000,0000 | (대) 현금 | 150,000,000 |
> |---|---|---|---|
>
> 2. ㈜경희는 제12기에 자산을 매각하고 다음과 같이 회계처리하였다.
>
> | (차) 현금 | 250,000,0000 | (대) 자산 | 150,000,000 |
> |---|---|---|---|
> | | | 처분이익 | 100,000,000 |
>
> [CASE 1] 해당 자산이 유가증권인 경우
> [CASE 2] 해당 자산이 유가증권이 아닌 경우
>
> [풀이]
> [CASE 1] 해당 자산이 유가증권인 경우
>
> | 제11기 | | 제12기 | |
> |---|---|---|---|
> | 익금산입 50,000,000 | 유보 | 손금산입 50,000,000 | △유보 |
> | • **결산상 수익 0 < 세법상 수익 50,000,000** 법인이 특수관계에 있는 개인으로부터 유가증권을 저가매입하는 경우에는 매입시점에 시세차익만큼 익금으로 보아 과세하므로 익금산입 | | • **결산상 수익 100,000,000 > 세법상 수익 50,000,000** 전기에 자산을 과소계상하여 당기의 유형자산 처분이익을 과대계상하였으므로 해당 차이금 | |

| 제11기 | 제12기 |
|---|---|
| 하여 각 사업연도 소득을 적정하게 증가시켜야 한다. | 액을 손금산입(익금불산입)하여 각 사업연도 소득을 적정하게 감소시켜야 한다. |
| • **결산상 자산(B.V) 150,000,000 〈 세법상 자산(B.V) 200,000,000**<br>법인이 특수관계에 있는 개인으로부터 유가증권을 저가매입하는 경우에는 해당 유가증권의 취득가액은 '시가'로 보므로 유보로 처분하여 자산을 증가시켜야 한다. | • **결산상 자산(B.V) -150,000,000 〉 세법상 자산(B.V) -200,000,000**<br>한편 감소하는 자산의 장부가액은 1억 5천만원이 아닌 2억원이므로 △유보로 처분하여 자산을 감소시켜야 한다. |

[CASE 2] 해당 자산이 유가증권이 아닌 경우
  • 세무조정 사항이 발생하지 않는다.

## (2) 간접외국납부세액 공제를 받는 경우 외국법인세액에 상당하는 금액

외국자회사로부터 받은 배당수입금액에 대한 외국법인세액 즉, 간접외국납부세액 중 세액공제의 대상이 되는 금액은 익금으로 본다(법인세법 15 ② (2)).

## (3) 동업기업으로부터 배분받은 소득금액

동업기업과세특례를 적용받는 동업기업으로부터 배분받은 소득금액은 익금으로 본다.

## (4) 부동산 임대보증금에 대한 간주익금

부동산 등을 임대하고 받는 월 임대료는 익금에 해당하지만, 임대보증금이나 전세금을 받는 경우 그 금액은 부채에 해당할 뿐 익금에 해당하지 않는다. 이 경우 임대료를 받는 경우와 임대보증금을 받는 경우 과세형평이 맞지 않는 문제점이 발생한다. 이에 법인세법은 일정 요건을 갖춘 법인을 대상으로 임대보증금 등에 대해서는 그 정기예금이자상당액을 임대료로 간주하여 익금에 산입하도록 하고 있다.

### 1) 추계결정 외의 경우

비영리내국법인이 아닌 법인으로서 차입금을 과다하게 보유(차입금이 자기자본의 2배를 초과)하고 있는 부동산임대업을 주업으로 하는 법인이 부동산 또는 부동산상의 권리(주택

임대를 지원하기 위해 주택 및 주택부수토지 제외함)를 임대하고 받는 보증금, 전세금 등은 간주임대료를 계산하여 익금에 가산한다(조세특례제한법 138 ①). 이 때 소득처분은 기타사외유출로 한다.

---

간주임대료 = 〔해당 사업연도의 보증금 등의 적수－임대용 부동산의 건설비 상당액의 적수〕 × $\dfrac{1}{365(윤년\ 366)}$ × 정기예금이자율 － 금융수익

---

1. 간주임대료가 음수(－)인 경우에는 없는 것으로 본다.
2. 부동산임대업을 주업으로 하는 법인이란 기준시가에 의한 자산총액 중 임대사업에 사용된 자산이 50% 이상인 법인을 말한다.
3. 주택부수토지의 한계면적 = Max〔주택연면적, 건물정착면적 × 5배(도시지역 밖 10배)〕
4. 건설비상당액은 해당 건축물의 취득가액을 말하며, 임대사업개시일부터 적수계산한다.
5. 정기예금이자율 : 금융회사 등의 정기예금이자율을 고려하여 기획재정부령으로 정하는 이자율
   • 2024.1.1. 이후 개시하는 사업연도분부터 : 연간 3.5%
   • 2023.1.1. 이후 개시하는 사업연도분부터 : 연간 2.9%
   • 2021.1.1. 이후 개시하는 사업연도분부터 : 연간 1.2%
   • 2020.1.1.~2020.12.31 : 연간 1.8%
6. 간주임대료 계산 시 차감하는 금융수익 : 수입이자와 할인료, 배당금, 신주인수권처분이익, 유가증권처분이익의 합계액을 말하며, 유가증권처분이익이 음수(－)일 때에는 없는 것으로 보고 계산한다.

### 2) 추계에 의해 소득금액을 계산하는 경우

법인의 장부 또는 증빙서류의 미비 등으로 인해 소득금액을 추계하는 경우 부동산임대에 의한 전세금 또는 임대보증금에 대한 사업수입금액은 금융회사 등의 정기예금이자율을 적용하여 계산한 금액으로 한다(법인세법 시행령 11 (1) 단서). 추계결정하는 경우에 추계과세표준과 결산서상의 당기순이익과의 차액은 익금산입하고 상여로 소득처분한다. 이는 장부가 갖추어지지 않아서 보증금 운용수익이 확인되지 않는 법인의 보증금 중 일정금액을 임대료로 과세하기 위함이다.

---

간주임대료 = 전세금 또는 임대보증금의 적수 × $\dfrac{1}{365(윤년\ 366)}$ × 정기예금이자율

---

\* 정기예금이자율 : 금융회사 등의 정기예금이자율을 고려하여 기획재정부령으로 정하는 이자율
   • 2024.1.1. 이후 개시하는 사업연도분부터 : 연간 3.5%
   • 2023.1.1. 이후 개시하는 사업연도분부터 : 연간 2.9%

- 2021.1.1. 이후 개시하는 사업연도분부터 : 연간 1.2%
- 2020.1.1.~2020.12.31 : 연간 1.8%

---

**• 예제 3-2  익금산입 특례 – 임대보증금의 간주익금 •**

㈜경희는 부동산임대업을 주업으로 하며 법인세법상 차입금 과다법인에 해당하는 영리내국법인이다. 다음의 자료를 이용하여 ㈜경희의 제8기(20×8.1.1.~12.31.) 간주익금을 계산하고 세무조정을 행하시오.

| 임대부동산 | 상가 | 주택 |
|---|---|---|
| 임대보증금 | 120,000,000 | 80,000,000 |
| 부동산(건물분) 매입가격 | 60,000,000 | 50,000,000 |
| 임대보증금 운용수익 | 이자수익 1,000,000<br>배당금 수익 500,000 | 이자수익 650,000 |
| 임대기간 | 20×8.1.1.~20×8.12.31. | 20×7.7.1.~20×8.6.30. |

기획재정부령으로 정하는 정기예금이자율은 연간 5%이며, 1년은 365일로 가정한다.

[CASE 1] 추계결정하는 경우
[CASE 2] 장부를 작성하는 경우

[풀이]
[CASE 1] 추계결정하는 경우

$$간주임대료 = (120,000,000 \times 365 + 80,000,000 \times 181) \times \frac{1}{365} \times 5\%$$
$$= 7,983,561원 \quad 익금산입(상여)$$

[CASE 2] 장부를 작성하는 경우

$$간주임대료 = (120,000,000 \times 365 - 60,000,000 \times 365) \times \frac{1}{365} \times 5\% - 1,500,000$$
$$= 1,500,000원 \quad 익금산입(기타사외유출)$$

## (5) 의제배당

의제배당은 형식은 배당의 절차를 거치지 않았지만 그 경제적 효과가 배당과 유사한 것을 의제배당으로 보아 법인세 과세 시 익금에 산입하는데, 이는 과세의 공평을 위해 두고 있는 규정이다.

다음의 항목들은 순자산증가액임에도 불구하고 각 사업연도의 소득금액을 계산할 때 익금에 산입하지 않는다.

## [자본충실의 목적]

### (1) 주식발행액면초과액(주식발행초과금)

액면금액 이상으로 주식을 발행한 경우 그 액면금액을 초과한 금액(무액면주식의 경우에는 발행가액 중 자본금으로 계상한 금액을 초과하는 금액)을 말한다.

| | | | | |
|---|---|---|---|---|
| (차) 현금(발행가액) | 1,200 | (대) 자본금(액면가액) | | 1,000 |
| | | 주식발행초과금 | | 200 |
| | | (발행가액 – 액면가액) | | |

다만, 채무의 출자전환으로 주식 등을 발행하는 경우에는 그 주식 등의 시가를 초과하여 발행된 금액은 채무면제이익으로 보아 주식발행액면초과액에서 제외한다.

| 발행가 〉 시가 〉 액면가액(자본금) | | | 발행가 〉 액면가액(자본금) 〉 시가 | | |
|---|---|---|---|---|---|
| 구분 | | 과세여부 | 구분 | | 과세여부 |
| (1) 자본금 | 액면가액 | 익금제외 | (1) 자본금 | 액면가액 | 익금제외 |
| (2) 발행가액 –액면가액 | 시가 – 액면가액 | 주식발행초과금 (익금불산입) | (2) 발행가액 – 액면가액 | | 채무면제이익 (익금산입) |
| | 발행가액 – 시가 | 채무면제이익 (익금산입) | * 주식발행초과금 없음 | | |

### (2) 주식의 포괄적 교환차익

「상법」에 따른 주식의 포괄적 교환을 한 경우로서 자본금 증가의 한도액이 완전모회사의 증가한 자본금을 초과한 경우의 그 초과액을 말한다. 주식의 포괄적 교환은 이미 설립된 완전모회사가 다른 회사의 주주로부터 발행주식총수를 이전받고 그 대가로 완전모회사의 주식을 배정하는 것을 말한다. 이 경우 완전모회사의 주식의 포괄적 교환차익은 법정자본금은 아니지만 실질적으로 완전자회사의 주주가 납입한 부분이므로 익금으로 보지 않는다.

## (3) 주식의 포괄적 이전차익

「상법」에 따른 주식의 포괄적 이전을 한 경우로서 자본금의 한도액이 설립된 완전모회사의 자본금을 초과한 경우의 그 초과액을 말한다. 주식의 포괄적 이전은 새로이 설립되는 모회사가 다른 회사의 주주로부터 발행주식총수를 이전받고 그 대가로 완전모회사의 주식을 배정하는 것을 말한다. 이 역시 완전자회사의 주주가 납입한 부분이므로 익금으로 보지 않는다.

## (4) 감자차익

자본감소의 경우로서 그 감소액이 주식의 소각, 주금의 반환에 든 금액과 결손의 보전에 충당한 금액을 초과한 경우의 그 초과금액을 말한다. 이러한 감자차익은 자본금 감소 후에도 주주에게 반환되지 않고 납입자본으로 남아있는 부분이므로, 기업회계기준에서는 이를 자본잉여금으로 계상하고 있으며, 법인세법도 익금으로 보지 않으므로 별도의 세무조정이 발생하지 않는다.

| (차) 자본금 | 1,200 | (대) 현금 | 1,000 |
|---|---|---|---|
| | | 감자차익 | 200 |

## (5) 합병차익

「상법」에 따른 합병의 경우로서 소멸된 회사로부터 승계한 재산의 가액이 그 회사로부터 승계한 채무액, 그 회사의 주주에게 지급한 금액과 합병 후 존속하는 회사의 자본금증가액 또는 합병에 따라 설립된 회사의 자본금을 초과한 경우의 그 초과금액. 다만, 소멸된 회사로부터 승계한 재산가액이 그 회사로부터 승계한 채무액, 그 회사의 주주에게 지급한 금액과 주식가액을 초과하는 경우로서 법인세법에서 익금으로 규정한 금액은 제외한다.

## (6) 분할차익

「상법」에 따른 분할 또는 분할합병으로 설립된 회사 또는 존속하는 회사에 출자된 재산의 가액이 출자한 회사로부터 승계한 채무액, 출자한 회사의 주주에게 지급한 금액과 설립된 회사의 자본금 또는 존속하는 회사의 자본금증가액을 초과한 경우의 그 초과금액. 다만, 분할 또는 분할합병으로 설립된 회사 또는 존속하는 회사에 출자된 재산의 가액이 출자한 회사로부터 승계한 채무액, 출자한 회사의 주주에게 지급한 금액과 주식가액을 초과하는 경우로서 법인세법에서 익금으로 규정한 금액은 제외한다.

## (7) 자산수증이익(국고보조금 등은 제외)과 채무면제이익 중 이월결손금 보전에 충당한 금액(선택공제)

자산수증이익과 채무면제이익 중 이월결손금을 보전하는 데에 충당한 금액은 해당 사업연도의 익금으로 보지 않는다(법인세법 18 (6)). 이는 자본을 충실하게 함으로써 법인의 재무구조개선을 지원하기 위함이다. 또한, 여기서 말하는 이월결손금은 발생연도의 제한이 없는 세법상 결손금으로서 그 후의 각 사업연도의 과세표준을 계산할 때 공제되지 않은 금액을 말한다. 자산수증이익과 채무면제이익으로 충당된 이월결손금은 각 사업연도의 과세표준을 계산할 때 공제된 것으로 본다(법인세법 시행령 10 ③ (2)).

또한 국고보조금이 기업재무구조 개선보다는 국가사업 수행을 위하여 지원된다는 점을 고려하여 결손보전 시 익금에 산입하지 아니하는 무상으로 받은 자산 가액의 범위에서 국고보조금 등을 제외하여 익금에 산입하도록 2019.12.31. 개정되었다. 다만, 2010년 1월 1일 전에 개시한 사업연도에서 발생한 결손금에 대해서는 이러한 개정규정에도 불구하고 국고보조금 등을 해당 결손금 보전에 충당한 경우 익금으로 보지 않는다.

## (8) 출자전환으로 인한 채무면제이익 중 결손금 보전에 충당할 금액

다음 중 어느 하나에 해당하는 법인이 출자전환하는 경우 채무면제이익은 해당 사업연도의 익금에 산입하지 아니하고 그 이후의 각 사업연도에 발생한 결손금의 보전에 충당할 수 있다(법인세법 17 ②, 법인세법 시행령 15).

① 「채무자 회생 및 파산에 관한 법률」에 따라 채무를 출자로 전환하는 내용이 포함된 회생계획인가의 결정을 받은 법인
② 「기업구조조정 촉진법」에 따라 채무를 출자로 전환하는 내용이 포함된 기업개선계획의 이행을 위한 약정을 체결한 부실징후기업
③ 해당 법인에 대하여 채권을 보유하고 있는 「금융실명거래 및 비밀보장에 관한 법률」 제2조 제1호에 따른 금융회사등과 채무를 출자로 전환하는 내용이 포함된 경영정상

화계획의 이행을 위한 협약을 체결한 법인

④ 「기업 활력 제고를 위한 특별법」 제10조에 따른 사업재편계획승인을 받은 법인

### 예제 3-3  익금불산입 - 출자전환으로 인한 채무면제이익

㈜경희는 채무 100,000,000원을 변제하기 위해 주식 10,000주를 발행하는 조건으로 채무의 출자전환을 하였다.

㈜경희의 채무의 출자전환시 발행된 주식의 시가는 7,000원 그리고 주식의 액면가액은 5,000원이고 다음과 같이 회계처리하였다.

| (차) 채무 | 100,000,000 | (대) 자본금 | 50,000,000 |
|---|---|---|---|
| | | 주식발행초과금 | 50,000,000 |

1. 이 경우 법인세법에 따른 주식발행초과액과 채무면제이익은 얼마인지 계산하고, 세무조정을 행하시오.

2. ㈜경희는 채무면제이익에 대해 공제되지 않은 세법상 이월결손금 20,000,000원의 보전에 충당하기로 하였다. 이 경우 세무조정을 행하시오.

3. 만일 ㈜경희가 「채무자 회생 및 파산에 관한 법률」에 따라 채무를 출자로 전환하는 내용이 포함된 회생계획인가의 결정을 받은 법인일 경우, 법인세 최소화를 위해 할 수 있는 추가적인 세무조정을 행하시오.

[풀이]

1. 주식발행초과금 : 20,000,000원, 채무면제이익 : 30,000,000원

| 장부상 회계처리 | | | | 법인세법상 회계처리 | | | |
|---|---|---|---|---|---|---|---|
| (차) 채무 100,000,000 | (대) 자본금 | | 50,000,000 | (차) 채무 100,000,000 | (대) 자본금 | | 50,000,000 |
| | 주식발행초과금 | | 50,000,000 | | 주식발행초과금 | | 20,000,000 |
| | | | | | 채무면제이익 | | 30,000,000 |

세무조정 : 익금산입 30,000,000원 (기타)

2. 이월결손금 등 보전에 충당한 금액

채무면제이익 30,000,000원 중 20,000,000원은 공제되지 않은 세법상 이월결손금 20,000,000원의 보전에 충당하였으므로 해당 사업연도의 익금으로 보지 않는다. → 익금불산입 20,000,000원 (기타)

3. 차기 이후의 결손금 보전에 충당할 금액

잔여 채무면제이익 10,000,000원은 차기 사업연도에 발생할 결손금의 보전에 충당할 수 있으므로 해당 사업연도의 익금으로 보지 않는다(과세이연 효과). → 익금불산입 10,000,000원 (기타)

## (9) 「상법」에 따라 자본준비금을 감액하여 받는 배당(주식의 장부가액 한도)

자본준비금도 배당에 사용가능하도록 2012.4.15. 상법이 개정됨에 따라 자본준비금의 배당에 대해서는 익금불산입으로 보도록 법인세법에서 규정하였다. 이는 자본준비금을 감액하여 받는 배당은 실질적인 자본의 환급이기 때문에 익금불산입 항목으로 처리한 것이다. 다만, 의제배당으로 보는 자본준비금 및 3% 재평가적립금(합병·분할차익 중 승계된 금액 포함)을 감액하여 받은 배당은 익금으로 본다.

## [미실현이익에 대한 과세 방지]

### (10) 자산의 평가이익

미실현이익에 대한 과세를 방지하기 위해 자산의 평가이익은 원칙적으로 익금으로 보지 않는다. 다만, 다음 어느 하나에 해당하는 경우에는 익금으로 본다(법인세법 18 (1) 단서).

① 「보험업법」이나 그 밖의 법률에 따른 유형자산 및 무형자산 등의 평가이익
② 재고자산 등 일정한 경우의 자산과 부채의 평가

---

**📖 • 예제 3-4  익금불산입 - 자산의 평가이익 •**

다음의 자료를 이용하여 ㈜경희의 제12기와 제13기의 세무조정 및 소득처분을 행하시오.

1. ㈜경희는 제12기에 유형자산(장부가액 20,000,000원)의 시가가 40,000,000원으로 상승함에 따라 발생한 유형자산 평가이익에 대해 다음과 같이 회계처리하였다.

   (차) 유형자산          20,000,000          (대) 평가차익(수익)          20,000,000

2. ㈜경희는 제13기에 해당 유형자산을 매각하고 다음과 같이 회계처리하였다.

   (차) 현금          50,000,000          (대) 유형자산          40,000,000
                                              처분이익          10,000,000

[CASE 1] 평가증 20,000,000원이 법률에 따른 평가이익이 아닌 경우
[CASE 2] 평가증 20,000,000원이 법률에 따른 평가이익인 경우

[풀이]

[CASE 1] 법률에 따른 평가이익이 아닌 경우

| 제12기 | | 제13기 | |
|---|---|---|---|
| 익금불산입 20,000,000 | △유보 | 익금산입 20,000,000 | 유보 |
| • **결산상 수익 20,000,000 〉 세법상 수익 0**<br>자산의 평가이익은 원칙적으로 익금으로 보지 않는다. 그러므로 법률에 따른 평가이익이 아님에도 수익으로 회계처리 된 경우에는 해당 금액을 익금불산입하여 각 사업연도 소득을 적정하게 감소시켜야 한다. | | • **결산상 수익 10,000,000 〈 세법상 수익 30,000,000**<br>전기에 평가증을 하여 자산을 과대계상하여 당기의 유형자산처분이익을 과소계상하였으므로 해당 차이금액에 대해 익금산입하여 각 사업연도 소득을 적정하게 증가시켜야 한다. | |
| • **결산상 자산(B.V) 40,000,000 〉 세법상 자산 (B.V) 20,000,000**<br>법률에 따른 평가이익이 아닌 경우 세법은 해당 평가증을 인정하지 않으므로 과대계상된 자산가액을 △유보로 처분하여 자산을 감소시켜야 한다. | | • **결산상 자산(B.V) -40,000,000 〈 세법상 자산 (B.V) -20,000,000**<br>한편 감소하는 자산의 장부가액은 4천만원이 아닌 2천만원이므로 유보로 처분하여 자산을 증가시켜야 한다. | |

[CASE 2] 법률에 따른 평가이익인 경우
- 세무조정 사항이 발생하지 않는다.

# [이중과세 방지]

## (11) 각 사업연도의 소득으로 이미 과세된 소득(이월익금)

각 사업연도의 소득으로 이미 과세된 소득(이 법과 다른 법률에 따라 비과세되거나 면제되는 소득 포함)은 당기에 익금으로 과세하면 동일한 소득에 대해 이중과세하는 것이므로 익금에 산입하지 않는다(법인세법 18 (2)).

| (차) 현 금 | 1,000 | (대) 매출액(전기익금) | 1,000 |
|---|---|---|---|

(12) 손금에 산입하지 아니한 조세를 환급받았거나 환급받을 금액을 다른 세액
에 충당한 금액

법인세 등 지출 당시에 손금으로 인정받지 못하여 손금불산입된 금액은 익금에 산입하지
않는다(법인세법 18 (3)).

| (차) 현금 | 1,000 | (대) 법인세환급(전기손금불산입) | 1,000 |

(13) 수입배당금의 익금불산입

법인주주가 얻은 배당소득에 대해서는 일반적으로 그 배당소득을 익금불산입함으로써
이중과세를 조정하는데, 이것은 지급하는 법인단계에서 이미 법인세가 과세되었기 때문에
지급받는 법인 단계에서 다시 법인세를 과세하면 이중과세에 해당하므로 이를 방지하기 위
함이다. 이에 관하여는 의제배당 부분에서 구체적으로 살펴보기로 한다.

**[보상의 효과]**

(14) 국세 또는 지방세의 과오납금의 환급금에 대한 이자

국세 등을 과오납한 경우에는 환급금을 받게 되는데 환급금에 대한 이자(환급가산금)에
대해서는 익금으로 보지 않는다(법인세법 18 (4)). 당초 손금으로 인정되지 않은 금액에 대한
환급금은 익금으로 보지 않는데, 환급금에 대한 이자는 환급금 자체의 손금인정 여부에 관
계없이 **무조건 익금불산입(기타)**으로 처리한다.

• 예제 3-5  익금불산입 - 환급가산금 •

㈜경희는 재산세를 과오납하여 환급금 및 환급금에 대한 이자를 수령하고 다음과 같이 회계처
리하였다.

| (차) 현금 | 10,132,000 | (대) 재산세환급금(수익) | 10,000,000 |
| | | 환급금이자(수익) | 132,000 |

이 경우 세무조정 및 소득처분을 행하시오.

[풀이] 익금불산입 132,000(기타)
　　　　당초 손금으로 인정된 재산세의 환급금은 익금으로 보는데, 환급금에 대한 이자는 환급금 자체의
　　　　손금인정 여부에 관계없이 무조건 익금불산입(기타)으로 처리한다.

| 구 분 | 환급금 | 환급가산금 |
|---|---|---|
| 지출 당시 손금에 산입된 금액 | 익금 | 익금불산입 |
| 지출 당시 손금에 산입되지 않은 금액 | 익금불산입 | 익금불산입 |

## [부채의 성격]

### (15) 부가가치세의 매출세액

부가가치세는 거래세로서 정부에 납부할 금액으로 예수(매출세액)하거나 대급(매입세액)하는 성격이기 때문에 원칙적으로 수익 또는 비용으로 계상되지 않는다. 그러므로 매출세액은 익금에 해당하지 않고(법인세법 18 (5)), 매입세액은 손금에 해당하지 않는다.

### (16) 연결모법인이 연결자법인으로부터 지급받았거나 지급받을 금액

연결납세제도를 적용하는 경우 연결모법인은 연결산출세액에서 해당 연결사업연도의 감면세액 등을 차감하여 연결납부세액을 계산하여 이를 신고납부하여야 하고, 각 연결자법인은 납부세액을 연결모법인에게 지급하여야 한다. 결국 각 연결법인이 각 연결법인별 납부세액을 연결모법인에게 지급하고, 연결모법인은 이를 취합하여 관할세무서에 납부하게 된다. 그러므로 연결모법인이 연결자법인으로 지급받았거나 지급받을 개별귀속법인세액은 연결모법인의 수익이 아닌 예수금(부채)의 성격으로 보기 때문에 익금으로 보지 않는다(법인세법 18 (7)).

---

**연습문제 1**

「법인세법」상 익금에 해당하는 것은?
① 부가가치세의 매출세액
② 증자 시 주식발행액면초과액
③ 이월익금
④ 손금에 산입한 금액 중 환입된 금액
⑤ 채무의 출자전환으로 주식을 발행하는 경우 시가와 액면가액의 차이금액
  (발행가>시가>액면가인 경우)

[풀이] ④
  손금에 산입한 금액 중 환입된 금액은 익금에 해당하고, 손금에 산입하지 않은 금액 중 환입된 금액은 익금에 해당하지 않는다.

---

「법인세법」상 익금 및 익금불산입에 관한 설명이다. 옳지 않은 것은? 2020 CPA 1차

① 법인세 과세표준을 추계결정하는 법인은 임대보증금에 대한 간주임대료를 익금에 산입하되, 주택임대보증금에 대한 간주임대료는 익금에 산입하지 아니한다.

② 법인이 특수관계인인 개인으로부터 유가증권을 시가보다 낮은 가액으로 매입하는 경우 시가와 그 매입가액의 차액을 익금에 산입한다.

③ 법인의 각 사업에서 생기는 사업수입금액은 익금에 산입하되, 기업회계기준에 의한 매출에누리금액 및 매출할인금액은 산입하지 아니한다.

④ 영리내국법인 ㈜A가 자기주식을 소각하여 생긴 이익을 소각일로부터 2년 이내에 자본에 전입함에 따라 ㈜A의 주주인 영리내국법인 ㈜B가 수령하는 무상주는 의제배당으로 익금에 산입한다.

⑤ 법인이 과오납한 법인세에 대한 환급금과 그 환급금에 대한 이자를 수령한 경우 그 금액은 익금에 산입하지 아니한다.

[풀이] ①

법인세 과세표준을 추계결정하는 법인은 모든 부동산임대에 대한 보증금에 대해 간주임대료를 계산하여 익금에 산입한다.

㈜경희는 제6기(1.1.~12.31.)에 특수관계인인 K씨로부터 다음과 같은 자산을 양도받았다.

| | 법인세법상 시가 | 매매가 |
|---|---|---|
| 토지A (100평) | 250,000,000원 | 230,000,000원 |
| 유가증권B (2,000주) | 570,000,000원 | 510,000,000원 |

㈜경희는 제7기 중에 토지A(100평)는 300,000,000원, 유가증권B 중 500주를 162,500,000원에 처분하였다. ㈜경희가 양수당시 토지A와 유가증권B에 대하여 매매가로 장부에 계상하였고 유가증권B의 기말평가는 원가법에 의하여 행해졌으며 이후 처분의 거래도 회사가 정상적으로 회계처리하였다고 가정한다면 이에 대한 제6기와 제7기에 행해야 할 세무조정은?

2005 CPA 1차

| | 제6기 | 제7기 |
|---|---|---|
| ① | 익금산입 80,000,000원(유보) | 손금산입 35,000,000원(△유보) |
| ② | 익금산입 80,000,000원(유보) | 손금산입 80,000,000원(△유보) |
| ③ | 익금산입 60,000,000원(유보) | 손금산입 15,000,000원(△유보) |
| ④ | 익금산입 60,000,000원(유보) | 손금산입 60,000,000원(△유보) |
| ⑤ | 익금산입 20,000,000원(유보) | 손금산입 20,000,000원(△유보) |

풀이 ③

- 토지A의 거래에 대해서는 세무조정 사항이 발생하지 않는다.
- 유가증권B의 경우에는 익금산입특례 규정에 따라 다음과 같은 세무조정이 발생한다.
  1) 제6기 : 특수관계인인 개인으로부터 유가증권을 저가매입하는 경우 매입시점에 시세차익만큼 익금으로 보아 과세한다. → 익금산입 60,000,000원 (유보)
  2) 제7기 : 유가증권 처분비율(25%)에 따라 유보 추인 → 손금산입 15,000,000원 (△유보)

차입금적수가 자기자본적수의 2배를 초과하고 부동산임대업을 주업으로 하는 영리내국법인 ㈜A의 제24기(20×4.1.1.~20×4.12.31.) 부동산 임대에 관한 자료이다. 장부에 따라 소득금액을 계산하는 경우 제24기 임대보증금의 간주익금으로 세무조정해야 할 금액으로 옳은 것은?

2024 CPA 1차

(1) 임대료 및 임대보증금의 내용

| 구분 | 월임대료 | 임대보증금 | 계약기간 |
|---|---|---|---|
| 사무실* | 1,000,000원 | 50,000,000원 | 20×4.1.1.~20×5.12.31. |
| 주택** | 500,000원 | 200,000,000원 | 20×4.1.1.~20×5.12.31. |

* 건물 중 사무실 임대면적은 사무실 전체면적의 20%임.
** 건물 중 주택 임대면적은 주택 전체면적의 50%이고, 주택부수토지는 건물이 정착된 면적의 5배 이내 임.

(2) 상기 임대용 부동산은 20×3년 10월 1일 도시지역 내에서 취득하였고, 임대용 부동산의 건설과 관련하여 지출된 금액의 누계액은 다음과 같으며 취득일 이후 추가적인 지출은 발생하지 않았다.

| 토지 | 건물 | | 합계 |
|---|---|---|---|
| | 사무실 | 주택 | |
| 300,000,000원 | 100,000,000원 | 300,000,000원 | 700,000,000원 |

(3) 제24기 중 사무실 임대보증금의 이자수익 100,000원과 주택 임대보증금의 이자수익 200,000원이 손익계산서에 반영되어 있다.

(4) 정기예금이자율은 5%로 가정한다.

① 1,100,000원   ② 1,400,000원   ③ 3,700,000원
④ 3,800,000원   ⑤ 4,000,000원

[풀이] ②
- 장부에 따라 소득금액을 계산하는 경우 주택 및 주택부수토지를 임대하고 받는 보증금 등은 간주임대료를 계산하지 않는다.
- 간주임대료 = {50,000,000 × 365 − (100,000,000 × 20%) × 365} × 1/365 × 5% − 100,000
  = 1,400,000원 익금산입(기타사외유출)

㈜A의 제21기 사업연도(20×1.1.1.~20×1.12.31.) 법인세 신고 관련 자료이다. ㈜A의 제21기 세무조정 및 소득처분을 다음의 빈칸에 작성하시오. 단, 각 사업연도 소득금액의 최소화를 가정한다.

---

(1) ㈜A는 20×1년 3월 10일 특수관계인이 아닌 A은행과 채무를 출자로 전환한다는 내용이 포함된 경영정상화계획 이행을 위한 협약을 체결하였다.

(2) ㈜A는 20×1년 4월 26일 A은행 차입금 50,000,000원을 출자로 전환하면서 신주 5,000주(주당 액면가액 5,000원, 주당 시가 6,000원)을 A은행에 교부하고 다음과 같이 회계처리하였다.

| (차) 차입금 | 50,000,000 | (대) 자본금 | 25,000,000 |
|---|---|---|---|
| | | 주식발행초과금 | 25,000,000 |

(3) ㈜A의 제20기말 현재 세무상 이월결손금 잔액의 내역은 다음과 같다.
① 제8기 발생분 : 5,000,000원
② 제20기 발생분 : 10,000,000원

| 익금산입 및 손금불산입 | | | 손금산입 및 익금불산입 | | |
|---|---|---|---|---|---|
| 과목 | 금액 | 소득처분 | 과목 | 금액 | 소득처분 |
| | | | | | |
| 합 계 | (1) | | 합 계 | (2) | |

---

(1) _____ 원
(2) _____ 원

---

[풀이] 해당 법인에 대하여 채권을 보유하고 있는 「금융실명거래 및 비밀보장에 관한 법률」 제2조 제1호에 따른 금융회사등과 채무를 출자로 전환하는 내용이 포함된 경영정상화계획의 이행을 위한 협약을 체결한 법인이 출자전환하는 경우 채무면제이익은 해당 사업연도의 익금에 산입하지 아니하고 그 이후의 각 사업연도에 발생한 결손금의 보전에 충당할 수 있다. 즉, 이월결손금을 보전하는데에 충당한 금액 및 결손금 보전에 충당할 금액은 해당 사업연도의 익금으로 보지 않는다.

(1) 20,000,000 (2) 20,000,000

| 익금산입 및 손금불산입 | | | 손금산입 및 익금불산입 | | |
|---|---|---|---|---|---|
| 과목 | 금액 | 소득처분 | 과목 | 금액 | 소득처분 |
| 채무면제이익 | 20,000,000 | 기타 | 채무면제이익 | 15,000,000 | 기타 |
| | | | 채무면제이익 | 5,000,000 | 유보/기타 |
| 합 계 | 20,000,000 | | 합 계 | 20,000,000 | |

# 01 의제배당의 의의

　의제배당(배당금 또는 분배금의 의제)이란 상법 또는 기타 법령상의 이익배당절차나 잉여금의 분배절차를 거친 것은 아니지만 피출자법인의 잉여금이 특정한 경제적 사건에 의하여 주주에게 분배되거나 귀속됨으로써 이익배당과 동일한 경제적 효과를 가질 때에는 법인세법상 이를 사실상 이익을 배당받았거나 잉여금을 분배받은 금액으로 의제하여 주주 등인 내국법인의 각 사업연도의 소득금액에 산입하여 과세한다(법인세법 16, 법인세 집행기준 16-0-1)).

　또한 의제배당과세는 그 경제적 실질을 반영하기 위한 것이나, 현행 법인세법에서는 의제배당 유형에 대해 유상감자 등 6가지로 한정적으로 열거하고 있다.

| 법인세법상 의제배당 유형(법인세법 제16조 제1항) |
| --- |
| 1. 주식의 소각, 자본의 감소, 사원의 퇴사·탈퇴 또는 출자의 감소 |
| 2. 법인의 잉여금의 전부 또는 일부를 자본 또는 출자전입 |
| 3. 자기주식 또는 자기출자지분에 대한 불균등증자 |
| 4. 법인 해산에 따른 잔여재산분배 |
| 5. 법인 합병에 따른 합병대가의 수령 |
| 6. 법인 분할에 따른 분할대가의 수령 |

　의제배당은 배당을 받는 주주의 입장에서 귀속시기와 의제배당평가액이 쟁점이 될 뿐, 피출자법인의 과세소득 산정과는 무관함에 주의해야 한다. 즉, 의제배당은 주주가 개인이라면 소득세법에 따른 배당소득으로 과세되며, 주주가 법인이라면 의제배당금액을 수익으로 보아 법인세법에 따른 익금에 산입되므로 각 사업연도의 소득에 포함되어 법인세가 과세된다.

## 02 의제배당의 유형

### (1) 감자 등에 따른 의제배당

주식의 소각, 자본의 감소, 사원의 퇴사·탈퇴 또는 출자의 감소로 인하여 주주등인 내국법인이 취득하는 금전과 그 밖의 재산가액의 합계액이 해당 주식 또는 출자지분(이하 '주식 등'이라 함)을 취득하기 위하여 사용한 금액을 초과하는 금액은 배당으로 의제하여 익금에 산입한다(법인세법 16 ① (1)).

> 감자 등에 따른 의제배당금액 = 자본금 감소로 인해 주주 등이 받는 재산가액 − 소멸주식의 취득가액

### (2) 해산법인의 주주에 대한 의제배당

해산한 법인의 주주 등(법인으로 보는 단체의 구성원 포함)인 내국법인이 법인의 해산으로 인한 잔여재산의 분배로서 취득하는 금전과 그 밖의 재산의 가액이 그 주식 등을 취득하기 위하여 사용한 금액을 초과하는 금액은 배당으로 의제하여 익금에 입한다(법인세법 16 ① (4)).

> 해산 시 해산법인의 주주 등에 대한 의제배당금액
> = 해산으로 인한 잔여재산 분배로서 취득하는 금전 및 기타재산의 가액 − 소멸주식의 취득가액

### (3) 피합병법인의 주주에 대한 의제배당

피합병법인의 주주 등인 내국법인이 취득하는 합병대가가 그 피합병법인의 주식 등을 취득하기 위하여 사용한 금액을 초과하는 금액은 배당으로 의제하여 익금에 산입한다(법인세법 16 ① (5)).

> 합병 시 피합병법인의 주주 등에 대한 의제배당금액
> = 피합병법인의 주주 등이 합병법인으로부터 받은 합병대가 − 소멸주식의 취득가액

## (4) 분할법인의 주주에 대한 의제배당

분할법인 또는 소멸한 분할합병의 상대방 법인(이하 '분할법인 등'이라 함)의 주주인 내국법인이 취득하는 분할대가가 그 분할법인 또는 소멸한 분할합병의 상대방 법인의 주식(분할법인이 존속하는 경우에는 소각 등에 의하여 감소된 주식만 해당함)을 취득하기 위하여 사용한 금액을 초과하는 금액은 배당으로 의제하여 익금에 산입한다(법인세법 16 ① (6)).

> 분할 시 분할법인 등의 피합병법인의 주주 등에 대한 의제배당금액
> = 분할법인 등의 주주 등이 분할신설법인 등으로부터 받은 분할대가 − 소멸주식의 취득가액

 예제 3-6  의제배당 − 감자 시 의제배당

㈜경희와 ㈜A의 자료를 이용하여 보통주 소각으로 인한 ㈜경희의 의제배당금액을 계산하고 세무조정을 행하시오.

1. ㈜경희는 ㈜A의 보통주 1,000주(1주당 액면금액 5,000원)를 1주당 8,500원에 취득하였다.

2. ㈜A는 모든 주주의 보통주 30%를 1주당 12,000원의 현금을 지급하고 소각하였다.

3. 이에 ㈜경희는 다음과 같이 회계처리하였다.

   (차) 현금              3,600,000        (대) 금융자산              3,600,000

[풀이] 익금산입 1,050,000(유보)
- 감자 등에 따른 의제배당금액 = 감자 등으로 인해 주주 등이 받는 재산가액 − 소멸주식의 취득가액
  = (12,000원 × 1,000주 × 30%) − (8,500원 × 1,000주 × 30%) = 1,050,000원

| 장부상 회계처리 | | | 법인세법상 회계처리 | | |
|---|---|---|---|---|---|
| (차) 현금  3,600,000 | (대) 금융자산 | 3,600,000 | (차) 현금  3,600,000 | (대) 금융자산 | 2,550,000 |
| | | | | 배당수익 | 1,050,000 |
| 세무조정 : 익금산입 1,050,000원 (유보) | | | | | |

## (5) 잉여금의 자본전입으로 인한 의제배당

상법상 주주총회 또는 이사회의 무상증자 결의에 따라 법인의 잉여금의 전부 또는 일부를 자본이나 출자에 전입함으로써 주주등인 내국법인이 취득하는 주식 등(이하 '무상주'라 함)의 가액은 배당으로 의제하여 익금에 산입한다. 다만, 일정한 금액을 자본에 전입하는 경우는 익금으로 보지 않는데, 잉여금의 자본전입으로 인한 의제배당 해당 여부는 그 무상주 발행의 재원인 잉여금에 따라 다음과 같이 구분한다(법인세법 16 ① (2), 법인세 집행기준 16−0−5).

| 구 분 | 무상주의 재원이 되는 잉여금의 종류 | | 익금항목 해당여부 | 의제배당 해당여부 |
|---|---|---|:---:|:---:|
| 자본잉여금 | 주식발행초과금(채무의 출자전환 시 채무면제이익 제외) | | × | × |
| | 채무의 출자전환 시 채무면제이익 | | ○ | ○ |
| | 주식의 포괄적 교환차익·이전차익 | | × | × |
| | 감자차익 | 일반적인 감자차익 | × | × |
| | | 자기주식소각익으로서 ① 또는 ② ① 소각당시 시가 〉 취득가액 ② 소각일로부터 2년 내 자본전입분 | × | ○ |
| | 합병·분할차익* | 일반적인 합병·분할차익 | × | × |
| | | 적격요건을 갖춘 합병·분할차익 | ○ | ○ |
| | 재평가 적립금 | 일반적인 재평가적립금 | × | × |
| | | 재평가세율 1% 적용 토지의 재평가차액 | ○ | ○ |
| | 이익잉여금으로 상환된 상환주식의 주식발행액면초과금 | | ○ | ○ |
| | 기타 자본잉여금(자기주식처분익 등) | | ○ | ○ |
| 이익잉여금 | 법정적립금, 임의적립금, 처분전이익잉여금 등 | | ○ | ○ |

* 법인의 자본준비금이 여러 종류가 혼재되어 있을 경우 그 자본전입순서에 따라 의제배당액이 달라질 수 있는 바, 법인세법에서 별도로 정하는 경우(법인세법 시행령 12 ②, ④)를 제외하고는 **상법에 규정된 이사회의 결의에 의하여 자본에 전입하는 잉여금이 전입된 것으로 보며, 같은 잉여금 과목 내에서는 먼저 적립된 잉여금부터 순차로 전입한 것으로 본다**(서이−2377, 2006.11.21. 및 서이−210, 2008.1.31.).

* 재평가적립금의 일부를 자본 또는 출자에 전입하는 경우에는 재평가세율 1%를 적용받은 금액과 그 밖의 금액의 비율에 따라 각각 전입한 것으로 한다(법인세법 시행령 12 ④).

* 적격합병·적격분할의 경우 합병법인 등 또는 분할신설법인 등이 합병·분할차익의 일부를 자본 또는 출자에 전입하는 경우에는 다음의 순서에 따라 전입하는 것으로 한다(법인세법 시행령 12 ②).

| 구 분 | 합병·분할차익의 구성요소 | 의제배당여부 | 자본전입순서 |
|---|---|---|---|
| 합병차익 | • 합병차익 중 다음의 합계액(한도: 합병차익)<br>① 피합병법인의 장부가액을 초과하여 승계한 재산의 가액<br>② 피합병법인의 자본잉여금 중 의제배당대상 자본잉여금<br>③ 피합병법인의 이익잉여금 | ○ | 2순위 |
| | 의제배당대상 외 합병차익 | × | 1순위 |
| 분할차익 | • 분할차익 중 다음의 합계액(한도: 분할차익)<br>① 분할법인의 장부가액을 초과하여 승계한 재산의 가액<br>② 분할법인의 자본금 및 의제배당대상 자본잉여금 외의 잉여금 감소액이 분할사업부문의 순자산 장부가액에 미달하는 경우 미달금액(한도: 분할법인의 분할 전 이익잉여금과 의제배당대상 자본잉여금의 합계액) | ○ | 2순위 |
| | 의제배당대상 외 분할차익 | × | 1순위 |

이는 세법의 관점에서 회사의 이익인 각 사업연도의 소득에 포함되어 있는 과세된 잉여금을 자본금에 전입하여 무상주를 주주에게 분배한다면, 이는 회사의 이익을 주주에게 분배한 것과 그 실질이 같기 때문에 과세된 잉여금의 자본금 전입으로 인하여 받는 무상주를 배당으로 의제하는 것이다.

기업회계기준에서는 잉여금의 자본전입에 따라 지급받는 무상주의 경우, 주주의 입장에서 순자산의 변화 없이 보유주식 수만 증가한 것으로 보아 자산의 증가로 보지 않는다. 즉, 무상주의 취득(주식배당 포함) 시 수익으로 처리하지 않는다. 한편 법인세법에서는 주주 등이 지급받은 무상주에 대하여 형식상 배당은 아니지만 실질은 배당과 동일하다고 보아 배당으로 간주하므로 익금에 해당한다. 따라서 회사가 이를 수익으로 계상하지 않은 경우에는 익금산입하여야 한다.

> 📖 • 예제 3-7 의제배당 - 잉여금의 자본전입으로 인한 의제배당(자기주식 미보유) •
>
> 다음은 ㈜경희(20X8.1.1.~20X8.12.31.)의 제8기 자료이다. 의제배당 관련 세무조정을 행하시오.
>
> 1. ㈜경희는 ㈜A의 잉여금 자본전입(결의일 20×8.3.3.)으로 액면발행한 무상주 중 10%를 지분비율에 따라 수령하였으며 ㈜A의 무상증자의 재원은 다음과 같다.

| 구 분 | 금 액 |
|---|---|
| 미처분이익잉여금 | 2,000,000 |
| 자기주식처분이익 | 1,500,000 |
| 주식발행초과금*1 | 3,500,000 |
| 재평가적립금*2 | 3,000,000 |
| 합 계 | 10,000,000원 |

*1. 주식발행초과금 중에는 출자전환으로 인한 채무면제이익 500,000원이 포함되어 있다.

*2. 재평가적립금은 재평가세율 1% 적용 토지분 1,800,000원과 재평가세율 3% 적용 건물분 1,200,000 원으로 구성되어 있다.

2. ㈜경희는 무상주 수령에 대한 회계처리를 하지 않았다.

3. ㈜A가 보유한 자기주식은 없고, 수입배당금 익금불산입은 고려하지 않는다.

[풀이] 익금산입 580,000원 (유보)
- 의제배당금액 = (2,000,000원 + 1,500,000원 + 500,000원 + 1,800,000원) × 10%
  = 580,000원

| 구 분 | 금 액(원) | 의제배당 |
|---|---|---|
| 미처분이익잉여금 | 2,000,000 | ○ |
| 사기주식처분이익 | 1,500,000 | ○ |
| 주식발행초과금 | 3,000,000 | × |
| 채무면제이익 | 500,000 | ○ |
| 재평가세율 1% 적용 토지분 재평가적립금 | 1,800,000 | ○ |
| 재평가세율 3% 적용 건물분 재평가적립금 | 1,200,000 | × |

## (6) 자기주식 보유상태에서 잉여금의 자본전입으로 인한 의제배당

앞서 (5)에서 살펴본 바와 같이, 주주가 교부받은 무상주가 의제배당으로 과세되기 위해서는 당해 무상주의 원천이 법인세가 과세된 잉여금이어야 한다. 즉, 법인세가 과세되지 않은 잉여금을 자본에 전입하면서 지급하는 무상주는 의제배당 과세대상이 아니다. 그러나 이에 대한 예외로서 법인이 자기주식 또는 자기출자지분을 보유한 상태에서 자본전입을 함에 따라 그 법인 외의 주주 등인 내국법인의 지분 비율이 증가한 경우 증가한 지분 비율에 상당하는 주식 등의 가액은 배당으로 의제하여 익금에 산입한다(법인세법 16 ① (3)).

이는 자기주식을 보유한 상태에서 무상증자를 하는 경우에는 자기주식에 대해서는 무상주를 배정할 수 없기 때문에 자기주식 지분에 대한 무상주만큼 다른 주주들에게 주주를 추가로 배정하는 것이 일반적이다. 이렇게 추가로 배정받은 주식은 무상주 상당액을 신규로 배당한 것과 같은 효과가 있으므로 자기주식에 배정될 무상주 상당분의 재배정분은 자본전입 시 의제배당으로 과세하지 않는 자본잉여금이라 할지라도 의제배당으로 과세하는 것이다. 자기주식에 무상주를 배정하지 않은 경우라 할지라도 해당 법인 외의 주주 등의 지분율이 증가하게 되므로 그 증가한 지분율에 상당하는 주식가액을 배당받은 것으로 의제한다.

---

**예제 3-8  의제배당 – 잉여금의 자본전입으로 인한 의제배당(자기주식 보유)**

다음 자료를 이용하여 영리내국법인 ㈜경희의 의제배당금액을 계산하시오.

1. 영리내국법인 ㈜B는 20×5년 9월 26일(자본금 전입 결의일)에 주식발행초과금 1억원을 자본금에 전입하는 무상증자를 실시하고, 무상주 10,000주를 발행하여 주주들에게 교부하였다.

2. ㈜B의 주주인 ㈜경희(무상증자 직전 지분율은 20%임)는 ㈜B의 자기주식에 배정하지 않은 주식을 포함하여 무상주 3,000주를 수령하였다.

3. ㈜B의 발행주식 1주당 액면가액은 10,000원이다.

[풀이] 10,000,000원
• 의제배당금액 = 증가한 지분율에 상당하는 주식가액 = 무상증자 직전 지분율을 초과하여 수령한 주식가액
= (3,000주 – 10,000주 × 20%) × 10,000원 = 10,000,000원

---

## 03 의제배당금액의 계산

감자 등으로 인하여 주주 등인 내국법인이 취득하는 금전과 그 밖의 재산가액의 합계액이 해당 주식 등을 취득하기 위하여 사용한 금액을 초과하는 금액은 배당으로 의제하여 익금에 산입한다(법인세법 16 ① (1)).

감자 등에 따른 의제배당금액
= 감자 등으로 주주가 받는 재산가액의 합계액 – 소멸하는 주식의 취득가액

## (1) 주주 등이 받는 재산가액의 평가

의제배당 계산 시 감자 등의 대가로 취득한 재산 중 금전 외의 재산의 가액은 다음의 금액에 따른다(법인세법 시행령 14 ①, 법인세 집행기준 16-0-3).

| 구 분 | | | 재산가액 |
|---|---|---|---|
| 주식 및 출자지분 | ① 자본감소, 해산 | | 취득당시의 시가<br>* 불공정감자로 특수관계인으로부터 분여받은 이익이 있는 경우 동 금액 차감 |
| | ② 합병, 분할 | 적격합병·분할의 경우<br>대가를 주식으로만 받은 경우 | 종전 주식의 장부가액<br>* 다만, 투자회사 등이 취득하는 주식 등의 경우에는 영으로 한다. |
| | | 적격합병·분할의 경우<br>대가 중 일부를 금전 등으로 받은 경우 | Min(취득당시 시가, 종전 주식의 장부가액) |
| | | 적격요건 갖추지 못한 경우 | 취득당시의 시가<br>* 불공정감자로 특수관계인으로부터 분여받은 이익이 있는 경우 동 금액 차감 |
| | ③ 잉여금의 자본금 전입 | | 액면가액 또는 출자가액<br>* 주식배당의 경우 발행금액(권면액) |
| 주식 및 출자지분 외의 재산 | | | 취득당시의 시가 |

> 📈 **실무** ●
>
> **주주 등인 법인이 부동산을 감자대가로 받은 경우 의제배당 계산방법**
>
> 감자대가로 동 부동산을 지급받는 주주(법인)의 경우에는 당해 부동산의 시가가 감자된 주식의 취득가액을 초과하는 금액에 대하여 주주 등의 배당금 또는 분배금 의제에 관한 법인세법 제16조의 규정을 적용한다(서이 46012-10666, 2003.3.31.).

## (2) 소멸주식의 취득가액

### 1) 유상취득한 주식 등

의제배당액을 계산하기 위한 취득가액은 주주 등인 **법인이 실제 부담한 지출액**만을 의미하며, 실제 현금지출 등이 사용되지 않은 항목(이익분여액 등)은 차감되고 반대로 현금지출이 있었지만 취득가액에 산입되지 않은 비용(현재가치할인차금 등)은 산입된다. 이는 의제배당 자체가 법인 내부에 유보된 잉여금이 주주 등에게 분배되는 소득개념으로 파악되는 것이지 주식양수도 대가의 개념이 아니므로, 의제배당액에서 차감될 금액도 양도원가 개념이 아닌 당초의 출자금액이 되어야 하는 것이다.

### 2) 의제배당으로 과세된 무상주

무상주의 액면가액(주식배당의 경우에는 발행가액) 합계액이 주식의 취득소요가액이 된다. 단, 투자회사 등이 취득하는 무상주의 가액은 '0'으로 한다. 기업회계상으로는 무상주를 취득할 경우 별도의 수익으로 회계처리하지 않으므로 장부상 해당 주식의 취득가액을 수정하지 않지만, 세무상으로 의제배당으로 과세된 경우에는 세무상 익금으로 보아 그 액면가액을 익금산입하는 대신 동액을 세무상 해당 주식의 취득가액으로 계상한다.

한편, 의제배당으로 과세된 무상주가 무액면주식인 경우에는 해당 무상주의 귀속시기에 자본금에 전입한 금액을 자본금 전입에 따라 신규로 발행한 주식 수로 나누어 계산한 금액에 의한다(법인세법 시행령 14 ④).

### 3) 의제배당으로 과세되지 않은 무상주

의제배당으로 과세되지 않은 무상주의 취득가액은 기업회계상 및 세무상 모두 '0'으로 하는 것이며, 신·구주식 등의 1주 또는 1좌당 장부가액은 다음에 의한다(법인세법 시행령 14 ②).

$$1주(또는\ 1좌)당\ 장부가액 = \frac{구주식\ 등\ 1주(또는\ 1좌)당\ 장부가액}{1+구주식\ 등\ 1주(또는\ 1좌)당\ 신주식\ 등\ 배정수}$$

상기 산식에 의하면, 의제배당으로 과세되지 않은 무상주를 취득하는 경우 장부가액의 증가없이 주식수만 증가하는 것이므로 1주당 장부가액은 종전보다 작아지게 된다.

### 4) 위 1), 2), 3)이 혼재되어 있는 경우

① 유상취득한 주식, ② 의제배당으로 과세된 무상주, ③ 의제배당으로 과세되지 않은 무상주 등이 균등한 비율로 소멸하는 것으로 본다. 다만, 주식 등의 소각(자본금 감소 포함)일로부터 과거 2년 이내에 의제배당으로 과세되지 않은 무상주를 취득한 경우에는 그 2년 내 과세되지 않은 무상주 취득분을 먼저 소각한 것으로 보며, 그 주식의 취득가액은 '0'으로 한다. 이는 세금을 부담하지 않는 유상감자를 막기 위함이다.

## 실무

**감자로 인한 부(負)의 의제배당 시 세무처리 방법**

타법인의 주식을 보유한 법인이 동 주식의 감자로 인하여 지급받는 대가가 당해 주식을 취득하기 위하여 실제 지출한 금액 중 감자액에 상당하는 금액에 미달하는 경우 그 차액은 잔존주식의 취득가액에 포함한다(서이 46012 – 11492, 2002.8.7.).

---

**예제 3-9  의제배당금액의 계산 – 소멸주식의 취득가액**

㈜경희는 ㈜해산의 주식 100,000주를 보유하고 있었는데 ㈜해산으로부터 잔여재산의 분배를 받았다. 다음 자료에 따라 ㈜경희의 의제배당금액을 계산하시오.

1. ㈜경희는 20×9년 7월 24일에 잔여재산분배로서 ㈜해산의 주식 1주당 6,000원의 현금을 분배받고, 시가 30,000,000원인 토지를 취득하였다.

2. ㈜경희가 보유하던 ㈜해산의 주식(액면가액 1,000원/주)의 취득 상세내역은 다음과 같다.

| 취득일자 | 주식수 | 내 용 |
|---|---|---|
| 20×1년 10월 7일 | 70,000주 | 주당 5,000원에 매입 |
| 20×4년 7월 9일 | 10,000주 | 주식발행초과금 자본전입으로 인한 무상주 수령 |
| 20×8년 8월 15일 | 20,000주 | 이익잉여금 자본전입으로 인한 무상주 수령 |

[풀이] 260,000,000원

(1) 주주 등이 받는 재산가액의 합계액 : 100,000주 × 6,000원 + 30,000,000원 = 630,000,000원

(2) 소멸하는 주식의 취득가액 : 70,000주 × 5,000원 + 10,000주 × 0원 + 20,000주 × 1,000원
   = 370,000,000원
   - 의제배당금액 = (1) 주주 등이 받는 재산가액의 합계액 – (2) 소멸하는 주식의 취득가액
          = 260,000,000원

## 04 의제배당의 귀속시기

의제배당 귀속시기는 다음에 따른 날로 한다(법인세법 시행령 13).

| 구 분 | 귀속시기 |
|---|---|
| ① 감자 등으로 인한 의제배당 | 주주총회(또는 사원총회·이사회)에서 주식의 소각, 자본 또는 출자의 감소를 결의한 날<br>* 다만, 주식의 소각, 자본 또는 출자의 감소를 결의한 날의 주주와 「상법」 제354조에 따른 기준일의 주주가 다른 경우에는 상법에 따른 기준일을 말한다. |
| ② 잉여금의 자본금 전입으로 인한 의제배당 | 주주총회(또는 사원총회·이사회)에서 잉여금의 자본 또는 출자에의 전입을 결의한 날<br>* 다만, 주식의 소각, 자본 또는 출자의 감소를 결의한 날의 주주와 「상법」 제354조에 따른 기준일의 주주가 다른 경우에는 상법에 따른 기준일을 말한다. |
| ③ 해산으로 인한 의제배당 | 해당 법인의 잔여재산의 가액이 확정된 날 |
| ④ 합병으로 인한 의제배당 | 해당 법인의 합병등기일 |
| ⑤ 분할로 인한 의제배당 | 해당 법인의 분할등기일 |

# 수입배당금 익금불산입

법인의 각 사업연도 소득에 대해 1차적으로 법인세가 과세되고 법인세 납부 후 법인의 잉여금을 주주에게 배당하게 되면 주주의 배당소득에 대해 다시 2차적으로 법인세(법인주주) 또는 소득세(개인주주)가 과세된다. 따라서 법인이 획득한 하나의 소득에 대하여 소득발생시점 및 배분시점에 이중과세되는 문제가 발생한다.

이러한 이중과세를 조정하는 방안으로 현행 세법에서는 2가지 제도를 운영하고 있다.

① 배당세액공제(개인주주)

개인주주가 수령하는 배당소득금액에 대한 법인세상당액을 개인주주의 배당소득금액에 가산한 후 법인세상당액(배당세액공제액)을 종합소득세에서 전액 공제하는 방법이다.

② 배당수입금액의 익금불산입(법인주주)

법인이 수령하는 배당소득금액에 대하여 익금불산입하여 과세하지 않음으로써 이중과세를 조정하는 방법이다.

현행 법인세법상 배당수입금액의 익금불산입 제도는 익금불산입률이 최소 30%부터 최대 100%이기 때문에 100% 완벽한 이중과세 조정은 이루어질 수 없다. 이처럼 익금불산입률을 낮게 유지하는 것은 실질적인 출자없이 순환출자에 의하여 자본금규모만 확대하는 등의 확장을 억제하기 위하여 법인이 다른 법인의 주식을 취득·보유하는 것을 규제하고자 하는 세법의 취지가 반영된 것이다.

## 01 내국법인 수입배당금액의 익금불산입

내국법인(고유목적사업준비금을 손금에 산입하는 비영리내국법인은 제외*)이 해당 법인이 출자한 다른 내국법인(피출자법인)으로부터 받은 수입배당금액(의제배당금액 포함) 중 다음의 금액은 각 사업연도의 소득금액을 계산할 때 익금에 산입하지 아니한다. 이 경우 익금불산입 금액이 0보다 작은 경우에는 없는 것으로 본다(법인세법 18의2 ①).

> 익금불산입액 = 익금불산입 대상금액(수입배당금액 × 익금불산입률) − 차입금 이자 관련 익금불
> 산입 배제금액

\* 비영리내국법인이 받는 수입배당금에 대해서는 고유목적사업준비금을 설정하여 손금산입할 수 있으므로 고
유목적사업준비금을 손금에 산입하는 비영리내국법인은 수입배당금 익금불산입 적용대상에서 제외하였다.

## (1) 익금불산입 대상금액

수입배당금액 중 익금불산입액은 내국법인이 피출자법인별로 받은 수입배당금액에 다음 표의 구분에 따른 익금불산입률을 곱한 금액의 합계액으로 계산한다. 이 경우 출자한 비율은 피출자법인의 배당기준일\* 현재 3개월\* 이상 계속하여 보유하고 있는 주식 또는 출자지분을 기준으로 계산하며, 동일 종목의 주식 등의 일부를 양도한 경우에는 먼저 취득한 주식 등을 먼저 양도한 것으로 본다(법인세법 시행령 17의2 ①).

| 피출자법인에 대한 출자비율 | 익금불산입률 |
| --- | --- |
| 50% 이상 | 100% |
| 20% 이상 50% 미만 | 80% |
| 20% 미만 | 30% |

\* 내국법인이 상법의 규정에 따라 중간배당을 실시하는 경우 중간배당기준일을 배당기준일로 보아 수입배당
금의 익금불산입 규정을 적용한다(법인세 집행기준 18의2-17의2-4).
\* 배당기준일 전 3개월 이내 취득한 주식 등과 3개월을 경과하여 취득한 주식 등이 함께 있을 경우에는 총수
입배당금액 중 주식 등의 비율에 따라 안분하여 3개월 이내에 취득한 주식 등에 대하여 분배된 배당금은
전부 법인의 익금에 산입하게 된다. 배당기준일 전 3개월 이내 취득 조건을 두는 이유는 배당기준일 직전
에 주식을 취득하여 조세를 회피하는 것을 막기 위한 규정이다.

> ∼ **실무** ○
>
> 수입배당금 익금불산입률 계산 시 발행주식총수에 자기주식 포함 여부
> 내국법인이 다른 내국법인의 발행주식총수 중 다른 내국법인이 자기주식으로 보유하고 있는 주식을 제외한 나머지 주식 전부를 보유하면서 다른 내국법인으로부터 현금배당을 받은 경우 수입배당금의 익금불산입을 적용함에 있어 수입배당금액 전액에 상당하는 금액을 익금에 산입하지 아니하는 것이다. 즉, 수입배당금 익금불산입을 적용하기 위하여 출자비율을 계산하는 경우 발행주식총수에서 자기주식총수는 차감하는 것이 타당하다 (서면-2019-법령해석법인-2886, 2019.12.18.).

## (2) 차입금 이자 관련 익금불산입 배제금액

수입배당금을 받은 내국법인이 각 사업연도에 지급한 차입금의 이자가 있는 경우에는 차입금의 이자 중 익금불산입률 및 피출자법인에 대한 출자금액이 자산총액에서 차지하는 비율 등을 고려한 다음의 금액을 익금불산입 금액에서 차감한다(법인세법 18의2 ① (2)).

$$\text{차입금 이자 관련 익금불산입 배제금액} =$$
$$\text{지급이자} \times \frac{\text{익금불산입대상 주식 등의 장부가액 적수}}{\text{해당 사업연도말 현재 재무상태표상 자산총액 적수}} \times \text{익금불산입률}$$

① 지급이자 : 내국법인의 손익계산서에 계상된 지급이자를 말한다. 다만, 지급이자 손금불산입 규정에 따라 이미 손금불산입된 지급이자, 현재가치할인차금 상각액, 연지급수입에 따른 이자 상당액은 포함하지 않는다.
② 주식 등의 장부가액 : 피출자법인 주식에 대한 세무상 장부가액을 말하며 국가 및 지방자치단체로부터 현물출자받은 주식 등 및 수입배당금의 익금불산입 규정이 적용되지 않는 수입배당금액이 발생하는 주식 등의 장부가액은 제외한다.

## (3) 수입배당금 익금불산입 적용의 배제

다음 어느 하나에 해당하는 수입배당금액에 대해서는 적용하지 아니한다(법인세법 18의2 ②, 법인세법 시행령 17의2 ④, ⑤).

① 배당기준일 전 3개월 이내에 취득한 주식 등을 보유함으로써 발생하는 수입배당금액
   – 배당기준일 직전에 주식을 매입하고 직후에 매각하는 경우 수입배당금액에 대하여는 익금불산입하고 주식매각 시 배당락에 상당하는 주식양도차손이 발생하여 법인세를 감소시키는 결과를 가져와 단기보유주식에 대하여는 익금불산입을 배제하고 배당에 대한 이중과세조정을 통한 조세회피를 방지하고 있다.
② 지급한 배당에 대하여 소득공제를 적용받거나 법인세를 비과세·면제·감면받는 다음 중 어느 하나에 해당하는 법인으로부터 받은 수입배당금액
   – 법인단계에서 법인세가 과세되지 않으므로 이중과세 문제가 발생하지 않으므로 수입배당금 익금불산입 적용을 배제한다.

| 피출자법인 | 관련 법규정 |
|---|---|
| 지급한 배당에 대하여 소득공제를 적용받는 유동화전문회사·투자회사·투자목적회사 등 | 법인세법 제51조의2 |
| 지급한 배당에 대하여 소득공제를 적용받는 프로젝트금융투자회사 | 조세특례제한법 제104조의31 |
| 법인세를 감면받는 수도권 밖으로 본사를 이전하는 법인<br>(감면율이 100분의 100인 사업연도에 한정) | 조세특례제한법 제63조의2 |
| 법인세를 감면받는 제주첨단과학기술단지 입주기업<br>(감면율이 100분의 100인 사업연도에 한정) | 조세특례제한법 제121조의8 |
| 법인세를 감면받는 제주투자진흥지구 또는 제주자유무역지역 입주기업<br>(감면율이 100분의 100인 사업연도에 한정) | 조세특례제한법 제121조의9 |
| 동업기업과세특례를 적용받는 법인 | 조세특례제한법 제100조의15 |
| 지급한 배당에 대하여 소득공제를 적용받는 법인과세 신탁재산 | 법인세법 제75조의14 |

③ 3% 재평가적립금(합병·분할차익 중 승계된 금액 포함)을 감액하여 받은 수입배당금액

④ 유상감자에 따른 의제배당금액 및 자기주식이 있는 상황에서 자본잉여금의 자본전입으로 인해 발생하는 의제배당금액

## 02 외국자회사 수입배당금액의 익금불산입

내국법인(간접투자회사 등 제외)이 10% 이상 출자한 외국자회사로부터 받은 수입배당금액(의제배당금액 포함)의 100분의 95에 해당하는 금액은 각 사업연도의 소득금액을 계산할 때 익금에 산입하지 아니한다(법인세법 18의4 ①). 또한 내국법인이 해당 법인이 출자한 외국법인(외국자회사는 제외)으로부터 자본준비금을 감액하여 받는 배당으로서 익금에 산입되지 않은 배당에 준하는 성격의 수입배당금액을 받은 경우에는 출자비율에 관계없이 그 금액의 95%에 해당하는 각 사업연도의 소득금액을 계산할 때 익금에 산입하지 않는다(법인세법 18의4 ②).

익금불산입액 = 수입배당금액 × 95%

## (1) 외국자회사의 범위

내국법인이 직접 외국법인의 의결권 있는 발행주식총수 또는 출자총액의 100분의 10 (해외자원개발사업을 하는 외국법인의 경우에는 100분의 5) 이상을 출자*하고 있는 외국법인을 말한다(법인세법 시행령 18 ①).

## (2) 지분율 요건

외국자회사의 배당기준일 현재 6개월 이상 계속하여 보유(내국법인이 적격합병, 적격분할, 적격물적분할, 적격현물출자에 따라 다른 내국법인이 보유하고 있던 외국자회사의 주식등을 승계받은 때에는 그 승계 전 다른 내국법인이 외국자회사의 주식 등을 취득한 때부터 해당 주식 등을 보유한 것으로 봄)하고 있어야 한다(법인세법 시행령 18 ①).

## (3) 수입배당금 익금불산입 적용의 배제

다음에 해당하는 수입배당금액은 익금불산입을 적용하지 않는다(법인세법 18의4 ③, ④, 법인세법 시행령 18 ②, ③).

① 「국제조세조정에 관한 법률」 제27조 제1항 및 제29조 제1항·제2항에 따라 특정외국법인의 유보소득에 대하여 내국법인이 배당받은 것으로 보는 금액 및 해당 유보소득이 실제 배당된 경우의 수입배당금액
② 「국제조세조정에 관한 법률」 제27조 제1항이 적용되는 특정외국법인 중 같은 항 제1호에 따른 실제부담세액이 실제발생소득의 15퍼센트 이하인 특정외국법인의 해당 사업연도에 대한 다음의 금액을 말한다.
    1. 이익잉여금 처분액 중 이익의 배당금(해당 사업연도 중에 있었던 이익잉여금 처분에 의한 중간배당을 포함한다) 또는 잉여금의 분배금
    2. 법 제16조에 따라 배당금 또는 분배금으로 보는 금액
③ 혼성금융상품(자본 및 부채의 성격을 동시에 가지고 있는 금융상품으로서 다음 각 호의 구분에 따른 요건을 모두 갖춘 금융상품)의 거래에 따라 내국법인이 지급받는 수입배당금액
    1. 우리나라의 경우 : 우리나라의 세법에 따라 해당 금융상품을 자본으로 보아 내국법인이 해당 금융상품의 거래에 따라 거래상대방인 외국자회사로부터 지급받는 이자 및 할인료를 배당소득으로 취급할 것

2. 외국자회사가 소재한 국가의 경우 : 그 국가의 세법에 따라 해당 금융상품을 부채로 보아 외국자회사가 해당 금융상품의 거래에 따라 거래상대방인 내국법인에 지급하는 이자 및 할인료를 이자비용으로 취급할 것

④ 위 ②, ③과 유사한 것으로서 대통령령으로 정하는 수입배당금액

---

**연습문제 1**

20×7년 2월 1일 A법인이 잉여금을 자본금에 전입함에 따라 이 회사의 주주인 B법인은 무상주를 교부받았다. 자본금 전입의 재원이 다음과 같을 때 교부받은 무상주의 가액이 B법인의 배당소득에 해당하지 않는 것은? 단, 무상주 수령 후에도 B법인의 지분율은 변동이 없다.

2008 CPA 1차

① 20×2년 9월 1일에 자기주식을 처분하여 발생한 이익
② 20×3년 5월 1일에 자기주식을 소각하여 발생한 이익(소각당시 시가가 취득가액을 초과하였음)
③ 20×4년 6월 1일에 채무의 출자전환으로 주식을 발행함에 있어서 당해 주식의 시가(액면가액을 초과함)를 초과하여 발행된 금액
④ 20×5년 10월 1일에 자기주식을 소각하여 발생한 이익(소각당시 시가가 취득가액을 초과하지 아니하였음)
⑤ 20×6년 8월 1일에 발생한 자본감소 시 그 감소액이 주식소각, 주금의 반환에 소요된 금액과 결손보전에 충당된 금액을 초과하는 금액

[풀이] ⑤

| 구분 | 무상주의 재원이 되는 잉여금의 종류 | 의제배당 해당여부 |
|---|---|---|
| ① | 자기주식처분이익 | ○ |
| ② | 자기주식소각익으로서 소각당시 시가 〉 취득가액 | ○ |
| ③ | 채무의 출자전환 시 채무면제이익 | ○ |
| ④ | 자기주식소각익으로서 소각일로부터 2년 내 자본전입분 | ○ |
| ⑤ | 일반적인 감자차익 | × |

다음 자료를 이용하여 영리내국법인 ㈜A의 제9기 사업연도(20×9.1.1.~20×9.12.31.) ㈜B 주식에 대한 의제배당금액을 계산한 것으로 옳은 것은? 단, 수입배당금액의 익금불산입은 고려하지 않는다.

2018 CTA 1차 수정

(1) 20×6년 5월 1일에 ㈜A는 내국법인 ㈜B의 주식 11,000주(주당 액면가액 5,000원)를 시가인 주당 20,000원에 취득하였다.

(2) ㈜A가 제8기에 ㈜B의 잉여금 자본전입으로 인해 수령한 무상주 4,000주의 내역은 다음과 같다. 단, ㈜B가 보유한 자기주식은 없다.

| 자본전입결의일 | 무상주 | 잉여금 자본전입의 재원 |
|---|---|---|
| 20×8년 7월 1일 | 3,000주 | 주식발행초과금 |
| 20×8년 9월 1일 | 1,000주 | 자기주식처분이익 |

(3) 20×9년 2월 1일(감자결의일)에 ㈜B가 유상감자를 실시함에 따라 ㈜A는 보유주식 2,000주를 반환하고, 주당 20,000원의 현금을 감자대가로 수령하였다.

① 40,000,000원          ② 35,000,000원
③ 21,250,000원          ④ 10,000,000원
⑤ 2,500,000원

[풀이] ①

소멸하는 주식의 취득가액은 ① 유상취득한 주식, ② 의제배당으로 과세된 무상주, ③ 의제배당으로 과세되지 않은 무상주 등이 균등한 비율로 소멸하는 것으로 본다. 다만, 자본금 감소일로부터 과거 2년 이내에 의제배당으로 과세되지 않은 무상주를 취득한 경우에는 그 2년 내 과세되지 않은 무상주 취득분을 먼저 소각한 것으로 보며, 그 주식의 취득가액은 '0'으로 한다.

제조업을 영위하는 영리내국법인 ㈜A의 제11기(20×8.1.1.~20×8.12.31.) 자료이다. 의제배당 및 수입배당금 관련 세무조정이 각 사업연도 소득금액에 미치는 순영향으로 옳은 것은?

2021 CTA 1차 수정

(1) ㈜A는 ㈜B가 잉여금 자본전입(결의일: 20×8.3.3.)으로 액면발행한 무상주 중 10%를 지분비율에 따라 수령하였으며 무상증자의 재원은 다음과 같다.

| 구 분 | 금 액 |
|---|---|
| 자기주식처분이익 | 1,200,000원 |
| 주식발행초과금 | 2,000,000원 |
| 재평가적립금* | 1,500,000원 |

* 토지분(재평가세 1% 과세분) 4,000,000원과 건물분(재평가세 3% 과세분) 1,000,000원으로 구성되어 있으며, 이 중 30%를 자본전입함.

(2) ㈜B가 보유한 자기주식은 없다.
(3) ㈜A는 당기에 차입금과 지급이자가 없고, 수입배당금 익금불산입률은 30%이며 수입배당금 익금불산입 요건을 충족한다.

① 102,000원                    ② 111,000원
③ 168,000원                    ④ 238,000원
⑤ 259,000원

[풀이] ③

상법상 주주총회 또는 이사회의 무상증자 결의에 따라 법인의 잉여금의 전부 또는 일부를 자본이나 출자에 전입함으로써 주주 등인 내국법인이 취득하는 주식 등(이하 '무상주'라 함)의 가액은 배당으로 의제하여 익금에 산입한다. 다만, 일정한 금액을 자본에 전입하는 경우는 익금으로 보지 않는데, 잉여금의 자본전입으로 인한 의제배당 해당 여부는 그 무상주 발행의 재원인 잉여금에 따라 구분한다.

의제배당에 해당하는 재원 = 자기주식처분이익(1,200,000원) + 토지분 재평가적립금(4,000,000원 × 30%) = 2,400,000원이므로 이 중 ㈜A는 10%의 지분율을 가지고 있기 때문에 2,400,000원 × 10% = 240,000원에 대해 의제배당으로 익금산입한다.

익금불산입액은 (익금불산입 대상금액(수입배당금액 × 익금불산입률) - 차입금 이자 관련 익금불산입 배제금액)으로 계산되는데 차입금과 지급이자가 없기 때문에 익금불산입액은 240,000원 × 30% = 72,000원이다.

따라서, 240,000 × (1-30%) = 168,000원이 각 사업연도 소득금액에 가산된다.

다음의 자료를 이용하여 지주회사가 아닌 영리내국법인 ㈜A의 제7기 사업연도(20×7.1.1.~ 12.31.) 수입배당금 익금불산입액을 계산한 것으로 옳은 것은? 2020 회계사 1차 수정

---

(1) ㈜A는 20×7년 3월 중 비상장 영리내국법인 ㈜B, ㈜C, ㈜D로부터 수입배당금 15,000,000원을 수령하여 수익으로 계상하였다.

| 배당지급법인 | 현금 배당금* | 「법인세법」상 장부가액** | 지분율** | 주식 취득일 |
|---|---|---|---|---|
| ㈜B | 6,000,000원 | 300,000,000원 | 60% | 20×5년 8월 1일 |
| ㈜C | 6,000,000원 | 600,000,000원 | 60% | 20×6년 11월 15일 |
| ㈜D | 3,000,000원 | 600,000,000원 | 40% | 20×6년 9월 15일 |

　* 배당기준일 : 20×6년 12월 31일, 배당결의일 : 20×7년 2월 20일
　** 주식 취득 이후 주식수, 장부가액, 지분율의 변동은 없음.

(2) ㈜B, ㈜C, ㈜D는 지급배당에 대한 소득공제와 「조세특례제한법」상 감면규정 및 동업기업과세특례를 적용받지 않는다.

(3) ㈜A의 20×7년 12월 31일 현재 재무상태표상 자산총액은 5,000,000,000원이다.

(4) ㈜A의 제7기 손익계산서상 이자비용은 40,000,000원이다. 해당 이자비용 중 25,000,000 원은 채권자가 불분명한 사채의 이자비용이다.

(5) 비상장법인으로부터 수령한 수입배당금액의 익금불산입률은 다음과 같다.

| 구 분 | 익금불산입률 |
|---|---|
| 출자비율이 50% 이상인 경우 | 100% |
| 출자비율이 20% 이상 50% 미만인 경우 | 80% |

① 2,100,000원 　　　　　　　　　② 3,300,000원
③ 3,150,000원 　　　　　　　　　④ 5,010,000원
⑤ 6,060,000원

[풀이] ⑤

　수입배당금 익금불산입액 = 익금불산입 대상금액(수입배당금액 × 익금불산입률) − 차입금 이자 관련 익금불산입 배제금액으로 계산하고,

　차입금 이자 관련 익금불산입 배제금액은 (지급이자 ×

$$\frac{\text{익금불산입대상주식 등의 장부가액 적수}}{\text{해당 사업연도 말 현재 재무상태표상 자산총액 적수}} × 익금불산입률)로 계산된다.$$

① ㈜B의 수입배당금 익금불산입액 = 1)−2) = 5,100,000원

1) 6,000,000원 × 100% = 6,000,000원

2) 15,000,000원 × 300,000,000원 / 5,000,000,000원 × 100% = 900,000원

② ㈜C의 수입배당금 익금불산입액은 없다. 왜냐하면 배당기준일 전 3개월 이내에 취득한 주식 등을 보유함으로써 발생하는 수입배당금액에 대해서는 수입배당금 익금불산입을 적용하지 않기 때문이다.

③ ㈜D의 수입배당금 익금불산입액 = 1)－2) = 960,000원

1) 3,000,000원 × 80% = 2,400,000원

2) 15,000,000원 × 600,000,000원 / 5,000,000,000원 × 80% = 1.440,000원

제 **4** 장

# 손금

# 01 손금의 개념 및 비용배분의 원칙

## (1) 손금의 개념

손금은 자본 또는 출자의 환급, 잉여금의 처분 및 이 법에서 규정하는 것은 제외하고 **해당 법인의 순자산을 감소시키는 거래로 인하여 발생하는 손비**(손실 또는 비용)의 금액으로 한다(법인세법 19). 손비는 법인세법 및 다른 법률에서 달리 정하고 있는 것을 제외하고는 **그 법인의 사업과 관련하여 발생하거나 지출된 손실 또는 비용으로서** ① 일반적으로 인정되는 통상적인 것이거나 ② 수익과 직접 관련된 것으로 한다.

(비교) 익금은 자본 또는 출자의 납입 및 이 법에서 규정하는 것은 제외하고 해당 법인의 순자산을 증가시키는 거래로 인하여 발생하는 수익의 금액으로 한다. 즉 법인세법은 순자산증가액에 대해 추가적인 요건을 고려하지 않고 모두 익금으로 본다. 이에 반해 손금은 사업관련성 또는 수익관련성이라는 추가적인 요건을 고려하고 있다.

손비의 범위 및 구분 등에 필요한 사항은 법인세법 시행령 제19조에서 규정하고 있으나 이는 각 거래 유형별로 대표적인 손비를 예시적으로 나열한 것에 불과하다. 그러므로 시행령에 열거되지 않은 손비라 하더라도 해당 법인의 사업과 관련하여 발생하거나 지출된 손비는 원칙적으로 모두 손금에 해당한다.

'일반적으로 용인되는 통상적인 비용'이라 함은 납세의무자와 같은 종류의 사업을 영위하는 다른 법인도 동일한 상황 아래에서는 지출하였을 것으로 인정되는 비용을 의미하고, 그러한 비용에 해당하는지 여부는 지출의 경위와 목적, 그 형태, 액수, 효과 등을 종합적으로 고려하여 판단하여야 하는데, 특별한 사정이 없는 한 사회질서에 위반하여 지출된 비용은 여기에서 제외된다.

📈 **실무** ○

대법원 2015. 1. 15. 선고 2012두7608 판결

의약품 도매상이 약국 등 개설자에게 금전을 제공하는 것이 약사법 등 관계 법령에 따라 금지된 행위가 아니라고 하여 곧바로 사회질서에 위반하여 지출된 비용이 아니라고 단정할 수는 없고, 그것이 사회질서에 위반하여 지출된 비용에 해당하는지 여부는 그러한 지출을 허용하는 경우 야기되는 부작용, 그리고 국민의 보건과 직결되는 의약품의 공정한 유통과 거래에 미칠 영향, 이에 대한 사회적 비난의 정도, 규제의 필요성과 향후 법령상 금지될 가능성, 상관행과 선량한 풍속 등 제반 사정을 종합적으로 고려하여 사회통념에 따라 합리적으로 판단하여야 한다.

▶ 위 판결은 법인세법상 손금에 산입할 수 없는 '사회질서에 위반하여 지출된 비용'에 해당하는지 여부에 대한 판단기준을 처음으로 제시하였고, 그 판단기준은 어떠한 경제적 이익 제공행위를 법률이 금지하고 있지 않다고 하더라도 위 판단기준에 해당되면 '사회질서에 위반되어 지출된 비용'에 해당하므로 손금에 산입할 수 없게 된다는 점에서 매우 중요한 의미를 갖고 있다.

## (2) 비용배분의 원칙

법인에게 귀속되는 모든 비용은 일반적으로 공정·타당하다고 인정되는 기업회계기준에 준거하여 판매비와 일반관리비, 제조원가, 자산취득가액(자산매입부대비용을 포함) 등으로 명확히 구분하여 경리하여야 한다(법인세법 기본통칙 4-0…3).

## 02 손금의 범위

손비는 법인세법 및 법인세법 시행령에서 달리 정하는 것을 제외하고는 다음의 것을 포함한다(법인세법 시행령 19). 이는 예시적인 규정에 불과하며 동 시행령에 구체적으로 열거되지 않은 거래라도 법인의 순자산을 감소시키는 것이라면 손금으로 보아야 한다.

### (1) 판매한 상품 또는 제품에 대한 원료의 매입가액(기업회계기준에 따른 매입에누리금액 및 매입할인금액을 제외)과 그 부대비용 : 매출원가

법인세법에서는 기업회계기준에 의한 매입에누리금액 및 매입할인금액을 매입가액에서 차감하도록 규정하고 있다. 따라서 법인이 기업회계기준에 따라 매입에누리 등을 매입액에서 차감하는 회계처리를 하는 경우에는 별도의 세무조정이 필요하지 않으며, 기업회계기준

에 따라 매입에누리에 포함되는 판매장려금 또한 약정에 의하여 지급받는 때에 매입의 차
감항목으로 처리한다.

* 매출누락에 대응되는 원가상당액이 장부외 처리 되었음이 확인되는 경우에는 그 원가상당액을 손금에 산
  입한다(법인세법 기본통칙 19-19…1).

## (2) 판매한 상품 또는 제품의 보관료, 포장비, 운반비, 판매장려금 및 판매수당 등 판매와 관련된 부대비용(판매장려금 및 판매수당의 경우 사전약정 없이 지급하는 경우를 포함) : 판매부대비용

손금에 산입하는 판매부대비용이란 기업회계기준에 따라 계상한 판매 관련 부대비용을
말하는 것으로 그 범위를 예시하면 다음과 같다(법인세 집행기준 19-19-2).

1. 사전약정에 따라 협회에 지급하는 판매수수료
2. 수탁자와의 거래에 있어서 실제로 지급하는 비용
3. 관광사업 및 여행알선업을 영위하는 법인이 고객에게 통상 무료로 증정하는 수건, 모자, 쇼핑백 등의 가액
4. 용역대가에 포함되어 있는 범위내에서 자가시설의 이용자에게 동 시설의 이용시에 부수하여 제공하는 음료 등의 가액
5. 일정액 이상의 자기상품 매입자에게 자기출판물인 월간지를 일정기간 무료로 증정하는 경우의 동 월간지의 가액 상당액
6. 판매촉진을 위하여 경품부 판매를 실시하는 경우 경품으로 제공하는 제품 또는 상품 등의 가액
7. 기타 위와 유사한 성질이 있는 금액

## (3) 양도한 자산의 양도당시의 (세무상)장부가액

양도자산의 장부가액은 수익항목인 자산의 양도금액에 대응되는 항목으로, 재고자산을
제외한 자산을 말한다. 기업회계상으로는 매매목적이 아닌 자산의 양도로 인하여 발생하는
양도금액과 장부가액과의 차액은 순액으로 표시하고, 세무상으로는 양도금액과 장부가액
을 총액으로 표시하여 각 익금과 손금에 규정하고 있다. 순액법 또는 총액법 표기의 차이는
각 사업연도의 소득금액계산상에는 아무런 차이를 발생시키지 않으므로 별도의 세무조정
은 필요하지 않다.

## (4) 인건비

인건비가 손비가 됨을 규정하고 있을 뿐 그 내용과 범위에 관하여 규정하고 있지 않으므로 사회통념 또는 관련법령의 개념을 원용하여 사용하는 수밖에 없다. 근로기준법에서는 인건비를 임금으로 총칭하고 있는데, 임금이라 함은 근로의 대가로 근로자에게 임금, 봉급 그 밖에 어떠한 명칭으로든지 지급하는 일체의 금품을 말하며 근로라 함은 정신노동과 육체노동을 포괄한다(근로기준법 2).

해외현지법인에 파견한 근로자의 급여를 내국법인이 부담하는 경우 손금산입 여부에 대하여는 논란이 되고 있다. 국세청은 유권해석을 통해 그 직원이 사실상 내국법인의 업무에 종사하는 경우에 한하여 손금에 산입할 수 있다고 하고 있으나, "사실상 내국법인의 업무에 종사하는 것"이 구체적으로 무엇인지에 대해서 언급이 없기 때문에 이는 사실판단사항으로 여전히 쟁점이 되고 있다.

내국법인의 해외주재원에 대한 인건비 부담을 완화하기 위하여 내국법인이 해외법인 주재원에 지급한 소정의 인건비는 손금에 산입한다. 즉, 내국법인이 ①발행주식총수(또는 출자지분)의 100%를 직·간접 출자한 해외현지법인에 파견된 임원 또는 직원의 인건비로서 ②근로소득세를 원천징수하여 납부하고, ③해당 내국법인이 지급한 인건비가 해당 내국법인 및 해외출자법인이 지급한 인건비 합계액의 50% 미만인 경우에는 인건비로 손금에 산입한다(법인세법 시행령 19 (3)).

> ### 📈 실무
>
> 중견기업에 해당하는 내국법인이 100분의 100을 직접 또는 간접 출자한 해외현지법인에 임직원을 파견하고 지급한 사업연도별 인건비가 내국법인과 해외현지법인이 지급한 인건비 합계의 100분의 50 이상인 경우 해당 임직원이 사실상 내국법인의 업무에 종사하지 않을 시에는 동 인건비 전액을 손금에 산입할 수 없는 것임(서면-2020-법인-2823, 2020.8.25.).

## (5) 임원 또는 직원의 출산 또는 양육 지원을 위해 임직원에게 공통적으로 적용되는 지급기준에 따라 지급하는 금액

### (6) 유형자산의 수선비

유형자산을 취득한 후 그 자산과 관련하여 비용을 지출한 경우 그 지출의 결과로 나타나는 효익이 당기에 끝나버림으로써 지출연도의 비용이 되는 부분을 수선비라고 하며, 기업회계상 및 세법상의 용어로는 수익적 지출이라 한다.

### (7) 유형자산 및 무형자산에 대한 감가상각비

법인세법에서는 각 사업연도의 손비로 인정되는 감가상각액의 범위에 대하여 상세하게 규정하고 있으며 법에서 정하는 한도액을 초과하는 금액에 대하여는 손금으로 인정하지 않는다(법인세법 23).

### (8) 특수관계인으로부터 자산 양수를 하면서 기업회계기준에 따라 장부에 계상한 자산의 가액이 시가에 미달하는 경우 실제 취득가액(실제 취득가액이 시가를 초과하는 경우에는 시가)과 장부에 계상한 가액과의 차이에 대하여 계산한 감가상각비 상당액

### (9) 자산의 임차료

임차료는 임차기간의 경과에 따라 법인의 손금에 산입하며, 당해 사업연도 종료일 현재 기간이 경과되지 아니한 임차료를 지급한 경우에는 이를 선급비용으로 처리하여야 하고 당해 사업연도의 손금에 산입할 수 없다.

### (10) 차입금이자

차입금이자 또는 지급이자는 타인자본사용에 대한 반대급부로서 원본에 가산하여 지급하는 이자비용뿐만 아니라 어음할인 및 할인채발행 등에서 발행하는 할인료를 포함한다. 지급이자는 원칙적으로 전액 법인의 손비항목이나 법인의 불건전한 자산운용을 규제하고자 하는 조세정책적 목적 등으로 인해 별도로 법에서 정하는 경우에는 이를 자산의 취득원가로 자본화하거나 법인의 손금에 영구적으로 산입할 수 없다.

## (11) 회수할 수 없는 부가가치세 매출세액미수금(「부가가치세법」에 따라 대손세액공제를 받지 아니한 것에 한정함)

대손금 중 부가가치세 매출세액미수금은 재화 또는 용역을 판매한 법인이 해당 재화 또는 용역을 구입한 법인으로부터 징수하여 납부하는 것이므로 법인의 손금으로 할 수 없는 것이 원칙이다. 그러나 거래상대방이 부도·파산 등의 대손사유가 발생하여 거래상대방으로부터 회수할 수 없는 매출세액미수금은 법인의 손금으로 한다. 다만, 부가가치세법에 따라 대손세액공제를 받지 아니한 것에 한정한다.

## (12) 자산의 평가차손

자산의 평가손실은 법인의 손비항목이나, 재고자산 등 일정한 자산* 이외의 자산의 평가손실은 대부분 손금불산입항목으로 규정하고 있으므로 손금산입이 제한된다.

* 재고자산으로서 파손·부패 등의 사유로 인하여 정상가격으로 판매할 수 없는 것, 유형자산으로서 천재지변·화재 등 대통령령이 정하는 사유로 인하여 멸실된 것, 대통령령이 정하는 주식 등으로서 그 발생법인이 부도가 발생한 경우 또는 회생계획인가의 결정을 받았거나 부실징후기업이 된 경우 또는 파산한 경우의 것의 평가차손이 손비로 인정됨을 규정하고 있다.

## (13) 세금과공과금(외국납부세액공제를 적용하지 않는 경우의 외국법인세액을 포함함)

세금과공과금은 국세와 지방세를 의미하는 세금과 국가나 공공단체에 의하여 그 구성원에게 강제적으로 부과되는 공적 부담금을 의미하는 공과금을 합한 것을 말한다. 법인이 부담하는 세금과공과금은 법인의 순자산을 감소시키는 손비항목에 해당하나 당해 세금과공과금의 법적 성격이나 조세정책상의 목적 등으로 손금불산입되는 세금과공과금에 대하여는 법인세법에서 별도로 규정하고 있다(법인세법 21).

## (14) 영업자가 조직한 단체로서 법인이거나 주무관청에 등록된 조합 또는 협회에 지급한 회비

영업자가 조직한 단체로서 법인이거나 주무관청에 등록된 조합 또는 협회에 지급한 회비는 손금에 산입한다. 그러나 임의로 조직된 조합 또는 협회에 지급한 회비는 손금에 산입하지 않는다. 여기서 '조합 또는 협회에 지급한 회비'라 함은 조합 또는 협회가 법령 또는 정관이 정하는 바에 따른 정상적인 회비징수 방식에 의하여 경상경비 충당 등을 목적으로 조합원 또는 회원에게 부과하는 회비를 말한다(법인세법 시행규칙 10 ②).

(15) 광업의 탐광비(탐광을 위한 개발비를 포함함)

(16) 보건복지부장관이 정하는 무료진료권 또는 새마을진료권에 의하여 행한 무
료진료의 가액

(17) 「식품등 기부 활성화에 관한 법률」에 따른 식품 및 생활용품(이하 "식품 등")
의 제조업·도매업 또는 소매업을 영위하는 내국법인이 해당 사업에서 발
생한 잉여 식품 등을 같은 법에 따른 제공자 또는 제공자가 지정하는 자에
게 무상으로 기증하는 경우 기증한 잉여 식품 등의 장부가액(이 경우 그 금액
은 기부금에 포함하지 아니한다. 즉 전액 손금에 산입함)

(18) 업무와 관련있는 해외시찰·훈련비

　임원 또는 직원의 해외여행에 관련하여 지급하는 여비는 그 해외여행이 당해 법인의 업
무수행 상 통상 필요하다고 인정되는 부분의 금액에 한한다. 따라서 법인의 업무수행 상
필요하다고 인정되지 아니하는 해외여행의 여비와 법인의 업무수행 상 필요하다고 인정되
는 금액을 초과하는 부분의 금액은 원칙적으로 당해 임원 또는 직원에 대한 급여로 한다.
다만, 그 해외 여행이 여행기간의 거의 전 기간을 통하여 분명히 법인의 업무수행 상 필요
하다고 인정되는 것인 경우에는 그 해외여행을 위해 지급하는 여비는 사회통념상 합리적인
기준에 의하여 계산하고 있는 등, 부당하게 다액이 아니라고 인정되는 한 전액을 당해 법인
의 손금으로 한다(법인세법 기본통칙 19-19…22).

\* 법인세법 기본통칙 19-19…24 【해외여행 동반자의 여비처리】
　임원이 법인의 업무수행 상 필요하다고 인정되는 해외여행에 그 친족 또는 그 업무에 상시 종사하고 있지
아니하는 자를 동반한 경우에 있어서 그 동반자와 관련된 여비를 법인이 부담하는 때의 그 여비는 그 임원
에 대한 급여로 한다. 다만, 그 동반이 다음 각호의 1의 경우와 같이 분명히 그 해외여행의 목적을 달성하
기 위하여 필요한 동반이라고 인정되는 때에는 그러하지 아니하다.
1. 그 임원이 상시 보좌를 필요로 하는 신체장애자이므로 동반하는 경우
2. 국제회의의 참석 등에 배우자를 필수적으로 동반하도록 하는 경우
3. 그 여행의 목적을 수행하기 위하여 외국어에 능숙한 자 또는 고도의 전문적 지식을 지니는 자를 필요로
　하는 경우에 그러한 적임자가 법인의 임원이나 직원 가운데 없기 때문에 임시로 위촉한 자를 동반하는 경우

(19) 다음 어느 하나에 해당하는 운영비 또는 수당

① 「초·중등교육법」에 설치된 근로청소년을 위한 특별학급 또는 산업체부설중·고등학교의 운영비

② 「산업교육진흥 및 산학연협력촉진에 관한 법률」 제8조의 규정에 따라 교육기관이 당해 법인과의 계약에 의하여 채용을 조건으로 설치·운영하는 직업교육훈련과정·학과 등의 운영비

③ 「직업교육훈련 촉진법」 제7조의 규정에 따른 현장실습에 참여하는 학생들에게 지급하는 수당

④ 「고등교육법」 제22조의 규정에 따른 현장실습수업에 참여하는 학생들에게 지급하는 수당

(20) 우리사주조합에 출연하는 자사주의 장부가액 또는 금품

법인이 우리사주조합에 자사주 외 부동산 등 금품을 출연하는 경우 당해 출연자산의 가액은 시가에 의하는 것이며 이 경우 그 시가와 장부가액과의 차액은 당해 사업연도의 소득금액 계산 시 익금에 산입한다(법인세법 기본통칙 19-19…45).

(21) 장식·환경미화 등의 목적으로 사무실·복도 등 여러 사람이 볼 수 있는 공간에 항상 전시하는 미술품의 취득가액을 그 취득한 날이 속하는 사업연도의 손비로 계상한 경우에는 그 취득가액(취득가액이 거래단위별로 1,000만원 이하인 것으로 한정)

장식·환경미화 등을 위하여 사무실·복도 등 여러 사람이 볼 수 있는 공간에 상시 비치하는 취득가액 1천만원 이하의 소액 미술품에 대하여는 업무관련성을 인정하여 결산조정에 의해 그 취득가액을 취득일이 속하는 사업연도의 결산확정시 손비로 계상한 경우 손금으로 산입할 수 있다.

(22) 광고선전 목적으로 기증한 물품의 구입비용[특정인에게 기증한 물품(개당 3만원 이하의 물품은 제외)의 경우에는 연간 5만원 이내의 금액으로 한정한다]

(23) 임직원이 다음 어느 하나에 해당하는 주식매수선택권 또는 주식이나 주식가

치에 상당하는 금전으로 지급받는 상여금으로서 주식기준보상을 행사하거나 지급받는 경우 해당 주식매수선택권 또는 주식기준보상(이하 "주식매수선택권 등"이라 함)을 부여하거나 지급한 법인에게 그 행사 또는 지급비용으로서 보전하는 금액

① 「금융지주회사법」에 따른 금융지주회사로부터 부여받거나 지급받은 주식매수선택권 등

* 주식매수선택권은 「상법」 제542조의3에 따라 부여받은 경우만 해당한다.

② 해외모법인으로부터 부여받거나 지급받은 주식매수선택권 등으로서 법 소정의 것

(24) 「상법」, 「벤처기업육성에 관한 특별조치법」 또는 「소재·부품·장비산업 경쟁력강화를 위한 특별조치법」에 따른 주식매수선택권 또는 금전을 부여받거나 지급받은 자에 대한 다음의 금액. 다만, 해당 법인의 발행주식총수의 100분의 10 범위에서 부여하거나 지급한 경우로 한정한다.

① 주식매수선택권을 부여받은 경우로서 다음의 어느 하나에 해당하는 경우 해당 금액
- 약정된 주식매수시기에 약정된 주식의 매수가액과 시가의 차액을 금전 또는 해당 법인의 주식으로 지급하는 경우의 해당 금액
- 약정된 주식매수시기에 주식매수선택권 행사에 따라 주식을 시가보다 낮게 발행하는 경우 그 주식의 실제 매수가액과 시가의 차액
② 주식기준보상으로 금전을 지급하는 경우 해당 금액

(25) 중소·중견기업이 부담하는 핵심인력 성과보상기금 기여금

중소기업 및 중견기업이 핵심인력 성과보상기금에 납입하는 기여금은 손금으로 인정한다. 이 경우 기여금의 손금산입은 일정 기간이 지나 근로자에게 지급하는 시점이 아닌 기여금을 납입하는 시점이 된다.

(26) 유가족에게 지급하는 학자금 등

법인이 임원 또는 직원(지배주주 등인 자는 제외)의 사망 이후 유족에게 학자금 등으로 일시적으로 지급하는 금액으로서 임원 또는 직원의 사망 전에 정관이나, 주주총회·사원총회 또는 이사회의 결의에 의하여 결정되어 임직원에게 공통적으로 적용되는 지급기준에 따라 지급되는 것은 손금으로 인정된다.

(27) 다음의 기금에 출연하는 금품

① 해당 내국법인이 설립한 「근로복지기본법」 제50조에 따른 사내근로복지기금
② 해당 내국법인과 다른 내국법인 간에 공동으로 설립한 「근로복지기본법」 제86조의2
에 따른 공동근로복지기금
③ 해당 내국법인의 「조세특례제한법」 제8조의3 제1항 제1호에 따른 협력중소기업이 설
립한 「근로복지기본법」 제50조에 따른 사내근로복지기금
④ 해당 내국법인의 「조세특례제한법」 제8조의3 제1항 제1호에 따른 협력중소기업 간에
공동으로 설립한 「근로복지기본법」 제86조의2에 따른 공동근로복지기금

(28) 보험회사가 적립한 책임준비금의 증가액으로서 보험감독회계기준에 따라
비용으로 계상된 금액

「보험업법」에 따른 보험회사가 같은 법 제120조에 따라 적립한 책임준비금의 증가액(할
인율의 변동에 따른 책임준비금 평가액의 증가분은 제외)으로서 보험감독회계기준에 따
라 비용으로 계상된 금액은 손금으로 본다.

(29) 주택도시보증공사가 적립한 책임준비금의 증가액으로서 보험계약 국제회
계기준에 따라 비용으로 계상된 금액

「주택도시기금법」에 따른 주택도시보증공사가 「주택도시기금법 시행령」 제24조에 따라 적
립한 책임준비금의 증가액(할인율의 변동에 따른 책임준비금 평가액의 증가분 제외)으로서
보험감독회계기준에 따라 수익으로 계상된 금액은 익금으로 본다(법인세법 시행령 19 (23의 2)).

(30) 그 밖의 손비로서 그 법인에 귀속되었거나 귀속될 금액

법인세법은 손금을 순자산감소설에 입각하여 정의하고 시행령에서 순자산을 감소시키는
거래가 되는 사항을 원천별로 나열하면서 본문에서는 "다음 각 호의 것을 포함한다"고 규
정하고 있고, 그 밖의 손비로서 그 법인에 귀속되었거나 귀속될 금액도 손금에 해당한다는
포괄적인 규정을 두고 있다. 이는 지금까지 살펴본 손비의 범위는 예시적 규정에 불과하므
로 예시된 항목 외에도 법인에 귀속될 손비가 있으면 당연히 손금에 해당한다는 것을 의미
한다.

## 제2절 손금불산입항목

손금불산입이란 법인의 순자산을 감소시키는 거래로 인하여 발생하는 손비이지만 그 손비의 성질 또는 조세정책적인 목적 등으로 손금에 산입하지 아니하는 것을 말하며, 그 항목은 다음과 같다(법인세 집행기준 19-0-3).

| 손금불산입항목 | 규정 |
|---|---|
| ① 대손금의 손금불산입 | 법인세법 제19조의2 |
| ② 자본거래 등으로 인한 손비의 손금불산입<br>• 잉여금의 처분을 손비로 계상한 금액<br>• 주식할인발행차금 | 법인세법 제20조 |
| ③ 세금과공과금의 손금불산입<br>• 법인세 및 법인지방소득세, 세법에 규정된 의무불이행으로 인하여 납부하는 세액, 부가가치세 매입세액<br>• 판매하지 아니한 제품에 대한 반출필의 개별소비세 · 주세의 미납액<br>• 벌금 · 과료 · 과태료 · 가산금 및 체납처분비<br>• 법령에 따라 의무적으로 납부하는 것이 아닌 공과금<br>• 법령의 위반에 대한 제재로서 부과되는 공과금<br>• 연결자법인이 연결모법인에게 지급하는 연결법인세액 | 법인세법 제21조 |
| ④ 징벌적 목적의 손해배상금 등에 대한 손금불산입 | 법인세법 제21조의2 |
| ⑤ 자산의 평가손실의 손금불산입<br>• 다음의 자산에 대한 평가차손 이외의 자산의 임의평가차손<br> ㉠ 재고자산, 유가증권, 화폐성외화자산 · 부채, 통화선도 등을 법의 평가방법에 따라 평가함으로서 발생하는 평가차손<br> ㉡ 법 요건에 해당하는 재고자산, 고정자산, 주식 등의 감액손실 | 법인세법 제22조 |
| ⑥ 감가상각비의 손금불산입 | 법인세법 제23조 |
| ⑦ 기부금의 손금불산입 | 법인세법 제24조 |
| ⑧ 기업업무추진비의 손금불산입 | 법인세법 제25조 |
| ⑨ 과다경비 등의 손금불산입<br>• 인건비<br>• 복리후생비<br>• 여비 및 교육훈련비<br>• 공동경비<br>• 이 외에 법인의 업무와 직접 관련이 적다고 인정되는 경비로서 대통령령으로 정하는 것 (현재 시행령 규정 없음) | 법인세법 제26조 |

| 손금불산입항목 | 규정 |
|---|---|
| ⑩ 업무와 관련없는 비용의 손금불산입, 업무용승용차 관련비용의 손금불산입 | 법인세법 제27조 및 제27조의2 |
| ⑪ 지급이자의 손금불산입<br>• 채권자 불분명 사채이자<br>• 지급받은 자가 불분명한 채권·증권의 이자와 할인액<br>• 건설자금이자<br>• 업무무관자산·가지급금에 대한 지급이자 | 법인세법 제28조 |

| 제3절 | **과다경비(일부) 및 업무무관비용의 손금불산입** |
|---|---|

## 01 과다경비 등의 손금불산입

### (1) 여비 및 교육훈련비의 손금불산입

법인이 임원 또는 직원이 아닌 **지배주주 등(특수관계인 포함)에게 지급한** 여비 또는 교육훈련비는 해당 사업연도의 소득금액을 계산할 때 손금에 산입하지 아니한다(법인세법 시행령 46).

* 직원으로 채용하기 위해 해외거주자의 귀국항공료 및 이사비용을 법인이 부담하는 경우 손금산입됨(법인 22601 – 694, 1988.3.10.).

### (2) 공동경비의 손금불산입

법인이 해당 법인 외의 자와 동일한 조직 또는 사업 등을 공동으로 운영하거나 영위함에 따라 발생되거나 지출된 손비 중 **다음 기준에 따른 분담금액을 초과하는 금액은** 해당 법인의 소득금액을 계산할 때 손금에 산입하지 아니한다(법인세법 시행령 48, 법인세법 시행규칙 25, 법인세 집행기준 26 – 48 – 1).

| 구 분 | | 분담기준 |
|---|---|---|
| 1. 출자에 의하여 특정사업을 공동으로 영위하는 경우(출자공동사업) | | 출자비율 |
| 2. 기타 비출자 공동사업의 경우 | ① 비출자공동사업자 사이에 특수관계가 있는 경우 | 직전 사업연도 또는 해당 사업연도의 매출액 비율과 총자산가액* 비율 중 법인이 선택*한 비율 (다만, 다음의 손비에 대하여는 다음의 기준에 따를 수 있다.<br>• 공동행사비 : 참석인원비율<br>• 공동구매비 : 구매금액비율<br>• 국외 공동광고선전비 : 수출금액비율<br>• 국내 공동광고선전비 : 국내 매출액비율<br>• 무형자산의 공동사용료 : 해당 사업연도 개시일의 자본총액비율) |

| 구 분 | 분담기준 |
|---|---|
| ② 비출자공동사업자 사이에 특수관계가 없는 경우 | 약정에 따른 분담비율<br>(다만, 해당 비율이 없는 경우에는 ①의 분담기준에 따른다) |

* 한 공동사업자가 다른 공동사업자의 지분을 보유하고 있는 경우 총자산가액에서 그 주식의 장부가액은 제외한다.
* 선택하지 아니한 경우에는 직전 사업연도의 매출액 총액을 선택한 것으로 보며, 선택한 사업연도부터 연속하여 5개 사업연도 동안 적용하여야 한다.


## 02 업무와 관련 없는 비용의 손금불산입

내국법인이 지출한 비용 중 다음의 금액은 각 사업연도의 소득금액을 계산할 때 손금에 산입하지 아니한다(법인세법 27).

(1) 해당 법인의 업무와 직접 관련이 없다고 인정되는 자산(이하 "업무무관자산"이라 함)을 취득·관리함으로써 생기는 비용, 유지비, 수선비 및 이와 관련되는 비용 ⇨ 보유단계 비용 제재

* 취득세 및 등록세는 제외한다. 즉 업무무관자산의 취득세 등은 세법상 자산가액을 구성한다.

| 구 분 | 업무무관자산 |
|---|---|
| 부동산 | ① 법인의 업무에 직접 사용하지 아니하는 부동산*(다만, 유예기간이 경과하기 전까지의 기간 중에 있는 부동산은 제외)<br>② 유예기간 중에 해당 법인의 업무에 직접 사용하지 아니하고 양도하는 부동산(다만, 부동산매매업을 주업으로 하는 경우는 제외) |
| 동산 | ① 서화 및 골동품(다만, 장식·환경미화 등의 목적으로 사무실·복도 등 여러 사람이 볼 수 있는 공간에 항상 비치하는 것을 제외)<br>② 업무에 직접 사용하지 아니하는 자동차·선박 및 항공기(저당권의 실행 기타 채권을 변제받기 위하여 취득한 것으로서 취득일부터 3년이 경과되지 아니한 것을 제외)<br>③ 기타 위 ①, ②와 유사한 자산으로서 해당 법인의 업무에 직접 사용하지 아니하는 자산 |

* 다만, 법령에 의하여 사용이 금지되거나 제한된 부동산, 유동화전문회사가 등록한 자산유동화계획에 따라 양도하는 부동산 등 기획재정부령으로 정하는 부득이한 사유가 있는 부동산을 제외한다.
* 비업무용 부동산 판정 시 법인이 부동산을 취득하기 전부터 이미 해당 부동산이 관련 법령 등에 따라 사용이

금지 또는 제한되어 있는 경우에는 비업무용 부동산에서 제외되지 아니한다(법인세 집행기준 27-49-4).

* 유예기간은 일반적인 부동산은 2년으로 하고, 건축물 등 신축용 토지와 부동산매매업 등을 주업으로 하는 법인이 취득한 부동산은 5년으로 한다(법인세법 시행규칙 26 ①).

## (2) 위 (1)외에 해당 법인의 업무와 직접 관련이 없다고 인정되는 지출금액

① 해당 법인이 직접 사용하지 않고 **타인**(비출자 임원, 소액주주 등*인 임원, 직원 제외) **이 주로 사용하는 장소 · 건축물 · 물건 등의 유지비 · 관리비 · 사용료**와 이와 관련되는 지출금

> * "소액주주 등"이란 발행주식총수 또는 출자총액의 100분의 1에 미달하는 주식 등을 소유한 주주 등 (해당 법인의 지배주주 등의 특수관계인은 제외)을 말한다(법인세법 시행령 50 ②).

② 해당 **법인의 주주 등**(소액주주 등은 제외) **또는 출자임원**(소액주주인 임원 제외) **또는 그 친족이 사용하는 사택의 유지비 · 관리비 · 사용료**와 이와 관련되는 지출금

③ 업무무관자산을 취득하기 위한 **자금의 차입과 관련된 비용**(지급보증료, 알선수수료, 인지세, 서류작성비용, 담보설정비용 등)

④ 해당 법인이 공여한 「형법」 또는 「국제상거래에 있어서 외국공무원에 대한 뇌물방지법」에 따른 **뇌물에 해당하는 금전** 및 금전 외의 자산과 경제적 이익의 합계액

⑤ 「노동조합 및 노동관계조정법」에 따른 **노동조합의 업무 전임자가 전임기간동안 받는 급여 등**(다만, 사용자가 동의하는 경우에는 근로시간 면제한도를 초과하지 않는 범위 내에서 노동조합의 유지관리 업무 가능)

## 01 조세(세금)

### (1) 일반적인 원칙

법인세법상 제세공과금은 세금과공과금을 포함하는 개념이다. 세금은 국세와 지방세를 의미하며 공과금은 국가나 공공단체에 의하여 그 구성원에게 강제적으로 부과되는 공적 부담금을 말한다. 법인이 세금과공과금을 납부하는 것은 당해 법인의 순자산을 감소시키는 거래이기 때문에 법인세법상 손금에 해당한다(법인세법 시행령 19 (10)).

### (2) 예외 : 손금불산입

다음의 세금은 내국법인의 각 사업연도의 소득금액을 계산할 때 손금에 산입하지 아니한다.

#### 1) 법인세, 외국법인세액*, 법인지방소득세, 농어촌특별세, 가산세 ⋯ 손금불산입 (기타사외유출)

기업회계기준에서는 법인세 등을 공제한 후에 당기순이익을 산출하도록 함으로써 비용설을 취하고 있으나, 법인세법에서는 법인세 등을 그 성질상 이익잉여금의 처분에 의하여 납부한다는 이익처분의 성격으로 보기 때문에 당해 사업연도 중에 납부하였거나 납부할 법인세 등은 손금불산입항목으로 본다. 또한 의무불이행에 대한 제재로서 부과되는 가산세 등은 징벌의 효과를 감소시키지 않기 위해 손금불산입한다.

\* 익금불산입의 적용대상이 되는 외국자회사 수입배당금액에 대하여 외국에 납부한 세액과 외국납부세액공제를 적용하는 경우의 외국법인세액은 손금에 산입하지 않는다.

#### 2) 부가가치세 매입세액 공제액(매입세액불공제액 제외) ⋯ 손금불산입(유보)

현행 부가가치세법은 전단계 매입세액공제방법에 따라 매출세액에서 매입세액을 공제하여 납부할 세액과 환급세액을 결정한다. 이 경우 회계처리에 있어서 매입세액은 부가가치세대급금 등 자산계정으로, 매출세액은 부가가치세예수금 등 부채계정으로 계상하여 부가가치세 신고 시 부가가치세대급금과 부가가치세예수금을 상계처리하고 있으므로 부가가치세 매입세액은 손금으로 처리되지 않는다.

그러나, 본래부터 부가가치세법상 공제되지 않는 매입세액은 손금으로 인정된다. 다만, 이 경우에도 세법상의 의무불이행으로 인한 경우 또는 사업과 관련 없는 매입세액인 경우에는 손금으로 인정받을 수 없다.

| 구 분 | 세무상 처리방법 |
|---|---|
| 면세사업 관련 매입세액 | • 자산취득 : 해당자산의 취득가액에 가산<br>• 관련비용 : 해당연도 손금 |
| 비영업용 소형승용차의 구입·유지에 관한 매입세액 | • 구입관련 : 취득원가에 가산<br>• 유지관련 : 해당연도 손금 |
| 기업업무추진비 관련 매입세액 | 기업업무추진비에 합산하여 한도 내 손금인정 |
| 임대보증금의 간주임대료에 대한 부가가치세 | 약정에 따라 임차인·임대인 중 부담하는 자의 손금인정 |
| 영수증발급 사업자로부터 영수증을 교부받은 거래분에 포함된 매입세액 | 매입세액공제대상이 아닌 금액은 손금산입 |
| 의제매입세액 및 재활용폐자원 등에 대한 매입세액 공제액 | 원재료의 매입가액에서 공제 |

### 3) 반출하였으나 판매하지 아니한 제품에 대한 개별소비세 또는 주세의 미납액 … 손금불산입(유보)

개별소비세법상의 과세물품이나 주세법상의 주류 등은 아직 판매되지 않았더라도 제조장에서 반출되면 과세하도록 하고 있기 때문에 법인이 아직 구매자로부터 징수하지 않은 소비세를 선납하는 결과가 되며 구매자에 대한 미실현채권에 해당한다. 따라서 자산으로 처리하여야 하며 손금에 계상하면 손금불산입되는 것이다.

| | | | | | |
|---|---|---|---|---|---|
| ① 직매장 반출시 | (차) 소비세대급금 | ××× | (대) 소비세예수금 | | ××× |
| ② 납부시 | (차) 소비세예수금 | ××× | (대) 현금 | | ××× |
| ③ 판매시 | (차) 외상매출금 | ××× | (대) 매출 | | ××× |
| | | | 소비세대급금 | | ××× |
| ④ 결산시 | (차) 매출원가 | ××× | (대) 제품 | | ××× |

세액상당액을 구매자에 대한 미실현채권으로 보아 손비처리하지 않고 제품가격에 가산하면 결국 손금불산입할 필요가 없게 된다. 그러나, 제품가격에 가산한 소비세 상당액을 매출가격에 포함시켜 거래상대방에게 전가함으로써 기업회계상 매출액과 매출원가를 과대계

상하게 된다. 따라서, 결산시에는 과대계상된 매출액과 매출원가를 상계하여야 할 것이다.

| ① 직매장 반출시 | (차) 제품 | ××× | (대) 소비세예수금 | ××× |
|---|---|---|---|---|
| ② 납부시 | (차) 소비세예수금 | ××× | (대) 현금 | ××× |
| ③ 판매시 | (차) 외상매출금 | ××× | (대) 매출 | ××× |
| ④ 결산시 | (차) 매출원가 | ××× | (대) 제품 | ××× |
| | 매출 | ×××(소비세상당액) | 매출원가 | ×××(소비세상당액) |

\* 법인세 등 다음의 손비는 각 사업연도의 소득금액 계산상 이를 손금에 산입하지 아니한다(법인세 집행기준 21-0-1).
  1. 법인세 또는 법인지방소득세와 각 세법에 규정된 의무불이행으로 인하여 납부하는 세액 및 부가가치세 매입세액
  2. 내국법인이 외국법에 따라 외국에서 납부한 제1호와 같은 성질의 제세공과금(외국납부세액 공제한도 초과액과 이월공제 기간이 경과하여 공제받지 못하는 금액을 포함). 다만, 외국납부세액 손금산입 방법을 선택한 경우에 손금산입하는 외국납부세액을 제외한다.
  3. 원천징수의무자가 원천징수세액을 징수하지 아니하고 대신 납부한 원천징수세액
  4. 제2차 납세의무자로서 납부한 법인세 등(다만, 출자법인이 해산한 법인으로부터 잔여재산을 분배받은 후 해산한 법인의 법인세를 제2차 납세의무자로서 납부한 경우에는 다른 제2차 납세의무자 등에게 구상권을 행사할 수 없는 부분에 한하여 손금에 산입할 수 있음)
  5. 세금계산서를 제출하지 아니함으로써 공제받지 못한 부가가치세 매입세액

## 02 벌과금, 과태료, 가산금 및 강제징수비

법인이 납부한 벌과금(통고처분에 의한 벌금 또는 과료에 상당하는 금액을 포함)·과태료(과료와 과태금을 포함)·가산금 및 강제징수비는 손금에 산입하지 않는다(기타사외유출). 사회질서의 유지 또는 불법행위에 대한 제재로서 부과하는 벌금·과료·과태료 등을 소득금액계산상 손금으로 인정하게 된다면 법인세액만큼 벌금·과료·과태료 등을 경감시키게 되어 제재의 효과가 반감되기 때문이다.

| 손금(법인세 집행기준 21-0-3) | 손금불산입항목(법인세 집행기준 21-0-2) |
|---|---|
| ① 사계약상의 의무불이행으로 인하여 부담하는 **지체상금**(정부와 납품계약으로 인한 지체상금을 포함하며 구상권 행사가 가능한 지체상금을 제외함) | ① 법인의 임원 또는 직원이 **관세법**을 위반하고 지급한 벌과금 |
| ② 보세구역에 보관되어 있는 수출용 원자재가 관세법상의 보관기간 경과로 국고에 귀속이 확정된 자산의 가액 | ② 업무와 관련하여 발생한 교통사고 벌과금(**교통법규** 위반) |
| | ③ 「고용보험 및 산업재해보상보험의 보험료 징수 등에 관한 법률」 제24조에 따라 징수하는 산업재해보상보험료의 가산금 |

| 손금(법인세 집행기준 21-0-3) | 손금불산입항목(법인세 집행기준 21-0-2) |
|---|---|
| ③ 철도화차 사용료의 미납액에 대하여 가산되는 <u>연체이자</u><br>④ 「고용보험 및 산업재해보상보험의 보험료 징수 등에 관한 법률」 제25조에 따른 산업재해보상보험료의 <u>연체금</u><br>⑤ 국유지 사용료의 납부지연에 따른 <u>연체료</u><br>⑥ 전기요금의 납부지연으로 인한 <u>연체가산금</u> | ④ 금융기관의 최저예금지급준비금 부족에 대하여 「한국은행법」 제60조에 따라 금융기관이 한국은행에 납부하는 과태금<br>⑤ 「국민건강보험법」 제80조에 따라 징수하는 연체금<br>⑥ 외국의 법률에 따라 국외에서 납부한 벌금 |

 **실무** ○

4대보험 연체금 및 가산금 손금산입 여부

| 구 분 | 연체금 | 가산금 |
|---|---|---|
| 국민연금 | 손금산입 | 손금불산입 |
| 건강보험 | 손금불산입 | 손금불산입 |
| 고용보험 | 손금산입 | 손금불산입 |
| 산재보험 | 손금산입 | 손금불산입 |

## 03 공과금

　공과금이라 함은 국가 또는 공공단체에 의하여 국민 또는 공공단체의 구성원에게 강제로 부과되는 공적 부담을 총칭하는 것이며 조세와 공적 비용부담을 포함하는 개념이나, 법인세법에서는 이를 구분하여 전자는 제세, 후자는 공과금이라 하고 있다. 공과금은 법인의 순자산을 감소시키므로 원칙적으로 손금에 해당하지만, 다음의 공과금은 손금불산입(기타사외유출)한다.

① 법령에 따라 의무적으로 납부하는 것이 아닌 공과금
② 법령에 따른 의무의 불이행 또는 금지·제한 등의 위반을 이유로 부과되는 공과금

* 공과금과 구분하여야 할 개념으로서 국가 또는 공공단체가 제공한 용역·물품·시설에 대한 반대급부로서 공법상의 사용료와 수수료가 있는데, 이는 공과금이 아닌 일반적 손비로 인정된다(법인 22601-1929, 1992.9.16.).

## 04 징벌적 목적의 손해배상금

내국법인이 지급한 손해배상금 중 실제 발생한 손해를 초과하여 지급하는 다음의 금액은 내국법인의 각 사업연도의 소득금액을 계산할 때 손금에 산입하지 아니한다(법인세법 21의2, 법인세법 시행령 23 ①). 이는 법률에서 징벌적 목적으로 실제 발생한 손해액을 초과하는 금액을 지급하도록 하는 것이므로 이러한 법 규정의 취지를 반영하여 손금에 산입하지 않는 것이다.

(1) 다음 어느 하나에 해당하는 법률 또는 이와 유사한 그 밖의 법률의 규정에 따라 지급한 손해배상액 중 실제 발생한 손해액을 초과하는 금액

① 「가맹사업거래의 공정화에 관한 법률」 제37조의2 제2항
② 「개인정보 보호법」 제39조 제3항
③ 「공익신고자 보호법」 제29조의2 제1항
④ 「기간제 및 단시간근로자 보호 등에 관한 법률」 제13조 제2항
⑤ 「대리점거래의 공정화에 관한 법률」 제34조 제2항
⑥ 「신용정보의 이용 및 보호에 관한 법률」 제43조 제2항
⑦ 「제조물 책임법」 제3조 제2항
⑧ 「파견근로자보호 등에 관한 법률」 제21조 제3항
⑨ 「하도급거래 공정화에 관한 법률」 제35조 제2항
⑩ 「남녀고용평등과 일·가정 양립 지원에 관한 법률」 제29조의2 제2항
⑪ 「농수산물 품질관리법」 제37조 제2항
⑫ 「대규모유통업에서의 거래 공정화에 관한 법률」 제35조의2 제2항
⑬ 「대·중소기업 상생협력 촉진에 관한 법률」 제40조의2 제2항

⑭ 「독점규제 및 공정거래에 관한 법률」 제109조 제2항

⑮ 「디자인보호법」 제115조 제7항

⑯ 「부정경쟁방지 및 영업비밀보호에 관한 법률」 제14조의2 제6항

⑰ 「산업기술의 유출방지 및 보호에 관한 법률」 제22조의2 제2항

⑱ 「상표법」 제110조 제7항

⑲ 「식물신품종 보호법」 제85조 제2항

⑳ 「실용신안법」 제30조

㉑ 「자동차관리법」 제74조의2 제2항

㉒ 「중대재해 처벌 등에 관한 법률」 제15조 제1항

㉓ 「축산계열화사업에 관한 법률」 제34조의2 제2항

㉔ 「특허법」 제128조 제8항

㉕ 「환경보건법」 제19조 제2항

(2) 외국의 법령에 따라 지급한 손해배상액 중 실제 발생한 손해액을 초과하여 손해배상금을 지급하는 경우 실제 발생한 손해액을 초과하는 금액

위 (1), (2)를 적용할 때 실제 발생한 손해액이 분명하지 아니한 경우에는 다음 계산식에 따라 계산한 금액을 **손금불산입 대상 손해배상금**으로 한다(법인세법 시행령 23 ②).

$$\text{손금불산입 대상 손해배상금} = A \times \frac{B - 1}{B}$$

A : 지급한 손해배상금
B : 실제 발생한 손해액 대비 손해배상액의 배수 상한

• 예제 4-1　손금불산입항목 – 세금과공과금 •

**다음은 ㈜경희의 회계처리 내용이다. 이에 관한 세무조정을 행하시오.**

1. ㈜경희는 제8기에 업무와 관련하여 발생한 교통사고 벌과금 1,000,000원을 지급하고 이에 대해 다음과 같이 회계처리하였다.

   (차) 세금과공과금　　　　　　　1,000,000　　　　(대) 현금　　　　　　　　　　1,000,000

2. ㈜경희는 제9기에 사업관련 토지를 50,000,000원에 매입하였는데 이에 대한 취득세 2,000,000원을 기한 내 납부하지 못하여 가산세 500,000원을 추가로 납부하고 다음과 같이 회계처리하였다.

   (차) 토지　　　　　　　　　52,500,000　　　　(대) 현금　　　　　　　　　52,500,000

3. ㈜경희는 제10기에 토지를 1억원에 양도하고 다음과 같이 회계처리하였다.

   | (차) 현금 | 100,000,000 | (대) | 토지 | 52,500,000 |
   | | | | 유형자산처분이익 | 47,500,000 |

[풀이]

(1) 제8기 세무조정 : 손금불산입 1,000,000원 (기타사외유출)

(2) 제9기 세무조정

| 장부상 회계처리 | | | 법인세법상 회계처리 | | |
|---|---|---|---|---|---|
| (차) 토지 | 52,500,000 (대) 현금 | 52,500,000 | (차) 토지 | 52,000,000 (대) 현금 | 52,500,000 |
| | | | 가산세(손不) | 500,000 | |
| 세무조정 : 손금산입 500,000원 (△유보), 손금불산입 500,000원 (기타사외유출) | | | | | |

(3) 제10기 세무조정

| 장부상 회계처리 | | | 법인세법상 회계처리 | | |
|---|---|---|---|---|---|
| (차) 현금 | 100,000,000 (대) 토지 | 52,500,000 | (차) 현금 | 100,000,000 (대) 토지 | 52,000,000 |
| | 처분이익 | 47,500,000 | | 처분이익 | 48,000,000 |
| 세무조정 : 익금산입 500,000원 (유보) | | | | | |

**116**　제4장　손금

인건비는 근로의 대가로 지급되는 비용으로서 급여·상여·퇴직급여 및 복리후생비 등을 모두 포함한다. 법인세법상 인건비는 법인의 순자산을 감소시키는 거래로 인한 손비이므로 원칙적으로 손금으로 인정하지만, 인건비 중 과다하거나 부당하다고 인정하는 금액은 손금에 산입하지 아니한다(법인세법 26 (1), (2)). 이에 법인세법은 그 지급대상(직원·임원) 그리고 인건비의 종류(급여·상여·퇴직급여 및 복리후생비)에 따라 법인의 손금산입 여부를 달리 규정하고 있다.

## 01 급여

근로제공의 대가로 정기적으로 지급하는 일반적인 급여는 직원과 임원을 구분하지 아니하고 원칙적으로 전액 손금에 산입하나, 다음의 급여는 손금에 산입하지 아니한다(법인세집행기준 26-43-1).

---

① **지배주주 등\*(특수관계에 있는 자 포함)인 임원 또는 직원**에게 정당한 사유없이 동일 직위에 있는 지배주주 등 외의 임원 또는 직원에게 지급하는 금액을 초과하여 보수를 지급한 경우 그 초과금액
② 법인의 **비상근임원**에게 지급하는 보수 중 부당행위계산 부인에 해당하는 경우

---

\* 지배주주 등 : 법인의 발행주식총수 또는 출자총액의 100분의 1 이상을 소유한 주주 등으로서 그와 특수관계에 있는 자와의 소유 주식 또는 출자지분의 합계가 해당 법인의 주주 등 중 가장 많은 경우의 해당 주주 등을 말한다. (지배주주 집단의 개념)

\* 근로자의 구분
① 근로자는 임원과 직원으로 구분되며, 임원은 다음 어느 하나의 직무에 종사하는 자를 말한다. 임원에 해당하는지 여부는 그 직책에 관계없이 종사하는 직무의 실질내용에 따라 판단한다.
　1. 법인의 회장, 사장, 부사장, 이사장, 대표이사, 전무이사 및 상무이사 등 이사회의 구성원 전원과 청산인
　2. 합명회사, 합자회사 및 유한회사의 업무집행사원 또는 이사
　3. 유한책임회사의 업무집행자
　4. 감사
　5. 그 밖에 제1호부터 제4호까지에 준하는 직무에 종사하는 자
② 직원이란 법인과의 근로계약에 의하여 근로를 제공하고 그 대가를 받는 종업원을 말하며 임원은 제외한다.

## 02 상여

법인이 임원 또는 직원에게 지급하는 일반적인 상여금은 원칙적으로 손금에 산입된다. 다만, 이익처분에 의하여 지급하는 상여금과 급여지급기준을 초과하는 금액은 손금불산입한다(법인세법 시행령 43 ①, ②).

### (1) 이익처분에 의한 상여금

법인이 **그 임원 또는 직원에게** 이익처분에 의하여 지급하는 상여금은 이를 손금에 산입하지 아니한다. 이 경우 합명회사 또는 합자회사의 노무출자사원에게 지급하는 보수는 이익처분에 의한 상여로 본다.

### (2) 급여지급기준을 초과한 상여금

법인이 **임원에게** 지급하는 상여금 중 정관·주주총회·사원총회 또는 이사회의 결의에 의하여 결정된 급여지급기준에 의하여 지급하는 금액을 초과하여 지급한 경우 그 초과금액은 이를 손금에 산입하지 아니한다. 단, 직원에게 지급하는 상여금은 제한없이 손금에 산입한다.

| 급여 및 상여의 손금인정 여부 |

| 구 분 | | 직 원 | 임 원 | 합명회사 또는 합자회사의 노무출자사원 |
|---|---|---|---|---|
| ① 일반급여 | | 손금산입 | 손금산입 | 손금불산입 (이익처분에 의한 상여) |
| ② 상여금 | 일반 상여금 | 손금산입 | 급여지급기준에 의한 금액 범위 내 손금산입 | |
| | 이익처분에 의한 상여금 | 손금불산입 | 손금불산입 | |

## 03 퇴직급여

퇴직급여란 임원 또는 직원이 일정기간 근속하고 퇴직하는 경우에 연금 또는 일시금으로 지급하는 인건비를 말하며, 법인세법상 퇴직급여는 「근로자퇴직급여 보장법」에 따른 퇴직금 및 퇴직연금으로서 임원 또는 직원이 현실적으로 퇴직하는 경우에 지급하는 것에 한하여 손금에 산입한다.

### (1) 현실적인 퇴직

법인이 임원 또는 직원에게 지급하는 퇴직급여는 임원 또는 직원이 현실적으로 퇴직하는 경우에 지급하는 것에 한하여 이를 손금에 산입한다(법인세법 시행령 44 ①). 현실적으로 퇴직하지 아니한 임원 또는 직원에게 지급한 퇴직급여는 해당 임원 또는 직원이 현실적으로 퇴직할 때까지 이를 업무무관 가지급금으로 본다(법인세법 시행규칙 22 ②).

| 현실적인 퇴직으로 보는 경우 | 현실적인 퇴직으로 보지 않는 경우 |
|---|---|
| ① 법인의 직원이 해당 법인의 임원으로 취임한 경우 ② 법인의 임원 또는 직원이 사규에 의하여 정년퇴직을 한 후 다음날 동 법인의 별정직 사원(촉탁)으로 채용된 경우 ③ 법인의 임원 또는 직원이 그 법인의 조직변경·합병·분할 또는 사업양도에 의하여 퇴직한 때 ④ 법인의 상근임원이 비상근임원으로 된 경우 ⑤ 「근로자퇴직급여 보장법」에 따라 퇴직급여를 중간정산하여 지급한 경우(종전에 퇴직급여를 중간정산하여 지급한 적이 있는 경우에는 직전 중간정산 대상기간이 종료한 다음 날부터 기산하여 퇴직급여를 중간정산한 것을 말함) ⑥ 정관 또는 정관에서 위임된 퇴직급여지급규정에 따라 장기 요양 등 일정한 사유*로 그 때까지의 퇴직급여를 중간정산하여 임원에게 지급한 경우 | ① 임원이 연임된 경우 ② 법인의 대주주 변동으로 인하여 계산의 편의, 기타 사유로 모든 직원에게 퇴직급여를 지급한 경우 ③ 외국법인의 국내지점 종업원이 본점(본국)으로 전출하는 경우 ④ 정부투자기관 등이 민영화됨에 따라 전종업원의 사표를 일단 수리한 후 재채용한 경우 ⑤ 「근로자퇴직급여 보장법」 제8조 제2항에 따라 퇴직급여를 중간정산하기로 하였으나 이를 실제로 지급하지 아니한 경우. 다만, 확정된 중간정산 퇴직급여를 회사의 자금사정 등을 이유로 퇴직급여 전액을 일시에 지급하지 못하고 노사합의에 따라 일정기간 분할하여 지급하기로 한 경우에는 그 최초 지급일이 속하는 사업연도의 손금에 산입한다. |

\* 퇴직급여지급규정에 따른 일정한 사유란 다음 어느 하나에 해당하는 경우를 말한다.
　① 중간정산일 현재 1년 이상 주택을 소유하지 아니한 세대의 세대주인 임원이 주택을 구입하려는 경우

(중간정산일부터 3개월 내에 해당 주택을 취득하는 경우만 해당함)

② 임원(임원의 배우자 및 생계를 같이 하는 부양가족 포함)이 3개월 이상의 질병 치료 또는 요양을 필요로 하는 경우

③ 천재·지변, 그 밖에 이에 준하는 재해를 입은 경우

\* 법인의 해산에 의하여 퇴직하는 임원 또는 직원에게 지급하는 해산수당 또는 퇴직위로금 등은 최종 사업연도의 손금으로 한다(법인세법 시행령 43 ⑤).

예제 4 - 2  인건비 - 퇴직급여

㈜경희가 K임원에게 퇴직급여 1억원을 지급하고 다음과 같이 회계처리하였다. 이에 관한 세무조정을 행하시오. 단, ㈜경희가 K임원에게 지급한 퇴직급여는 정관에서 정하는 적정한 금액에 해당한다.

| (차) 퇴직급여 | 100,000,000 | (대) 현금 | 100,000,000 |
|---|---|---|---|

[CASE 1] K임원이 연임된 경우
[CASE 2] K임원이 상근임원에서 비상근임원으로 변경된 경우

[풀이]
[CASE 1] K임원이 연임된 경우
법인이 임직원에게 지급하는 퇴직급여는 임직원이 현실적으로 퇴직하는 경우에 지급하는 것에 한해 손금에 산입한다. 임원이 연임된 경우는 현실적인 퇴직으로 보지 않으므로 해당 임직원이 현실적으로 퇴직할 때까지 이를 업무무관 가지급금으로 본다.

| 장부상 회계처리 | | | | 법인세법상 회계처리 | | | |
|---|---|---|---|---|---|---|---|
| (차) 퇴직급여 | 100,000,000 | (대) 현금 | 100,000,000 | (차) 가지급금 | 100,000,000 | (대) 현금 | 100,000,000 |
| 세무조정 : 손금불산입 100,000,000 (유보) | | | | | | | |

[CASE 2] K임원이 상근임원에서 비상근임원으로 변경된 경우
상근임원에서 비상근임원으로 변경된 경우는 현실적인 퇴직에 해당하므로 법인이 임직원에게 지급한 퇴직급여는 손금에 산입한다. 즉, 법인이 임직원에게 퇴직금을 지급하고 비용으로 계상하였다면 세무조정 사항이 발생하지 않는다.

## (2) 임원 퇴직급여 한도

직원에게 지급하는 퇴직급여(퇴직급여지급규정이 있는 경우에는 동 규정에 따라 계산한 금액, 퇴직급여지급규정이 없는 경우에는 「근로자퇴직급여 보장법」에 따라 계산한 금액)는 전액 손금에 산입하나, 임원에게 지급한 퇴직급여 중 다음의 금액을 초과하는 금액은 이를 손금에 산입하지 아니하고 해당 임원에 대한 상여로 처분한다(법인세법 시행령 43 ③).

① 정관에 퇴직급여(퇴직위로금 등 포함)로 지급할 금액이 정하여진 경우 : 정관에 정하여진 금액(정관에서 위임된 퇴직급여지급규정이 따로 있는 경우에는 해당 규정에 의한 금액)

② 그 외의 경우 : 퇴직 전 1년 간 총급여액 × 10% × 근속연수

* 총급여액은 소득세법에 따라 ㉠ 근로를 제공함으로써 받는 봉급·급료·보수·세비·임금·상여·수당과 이와 유사한 성질의 급여 ㉡ 법인의 주주총회·사원총회 또는 이에 준하는 의결기관의 결의에 따라 상여로 받는 소득으로 하되 비과세 근로소득 및 손금에 산입하지 않은 금액은 제외한다.
* 근속연수 : 역년에 의하여 계산한 근속연수를 말하며, 1년 미만의 기간은 월수로 계산하되, 1개월 미만의 기간은 이를 산입하지 않는다. 이 경우 해당 임원이 직원에서 임원으로 된 때에 퇴직금을 지급하지 아니한 경우에는 직원으로 근무한 기간을 근속연수에 합산할 수 있다.

## 04 복리후생비

복리후생비는 임원 또는 직원에게 직접 지급되는 급여, 상여, 퇴직급여와는 달리 직원에게 직접 지급되지 아니하고 근로환경의 개선 및 근로의욕의 향상 등을 위하여 지출하는 노무비적인 성격을 갖는 비용이다. 법인이 그 **임원 또는 직원(파견근로자* 포함)**을 위하여 지출한 복리후생비 중 다음 어느 하나에 해당하는 비용 외의 비용은 손금에 산입하지 아니한다(법인세법 시행령 45 ①).

* 여기서 '파견근로자'란 「파견근로자보호 등에 관한 법률」 제2조 제5호에 따른 파견사업주가 고용한 근로자로서 근로자파견의 대상이 되는 사람을 말한다.

① 직장체육비
② 직장문화비
③ 직장회식비
④ 우리사주조합의 운영비
⑤ 「국민건강보험법」 및 「노인장기요양보험법」에 따라 사용자로서 부담하는 보험료 및 부담금
⑥ 「영유아보육법」에 따라 설치된 직장보육시설의 운영비
⑦ 「고용보험법」에 따라 사용자로서 부담하는 보험료
⑧ 기타 임원 또는 직원에게 사회통념상 타당하다고 인정되는 범위 안에서 지급하는 경조사비 등 ①~⑦ 비용과 유사한 비용

다음은 ㈜경희의 제10기 회계처리에 관한 자료이다. 이에 관한 세무조정을 행하시오.

1. ㈜경희의 제10기 손익계산서상 인건비 내역

| 구 분 | 복리후생비 | 일반급여 | 상여금 | 퇴직급여 |
|---|---|---|---|---|
| K 임원<br>(10% 출자) | 5,000,000원 | 120,000,000원 | 50,000,000원 | – |
| L 임원<br>(0.1% 출자) | 1,000,000원 | 10,000,000원 | – | 55,000,000원 |
| J 직원 (비출자) | 3,000,000원 | 60,000,000원 | 20,000,000원 | – |

2. 상세 내역
(1) 위 복리후생비에는 ㈜경희가 임원이 사용하는 사택의 유지비와 관련하여 지출한 금액을 비용으로 처리한 금액이 포함되어 있다.

| 구 분 | 복리후생비 중 사택관련 지출 |
|---|---|
| K 임원(10% 출자) | 3,000,000원 |
| L 임원(0.1% 출자) | 1,000,000원 |

(2) ㈜경희는 이사회 결의에 의하여 결정된 급여지급기준에 의하여 모든 임직원에게 연간 총 일반급여액의 20%를 상여금으로 지급하기로 하였다.
(3) L임원은 ㈜경희에 3년 6개월 20일 근무 후 당기 2월 15일에 퇴직하였다. L임원의 퇴직 전 1년간 총 급여액은 130,000,000원이며, ㈜경희는 정관 등에서 별도의 퇴직급여 지급규정을 정하고 있지 않다.

[풀이]
(1) 해당 법인의 출자임원(1% 미만 소액주주인 임원 제외)이 사용하는 사택의 유지비·관리비·사용료 등의 지출금은 해당 법인의 업무와 직접 관련 없는 지출금으로 보아 손금에 산입하지 않는다.
 → K임원에 대한 복리후생비 중 사택관련 지출 : 3,000,000원 손금불산입 (상여)

(2) 임원 상여금 한도초과액 : 26,000,000원 손금불산입 (상여)
 법인이 임원에게 급여지급기준을 초과하여 상여금을 지급하는 경우 그 초과금액은 손금에 산입하지 않는다.
 → K임원의 상여금 한도액 = 120,000,000원 × 20% = 24,000,000원

(3) L임원의 퇴직급여 한도초과액 : 9,500,000원 손금불산입 (상여)

 * L임원의 퇴직급여 한도액 = 130,000,000원 × 10% × $3\frac{6}{12}$ = 45,500,000원

\* 2024.1.1. 이후부터 명칭 변경

 **01 개념**

기업업무추진비란 접대, 교제, 사례 또는 그 밖에 **어떠한 명목이든 상관없이** 이와 유사한 목적으로 지출한 비용으로서 법인이 직접 또는 간접적으로 **업무와 관련이 있는 자와 업무를 원활하게 진행하기 위하여 지출한 금액**을 말한다(법인세 25 ①).

이러한 기업업무추진비 요건으로는 ① 그 지출의 목적이 업무와 관련된 것이어야 하며, ② 그 지출의 상대방이 업무와 관련 있는 자여야 하고, ③ 그 명목 여하에 불구하고 실질 지출내용에 따라 판단한다는 것이다.

기업업무추진비는 법인의 업무와 관련하여 지출한 금액이므로 법인의 순자산을 감소시키므로 원칙적으로 손금으로 인정한다. 다만, 기업업무추진비는 그 성질상 과다 지출될 경우 법인의 재무구조를 약화시키고 과소비·향락문화의 조장 등 사회적으로 바람직하지 않으므로 법인세법은 기업업무추진비의 범위 및 손금산입한도액을 정하여 기업업무추진비 지출에 대해 규제하고 있다.

**02 기업업무추진비의 범위**

기업업무추진비는 기부금, 광고선전비, 판매부대비용 등 유사비용과의 구분기준이 명확하지 않고 채권의 포기, 사은품 제공 등 다양한 형태로 이루어지므로 지출명목, 기장내용, 거래형식 등에 불구하고 지출의 목적, 지출상대방 등을 기준으로 구체적인 실질내용에 따라 판단해야 한다.

\* 법인이 사업을 위하여 지출한 비용으로서 기업업무추진비, 광고선전비 또는 판매부대비용은 다음과 같이 구분한다(법인세 집행기준 25-0-4).
　1. 지출의 상대방이 사업에 관련 있는 자들이고 지출의 목적이 접대 등의 행위에 의해 사업관계자들과의 사이에 친목을 두텁게 하여 거래관계의 원활한 진행을 도모하는데 있는 것이라면 기업업무추진비로 본다.
　2. 지출의 상대방이 불특정 다수인이고 지출의 목적이 구매의욕을 자극하는데 있는 것이라면 광고선전비로 본다.
　3. 지출의 성질, 액수 등이 건전한 사회통념이나 상관행에 비추어 볼 때 상품 또는 제품의 판매에 직접

관련하여 정상적으로 소요되는 비용으로 인정되는 것이라면 판매부대비용으로 본다.

① 주주 또는 출자자(이하 '주주 등')나 임원 또는 직원이 부담하여야 할 성질의 기업업무추진비를 법인이 지출한 것은 이를 기업업무추진비로 보지 아니한다(법인세법 시행령 40 ①).

② **직원이 조직한** 조합 또는 단체에 지출한 복리시설비는 다음과 같이 처리한다. 이 경우 복리시설비라 함은 법인이 종업원을 위하여 지출한 복리후생의 시설비, 시설구입비 등을 말한다(법인세법 시행령 40 ②, 법인세법 기본통칙 25-40…1).

- 해당 조합이나 단체가 법인인 경우 : 기업업무추진비
- 해당 조합이나 단체가 법인이 아닌 경우 : 그 법인의 경리의 일부(자산 또는 비용처리)

    * 조합이나 단체는 직원이 조직한 일정한 목적을 위하여 결합한 사람의 단체를 의미하며 사우회, 공제회, 소비조합, 구판장 등이 그 예이다. 또한, 법인의 종업원으로 구성된 노동조합 지부도 직원이 조직한 조합 또는 단체에 해당한다(법인세법 기본통칙 19-19…41).

📈 **실무** ○

고객이 조직한 단체에 지출하는 비용

골프장을 경영하는 법인이 그 고객이 조직한 임의단체(골프클럽)에 지급하는 금품, 즉 직원이 조직한 단체가 아니고 고객이 조직한 임의단체에 대해 지급하는 금품은 법인격 유무에 불구하고 접대비(기업업무추진비)로 본다(법인세법 기본통칙 25-0…5).

③ 사업상 증여의 경우에 법인이 부담한 매출세액 상당액은 사업상 증여의 성질에 따라 기업업무추진비 또는 기부금 등으로 처리한다(법인세법 기본통칙 25-0…3). 즉, 사업과 관련이 없는 경우에는 동 매출세액을 기부금에 포함하고, 사업과 관련이 있는 경우에는 동 매출세액을 기업업무추진비에 포함한다.

---

**[예시]** 당사의 제품(원가 2,000,000원, 시가 3,000,000원)을 접대용으로 거래처에 제공한 경우

| | | | | | |
|---|---|---|---|---|---|
| 기업회계기준 | (차) 기업업무추진비 | 2,000,000 | (대) 제품 | | 2,000,000 |
| | 세금과공과금 | 300,000 | 부가가치세예수금 | | 300,000 |
| 법인세법 | (차) 기업업무추진비 | 3,300,000 | (대) 제품 | | 2,000,000 |
| | | | 부가가치세예수금 | | 300,000 |
| | | | (대) 제품처분이익 | | 1,000,000 |

| 세무조정 | 손금산입 기업업무추진비　1,000,000 (△유보) ┐<br>익금산입 처분이익 1,000,000 (유보)　 ┘ → 생략가능<br><br>세무상 기업업무추진비(=기업업무추진비 계상액 + 1,300,000원)로 한도초과액을 계산해야 한다. |
|---|---|

④ 정상적인 업무를 수행하기 위해 지출하는 회의비로서 사내 또는 통상 회의가 개최되는 장소에서 제공하는 다과 및 음식물 등의 가액 중 사회통념상 인정될 수 있는 범위 내의 금액(이하 '통상회의비')은 이를 각 사업연도의 소득금액 계산상 손금에 산입하나, 통상회의비를 초과하는 금액과 유흥을 위하여 지출하는 금액은 이를 기업업무추진비로 본다.

⑤ 인력공급업체로부터 파견된 직원에게 지급하는 복리후생비 등이 계약에 의한 것일 경우에는 용역의 대가이나, 별도 약정이나 지급의무가 없다면 기업업무추진비로 본다.

### 🗠 실무 ○

파견직원에게 제공한 법인차량과 관련한 비용

원활한 업무수행을 목적으로 파견직원에게 업무전용자동차보험에 가입한 업무용승용차를 제공하는 경우 '업무사용금액'에 해당하지 아니하는 금액은 「법인세법」 제27조의2에 따라 손금불산입하는 것이며, 해당 규정에 따라 손금으로 인정되는 금액은 접대비(기업업무추진비)로서 시부인 계산 대상에 해당함(사전-2021-법령해석법인-1213, 2021.9.29.).

⑥ 약정에 의하여 채권의 전부 또는 일부를 포기하는 경우에도 이를 대손금으로 보지 아니하며 기부금 또는 기업업무추진비로 본다. 다만, 특수관계자 외의 자와의 거래에서 발생한 채권으로서 채무자의 부도발생 등으로 장래에 회수가 불확실한 어음·수표상의 채권 등을 조기에 회수하기 위하여 당해 채권의 일부를 불가피하게 포기한 경우 동 채권의 일부를 포기하거나 면제한 행위에 개관적으로 정당한 사유가 있는 때에는 동 채권포기액을 대손금으로 보아 손금에 산입한다(법인세법 기본통칙 19의2-19의2…5).

⑦ 광고선전 목적으로 기증한 물품의 구입비용으로서 특정인에게 (개당 3만원 이하의 물품은 제외함) **연간 5만원 초과**하여 지출한 경우 전액 기업업무추진비로 본다.

> [예시] ㉠ 30,000원 × 10개와 ㉡ 40,000원 × 3개에 해당하는 물품을 특정인에게 연간 지급한 경우
>
> ㉠ 300,000원 상당액은 개당 3만원 이하의 물품구입비용이므로 광고선전비로 처리하고,
> ㉡ 120,000원 상당액은 개당 3만원 초과의 물품으로서 연간 합계 지출액이 5만원을 초과하므로 광고선전 목적이라 할지라도 기업업무추진비로 보아 한도 내의 범위에서 손금에 산입한다.

### 📈 실무

기타 기업업무추진비(접대비) 사례

① 법인이 취득한 경기관람용 입장권 등을 업무와 관련하여 특정거래처에 제공하거나 이용하게 하는 경우 당해 취득비용은 기업업무추진비로 본다(서이 46012-10804, 2001.12.26.).
② 법인이 거래처에 자신이 생산하는 제품을 안정적으로 납품하기 위하여 당해 거래처의 부실채권을 그 거래처(채무자)에 대신하여 변제하기로 함으로써 발생하는 부채의 증가액은 기업업무추진비에 해당한다(법인 46012-714, 2000.3.16.).
③ 금융기관이 부동산 담보대출시 채무자에게 부담시키는 것이 일반화되어 있는 근저당 설정비용을 특정고객에 대하여만 당해 금융기관이 부담하는 경우에는 기업업무추진비에 해당한다(법인 46012-3081, 1996.11.6.).

## 03 적격증명서류 미수취 기업업무추진비의 손금불산입

법인이 한 차례의 접대에 지출한 기업업무추진비 중 **3만원(경조금은 20만원)**을 초과하는 기업업무추진비로서 다음 중 ①~③에 해당하지 아니하는 것은 각 사업연도의 소득금액을 계산할 때 손금불산입(기타사외유출)한다.

\* 증빙불비 기업업무추진비는 손금불산입하고 대표자에 대한 상여로 소득처분하고, 귀속이 분명한 경우에는 그 귀속자에 따라 배당, 상여, 기타소득, 기타사외유출로 처분한다.

① 「여신전문금융업법」에 따른 신용카드(기명식선불카드, 직불전자지급수단, 기명식선불전자지급수단 또는 기명식전자화폐)를 사용하여 지출하는 기업업무추진비
② 「조세특례제한법」에 따른 현금영수증을 사용하여 지출하는 기업업무추진비
③ 세금계산서, 계산서, 매입자발행세금계산서, 원천징수영수증을 발행하여 지출하는 기업업무추진비

다만, 다음 중 ⑦~ⓒ에 해당하는 기업업무추진비는 이러한 손금불산입규정을 적용하지 않는다(법인세법 시행령 41 ②, 법인세법 시행규칙 20 ②).

⑦ 기업업무추진비가 지출된 국외지역의 장소(해당 장소가 소재한 인근 지역 안의 유사한 장소 포함)에서 현금 외에 다른 지출수단이 없어 적격증명서류를 구비하기 어려운 경우의 해당 국외지역에서의 지출
ⓒ 농・어민(한국표준산업분류에 따른 농업 중 작물재배업・축산업・복합농업, 임업 또는 어업에 종사하는 자를 말하며, 법인은 제외함)으로부터 직접 재화를 공급받는 경우의 지출로서 그 대가를 금융회사 등을 통하여 지급한 지출(해당 법인이 법인세과세표준 신고를 할 때 과세표준 신고서에 송금사실을 적은 송금명세서를 첨부하여 납세지 관할세무서장에게 제출한 경우에 한정함)
ⓒ 법인이 직접 생산한 제품 등으로 제공한 기업업무추진비 등*

> * 법인이 직접 생산한 제품 등을 제공하는 현물 기업업무추진비의 경우 신용카드매출전표 등이나 세금계산서, 계산서 등을 교부받을 수 없으므로 법정증거자료기준금액 초과 지출시 신용카드 등의 사용의무규정을 적용하지 않는다. 또한, 현물 기업업무추진비 외에도 거래처의 매출채권 임의포기, 특정거래처에 대하여만 지급하는 판매장려금, 채무의 대위변제 등 거래실태상 원천적으로 증거자료를 구비할 수 없는 경우에는 신용카드 등의 사용의무규정이 적용되지 않는다.

## 04 기업업무추진비 한도초과액의 손금불산입

법인이 각 사업연도에 지출한 기업업무추진비(직부인 기업입무추진비는 제외)로서 다음의 금액의 합계액을 초과하는 금액은 해당 사업연도의 소득금액을 계산할 때 손금에 산입하지 아니한다(법인세법 25 ④, 조세특례제한법 136 ③).

기업업무추진비 손금산입한도액 = ① + ②

① 일반 기업업무추진비 = ㉠ + ㉡

　　㉠ 기본한도 : 1,200만원(중소기업은 3,600만원) × $\dfrac{\text{해당 사업연도의 개월 수}}{12}$

　　㉡ 수입금액별 한도금액
　　　: (일반수입금액 × 적용률) + (특수관계수입금액 × 적용률 × 10%)

② 문화 기업업무추진비 = Min(문화 기업업무추진비, ①의 금액 × 20%)

\* '해당 사업연도의 개월 수'는 역에 따라 계산하되, 1개월 미만의 일수는 1개월로 한다.
\* '특수관계수입금액'은 특수관계인과의 거래에서 발생한 수입금액을 말한다.
\* 부동산임대업을 주된 사업으로 하는 등 다음의 요건을 모두 갖춘 법인의 경우에는 일반 기업업무추진비 한도액은 위 ①의 기업업무추진비 한도금액의 100분의 50으로 한다.
　㉠ 해당 사업연도 종료일 현재 내국법인의 지배주주등이 보유한 주식등의 합계가 해당 내국법인의 발행주식총수 또는 출자총액의 100분의 50을 초과할 것
　㉡ 해당 사업연도에 부동산 임대업을 주된 사업으로 하거나 다음 가.~다.의 금액 합계가 기업회계기준에 따라 계산한 매출액(가.부터 다.까지에서 정하는 금액이 포함되지 않은 경우에는 이를 포함하여 계산함)의 100분의 50 이상일 것
　　가. 부동산 또는 부동산상의 권리의 대여로 인하여 발생하는 수입금액(「조세특례제한법」 제138조 제1항에 따라 익금에 가산할 금액을 포함)
　　나. 「소득세법」 제16조 제1항에 따른 이자소득의 금액
　　다. 「소득세법」 제17조 제1항에 따른 배당소득의 금액
　㉢ 해당 사업연도의 상시근로자 수가 5명 미만일 것

## (1) 수입금액

　기업업무추진비 한도계산 시 수입금액이란 기업회계기준에 따라 계산한 매출액(사업연도 중에 중단된 사업부문의 매출액 포함)을 말하며, 매출할인, 매출환입, 매출에누리 등을 차감한 금액 순매출액을 말한다.

　기업업무추진비 손금산입한도액 계산의 기준이 되는 수입금액은 기업회계기준에 의하여 계산한 매출액이므로 기업회계기준과 법인세법간의 차이로 인해 발생하는 매출과 관련한 세무조정사항은 배제하지만, 회사의 장부와 기업회계기준의 차이로 인한 세무조정사항은 반영하여야 한다. 즉, 기업회계기준상 매출액에 해당하는 금액을 법인이 손익계산서에 매출액으로 계상하지 아니하였다가 법인세 신고 시 세무조정으로 익금산입한 경우에는 세무조정 후 금액이 기업회계기준상 매출액에 해당하는 금액이 되므로 세무조정으로 익금산입한 금액을 기업업무추진비한도액 계산의 기준이 되는 수입금액에 포함하여야 한다.

## (2) 적용률

먼저 일반수입금액에 대하여 해당 수입금액 구간의 적용률을 적용한 다음, 특수관계수입금액에 대해서는 일반수입금액을 초과하는 수입금액 구간의 적용률을 적용해야 한다.

| 수입금액 | 한도금액 |
|---|---|
| 100억원 이하 | 수입금액 × 0.3% |
| 100억원 초과 500억원 이하 | 3천만원 + (수입금액 − 100억원) × 0.2% |
| 500억원 초과 | 1억1천만원 + (수입금액 − 500억원) × 0.03% |

## (3) 문화 기업업무추진비 범위

'문화 기업업무추진비'란 **국내** 문화관련 지출로서 다음 각각의 용도로 지출한 비용을 말한다(조세특례제한법 시행령 130 ⑤).

1. 「문화예술진흥법」에 따른 문화예술의 공연이나 전시회 또는 「박물관 및 미술관 진흥법」에 따른 박물관의 입장권 구입
2. 「국민체육진흥법」에 따른 체육활동의 관람을 위한 입장권의 구입
3. 「영화 및 비디오물의 진흥에 관한 법률」에 따른 비디오물의 구입
4. 「음악산업진흥에 관한 법률」에 따른 음반 및 음악영상물의 구입
5. 「출판문화산업 진흥법」에 따른 간행물의 구입
6. 「관광진흥법」에 따라 문화체육관광부장관이 지정한 문화관광축제의 관람 또는 체험을 위한 입장권·이용권의 구입
7. 「관광진흥법 시행령」에 따른 관광공연장 입장권의 구입
8. 「문화재보호법」 제2조 제3항에 따른 지정문화재 및 같은 조 제4항 제1호에 따른 국가등록문화재의 관람을 위한 입장권의 구입
9. 「문화예술진흥법」 제2조에 따른 문화예술 관련 강연의 입장권 구입 또는 초빙강사에 대한 강연료 등
10. 자체시설 또는 외부임대시설을 활용하여 해당 내국인이 직접 개최하는 공연 등 문화예술행사비
11. 문화체육관광부의 후원을 받아 진행하는 문화예술, 체육행사에 지출하는 경비
12. 미술품의 구입(취득가액이 거래단위별로 1백만원 이하인 것으로 한정함)

## 05 현물 기업업무추진비의 평가

법인이 업무와 관련하여 금전 외의 자산을 특정인에게 제공한 경우 **접대를 제공한 때의 시가와 접대를 제공한 때의 장부가액 중 큰 금액**을 기업업무추진비로 본다(법인세법 시행령 42 ⑥).

## 06 기업업무추진비 세무조정

기업업무추진비의 한도초과액 계산은 **접대행위가 이루어진 사업연도**에 행한다(발생주의). 따라서 법인이 접대행위가 이루어졌으나 해당 사업연도의 손비로 처리하지 아니하고 이연처리 한 경우에도 이를 지출한 사업연도의 기업업무추진비로서 시부인 계산하고 그 후 사업연도에 있어서는 이를 기업업무추진비로 보지 아니한다(법인세법 기본통칙 25-0…1).

기업업무추진비 한도초과액이 손금으로 계상한 기업업무추진비보다 적은 때에는 그 초과액만을 손금불산입하나, 기업업무추진비한도초과액이 손금으로 계상한 기업업무추진비보다 많은 경우에는 다음과 같이 처리한다.

① 기업업무추진비 한도초과액 전액을 손금불산입하고 기업업무추진비 한도초과액 중 손금으로 계상한 기업업무추진비를 초과하는 금액은 건설중인 자산, 고정자산의 순서로 자산을 감액하고 손금산입(△유보)으로 처리한다(법인세법 기본통칙 25-0…2).
② 위 자산감액분에 대한 감가상각비는 세법상 감가상각비로 인정하지 않으므로 다음의 금액을 손금불산입한다. 기업업무추진비 한도초과액으로 자산을 감액하게 되면, 자산의 취득원가를 부인하는 것이므로 결과적으로 감가상각비를 부인하게 되는 것이다.

$$손금불산입액 = 회사계상 감가상각비 \times \frac{감액분(\triangle유보)잔액}{감액 전의 장부가액}$$

| 구 분 | 손금불산입 순서 | 소득처분 |
|---|---|---|
| 직부인 기업업무추진비 | 증빙누락분* | 대표자 상여* |
| | 적격증명서류 미수취분(영수증 수취분) | 기타사외유출 |
| 한도초과 기업업무추진비 | 직부인을 제외한 기업업무추진비 중 한도초과액 | 기타사외유출 |

\* 지출증명서류가 없는 기업업무추진비가 귀속자가 분명한 경우 귀속에 따라 배당·상여·기타사외유출·기타소득으로 처분하되, 귀속자가 불분명한 경우 대표자에 대한 상여로 처분한다.

 • 예제 4-4  기업업무추진비(접대비) - 현물 기업업무추진비 •

다음 자료에 따라 제조업을 영위하는 ㈜경희의 제20기(1.1.~12.31.)의 기업업무추진비에 관한 세무조정을 행하시오.

1. 손익계산서상 기업업무추진비 계정의 총액은 50,000,000원(문화 기업업무추진비 없음)인데 이 중 당사의 제품(원가 2,000,000원, 시가 5,000,000원)을 접대용으로 거래처에 제공하고 다음과 같이 회계처리한 내역이 포함되어 있다.

   | (차) 기업업무추진비 | 2,000,000 | (대) 제품 | 2,000,000 |
   |---|---|---|---|
   | 세금과공과 | 500,000 | 부가가치세예수금 | 500,000 |

2. 제21기에 ㈜A에게 제품을 공급하기로 계약하고 제20기에 ㈜A에게 접대를 제공하고 지출한 기업업무추진비 2,000,000원을 선급비용으로 계상하였다.

3. ㈜경희는 중소기업이 아니며, 매출액은 80억원(특수관계수입금액 없음)이다. 그리고 기업업무추진비 지출액 모두 적격증명서류를 수취하였다.

[풀이]

(1) 실질 기업업무추진비 = 50,000,000원 + 3,000,000원[*1] + 500,000원[*2] + 2,000,000원[*3]
$$= 55,500,000원$$

*1. 법인이 업무와 관련하여 금전 외의 자산을 특정인에게 제공한 경우 **접대를 제공한 때의 시가와 접대를 제공한 때의 장부가액 중 큰 금액**을 기업업무추진비로 본다.

*2. 기업업무추진비 관련 매입세액은 기업업무추진비로 처리한다.

*3. 기업업무추진비의 한도초과액 계산은 **접대행위가 이루어진 사업연도**에 행한다(발생주의). 따라서 법인이 접대행위가 이루어졌으나 해당 사업연도의 손비로 처리하지 아니하고 선급비용 등으로 이연처리 한 경우에도 이를 지출한 사업연도의 기업업무추진비로서 시부인 계산하고 그 후 사업연도에 있어서는 이를 기업업무추진비로 보지 아니한다. → 선급비용에 대한 세무조정 : 2,000,000원 손금산입 (△유보)

(2) 기업업무추진비 한도 = 12백만원 × 12/12 + 80억원 × 0.3% = 36,000,000원

(3) 기업업무추진비 한도초과액 = 19,500,000원 손금불산입(기타사외유출)

다음 자료에 따라 제조업을 영위하는 ㈜경희(중소기업 아님)의 제10기(1.1.~12.31.)의 기업업무추진비에 관한 세무조정을 행하시오.

1. 제10기의 기업업무추진비 내역(적격증명서류를 수취하였으며, 문화 기업업무추진비는 없음)

| | |
|---|---|
| 판매비와 관리비에 계상된 기업업무추진비 | 50,000,000원 |
| 건설중인자산으로 계상된 기업업무추진비 | 10,000,000원 |
| 건물에 계상된 기업업무추진비 | 45,000,000원 |
| 합 계 | 105,000,000원 |

2. 건설중인자산은 제10기에 완료되지 않았고, 건물은 당기 1월 5일에 취득하여 업무에 사용하고 있다.

3. 건물의 취득가액은 9억원이고 당해 건물의 내용연수는 20년으로 법인세법에 따른 정액법으로 감가상각하고 있다. 당기의 건물 감가상각비 계상액은 45,000,000원이다.

[CASE 1] 제10기 기업업무추진비 한도액이 65,000,000원인 경우
[CASE 2] 제10기 기업업무추진비 한도액이 50,000,000원인 경우
[CASE 3] 제10기 기업업무추진비 한도액이 27,000,000원인 경우

[풀이]

기업업무추진비 한도초과액이 손금으로 계상한 기업업무추진비보다 많은 경우에는 건설중인 자산, 고정자산의 순서로 자산을 감액하고 손금산입(△유보)으로 처리한다. 추가로 자산감액분에 대한 감가상각비도 손금불산입한다.

| 구 분 | CASE 1 | CASE 2 | CASE 3 |
|---|---|---|---|
| 실질 기업업무추진비 | 105,000,000원 | 105,000,000원 | 105,000,000원 |
| 기업업무추진비 한도액 | 65,000,000원 | 50,000,000원 | 27,000,000원 |
| 한도초과액 | 40,000,000원 | 55,000,000원 | 78,000,000원 |

| 구 분 | CASE 1 | CASE 2 | CASE 3 |
|---|---|---|---|
| 세무조정 | 40,000,000원<br>손금불산입(기타사외유출) | 55,000,000원<br>손금불산입(기타사외유출)<br>·<br>건설중인자산 5,000,000원<br>손금산입(△유보) | 78,000,000원<br>손금불산입(기타사외유출)<br>·<br>건설중인자산 10,000,000원<br>손금산입(△유보)<br>·<br>건물 18,000,000원<br>손금산입(△유보)<br>·<br>감가상각비 900,000원<br>손금불산입(유보) |

## 01 개념

기부금이란 법인이 **사업과 직접적인 관계없이 무상으로 지출하는 금액**을 말하며, 일정한 거래를 통하여 실질적으로 증여한 것으로 인정되는 금액(이하 '간주기부금'이라 함)을 포함한다(법인세법 24 ①).

간주(의제)기부금이란 특수관계인 외의 자에게 정당한 사유 없이 자산을 정상가액보다 낮은 가액으로 양도하거나 특수관계인 외의 자로부터 정상가액보다 높은 가액으로 매입하는 거래를 통하여 실질적으로 증여한 것으로 인정되는 금액을 말한다. 이 경우 정상가액은 시가에 시가의 30%를 더하거나 뺀 범위의 가액으로 한다. 또한 법인이 특수관계인 외의 자에게 해당 법인의 사업과 직접 관계없이 부동산을 무상으로 임대하는 경우에는 시가상당액을 기부금으로 보고, 정당한 사유없이 정상가액보다 낮은 가액으로 임대하는 경우에는 그 차액을 기부금으로 본다(법인세 집행기준 24-35-1).

<간주기부금 세무조정>

| 자산의 구분 | | 세무조정 |
|---|---|---|
| 자산의 저가양도 | | 매입가액과 정상가액의 차액을 기부금으로 의제하여 한도계산 |
| 자산의 고가매입 | 상각자산 | ① 자산을 고가매입한 경우 | 매입가액과 정상가액의 차액을 손금산입(△유보)하고, 해당 차액을 기부금으로 의제하여 한도초과액은 손금불산입(기타사외유출)한다.<br>단, 비지정기부금인 경우 손금불산입하고 귀속에 따라 배당, 상여, 기타사외유출로 소득처분한다. |

| 자산의 구분 | | 세무조정 |
|---|---|---|
| 자산의 고가매입 | 상각자산 | ② 고가매입한 자산의 감가상각비 부인 · '감가상각비×고가매입비율'은 손금불산입(유보)하여 감가상각기간동안 상계처리한다. |
| | | ③ 고가매입자산 처분 시 · △유보 잔액을 손금불산입(유보)하여 추인한다. |
| | 비상각자산 | 위 ①, ③의 세무조정을 행한다. |

[Case 1] 특수관계 없는 ㈜A에게 정당한 사유없이 토지(장부가액 40, 시가 80)를 50에 양도한 경우

| 장부상 회계처리 | | | | 법인세법상 회계처리 | | | |
|---|---|---|---|---|---|---|---|
| (차) 현금 | 50 | (대) 토지 | 40 | (차) 현금 | 50 | (대) 토지 | 40 |
| | | 처분이익 | 10 | 기부금 | 6 | 처분이익 | 16 |

정상가액 = 80 × 70% = 56, 간주기부금 = 56 − 50 = 6
세무조정 : 간주기부금을 유형별 기부금에 합산하여 한도계산
→ 한도초과액은 손금불산입(기타사외유출)

[Case 2] 특수관계 없는 ㈜A로부터 정당한 사유없이 토지(시가 60)를 90에 매입한 경우

| 장부상 회계처리 | | | | 법인세법상 회계처리 | | | |
|---|---|---|---|---|---|---|---|
| (차) 토지 | 90 | (대) 현금 | 90 | (차) 토지 | 78 | (대) 현금 | 90 |
| | | 처분이익 | 10 | 기부금 | 12 | | |

정상가액 = 60 × 130% = 78, 간주기부금 = 90 − 78 = 12
세무조정 : 손금산입 토지 12(△유보), 간주기부금을 유형별 기부금에 합산하여 한도계산
→ 한도초과액은 손금불산입(기타사외유출)

　　법인이 지출하는 기부금은 법인의 순자산을 감소시키는 거래로 인하여 발생하는 손비이지만, 법인의 업무와 직접 관련이 없는 지출이므로 본래 손금에 해당하지 않지만 기부문화를 장려하기 위해 공익성 기부금을 손금인정하고 있다. 또한 기부금 지출액의 손금산입을 무제한 허용할 경우 그만큼 과세소득금액을 감소시키게 되어 결과적으로 법인세 상당액만큼 국고에서 기부금을 부담하게 된다. 이에 법인세법에서는 기부금의 손금산입한도를 정하여 일정한 한도액 범위에서 공익성 기부금을 손금인정하고 있다.

## 02 기부금의 범위

법인이 각 사업연도에 지출한 기부금은 각 기부금의 종류별로 손금산입 한도가 상이하다. 기부금의 종류를 손금산입 한도에 따라 구분하면 다음과 같다. 다만, 법에 열거되지 아니한 기부금은 비지정기부금으로 전액 손금으로 인정하지 않는다.

\* 비지정기부금의 예시 : 신용협동조합·새마을금고에 지출하는 기부금, 동창회·향우회·종친회 기부금 등

## (1) 특례기부금

**법인세법 제24조 제2항 제1호에 따른 기부금**

① **국가나 지방자치단체에 무상으로 기증하는 금품의 가액.** 다만, 기부금품의 모집 및 사용에 관한 법률의 적용을 받는 기부금품은 같은 법에 따라 접수하는 것만 해당한다.

② **국방헌금과 국군장병 위문금품의 가액\***

③ **천재지변(특별재난지역으로 선포된 경우 그 선포의 사유가 된 재난을 포함)으로 생기는 이재민을 위한 구호금품의 가액.** 다음의 것을 포함한다(법인세 집행기준 24-0-4).
   1. 해외의 천재·지변 등으로 생긴 이재민을 위한 구호금품의 가액
   2. 재해복구공사를 시공하는 법인이 공사대금 중 이재민이 부담해야 할 공사대금 상당액을 이재민을 위하여 부담한 경우 그 부담금액
   3. 북한지역의 수해복구 지원을 위해 기부금 모집처를 경유하여 기부하는 구호금품가액

④ **다음의 기관(병원은 제외)에 시설비·교육비·장학금 또는 연구비로 지출하는 기부금**
   가. 「사립학교법」에 따른 사립학교
   나. 비영리 교육재단(국립·공립·사립학교의 시설비, 교육비, 장학금 또는 연구비 지급을 목적으로 설립된 비영리 재단법인으로 한정함)
   다. 「국민평생직업능력 개발법」에 따른 기능대학
   라. 「평생교육법」에 따른 전공대학의 명칭을 사용할 수 있는 평생교육시설 및 원격대학 형태의 평생교육시설
   마. 「경제자유구역 및 제주국제자유도시의 외국교육기관 설립·운영에 관한 특별법」에 따라 설립된 외국교육기관 및 「제주특별자치도 설치 및 국제자유도시 조성을 위한 특별법」에 따라 설립된 비영리법인이 운영하는 국제학교
   바. 「산업교육진흥 및 산학연협력촉진에 관한 법률」에 따른 산학협력단
   사. 「한국과학기술원법」에 따른 한국과학기술원, 「광주과학기술원법」에 따른 광주과학기술원, 「대구경북과학기술원법」에 따른 대구경북과학기술원 및 「울산과학기술원법」에 따른 울산과학기술원 및 「한국에너지공과대학교법」에 따른 한국에너지공과대학교
   아. 「국립대학법인 서울대학교 설립·운영에 관한 법률」에 따른 국립대학법인 서울대학교, 「국립대학법인 인천대학교 설립·운영에 관한 법률」에 따른 국립대학법인 인천대학교, 「정부출연연구기관 등의 설립·운영 및 육성에 관한 법률」에 따라 설립된 한국개발연구원에 설치된 국제

대학원, 「한국학중앙연구원육성법」에 따라 설립된 한국학중앙연구원에 설치된 대학원, 「과학 기술분야 정부출연연구기관 등의 설립·운영 및 육성에 관한 법률」에 따라 설립된 대학원대학

자. 다음의 요건을 충족하는 「재외국민의 교육지원 등에 관한 법률」에 따른 한국학교로서 기획재정부장관이 지정·고시하는 학교
- 기부금 모금액 및 그 활용 실적을 공개할 수 있는 인터넷 홈페이지가 개설되어 있을 것
- 지정이 취소된 경우에는 그 취소된 날부터 3년, 재지정을 받지 못하게 된 경우에는 그 지정 기간의 종료일부터 3년이 지났을 것

차. 「한국장학재단 설립 등에 관한 법률」에 따른 한국장학재단

⑤ 다음의 병원 등에 시설비·교육비 또는 연구비로 지출하는 기부금
   가. 「국립대학병원 설치법」에 따른 국립대학병원
   나. 「국립대학치과병원 설치법」에 따른 국립대학치과병원
   다. 「서울대학교병원 설치법」에 따른 서울대학교병원
   라. 「서울대학교치과병원 설치법」에 따른 서울대학교치과병원
   마. 「사립학교법」에 따른 사립학교가 운영하는 병원
   바. 「암관리법」에 따른 국립암센터
   사. 「지방의료원의 설립 및 운영에 관한 법률」에 따른 지방의료원
   아. 「국립중앙의료원의 설립 및 운영에 관한 법률」에 따른 국립중앙의료원
   자. 「대한적십자사 조직법」에 따른 대한적십자사가 운영하는 병원
   차. 「한국보훈복지의료공단법」에 따른 한국보훈복지의료공단이 운영하는 병원
   카. 「방사선 및 방사성동위원소 이용진흥법」 제13조의2에 따른 한국원자력의학원
   타. 「국민건강보험법」에 따른 국민건강보험공단이 운영하는 병원
   파. 「산업재해보상보험법」 제43조 제1항 제1호에 따른 의료기관
   하. 위 특례기부금 단체에 해당하는 병원이 설립한 「보건의료기술 진흥법」 제28조의2 제1항에 따른 의료기술협력단

⑥ 사회복지사업, 그 밖의 사회복지활동의 지원에 필요한 재원을 모집·배분하는 것을 주된 목적으로 비영리법인(일정한 요건을 충족하는 **전문모금기관**)으로서 기획재정부장관이 지정·고시하는 법인에 지출하는 기부금
- **사회복지공동모금회**(지정기간 : 2023.1.1.~2028.12.31.)
- **재단법인 바보의 나눔**(지정기간 : 2023.1.1.~2028.12.31.)

* 국방헌금에는 「예비군법」에 따라 설치된 예비군에 직접 지출하거나 국방부장관의 승인을 받은 기관 또는 단체를 통하여 지출하는 기부금을 포함한다(법인세법 시행령 37 ②).
* '일정한 요건을 충족하는 전문모금기관'이란 다음 요건을 모두 갖춘 법인을 말한다(법인세법 시행령 38 ④).
  1. 기부금 모금액 및 그 활용 실적을 공개할 수 있는 인터넷 홈페이지가 개설되어 있을 것
  2. 「주식회사 등의 외부감사에 관한 법률」에 따른 감사인에게 회계감사를 받을 것
  3. 「상속세 및 증여세법」 제50조의3에 해당하는 서류 등을 해당 비영리법인 및 국세청의 인터넷 홈페이지를 통하여 공시할 것
  4. 「상속세 및 증여세법」에 따른 전용계좌를 개설하여 사용할 것

5. 신청일 직전 5개 사업연도[설립일부터 신청일 직전 사업연도 종료일까지의 기간이 5년 미만인 경우에는 해당 법인의 설립일부터 신청일이 속하는 달의 직전 달의 종료일까지의 기간(1년 이상인 경우만 해당함)을 말한다. 이하 6.에서 같다] 평균 기부금 배분 지출액이 총 지출금액의 80% 이상이고 기부금의 모집·배분 및 법인의 관리·운영에 사용한 비용이 기부금 수입금액의 10% 이하일 것
6. 신청일 직전 5개 사업연도 평균 개별 법인(단체를 포함. 이하 같음)별 기부금 배분지출액이 전체 배분지출액의 25% 이하이고, 「상속세 및 증여세법 시행령」에 따른 출연자 및 출연자의 특수관계인으로서 비영리법인에 대해서는 기부금 배분지출액이 없을 것
7. 지정이 취소된 경우에는 그 취소된 날부터 3년, 같은 항에 따라 재지정을 받지 못하게 된 경우에는 그 지정기간의 종료일부터 3년이 지났을 것

## (2) 우리사주조합기부금

**법인이 우리사주조합에 지출하는 기부금**은 해당 사업연도의 소득금액을 계산할 때 일정한 금액을 한도로 하여 손금에 산입할 수 있다(조세특례제한법 88의4 ⑬). 여기서 '법인이 우리사주조합에 지출하는 기부금'이란 우리사주제도를 실시하는 회사의 법인주주 등이 우리사주 취득을 위한 재원 마련을 위해서 우리사주조합에 지출하는 기부금을 말한다.

(비교) 우리사주제도를 실시하는 법인이 자기의 소속 근로자가 설립한 우리사주조합에 출연하는 자사주의 장부가액이나 금품은 전액 손금산입한다.

## (3) 일반기부금

### 법인세법 제24조 제3항 제1호에 따른 기부금

① 다음의 비영리법인(단체 및 비영리외국법인을 포함하며, 이하 "공익법인 등"이라 함)에 대하여 해당 공익법인 등의 고유목적사업비로 지출하는 기부금
  - 「사회복지사업법」에 따른 **사회복지법인**
  - 「영유아보육법」에 따른 **어린이집**
  - 「유아교육법」에 따른 유치원, 「초・중등교육법」 및 「고등교육법」에 따른 **학교**, 「국민평생직업능력 개발법」에 따른 **기능대학**, 「평생교육법」에 따른 **전공대학 형태의 평생교육시설 및 원격대학 형태의 평생교육시설**
  - 「의료법」에 따른 의료법인
  - 일반기부금 단체에 해당하는 병원이 설립하는 의료기술협력단
  - 종교의 보급, 그 밖에 교화를 목적으로 「민법」에 따라 문화체육관광부장관 또는 지방자치단체의 장의 허가를 받아 설립한 비영리법인(그 소속 단체를 포함함)
  - 「민법」상 비영리법인, 사회적협동조합, 공공기관(공기업 제외) 또는 법률에 따라 직접 설립 또는 등록된 기관 중 일정한 요건을 모두 충족한 것으로서 **국세청장(주사무소 및 본점소재지 관할세무서장 포함)**의 추천을 받아 기획재정부장관이 지정하여 고시한 법인

② 특정용도로 지출하는 기부금
  - 「유아교육법」에 따른 유치원의 장, 「초・중등교육법」 및 「고등교육법」에 의한 학교의 장, 「근로자직업능력 개발법」에 의한 기능대학의 장, 「평생교육법」에 따른 전공대학 형태의 평생교육시설 및 같은 법에 따른 원격대학 형태의 평생교육시설의 장이 **추천하는 개인**에게 교육비・연구비 또는 장학금으로 지출하는 기부금
  - 「상속세 및 증여세법 시행령」의 요건을 갖춘 공익신탁으로 신탁하는 기부금
  - 사회복지・문화・예술・교육・종교・자선・학술 등 공익목적으로 지출하는 기부금으로서 **기획재정부장관이 지정하여 고시하는 기부금**(예: 국민체육진흥기금으로 출연하는 기부금, 근로복지진흥기금으로 출연하는 기부금, 중소기업공제사업기금 또는 소기업・소상공인공제에 출연하는 기부금 등)

③ 다음 어느 하나에 해당하는 사회복지시설 또는 기관 중 무료 또는 실비로 이용할 수 있는 시설 또는 기관에 기부하는 금품의 가액(노인주거복지시설 중 양로시설을 설치한 자가 해당 시설의 설치・운영에 필요한 비용을 부담하는 경우 그 부담금 중 해당 시설의 운영으로 발생한 손실금(기업회계기준에 따라 계산한 해당 과세기간의 결손금을 말함)이 있는 경우에는 그 금액을 포함)
  - 아동복지시설
  - 노인복지시설(노인주거복지시설 중 입소자 본인이 입소비용의 전부를 부담하는 양로시설・노인공동생활가정 및 노인복지주택, 노인의료복지시설 중 입소자 본인이 입소비용의 전부를 부담하는 노인요양시설・노인요양공동생활가정 및 노인전문병원, 재가노인복지시설 중 이용자 본인이 재가복지서비스에 대한 이용대가를 전부 부담하는 시설은 제외함)
  - 「장애인복지법」에 따른 장애인복지시설(비영리법인 외의 자가 운영하는 장애인 공동생활가정, 장애인생산품판매시설, **장애인유료복지시설은 제외함**)
  - 한부모가족복지시설

- 정신요양시설 및 정신재활시설
- 「성매매방지 및 피해자보호 등에 관한 법률」에 따른 지원시설 및 성매매피해상담소
- 가정폭력 관련 상담소 및 보호시설
- 성폭력피해상담소 및 성폭력피해자보호시설
- 사회복지시설 중 사회복지관과 부랑인·노숙인 시설
- 재가장기요양기관
- 다문화가족지원센터
- 건강가정지원센터
- 청소년복지시설

④ 사회복지, 문화, 예술, 교육, 종교, 자선, 학술 등 공익을 위한 사업을 수행하고 우리나라가 회원국으로 가입한 국제기구로서 기획재정부장관이 지정하여 고시하는 **국제기구에 지출하는 기부금**
- 유엔난민기구(United Nations High Commissioner for Refugees, UNHCR)
- 세계식량계획(World Food Programme, WFP)
- 국제이주기구(International Organization for Migration, IOM)
- 글로벌녹색성장연구소(Global Green Growth Institute, GGGI)
- 녹색기후기금(Green Climate Fund, GCF)
- 유엔개발계획(United Nations Development Programme, UNDP)
- 아시아산림협력기구(Asian Forest Cooperation Organization, AFoCO)
- 재한유엔기념공원(UN Memorial Cemetery in Korea, UNMCK)
- 유엔여성기구(UN Women, UNW)

⑤ 법인으로 보는 단체(위 ①~④에 해당하는 단체, 법령에 의하여 설치된 기금, 공동주택의 입주자대표회의 등 이와 유사한 관리기구 제외함)의 수익사업에서 발생한 소득을 고유목적사업비로 지출하는 금액(법인세법 시행령 39 ②)

 기부금 한도초과액의 손금불산입

법인이 각 사업연도에 지출한 기부금 및 이월된 기부금 중 특례기부금, 우리사주조합기부금, 일반기부금은 다음과 같이 산출한 손금산입한도액 내에서 해당 사업연도의 소득금액을 계산할 때 손금에 산입하되, 손금산입한도액을 초과하는 금액은 손금에 산입하지 아니한다(법인세법 24 ②, ③).

| 구 분 | 손금산입한도액 | 세무조정 |
|---|---|---|
| ① 특례기부금 | (기준소득금액 – 이월결손금)의 50% | |
| ② 우리사주조합기부금 | (기준소득금액 – 이월결손금 – 특례기부금손금산입액)의 30% | 한도초과액<br>**손금불산입**<br>(기타사외유출) |
| ③ 일반기부금 | (기준소득금액 – 이월결손금 – 특례기부금손금산입액 – 우리사주조합기부금 손금산입액)의 10%(20%*) | |
| ④ 비지정기부금 | –<br>* 법인세법에 열거되지 않은 기부금으로 업무무관가지급금처럼 취급한다. | 전액 **손금불산입**<br>(**배당·상여·기타<br>사외유출**) |

* 사업연도 종료일 현재 「사회적기업 육성법」에 따른 사회적기업은 20%로 한다.
* 여기서 이월결손금은 해당 사업연도 개시일 전 15년 이내(2019.12.31. 이전에 발생한 결손금은 10년 이내)에 개시한 사업연도에서 발생한 세무상 결손금을 말한다.
* 각 사업연도 소득의 80퍼센트를 한도로 이월결손금 공제를 적용받는 일반법인(중소기업과 회생계획을 이행 중인 기업 등 제외)은 기준소득금액의 80퍼센트를 한도로 이월결손금을 공제한다. 이는 2023.1.1. 이후 개시하는 사업연도에 기부금을 지출하는 분부터 적용한다.

기부금 손금한도액을 산출함에 있어 '기준소득금액'이란 합병 또는 분할에 따른 양도손익을 제외하고, 손금산입 한도액을 계산하는 모든 기부금 즉, 특례기부금과 일반기부금을 손금에 산입하기 전의 해당 사업연도의 소득금액을 말한다. 즉 결산상 당기순이익에 각종 기부금 한도초과액 및 전기 기부금의 당기 손금추인액을 제외한 일체의 세무조정을 완료한 후의 소득금액 즉, 차가감소득금액에서 합병 또는 분할에 따른 자산의 양도손익을 제외하고 앞서 열거한 기부금을 다시 가산하여 기부금이 손금에 산입되기 전의 상태로 만든 금액을 의미한다.

또한 이월결손금을 기준소득금액에서 차감하여 기부금 손금한도액을 계산하는 것은 결손금이 있는 상태에서 소득을 결손금의 보전에 사용하지 않고 기부하는 행위는 기업부실의 원인이 되므로 이를 방지하기 위해 기준소득금액에서 이월결손금을 공제한 금액을 기부금 한도액 계산의 기준소득으로 보고 있는 것이다.

| ① 각 사업연도 소득계산 | ⑩ 결산서상 당기순손익 | 01 | | | | … 기업회계상 당기순손익 |
|---|---|---|---|---|---|---|
| | 소득조정금액 ⑩ 익금산입 | 02 | | | | … 소득금액조정합계표상의 가산조정 합계액 |
| | ⑩ 손금산입 | 03 | | | | … 소득금액조정합계표상의 차감조정 합계액 |
| | ⑩ 차 가 감 소 득 금 액 (⑩ + ⑩ - ⑩) | 04 | | | | … (+) 특례기부금 · 우리사주조합기부금 · 일반기부금 = 기준소득금액 |
| | ⑩ 기 부 금 한 도 초 과 액 | 05 | | | | |
| | ⑩ 기부금한도초과이월액 손 금 산 입 | 54 | | | | |
| | ⑩ 각 사업연도소득금액 (⑩+⑩-⑩) | 06 | | | | … 과세소득금액 : 익금총액 - 손금총액 |

##  04 기부금 한도초과이월액의 손금산입(기타)

　내국법인이 각 사업연도에 지출하는 기부금 중 특례기부금 및 일반기부금의 한도초과액은 해당 사업연도의 다음 사업연도 개시일부터 10년* 이내에 끝나는 각 사업연도로 이월하여 그 이월된 사업연도의 소득금액을 계산할 때 특례기부금 및 일반기부금 각각의 손금산입한도액의 범위에서 손금에 산입한다(법인세법 24 ⑤). 기부금 한도초과액을 이월하여 손금에 산입하는 경우에는 **이월된 금액을 해당 사업연도에 지출한 기부금보다 먼저 손금에 산입하고, 이월된 금액은 먼저 발생한 이월금액부터 손금에 산입한다**(법인세법 24 ⑥).

\* 2013.1.1. 이후 지출한 기부금부터 이월공제기간을 10년으로 한다.

 • 예제 4-6　기부금 – 한도초과이월액의 손금산입 •

다음 자료를 토대로 ㈜경희(중소기업 아님)의 제10기(1.1.~12.31.)의 기부금 세무조정을 행하시오.

(단위 : 원)

| 구 분 | 제7기 | 제8기 | 제9기 | 제10기 |
|---|---|---|---|---|
| 일반기부금 비용계상액 | 35,000,000 | 20,000,000 | 30,000,000 | 30,000,000 |
| 세법상 기부금 한도액 | 25,000,000 | 8,000,000 | 25,000,000 | 60,000,000 |

[풀이]
- 제7기 세무조정 : 제7기 기부금 한도초과액 10,000,000원 손금불산입 (기타사외유출)
- 제8기 세무조정 : 제7기 기부금 한도초과이월액 8,000,000원 손금산입 (기타)

제8기 기부금 한도초과액 20,000,000원 손금불산입 (기타사외유출)
- 제9기 세무조정 : 제7기 기부금 한도초과이월액 2,000,000원 손금산입 (기타)
제8기 기부금 한도초과이월액 20,000,000원 손금산입 (기타)
제9기 기부금 한도초과액 27,000,000원 손금불산입 (기타사외유출)
- 제10기 세무조정 : 제9기 기부금 한도초과이월액 27,000,000원 손금산입 (기타)
제10기 기부금 한도초과액 없음(△3,000,000원)

 ## 05 현물기부금의 평가

법인이 기부금을 금전 외의 자산으로 제공한 경우 해당 자산의 가액은 다음의 구분에 따라 산정한다(법인세법 시행령 36 ①).

| 구 분 | | 현물기부금의 평가액 |
|---|---|---|
| ① 특례기부금 | | 기부했을 때의 장부가액 |
| ② 일반기부금 | 특수관계인이 아닌 자에게 기부한 경우 | |
| | 특수관계인에게 기부한 경우 | 기부했을 때의 Max(장부가액, 시가) |
| ③ 비지정기부금 | | |

 ## 06 기부금의 세무조정

기부금의 한도초과액 계산은 **금전 등의 자산을 실제로 지출한 날이 속하는 사업연도에** 행한다. 세법에서는 "각 사업연도에 지출하는 기부금은 … 손금에 산입하되, 손금산입한도액을 초과하는 금액은 손금에 산입하지 아니한다"고 규정하고 있는 바, 기부금의 귀속시기는 **현금주의**에 따르고 있음을 알 수 있다.

그러므로 법인이 기부금을 가지급금 등으로 이연계상한 경우에는 이를 그 지출한 사업연도의 기부금으로 하고, 그 후의 사업연도에 있어서는 이를 기부금으로 보지 아니한다. 또한 법인이 기부금을 미지급금으로 계상한 경우 실제로 이를 지출할 때까지는 당해 사업연도의 소득금액계산에 있어서 이를 기부금으로 보지 아니한다(법인세법 시행령 36 ②, ③).

\* 법인세법 기본통칙 24-39…2 【설립중인 공익법인등에 지출한 기부금의 처리】
정부로부터 인·허가를 받는 경우 지정기부금단체로 인정되는 사회복지법인, 의료법인 등에게 <u>인·허가를</u>

받기 이전 설립 중에 지정기부금을 지출하는 경우에는 그 법인 및 단체가 정부로부터 인가 또는 허가를 받은 날이 속하는 사업연도의 지정기부금으로 한다.

| 기부금 세무조정 및 소득처분 |

| 구 분 | 세무조정 | 사후관리 |
|---|---|---|
| 특례기부금 및 일반기부금 한도초과액 | 손금불산입(기타사외유출) | 10년간 이월하여 기부금손금산입 한도액 범위내에서 손금산입(기타) 한다. |
| 비지정기부금 부인액 | | 없음 |
| 기부금을 미지급금으로 계상한 경우 | 손금불산입(유보) | 실제 지출하는 때에 손금산입(△유보)로 추인하되, 손금산입한 기부금은 장부상 기부금과 함께 한도계산 해야 한다. |
| 기부금을 가지급금으로 계상한 경우 | 손금산입(△유보) 후 장부상 기부금과 함께 한도계산 해야 한다. | 가지급금으로 계상한 기부금을 손금으로 대체하는 때에 전액 손금불산입(유보)하여 추인한다. |

● 예제 4-7  기부금 - 한도초과액의 손금불산입  ●

다음은 ㈜경희(중소기업 아님)의 제10기(1.1.~12.31.) 과세자료이다. 아래의 자료를 바탕으로 각 사업연도 소득금액을 계산하시오.

1. ㈜경희의 제10기 손익계산서상 기부금 내역

| 구 분 | 금 액 (원) |
|---|---|
| ① 국방헌금 | 50,000,000 |
| ② 천재지변으로 생기는 이재민을 위한 구호금품 | 15,000,000 |
| ③ 한국장학재단에 장학금으로 지출하는 기부금 | 5,000,000 |
| ④ 평생교육시설의 장이 추천하는 개인에게 장학금으로 지출하는 기부금 | 1,000,000 |
| ⑤ 유엔난민기구(UNHCR)에 지출하는 기부금 | 2,000,000 |
| ⑥ 종교단체에 지출한 기부금 | 3,000,000 |
| ⑦ 신용협동조합에 지출하는 기부금 | 3,000,000 |
| 합 계 | 79,000,000 |

2. 결산서에 계상된 당기순이익은 95,000,000원이며, 기부금 외의 세무조정사항은 다음과 같다.
   1) 손익계산서에 계상된 세금과공과 중 법인이 납부한 벌과금 : 5,000,000원
   2) 손익계산서에 계상된 법인세비용 : 7,500,000원

3. 당기말 현재 남아있는 세무상 이월결손금은 다음과 같다.

   1) 제9기 발생분 : 50,000,000원

   2) 제5기 발생분 :  1,000,000원

4. ㈜경희는 사회적기업이 아니고, 전기 이전에 발생한 기부금 한도초과액은 다음과 같다.

   1) 제7기 일반기부금 한도초과액 :   500,000원

   2) 제8기 특례기부금 한도초과액 : 1,500,000원

   3) 제9기 일반기부금 한도초과액 :   800,000원

[풀이]

〈기부금 외 세무조정〉

• ⑦은 법에 열거되어 있지 않은 기부금으로 전액 손금불산입한다. → 손금불산입 3,000,000 (기타사외유출)

• 법인이 납부한 벌과금은 손금불산입항목이다. → 손금불산입 5,000,000 (기타사외유출)

• 법인세비용은 손금불산입항목이다. → 손금불산입 7,500,000 (기타사외유출)

〈특례기부금 한도계산〉

1. 특례기부금 = ① 50,000,000 + ② 15,000,000 + ③ 5,000,000 = 70,000,000원

2. 특례기부금 한도 = (186,500,000 − 51,000,000) × 50% = 67,750,000원

3. 한도초과액 = 3,750,000원 → 손금불산입 3,750,000 (기타사외유출)

   → 이월된 기부금 제8기 한도초과액 1,500,000원 손금산입(기타)로 먼저 손금에 산입하고 해당 사업연도에 지출한 기부금을 한도 범위 내에서 손금산입한다.

〈일반기부금 한도계산〉

1. 일반기부금 = ④ 1,000,000 + ⑤ 2,000,000 + ⑥ 3,000,000 = 6,000,000원

2. 일반기부금 한도 = (186,500,000 − 51,000,000 − 67,750,000) × 10% = 6,775,000원

3. 한도초과액 = 525,000원 → 손금불산입 525,000 (기타사외유출)

   → 이월된 기부금 제7기 한도초과액 500,000원 손금산입(기타), 제9기 한도초과액 800,000원 손금산입(기타)로 먼저 손금에 산입하고 해당 사업연도에 지출한 기부금을 한도 범위 내에서 손금산입한다.

  * 차가감소득금액 = 당기순이익 + 가산조정 − 차감조정 = 95,000,000 + 3,000,000 + 5,000,000 + 7,500,000 = 110,500,000원

  * 기준소득금액 = 차가감소득금액 + 기부금 = 110,500,000 + 76,000,000 = 186,500,000원

• 각 사업연도 소득금액 = 차가감소득금액 + 기부금 세무조정 = 110,500,000 + 3,750,000 − 1,500,000 + 525,000 − 500,000 − 800,000 = 111,975,000원

| ① 각 사 업 연 도 소 득 계 산 | ⑩ 결산서상 당기순손익 | | 01 | | 95 | 000 | 000 | ··· 기업회계상 당기순손익 |
|---|---|---|---|---|---|---|---|---|
| | 소 득 조 정 금 액 | ⑩ 익 금 산 입 | 02 | | 15 | 500 | 000 | ··· 소득금액조정합계표상의 가산조정 합계액 |
| | | ⑩ 손 금 산 입 | 03 | | | | | ··· 소득금액조정합계표상의 차감조정 합계액 |
| | ⑩ 차 가 감 소 득 금 액 (⑩+⑩−⑩) | | 04 | | 110 | 500 | 000 | ··· (+) 70,000,000 + 6,000,000 = 기준소득금액 186,500,000 |
| | ⑩ 기 부 금 한 도 초 과 액 | | 05 | | 4 | 275 | 000 | |
| | ⑩ 기부금한도초과이월액 손 금 산 입 | | 54 | | 2 | 800 | 000 | |
| | ⑩ 각 사 업 연 도 소 득 금 액 (⑩+⑩−⑩) | | 06 | | 111 | 975 | 000 | ··· 과세소득금액 : 익금총액 − 손금총액 |

| 제8절 | 업무용승용차 관련비용 |
|---|---|

## 01 개념

법인세법은 법인의 업무용승용차에 대한 사적사용을 제한하고 고가의 승용차를 취득·임차하여 과도하게 비용처리를 하는 것을 방지하기 위해 2015.12.15. 법인세법을 개정하여 업무용승용차의 취득·임차·유지·관리 등에 소요되는 비용에 대한 손금산입기준을 규정하였다. 이러한 업무용승용차 관련비용의 손금불산입 등 특례규정은 2016.1.1. 이후 개시하는 사업연도에 취득하는 승용자동차부터 적용한다.

## 02 업무용승용차의 범위

손금불산입 등 특례규정이 적용되는 업무용승용차란 **개별소비세가 과세되는 승용자동차\***를 말한다. 다만, 다음 어느 하나에 해당하는 승용자동차는 제외한다(법인세법 27의2 ①, 법인세법 시행령 50의2 ①).

> ① 운수업, 자동차 판매업, 자동차 임대업, 운전학원업, 기계경비업무업 또는 시설대여업에서 **사업상 수익을 얻기 위하여 직접 사용하는 승용자동차\***
> ② 장례식장 및 장의관련 서비스업을 영위하는 법인이 소유하거나 임차한 **운구용 승용차**
> ③ 국토교통부장관의 임시운행허가를 받은 **자율주행자동차**

\* 개별소비세 과세대상 승용차
　가. (전기)승용자동차(정원 8인 이하의 자동차로 한정하되, 배기량이 1,000cc 이하인 것으로 길이가 3.6m
　　　이하이고 폭이 1.6m 이하의 것은 제외함)
　나. 캠핑용자동차(캠핑용 트레일러 포함)
　다. 이륜자동차(총배기량이 125cc를 초과하는 것)
\* 사업상 수익을 얻기 위하여 직접 사용하는 업무용 승용차
　• 운수업(택시 등)
　• 자동차 판매업(시승용 승용차 등)
　• 자동차 임대업(렌트회사가 소유한 렌트카 등). 단, 차량정비업을 영위하는 내국법인이 고객에게 수리기
　　간동안 빌려주는 렌트카는 업무용승용차 관련비용의 손금불산입 등 특례가 적용됨.
　• 운전학원업(운전연습용 승용차 등)
　• 경비업(출동차량 등)
　• 여신전문금융업법상 시설대여업(리스회사가 소유한 리스차량 등)

- 자동차박물관에서 운행용이 아닌 전시용으로 사용하는 승용자동차는 업무용승용차 관련비용의 손금불산입 등 특례규정이 적용되지 않는 것임(서면 – 2016 – 법령해석법인 – 5036, 2017.4.17.).
- 내국법인이 기업부설연구소에서 사용하는 소프트웨어 테스트용 승용자동차는 업무용 승용차 관련비용의 손금불산입 등 특례규정이 적용되는 것임(사전 – 2016 – 법령해석법인 – 0356, 2017.4.6.).
- 내국법인이 국외 사업장에서 보유·운영하고 있는 승용차는 업무용승용차 관련비용의 손금불산입 등 특례규정이 적용되지 않는 것임(서면 – 2017 – 법인 – 0282, 2017.4.5.).
- 차량정비업을 영위하는 내국법인이 차량수리 고객에게 수리기간 동안 빌려주는 임차 차량은 업무용승용차 관련비용의 손금불산입 등 특례규정이 적용되는 것임(사전 – 2016 – 법령해석법인 – 0215, 2017.3.9.).

## 03 업무용승용차에 대한 감가상각 의제

업무용승용차에 대한 감가상각비는 각 사업연도의 소득금액을 계산할 때 **정액법**을 상각 방법으로 하고 내용연수를 **5년**으로 하여 계산한 금액을 감가상각비로 하여 **손금에 산입하여야 한다**(강제상각제도, 법인세법 27의2 ①). 즉, 업무용승용차에 대해서는 감가상각을 의무화 (감가상각 의제)하여 업무용승용차(2016.1.1. 이후 개시하는 사업연도에 취득하는 승용차에 한정)에 대하여는 법인의 결산조정 여부에 불구하고 감가상각비를 법인의 손금에 산입하여야 한다.

| 구 분 | 2015.12.31. 이전 | 2016.1.1. 이후 |
|---|---|---|
| 상각방법 | 정률법 또는 정액법<br>(무신고시 정률법) | 정액법 |
| 내용연수 | 4~6년 선택·신고 가능<br>(무신고시 5년) | 5년 |
| 세무조정 | 결산조정사항(임의상각) | 강제신고조정사항(강제상각) |

## 04 업무용승용차 관련비용 중 업무미사용금액 손금불산입

법인이 업무용승용차를 취득하거나 임차함에 따라 해당 사업연도에 발생하는 감가상각비, 임차료, 유류비, 보험료, 수선비, 자동차세, 통행료 및 금융리스부채에 대한 이자비용 등 업무용승용차의 취득·유지를 위하여 지출한 비용(이하 "업무용승용차 관련비용"이라 함) 중 **업무용 사용금액에 해당하지 아니하는 금액**(업무미사용금액)은 해당 사업연도의 소득금액을 계산할 때 손금에 산입하지 아니한다(법인세법 27의2 ②, 법인세법 시행령 50의2 ②). 이에 따라 손금불산입한 금액은 귀속자별로 배당, 상여 등으로 소득처분하되, 그 귀속이 불분명한 경우에는 대표자에게 귀속된 것으로 보아 소득처분한다.

* 업무용승용차 관련비용 또는 처분손실을 손금에 산입한 법인은 법인세의 과세표준과 세액을 신고할 때 업무용승용차 관련비용 명세서를 첨부하여 납세지 관할세무서장에게 제출하여야 한다(법인세법 27의2 ⑥, 법인세법 시행령 50의2 ⑭). 만일 업무용승용차 관련비용 명세서를 제출하지 않거나 사실과 다르게 제출한 경우 다음의 구분에 따른 금액을 가산세로 하여 해당 사업연도의 법인세액에 더하여 납부해야 한다(법인세법 74의2).
  • 명세서를 제출하지 않은 경우 : 업무용승용차 관련비용 등으로 손금산입금액 × 1%
  • 명세서를 사실과 다르게 제출한 경우 : 업무용승용차 관련비용 등으로 손금산입금액 중 사실과 다르게 적은 금액 × 1%

업무용사용금액은 다음의 구분에 따른 금액을 말한다.

| 업무용승용차 손금산입 요건 | 업무사용금액 |
| --- | --- |
| ① 업무전용자동차보험*에 가입한 경우(법인업무용 자동차번호판 부착의무대상 차량*의 경우 전용번호판을 부착한 경우에 한함) | **업무용승용차 관련비용에 업무사용비율*을 곱한 금액**<br>단, 업무사용비율은 다음과 같다.<br>• 운행기록 등을 작성·비치한 경우 : 총 주행거리 중 업무용 사용거리가 차지하는 비율<br>• 운행기록 등을 작성·비치하지 않은 경우<br>  (1) 해당 사업연도의 업무용승용차 관련비용이 1,500만원 이하인 경우 : 100%<br>  (2) 해당 사업연도의 업무용승용차 관련비용이 1,500만원 초과하는 경우 : 1,500만원 / 업무용승용차 관련 비용 |
| ② 업무전용자동차보험*에 가입하지 않았거나, 법인업무용 자동차번호판 부착의무대상 차량*이 전용번호판을 부착하지 않은 경우 | **없음**(즉, 0원) |

* '업무전용자동차보험'이란 해당 사업연도 전체 기간(임차한 승용차의 경우 해당 사업연도 중에 임차한 기

간) 동안 해당 법인의 임원 또는 직원이 직접 운전한 경우 또는 계약에 따라 타인이 해당 법인의 업무를 위하여 운전하는 경우(해당 법인의 운전자 채용을 위한 면접에 응시한 지원자가 운전하는 경우 포함)만 보상하는 자동차보험을 말한다(법인세법 시행령 50의2 ④ (1), 법인세법 시행규칙 27의2 ②).

* 다만, 해당 사업연도 전체기간(임차한 승용차의 경우 해당 사업연도 중에 임차한 기간) 중 일부기간만 업무전용자동차보험에 가입한 경우 업무사용금액은 다음의 계산식에 따라 산정한 금액으로 한다(법인세법 시행령 50의2 ⑨).
  : 업무용승용차 관련비용 × 업무사용비율 × (해당 사업연도에 실제로 업무전용자동차보험에 가입한 일수 ÷ 해당 사업연도에 업무전용자동차보험에 의무적으로 가입하여야 할 일수)
  〈예시〉 A법인은 제7기 사업연도(1.1~12.31) 중 3.1부터 업무전용자동차보험에 가입하였다. 제7기 업무용 승용차 관련비용은 1,500만원일 경우 업무사용금액은?
    → 12,575,342원 (=1,500만원 × 100% × 306/365일)

* '법인업무용 자동차번호판 부착의무대상 차량'은 국토교통부장관이 정하는 자동차등록원부에 기재된 자동차 소유자가 법인인 취득가액 8,000만원(공급가액 기준) 이상의 승용자동차(계약자가 법인인 리스차량 및 법인이 1년 이상 대여한 렌트차량 포함)를 말한다. 이는 2024.1.1. 이후 등록하거나 대여한 자동차부터 적용한다.

* '업무사용비율'은 국세청장이 기획재정부장관과 협의하여 고시하는 운행기록 방법에 따라 확인되는 총 주행거리 중 업무용 사용거리가 차지하는 비율로 하며, 업무용 사용거리란 제조·판매시설 등 해당 법인의 사업장 방문, 거래처·대리점 방문, 회의 참석, 판촉 활동, 출·퇴근 등 직무와 관련된 업무수행을 위하여 주행한 거리를 말한다.

* 운행기록 등을 작성·비치하지 않은 경우 해당 사업연도가 1년 미만이라면 15백만원에 해당 사업연도의 개월수를 곱하고 이를 12로 나누어 산출한 금액을 기준으로 업무사용비율을 계산한다. 이때 해당 사업연도가 1년 미만이거나 사업연도 중 일부 기간 동안 보유하거나 임차한 경우의 월수의 계산은 역에 따라 계산하되, 1개월 미만의 일수는 1개월로 한다(법인세법 시행령 50의2 ⑯).

* 부동산임대업을 주된 사업으로 하는 특정법인의 업무용승용차 관련비용 손금산입 범위를 제한하기 위하여 해당 법인이 업무용승용차 운행기록을 작성·비치하지 않은 경우 업무사용비율을 계산할 때 1,500만원을 500만원으로 한다(법인세법 시행령 50의2 ⑮).

* 법인세법 기본통칙 27의2-50의2…2 【퇴직자에 대한 업무용승용차 관련비용의 손금불산입 범위액】
  업무용승용차 사적 사용자가 사업연도 중간에 퇴직하는 경우 해당 퇴직자에 대한 법 제27조의2에 따른 업무용승용차 관련비용의 손금불산입 금액은 해당 사업연도 개시일부터 퇴직시까지 발생한 업무용승용차 관련비용에 동 기간의 사적사용비율(해당 퇴직자의 사적사용거리÷총 주행거리)을 곱하여 산출한 금액으로 한다.

## 05 업무용승용차의 감가상각비 한도초과액

### (1) 감가상각비 한도초과액의 손금불산입

업무사용금액 중 다음의 구분에 해당하는 비용이 해당 사업연도에 각각 800만원*을 초과하는 경우 그 초과하는 금액(감가상각비 한도초과액)은 해당 사업연도의 손금에 산입하지 않는다(법인세법 27의2 ③).

> ① 업무용승용차별 감가상각비 × 업무사용비율 ··· 한도초과액 손금불산입(유보)
> ② 업무용승용차별 임차료 중 감가상각비 상당액 × 업무사용비율 ··· 한도초과액 손금불산입(기 · 사)

* 해당 사업연도가 1년 미만인 경우 800만원에 해당 사업연도의 월수를 곱하고 이를 12로 나누어 산출한 금액을 말하고, 사업연도 중 일부 기간 동안 보유하거나 임차한 경우에는 800만원에 해당 보유기간 또는 임차기간 월수를 곱하고 이를 사업연도 월수로 나누어 산출한 금액을 말한다.
* '업무용승용차별 임차료 중 감가상각비 상당액'이란 다음의 구분에 따른 금액을 말한다(법인세법 시행규칙 27의2 ⑤).
  ① 「여신전문금융업법」에 따라 등록한 시설대여업자로부터 임차한 승용차 : 임차료에서 해당 임차료에 포함되어 있는 보험료, 자동차세 및 수선유지비를 차감한 금액. 다만, 수선유지비를 별도로 구분하기 어려운 경우에는 임차료(보험료와 자동차세를 차감한 금액)의 100분의 7을 수선유지비로 할 수 있다.
  ② 위 ①에 따른 시설대여업자 외의 자동차대여사업자로부터 임차한 승용차 : 임차료의 100분의 70에 해당하는 금액
* 부동산임대업을 주된 사업으로 하는 특정법인의 업무용승용차 감가상각비 손금산입 범위는 800만원이 아닌 400만원으로 한다(법인세법 시행령 50의2 ⑮).

## (2) 감가상각비 한도초과액의 이월 손금산입

위 (1)의 감가상각비 한도초과액은 다음의 구분에 따른 방법에 따라 산정된 금액을 한도로 이월하여 손금에 산입하는 방법을 말한다(법인세법 시행령 50의2 ⑪).

| | |
|---|---|
| ① 업무용승용차별 감가상각비 한도초과액 이월액 | 해당 사업연도의 다음 사업연도부터 해당 업무용승용차의 업무사용금액 중 감가상각비가 800만원에 미달하는 경우 그 미달하는 금액을 한도로 하여 손금(△유보)으로 추인한다. |
| ② 업무용승용차별 임차료 중 감가상각비상당액 이월액 | 해당 사업연도의 다음 사업연도부터 해당 업무용승용차의 업무사용금액 중 감가상각비 상당액이 800만원에 미달하는 경우 그 미달하는 금액을 한도로 손금(기타)에 산입한다. |

* 내국법인이 해산(합병 · 분할 또는 분할합병에 따른 해산을 포함)한 경우에는 이월된 금액 중 남은 금액을 해산등기일(합병 · 분할 또는 분할합병에 따라 해산한 경우에는 합병등기일 또는 분할등기일)이 속하는 사업연도에 모두 손금에 산입한다(법인세법 시행규칙 27의2 ⑦).

## 06 업무용승용차 처분손실 한도 초과액

### (1) 처분손실 한도초과액의 손금불산입

업무용승용차를 처분하여 발생하는 손실로서 업무용승용차별로 800만원*을 초과하는 금액은 손금불산입(기타사외유출) 한다(법인세법 27의2 ④).

\* 해당 사업연도가 1년 미만인 경우 : 800만원 × $\dfrac{\text{해당 사업연도 월수}}{12}$

\* 부동산임대업을 주된 사업으로 하는 특정법인의 업무용승용차 처분손실 손금산입 범위는 800만원이 아닌 400만원으로 한다(법인세법 시행령 50의2 ⑮).

## (2) 처분손실 한도초과액의 이월 손금산입

위 (1)의 처분손실 한도초과액은 해당 사업연도의 다음 사업연도부터 800만원을 균등하게 손금에 산입하되, 남은 금액이 800만원 미만인 사업연도에는 남은 금액을 모두 손금(기타)에 산입한다(법인세법 시행령 50의2 ⑬).

\* 내국법인이 해산(합병·분할 또는 분할합병에 따른 해산을 포함)한 경우에는 이월된 금액 중 남은 금액을 해산등기일(합병·분할 또는 분할합병에 따라 해산한 경우에는 합병등기일 또는 분할등기일)이 속하는 사업연도에 모두 손금에 산입한다(법인세법 시행규칙 27의2 ⑦).

│ 업무용승용차 관련 비용의 손금산입 기준 │

| 구 분 | 일반법인 | 부동산임대업 주업 법인 |
|---|---|---|
| 운행기록 미작성시 업무사용금액 | 1,500만원 | 500만원 |
| 감가상각비 손금한도 | 800만원 | 400만원 |
| 처분손실 손금한도 | 800만원 | 400만원 |

📖 • 예제 4-8 업무용승용차 관련 비용 손금산입 특례 •

다음은 제조업을 영위하는 ㈜경희의 제10기(1.1.~12.31.) 과세자료이다. 아래의 자료를 바탕으로 세부담 최소화를 가정하여 업무용승용차 관련 비용에 대한 세무조정을 행하시오. 단, 소수점 계산이 필요할 땐 소수점 셋째 자리에서 반올림하여 계산한다.

1. ㈜경희는 당기 1월 1일에 업무용승용차(배기량 3,000cc) 1대를 6,000만원(부가가치세, 취득세 등 부대비용 포함)에 취득하였다.

2. ㈜경희는 위 업무용승용차 취득일에 임원K씨가 직접 운전하는 경우만 보상하는 업무전용자동차보험을 가입하고 법인업무용 자동차번호판을 부착했다.

3. 제10기에 발생한 업무용승용차 관련 비용 내역은 다음과 같다.

| 내 역 | 금 액(원) |
|---|---|
| ① 감가상각비 | 10,000,000 |
| ② 유류대 | 2,700,000 |
| ③ 보험료 | 1,300,000 |
| ④ 수선비 | 500,000 |
| ⑤ 자동차세 | 800,000 |
| ⑥ 차량 검사비 | 150,000 |
| ⑦ 통행료 | 50,000 |
| 합 계 | 15,500,000 |

4. 해당 업무용승용차에 내해 세10기 사업연노의 운행기록부를 작성하였다.

[CASE 1] 운행기록부상 해당 업무용승용차의 총 주행거리(10,000km) 중 임원K씨가 업무용으로 사용한 거리(9,000km)의 비율은 90%인 경우
[CASE 2] 운행기록부상 해당 업무용승용차의 총 주행거리(10,000km) 중 임원K씨가 업무용으로 사용한 거리(8,000km)의 비율은 80%인 경우

[풀이]
[CASE 1] 손금산입 2,000,000원 (△유보), 손금불산입 1,750,000원 (상여),
　　　　 손금불산입 2,800,000원 (유보)

1. 업무용승용차 관련 비용 중 업무미사용금액 손금불산입
    1) 업무용승용차 관련 비용 = 15,500,000 + 2,000,000* = 17,500,000원
        * 정액법 5년을 적용한 업무용승용차의 감가상각비는 연간 12,000,000원(= 60,000,000원/5년)이다. 그러므로 결산서상 감가상각비는 10,000,000원 계상되어 있지만, 신고조정에 의해 2,000,000원을 손금산입해야 한다. → 손금산입 2,000,000원 (△유보)

    2) 업무사용금액 = 17,500,000 × Max(90%, 85.71%*) = 15,750,000원
        * 세부담최소화를 위해 운행기록 등을 작성·비치한 경우의 업무용 주행거리 비율과 운행기록 등을 작성·비치하지 않은 경우의 [1,500만원/해당 사업연도의 업무용승용차 관련 비용 1,750만원]에 해당하는 비율 중 큰 비율을 업무사용비율로 선택할 수 있다.

    3) 업무미사용금액 = 1,750,000원 → 손금불산입 1,750,000원 (상여)

2. 감가상각비 한도초과액 손금불산입
    1) 감가상각비 손금산입액 = 12,000,000 × 90% = 10,800,000원
    2) 감가상각비 손금산입 한도금액 = 8,000,000원
    3) 한도초과액 = 2,800,000원 → 손금불산입 2,800,000원 (유보)

[CASE 2] 손금산입 2,000,000원 (△유보), 손금불산입 2,500,750원 (상여),
　　　　　손금불산입 2,285,200원 (유보)

1. 업무용승용차 관련 비용 중 업무미사용금액 손금불산입
　　1) 업무용승용차 관련 비용 = 15,500,000 + 2,000,000* = 17,500,000원
　　　　* 정액법 5년을 적용한 업무용승용차의 감가상각비는 연간 12,000,000원(= 60,000,000원/5년)이다.
　　　　　그러므로 결산서상 감가상각비는 10,000,000원 계상되어 있지만, 신고조정에 의해 2,000,000원을
　　　　　손금산입해야 한다. → 손금산입 2,000,000원 (△유보)

　　2) 업무사용금액 = 17,500,000원 × Max(80%, 85.71%*) = 14,999,250원
　　　　* 세부담최소화를 위해 운행기록 등을 작성·비치한 경우의 업무용 주행거리 비율과 운행기록 등을 작성·
　　　　　비치하지 않은 경우의 [1,500만원/해당 사업연도의 업무용승용차 관련 비용 1,750만원]에 해당하는 비
　　　　　율 중 큰 비율을 업무사용비율로 선택할 수 있다.

　　3) 업무미사용금액 = 2,500,750원 → 손금불산입 2,500,750원 (상여)

2. 감가상각비 한도초과액 손금불산입
　　1) 감가상각비 손금산입액 = 12,000,000 × 85.71% = 10,285,200원
　　2) 감가상각비 손금산입 한도금액 = 8,000,000원
　　3) 한도초과액 = 2,285,200원 → 손금불산입 2,285,200원 (유보)

차입금에 대한 지급이자는 해당 법인의 순자산을 감소시키는 거래로 인하여 발생하는 손비의 금액이므로 각 사업연도의 소득금액을 계산할 때 손금에 산입하여야 한다. 다만, 법인세법은 일정한 사유로 다음의 차입금의 이자는 법인의 각 사업연도의 소득금액을 계산할 때 다음의 순서에 의하여 손금에 산입하지 아니한다(법인세법 28 ①, 법인세법 시행령 55).

| 부인순서 | 구 분 | 목적(사유) | 소득처분 |
|---|---|---|---|
| 1순위 | 채권자 불분명 사채이자 | 가공채무를 통한 조세회피 방지 및 사채시장 양성화 | 대표자 상여 (원천징수상당액은 기타사외유출) |
| 2순위 | 지급받은 자 불분명 채권·증권의 이자 | 금융실명제도 정착 | |
| 3순위 | 건설자금이자 | 차입원가 자본화 | 유보 |
| 4순위 | 업무무관자산 등에 대한 지급이자 | 법인의 부동산 투기 및 비생산적 차입금 사용 규제 | 기타사외유출 |

지급이자 손금불산입 규정을 적용할 때 차입금이라 함은 명목여하에 관계없이 지급이자 및 할인료를 부담하는 모든 부채를 말한다(법인세법 기본통칙 28-53…1). 동 차입금에 대한 지급이자는 다음과 같다(법인세 집행기준 28-0-2).

| 지급이자에 포함되는 것 | 지급이자에 포함되지 않는 것 |
|---|---|
| 1. 금융어음 할인료<br>2. 미지급이자<br>3. 금융리스료 중 이자상당액<br>4. 사채할인발행차금 상각액<br>5. 전환사채의 만기보유자에게 지급하는 상환할증금<br>6. 회사정리계획인가결정에 의해 면제받은 미지급이자 | 1. 상업어음 할인액(기업회계기준에 따라 매각거래로 보는 경우)<br>2. 선급이자<br>3. 운용리스료<br>4. 현재가치할인차금 상각액<br>5. 연지급수입에 있어서 취득가액과 구분하여 지급이자로 계상한 금액(Banker's Usance 이자 등)<br>6. 지급보증료·신용보증료·지급수수료<br>7. 금융기관의 차입금을 조기 상환하는 경우 지급하는 조기상환수수료<br>8. 기업구매자금대출이자 |

**채권자 불분명 사채이자**

법인이 다음 어느 하나에 해당하는 채권자가 불분명한 사채이자를 지급하는 경우 해당 이자는 각 사업연도의 소득금액을 계산할 때 손금에 산입하지 않는다(법인세법 28 ① (1)). 해당 이자에 대한 손금불산입액은 대표자에 대한 상여로 처분하고, 이에 대한 원천징수상당액은 기타사외유출로 처분한다(법인세법 기본통칙 67 – 106…3).

> 1. 채권자의 주소 및 성명을 확인할 수 없는 차입금
>    **다만, 거래일 현재 주민등록표에 의하여 그 거주사실 등이 확인된 채권자가 차입금을 변제받은 후 소재불명이 된 경우의 차입금에 대한 이자를 제외한다.**
> 2. 채권자의 능력 및 자산상태로 보아 금전을 대여한 것으로 인정할 수 없는 차입금
> 3. 채권자와의 금전거래사실 및 거래내용이 불분명한 차입금

\* '채권자가 불분명한 사채이자'는 알선수수료 · 사례금 등 명목여하에 불구하고 사채를 차입하고 지급하는 금품을 포함한다.

 **지급받은 자가 불분명한 채권 · 증권의 이자**

**채권 또는 증권의 이자 · 할인액 또는 차익을 해당 채권 또는 증권의 발행법인이 직접 지급하는 경우 그 지급사실이 객관적으로 인정되지 아니하는 이자 · 할인액 또는 차익**은 각 사업연도의 소득금액을 계산할 때 손금에 산입하지 않는다(법인세법 28 ① (2)). 이는 채권 · 증권의 발행법인이 채권 · 증권 등의 소지자에게 금융기관 등을 통하지 않고 이자 등을 직접 지급하는 경우 소득의 귀속자를 확인하여(금융실명제 적용) 소득세를 과세하기 위함이다.

해당 이자에 대한 손금불산입액은 대표자에 대한 상여로 처분하고, 이에 대한 원천징수상당액은 기타사외유출로 처분한다(법인세법 기본통칙 67 – 106…3).

**03** **건설자금이자**

건설자금이자란 **사업용 유형자산 및 무형자산의 매입 · 제작 또는 건설에 소요되는 차입금에 대한 지급이자 또는 이와 유사한 성질의 지출금**을 말한다. 건설자금이자의 처리방법

에 대하여 자산의 취득원가에 산입해야 한다는 주장과 이를 발생기간의 비용으로 처리해야 한다는 주장이 대립하고 있다.

현행 법인세법은 건설자금이자 중 특정차입금이자는 취득원가에 산입(강제자본화)하고, 건설자금에 충당한 일반차입금이자는 각 사업연도의 소득금액을 계산할 때 손금에 산입하지 아니할 수 있다(선택자본화).

| 구 분 | 법인세법 | | K-IFRS | 일반기업회계기준 |
|---|---|---|---|---|
| 취득원가 산입 여부 | 특정차입 | 강제 | 강제<br>(취득원가 산입) | 선택<br>(취득원가 산입 또는 비용) |
| | 일반차입 | 선택 | | |
| 건설자금이자 대상자산 | 사업용 유형·무형자산 | | 적격자산<br>(유형자산·무형자산·투자부동산·재고자산) | |

## (1) 특정차입금 이자

특정차입금에 대한 지급이자 등은 **건설 등이 준공된 날*까지** 이를 자본적 지출로 하여 그 **원본에 가산한다.** 다만, 특정차입금의 일시예금에서 생기는 수입이자는 원본에 가산하는 자본적 지출금액에서 차감한다(법인세법 시행령 52 ②). 특정차입금의 일부를 운영자금에 전용한 경우에는 그 부분에 상당하는 지급이자는 이를 손금으로 한다(법인세법 시행령 52 ③).

---

취득원가에 산입할 특정차입금의 이자 = ① - ② - ③

① 건설기간 중의 특정차입금 이자*
② 특정차입금의 일시예금에서 생기는 수입이자
③ 특정차입금 중 운영자금에 전용한 부분에 대한 이자(손금)

---

* 특정차입금의 연체로 인하여 생긴 이자를 원본에 가산한 경우 그 가산한 금액은 이를 해당 사업연도의 자본적 지출로 하고, 그 원본에 가산한 금액에 대한 지급이자는 이를 손금으로 한다(법인세법 시행령 52 ④).
* 건설 등의 준공일은 당해 건설 등의 목적물이 전부 준공된 날로 하고, 준공된 날이라 함은 다음 어느 하나에 해당하는 날로 한다(법인세법 시행령 52 ⑤, ⑥).
　① 토지를 매입하는 경우에는 그 대금을 청산한 날. 다만, 그 대금을 청산하기 전에 당해 토지를 사업에 사용하는 경우에는 그 사업에 사용되기 시작한 날
　② 건축물의 경우에는 취득일 또는 당해 건설의 목적물이 그 목적에 실제로 사용되기 시작한 날(사용개시일) 중 빠른 날
　③ 그 밖의 사업용 유형자산 및 무형자산의 경우에는 사용개시일

## (2) 일반차입금 이자

건설자금이자 중 일반차입금이자는 취득원가 산입과 당기 손금산입 중 선택할 수 있는데 (법인세법 28 ②), 일반차입금이자 중 취득원가에 산입할 수 있는 금액은 다음과 같다(법인세법 시행령 52 ⑦).

$$\text{일반차입금 이자} = \text{Min}(①, ②)$$

① 해당 사업연도 중 건설 등에 소요된 기간에 실제로 발생한 일반차입금*의 지급이자 등의 합계

② 〔건설 등 연평균 지출액 − 연평균 특정차입금〕 × 자본화이자율

$$= \left[ \frac{\text{해당 건설 등에 대하여 해당 사업연도에 지출한 금액의 적수}}{\text{해당 사업연도 일수}} - \frac{\text{해당 사업연도의 특정차입금의 적수}}{\text{해당 사업연도 일수}} \right]$$

$$\times \left( \frac{\text{일반차입금에서 발생한 지급이자의 합계액}}{\frac{\text{해당 사업연도의 일반차입금의 적수}}{\text{해당 사업연도 일수}}} \right)$$

* 일반차입금이란 해당 사업연도에 상환하거나 상환하지 아니한 차입금 중 특정차입금을 제외한 금액을 말한다.

## (3) 건설자금이자의 세무조정

특정차입금이자를 사업용 유형·무형자산의 취득원가에 가산한 경우에는 별도의 세무처리가 필요하지 않으나, 건설자금이자를 과소계상하거나 과대계상한 경우에는 다음과 같이 세무조정한다.

| 구 분 | | | 세무조정 | |
|---|---|---|---|---|
| | | | 당기 | 차기 이후 |
| 건설자금이자 과소계상 | 비상각자산 | | 손금불산입(유보) | 손금산입(△유보) |
| | 상각자산 | 건설 중인 경우 | 손금불산입(유보) | 준공된 사업연도의 감가상각부인액으로 보아 시인부족액 범위 내에서 손금산입(△유보) |
| | | 건설이 완료된 경우 | 즉시상각의제 (전액 감가상각한 것으로 보아 한도초과액 계산) | – |
| 건설자금이자 과대계상 | | | 손금산입(△유보) | 감가상각 또는 처분시 손금불산입(유보) |

• 예제 4-9 건설자금이자의 세무조정 •

다음은 제조업을 영위하는 ㈜경희(1.1.~12.31.)의 과세자료이다. 아래의 자료를 바탕으로 세부담 최소화 가정 하에 제7기와 제8기의 세무조정을 행하시오.

1. ㈜경희는 공장신축 및 사업운영 목적으로 S은행으로부터 연 이자율 6% 조건으로 8억원을 차입하였다.
   1) 차입기간 : 제7기 7.1.~제8기 10.31.
   2) 차입금 관련 손익계산서상 이자비용은 제7기에 24,000,000원, 제8기 40,000,000원이다.

2. 위 차입금의 상세내역은 다음과 같다.
   1) 5억원은 공장신축을 위하여 직접 차입한 자금으로, 공사개시일은 제7기 11.1.이고, 제8기에 준공할 예정이다. 또한 제7기에 자금의 일시예금으로 인해 발생한 이자수익은 3,000,000원이고 이를 손익계산서상 영업외수익으로 계상하였다.
   2) 3억원은 사업운영을 위한 차입금이고 사용목적이 특정되어 있지 않다.

3. 공장은 제8기 8.31.에 준공하였으며, 해당 공장에 대한 감가상각비 5,000,000원을 계상하였다. 공장 건물에 대한 법인세법상 상각범위액은 20,000,000원이다.

4. 이자계산의 편의상 월할계산을 허용한다.

[풀이]
1. 제7기의 세무조정
   1) 특정차입금 이자 = 5억원 × 6% × 2/12 = 5,000,000원 → 손금불산입 5,000,000원 (유보)
      * 특정차입금 이자는 공사개시일~준공일까지의 이자에 대해 취득원가에 가산한다.

   2) 특정차입금의 일시예금에서 발생한 수입이자 = 3,000,000원 → 익금불산입 3,000,000원
      (△유보) ⇒ 취득원가에 산입할 특정차입금의 이자 = 1) - 2) = 2,000,000원

2. 제8기의 세무조정
   1) 특정차입금 이자 = 5억원 × 6% × 8/12 = 20,000,000원 → 완공된 사업연도에 취득원가에 가산할 금액을 손비로 계상한 경우에는 해당 사업연도의 감가상각비로 계상한 것으로 본다(즉시상각의 의제).
   2) 감가상각비 한도 계산
      (1) 감가상각비 계상액 = 5,000,000원 + 20,000,000원 = 25,000,000원
      (2) 세법상 상각범위액 = 20,000,000원
      (3) 한도초과액 = 5,000,000원 → 손금불산입 5,000,000원 (유보)

## 04 업무무관자산 등에 대한 지급이자

법인의 부동산투기를 억제하고 비생산적인 차입금 사용을 규제하기 위해 **법인이 업무와 무관한 자산을 보유하고 있거나 특수관계인에게 업무와 관련 없는 가지급금을 지급하고 있는 경우**에는 그에 상당하는 차입금의 이자는 **적정이자 수령여부와 관계없이** 각 사업연도의 소득금액을 계산할 때 손금에 산입하지 않는다.

## (1) 업무무관자산 등의 범위

### 1) 업무무관자산

| 구 분 | 업무무관자산 |
|---|---|
| 부동산 | ① 법인의 업무에 직접 사용하지 아니하는 부동산(다만, 유예기간이 경과하기 전까지의 기간 중에 있는 부동산은 제외)<br>② 유예기간 중에 해당 법인의 업무에 직접 사용하지 아니하고 양도하는 부동산(다만, 부동산매매업을 주업으로 하는 경우는 제외) |
| 동산 | ① 서화 및 골동품(다만, 장식·환경미화 등의 목적으로 사무실·복도 등 여러 사람이 볼 수 있는 공간에 항상 비치하는 것을 제외)<br>② 업무에 직접 사용하지 아니하는 자동차·선박 및 항공기(저당권의 실행 기타 채권을 변제받기 위하여 취득한 것으로서 취득일부터 3년이 경과되지 아니한 것을 제외)<br>③ 기타 위 ①, ②와 유사한 자산으로서 해당 법인의 업무에 직접 사용하지 아니하는 자산 |

### 2) 특수관계인에게 해당 법인의 업무와 관련 없이 지급한 가지급금

명칭여하에 불구하고 당해 법인의 업무와 관련이 없는 자금의 대여액(금융회사 등의 경우 주된 수익사업으로 볼 수 없는 자금의 대여액을 포함함)을 말하며, 다음의 금액은 제외한다(법인세법 시행령 28 ①, 법인세법 시행규칙 28 ①, 44).

① 미지급소득(지급한 것으로 보는 배당소득 및 상여금)에 대한 소득세를 법인이 납부하고 이를 가지급금 등으로 계상한 금액
② 국외에 자본을 투자한 내국법인이 해당 국외투자법인에 종사하거나 종사할 자의 여비·급료 기타 비용을 대신하여 부담하고 이를 가지급금 등으로 계상한 금액
③ 법인이 우리사주조합 또는 그 조합원에게 해당 우리사주조합이 설립된 회사의 주식취득에 소요되는 자금을 대여한 금액(상환할 때까지의 기간에 상당하는 금액에 한함)
④ 「국민연금법」에 의하여 근로자가 지급받은 것으로 보는 퇴직금전환금(당해 근로자가

퇴직할 때까지의 기간에 상당하는 금액에 한함)

⑤ 귀속이 불분명하여 대표자에게 상여처분한 금액에 대한 소득세를 법인이 납부하고 이를 가지급금으로 계상한 금액(특수관계가 소멸될 때까지의 기간에 상당하는 금액에 한함)

⑥ 직원에 대한 월정급여액의 범위에서의 일시적인 급료의 가불금

⑦ 직원에 대한 경조사비 또는 학자금(자녀의 학자금 포함)의 대여액

⑧ 중소기업 직원(지배주주등인 직원은 제외)에 대한 주택구입 또는 전세자금의 대여액

⑨ 한국자산관리공사가 출자총액의 전액을 출자하여 설립한 법인에 대여한 금액

---

### 📈 실무 ○

대표자 사망으로 대표자에 대한 가지급금을 상속인이 승계한 경우 지급이자 손금불산입 등 적용여부

「사외유출금액의 귀속이 불분명하여 대표자에게 상여로 소득처분한 금액에 대한 소득세를 법인이 대납하고 계상한 가지급금」은 지급이자 손금불산입 및 인정이자 규정이 적용되지 아니하므로, 대표자의 사망으로 상속인이 승계한 경우에도 이를 적용하지 아니하는 것임(서면법규법인 2023 - 325, 2023.8.9.).

## (2) 업무무관자산 등에 대한 지급이자 손금불산입액

차입금이자 중 다음에 따라 계산한 금액을 업무무관자산 등에 대한 지급이자로 보아 손금불산입하고 기타사외유출로 처리한다(법인세법 시행령 51 ②).

$$\text{손금불산입액} = \text{지급이자} \times \frac{\text{업무무관자산가액적수} + \text{가지급금적수}}{\text{차입금적수}} \; (100\% \text{ 한도})$$

* 업무무관자산가액은 자산의 취득가액(고가매입의 경우 시가초과액 포함)으로 한다(법인세법 시행령 53 ③).
* 업무무관 가지급금 등의 합계액을 계산함에 있어서 동일인에 대한 가지급금과 가수금이 함께 있는 경우에는 이를 상계한 금액으로 한다. 다만, 각각 상환기간 및 이자율 등에 관한 약정이 있어 이를 상계할 수 없는 경우에는 상계하지 않는다(법인세법 시행령 53 ③, 법인세법 시행규칙 28 ②).
* 가지급금 적수 계산 시 가지급금이 발생한 초일은 산입하고, 회수된 날은 제외한다.

「법인세법」상 손금에 관한 설명이다. 옳지 않은 것은?　2021 CTA 1차 수정

① 특정인에게 광고선전 목적으로 기증한 물품(개당 3만원 이하는 제외)의 구입비용으로 연간 5만원 이내의 금액은 손금에 산입한다.

② 법인이 임원인 주주에게 지급한 여비 또는 교육훈련비는 손금에 산입한다.

③ 중소기업인 내국법인이 100% 출자한 해외현지법인에 파견된 직원의 인건비를 해당 내국법인이 지급한 경우 전액 손금에 산입한다.

④ 제조업을 영위하는 법인이 보유한 개별소비세 과세대상인 승용자동차의 수선비에 대한 부가가치세 매입세액은 손금에 산입한다.

⑤ 법인이 「노동조합 및 노동관계조정법」을 위반하여 노조전임자에게 지급한 급여는 손금에 산입하지 아니한다.

[풀이] ③

　　2) 법인이 임원 또는 직원이 아닌 지배주주 등(특수관계인 포함)에게 지급한 여비 또는 교육훈련비는 해당 사업연도의 소득금액을 계산할 때 손금에 산입하지 아니한다.

　　3) 중소·중견기업인 내국법인이 100% 출자한 해외현지법인에 파견된 임원 또는 직원의 인건비로서 해당 내국법인이 지급한 인건비가 해당 내국법인 및 해외출자법인이 지급한 인건비 합계의 50% 미만인 경우에는 인건비로 손금에 산입한다. (2021.1.1.이후 개시하는 사업연도분부터)

　　4) 부가가치세 매입세액 공제액을 비용으로 계상한 경우 손금불산입(유보)로 처분한다. 다만, 본래부터 부가가치세법상 공제되지 않는 매입세액은 손금에 산입한다.

「법인세법」상 공동경비 및 업무와 관련 없는 비용에 대한 설명으로 옳지 않은 것은?

① 법인이 해당 법인 외의 자와 출자에 의하여 특정사업을 공동으로 영위하는 경우 지출된 손비는 출자비율에 따라 손금에 산입한다.

② 장식, 미화 등의 목적으로 사무실, 복도 등 여러 사람이 볼 수 있는 공간에 항상 비치하는 서화 및 골동품은 결산서상 손비 계상여부와 관계없이 손금에 산입한다.

③ 해당 법인의 주주 등(소액주주 등은 제외) 또는 출자임원(소액주주인 임원 제외) 또는 그 친족이 사용하는 사택의 유지비·관리비·사용료와 이와 관련되는 지출금은 손금에 산입하지 않는다.

④ 업무무관자산을 취득하기 위한 자금의 차입과 관련된 비용은 손금에 산입하지 않는다.

⑤ 해당 법인이 소액주주 등인 임원이 주로 사용하는 장소의 유지비, 관리비, 사용료를 지급한 경우 해당 금액은 손금에 산입한다.

[풀이] ②

　　2) 장식·환경미화 등의 목적으로 사무실·복도 등 여러 사람이 볼 수 있는 공간에 항상 전시하는 미술품의 취득가액을 그 취득한 날이 속하는 사업연도의 손비로 계상한 경우에는 그 취득가액(취득가액이 거래단위별로 1,000만원 이하인 것으로 한정함) ⇨ 결산조정사항

　　5) 해당 법인이 직접 사용하지 않고 타인(비출자 임원, 소액주주 등인 임원, 사용인 제외)이 주로 사용하는 장소·건축물·물건 등의 유지비·관리비·사용료와 이와 관련되는 지출금은 손금에 산입하지 않는다.

## 연습문제 3

영리내국법인 ㈜경희의 포괄손익계산서 세금과공과 계정에는 다음의 금액이 포함되어 있다. 「소득금액조정합계표」 작성 시 '익금산입 및 손금불산입'에 포함되어야 할 금액의 합계는?

2021 CTA 1차 수정

(1) 사계약상의 의무불이행으로 인하여 부담한 지체상금(구상권 행사 가능) : 1,000,000원
(2) 업무와 관련하여 발생한 교통사고 벌과금 : 1,500,000원
(3) 전기요금의 납부지연으로 인한 연체가산금 : 3,500,000원
(4) 「국민건강보험법」에 따라 징수하는 연체금 : 4,000,000원
(5) 「고용보험 및 산업재해보상보험의 보험료 징수 등에 관한 법률」에 따른 산업재해보상보험료의 연체금 : 5,500,000원
(6) 외국의 법률에 따라 국외에서 납부한 벌금 : 6,000,000원

① 7,500,000원
② 9,000,000원
③ 11,500,000원
④ 12,500,000원
⑤ 15,500,000원

[풀이] ④

다음은 손금불산입항목이다.
- 구상권 행사가 가능한 지체상금(미수금 자산)
- 업무와 관련하여 발생한 교통사고 벌과금
- 「국민건강보험법」에 따라 징수하는 연체금
- 외국의 법률에 따라 국외에서 납부한 벌금

법인이 임원 또는 직원에게 지급하는 퇴직급여는 임원 또는 직원이 현실적으로 퇴직하는 경우에 지급하는 것에 한하여 이를 손금에 산입한다. 다음 중 현실적인 퇴직으로 보지 않는 경우는?

① 임원이 연임된 경우
② 법인의 직원이 해당 법인의 임원으로 취임한 경우
③ 법인의 직원이 사규에 의하여 정년퇴직을 한 후 다음날 동 법인의 별정직 사원으로 채용된 경우
④ 법인의 상근임원이 비상근임원으로 된 경우
⑤ 법인이 임원에게 정관 또는 정관에서 위임된 퇴직급여지급규정에 따라 장기요양 등의 사유로 퇴직급여를 중간정산하여 지급하는 경우(중간정산시점부터 새로 근무연수를 기산하여 퇴직급여를 계산하는 경우에 한정함)

[풀이] ①

　　임원이 연임된 경우 현실적인 퇴직으로 보지 않는다.

법인세법상 기업업무추진비에 관한 설명으로 옳지 않은 것은?　　　　2019 CTA 1차 수정

① 주주 또는 출자자나 임원 또는 직원이 부담하여야 할 성질의 기업업무추진비를 법인이 지출한 것은 기업업무추진비로 보지 않는다.
② 사업과 관련이 있는 사업상 증여의 경우에 법인이 부담한 매출세액 상당액은 기업업무추진비로 본다.
③ 특정인에게 광고선전 목적으로 기증한 물품(개당 3만원 이하는 제외)의 구입비용으로 연간 5만원을 초과하여 지출한 경우 초과하는 금액은 기업업무추진비로 본다.
④ 법인이 한 차례의 접대에 지출한 기업업무추진비 중 3만원(경조금 20만원)을 초과하는 기업업무추진비로 적격증명서류 미수취 기업업무추진비는 손금불산입하고 기타사외유출로 처분한다.
⑤ 법인이 업무와 관련하여 금전 외의 자산을 특정인에게 제공한 경우 제공한 때의 시가와 장부가액 중 큰 금액을 기업업무추진비로 본다.

[풀이] ③

　　특정인에게 광고선전 목적으로 기증한 물품(개당 3만원 이하는 제외)의 구입비용으로 연간 5만원을 초과하여 지출한 경우 전액 기업업무추진비로 본다.

제조업을 영위하는 영리내국법인 ㈜경희(중소기업 아님)의 제7기 사업연도(20×7.1.1.~ 9.30.) 법인세 세무조정 결과, 포괄손익계산서에 계상된 기업업무추진비 59,000,000원(문화 기업업무추진비 없음) 중에서 9,000,000원이 법인세법상 한도금액을 초과하여 손금에 산입하지 않았다. ㈜경희의 제7기 사업연도 수입금액이 200억원인 경우, 이 중에서 특수관계인과의 거래에서 발생한 수입금액은? (단, 제7기에 특수관계인과의 거래에서 발생한 수입금액은 100억원 미만이며, 모든 기업업무추진비는 신용카드를 사용하여 업무상 적법하게 지출하였음).

2021 CTA 1차 수정

| 수입금액 | 적용률 |
|---|---|
| 100억원 이하 | 1천분의 3 |
| 100억원 초과 500억원 이하 | 3천만원 + 100억원을 초과하는 금액의 1천분의 2 |

① 10억        ② 20억

③ 30억        ④ 40억

⑤ 50억

[풀이] ⑤

    B= 59,000,000

    T= 50,000,000 = 12,000,000 × 9/12 + 100억 × 0.3% + (100억−a) × 0.2% + a × 0.2% × 10%

    D= 9,000,000 손금불산입(기타사외유출)

    특수관계인과의 거래에서 발생한 수입금액 a = 50억

제조업을 영위하는 영리내국법인 ㈜경희(중소기업 아님)의 제21기 사업연도(20×6.1.1.~ 6.30.)의 기업회계기준에 따라 계산한 매출액은 150억원(세무상 수입금액 : 160억원)이며, 매출액 중 법인세법상 특수관계인과의 거래에서 발생한 매출액 30억원(세무상 수입금액 : 40억원)이 포함되어 있다. 제21기 손익계산서상 기업업무추진비는 판매비와 관리비에 40,000,000원이 계상되어 있으며 기업업무추진비 중 700,000원은 증거자료가 누락되어 있고, 300,000원은 영수증(현금영수증 등 법정 증거자료가 아님)을 수취하였다. 제21기 손익계산서상 판매비와 관리비 항목에서 다음과 같은 사항을 파악하였다. 2020 CTA 1차 수정

(1) 기업업무추진비 관련 부가가치세 매입세액 2,000,000원(공급가액 20,000,000원은 기업업무추진비에 포함되어 있음)이 제21기 손익계산서의 판매비와 관리비 항목의 세금과공과 계정에 계상되어 있다.
(2) 판매비와 관리비 항목의 복리시설비에는 종업원이 조직한 법인인 단체에 지출한 금액이 5,000,000원이 포함되어 있다.

기업업무추진비는 모두 국내에서 지출되었으며 문화기업업무추진비는 없고 주어진 자료 이외에는 고려하지 않는다고 가정한다면 ㈜경희의 제21기 사업연도의 기업업무추진비 관련 세무조정으로 옳은 것은?

① 손금불산입 5,400,000원 (기타사외유출)
② 손금불산입 5,700,000원 (기타사외유출)
③ 손금불산입 700,000원 (대표자 상여), 손금불산입 5,700,000원 (기타사외유출)
④ 손금불산입 700,000원 (대표자 상여), 손금불산입 5,400,000원 (기타사외유출)
⑤ 손금불산입 1,000,000원 (대표자 상여), 손금불산입 5,400,000원 (기타사외유출)

[풀이] ③
　증거누락 기업업무추진비 700,000원 손금불산입 상여
　적격증빙 미수취 기업업무추진비 300,000원 손금불산입 기타사외유출
　기업업무추진비 한도초과액 5,400,000원 손금불산입 기타사외유출
　B: 40,000,000 - 700,000 - 300,000 + 2,000,000 + 5,000,000 = 46,000,000
　T: 12,000,000 × 6/12 + 100억 × 0.3% + 20억 × 0.2% + 30억 × 0.2% × 10% = 40,600,000
　D: 5,400,000

내국법인이 각 사업연도에 여러 종류의 기부금을 지출했을 경우, 해당 기부금의 법인세법상 손금산입한도액의 범위가 다른 것은?

2021 CTA 1차 수정

① 국방헌금과 국군장병 위문금품의 가액
② 천재지변(특별재난지역으로 선포된 경우 그 선포의 사유가 된 재난을 포함)으로 생기는 이재민을 위한 구호금품의 가액
③ 사립학교법에 따른 사립학교에 시설비·교육비·장학금 또는 연구비로 지출하는 기부금
④ 「유아교육법」에 따른 유치원의 장·「초·중등교육법」 및 「고등교육법」에 의한 학교의 장이 추천하는 개인에게 교육비·연구비 또는 장학금으로 지출하는 기부금
⑤ 국민건강보험법에 따른 국민건강보험공단이 운영하는 병원에 시설비·교육비 또는 연구비로 지출하는 기부금

[풀이] ④

①, ②, ③, ⑤는 특례기부금으로서 한도액 계산 시 기준소득금액의 50% 적용하고, ④는 일반 기부금으로서 한도액 계산 시 기준소득금액의 10% 적용한다.

제조업을 영위하는 영리내국법인 ㈜경희(사회적 기업 아님)의 제10기(1.1.~12.31.) 기부금 관련 자료이다.

2021 CPA 1차 수정

(1) 손익계산서상 당기순이익: 7,000,000원
(2) 기부금 관련 세무조정사항을 제외한 세무조정 내역:
    익금산입·손금불산입: 10,000,000원
    손금산입·익금불산입: 12,000,000원
(3) 손익계산서상 기부금 내역(전액 현금지급)

| 내 역 | 금 액 |
|---|---|
| 천재지변으로 인한 이재민 구호금품 | 3,000,000원 |
| 무료로 이용가능한 아동복지시설 기부금 | 2,000,000원 |

(4) 당기 중 특수관계 없는 공익법인(일반기부금 대상)에 양도한 토지(장부가액 40,000,000원)의 내역:
    양도가액: 50,000,000원
    양도당시 시가: 80,000,000원

(5) 제7기에 발생한 결손금으로서 이후 과세표준을 계산할 때 공제되지 아니한 금액: 14,000,000원

1. ㈜경희는 과세표준 계산 시 일반기업으로 각 사업연도 소득금액의 80%까지 이월결손금 공제를 할 수 있는 법인이다. 이 경우 일반기부금의 한도초과액을 계산하시오.
2. ㈜경희가 중소기업인 경우, 일반기부금의 한도초과액을 계산하시오.

[풀이 1] 7,840,000원
- 일반기부금 한도계산

B : $2,000,000 + 6,000,000^* = 8,000,000$
  * $80,000,000 \times 70\% - 50,000,000 = 6,000,000$

T : $\{16,000,000 - \min(14,000,000, 16,000,000 \times 80\%) - 1,600,000\} \times 10\%$
   $= 160,000$
D : 7,840,000
- 기준소득금액 = 차가감 소득 + 특례기부금 + 일반기부금 등
   $= (7,000,000 + 10,000,000 - 12,000,000) + 3,000,000 + 8,000,000$
   $= 16,000,000$
- 특례기부금 손금산입액
  $= \text{Min}\{3,000,000, \{16,000,000 - \min(14,000,000, 16,000,000 \times 80\%)\} \times 50\%\}$
  $= 1,600,000$

[풀이 2] 7,900,000원
- 일반기부금 한도계산

B : $2,000,000 + 6,000,000^* = 8,000,000$
  * $80,000,000 \times 70\% - 50,000,000 = 6,000,000$

T : $\{16,000,000 - \text{Min}(14,000,000, 16,000,000 \times 100\%) - 1,000,000\} \times 10\%$
   $= 100,000$
D : 7,900,000
- 기준소득금액 = 차가감 소득 + 특례기부금 + 일반기부금 등
   $= (7,000,000 + 10,000,000 - 12,000,000) + 3,000,000 + 8,000,000$
   $= 16,000,000$
- 특례기부금 손금산입액 $= \text{Min}\{3,000,000, [16,000,000 - \text{Min}(14,000,000, 16,000,000 \times 100\%)] \times 50\%\} = 1,000,000$

업무용승용차 관련비용에 관한 내용이다. 옳지 않은 것은?　　　2019 CTA 1차 수정

① 2016.1.1. 이후 개시하는 사업연도에 취득하는 업무용승용차에 대한 감가상각비는 각 사업연도의 소득금액을 계산할 때 정액법을 상각방법으로 하고 내용연수를 5년으로 하여 계산한 금액을 감가상각비로 하여 손금에 산입하여야 한다.

② 업무용승용차에 대해서는 감가상각을 의무화(감가상각 의제)하여 업무용승용차에 대하여는 법인의 결산조정 여부에 불구하고 감가상각비를 법인의 손금에 산입하여야 한다.

③ 법인이 업무용승용차를 취득하거나 임차함에 따라 해당 사업연도에 지출한 비용 중 업무용 사용금액에 해당하지 아니하는 금액은 해당 사업연도의 소득금액을 계산할 때 손금에 산입하지 않는다.

④ 법인이 법인업무용 자동차번호판을 부착하고 업무전용자동차보험에 가입하였으나 운행기록 등을 작성·비치하지 않은 경우 해당 사업연도가 1년 미만인 경우에는 15백만원에 해당 사업연도의 개월수를 곱하고 이를 12로 나누어 산출한 금액을 기준으로 업무사용비율을 계산한다. 이때 월수의 계산은 역에 따라 계산하되, 1개월 미만의 일수는 없는 것으로 본다.

⑤ 부동산임대업을 주된 사업으로 하는 특정법인의 업무용승용차 관련비용 손금산입 범위를 제한하기 위하여 해당 법인이 업무용승용차 운행기록을 작성·비치하지 않은 경우 업무사용비율을 계산할 때 1,500만원을 500만원으로 한다.

[풀이] ④

　　　법인이 업무전용자동차보험에 가입하고 운행기록 등을 작성·비치하지 않은 경우 해당 사업연도가 1년 미만인 경우에는 15백만원에 해당 사업연도의 개월수를 곱하고 이를 12로 나누어 산출한 금액을 기준으로 업무사용비율을 계산한다. 이에 해당 사업연도가 1년 미만이거나 사업연도 중 일부 기간 동안 보유하거나 임차한 경우의 월수의 계산은 역에 따라 계산하되, <u>1개월 미만의 일수는 1개월로 한다</u>.

「법인세법」상 지급이자 손금불산입에 관한 설명이다. 옳지 않은 것은?　　　2021 CTA 1차 수정

① 채권자와의 금전거래사실 및 거래내용이 불분명한 차입금에 대한 이자는 손금에 산입하지 아니한다.

② 채권 또는 증권의 이자·할인액 또는 차익을 해당 채권 또는 증권의 발행법인이 직접 지급하는 경우 그 지급사실이 객관적으로 인정되지 않은 이자를 비용으로 계상한 경우 손금불산입하고 기타사외유출로 처분한다.

③ 사업용 유형자산의 건설에 소요된 것이 분명한 특정차입금에 대한 지급이자는 건설이 준공된 날까지 이를 자본적 지출로 하여 그 원본에 가산한다. 다만, 특정차입금의 일시예금에서 생기는 수입이자는 원본에 가산하는 자본적 지출금액에서 차감한다.

④ 업무무관자산등에 대한 지급이자 손금불산입액을 계산할 때 업무무관자산의 취득가액에는 특수관계인으로부터 시가를 초과하여 취득한 금액을 포함한다.

⑤ 업무무관자산등에 대한 지급이자 손금불산입액을 계산할 때 중소기업에 근무하는 지배주주가 아닌 직원에 대한 주택구입 또는 전세자금의 대여액은 특수관계인 가지급금에 포함하지 아니한다.

[풀이] ②

채권 또는 증권의 이자·할인액 또는 차익을 해당 채권 또는 증권의 발행법인이 직접 지급하는 경우 그 지급사실이 객관적으로 인정되지 않은 이자를 비용으로 계상한 경우 손금불산입하고 대표자에 대한 상여로 처분한다.

---

**연습문제 12**

제조업을 영위하는 영리내국법인 ㈜경희(중소기업 아님)의 제12기 사업연도(1.1.~12. 31.)에 관한 자료이다.
2021 CTA 1차 수정

| 제12기 포괄손익계산서 상 지급이자 내역 | | | |
|---|---|---|---|
| 구 분 | 지급이자 | 연이자율 | 비 고 |
| 지급이자 A | 3,000,000원 | 6% | 채권자불분명사채이자로 동 이자와 관련하여 원천징수하여 납부한 세액은 1,485,000원이다. |
| 지급이자 B | ? | ? | 사업용 유형자산 건설에만 전액 소요된 특정차입금에 대한 지급이자이다. |
| 지급이자 C | 9,000,000원 | 10% | |
| 지급이자 D | ? | ? | 지급이자 D에 대한 차입금은 70,000,000원이다. |
| 합 계 | 28,600,000원 | | |

당기 1.1.에 대표이사에게 업무와 관련 없이 80,000,000원을 대여하였고, 제12기말까지 상환되지 않았다. 또한 업무무관자산 등에 대한 지급이자 세무조정 결과, 포괄손익계산서 상 지급이자 중에서 동 가지급금과 관련하여 손금불산입된 금액은 9,300,000원이다.

㈜경희의 제12기 말 현재 차입금 총액은 모두 전기 이전에 차입하였으며, 제12기 중 신규로 차입하거나 상환된 차입금은 없다.

1. 지급이자에 대한 세무조정 결과, 「법인세법」상 손금불산입으로 세무조정하는 지급이자 중에서 「자본금과 적립금 조정명세서(乙)」의 기말잔액에 영향을 미친 금액은? (단, 당기의 모든 세무조정은 적절하게 이루어졌으며, 주어진 자료 이외에는 고려하지 않음)

   ① 4,000,000원            ② 5,000,000원
   ③ 6,000,000원            ④ 7,000,000원
   ⑤ 8,000,000원

2. 지급이자에 대한 세무조정 결과, 「법인세법」상 손금불산입으로 세무조정하는 지급이자 중에서 기타사외유출로 소득처분되는 금액은? (단, 당기의 모든 세무조정은 적절하게 이루어졌으며, 주어진 자료 이외에는 고려하지 않음)

   ① 3,000,000원            ② 7,000,000원
   ③ 9,300,000원            ④ 10,785,000원
   ⑤ 12,300,000원

[풀이] 1. ④, 2. ④

   1) 채권 또는 증권의 이자·할인액 또는 차익을 해당 채권 또는 증권의 발행법인이 직접 지급하는 경우 그 지급사실이 객관적으로 인정되지 아니하는 이자·할인액 또는 차익은 각 사업연도의 소득금액을 계산할 때 손금에 산입하지 않는다. 해당 이자에 대한 손금불산입액은 대표자에 대한 상여로 처분하고, 이에 대한 원천징수상당액은 기타사외유출로 처분한다.

     ⇨ 손금불산입 1,515,000원 상여, 손금불산입 1,485,000원 기타사외유출

   2) 업무무관자산 등에 대한 지급이자 손금불산입액 = (28,600,000 − 3,000,000 − 건설자금이자) × 80,000,000 / (90,000,000 + 70,000,000) = 9,300,000

     손금불산입 9,300,000원 기타사외유출

   3) 건설자금이자 = 7,000,000원 손금불산입 유보

# 제 5 장

# 손익의 귀속사업연도와
# 자산·부채의 평가

**손익의 귀속사업연도**

## 01 원칙 : 권리의무확정주의

내국법인의 각 사업연도의 익금과 손금의 귀속사업연도는 그 익금과 손금이 확정된 날이 속하는 사업연도로 한다(법인세법 40 ①).

\* 기업회계에서는 발생주의를 전제로 하여 수익은 실현주의에 의하고 비용은 수익·비용대응의 원칙에 따라 인식하나, 세법에서는 내국법인의 각 사업연도의 익금과 손금의 귀속사업연도를 권리·의무확정주의에 의하여 결정하는 것이 원칙이다.

내국법인의 익금과 손금의 귀속사업연도와 자산·부채의 취득 및 평가에 관하여 일반적으로 공정·타당하다고 인정되는 기업회계기준을 적용하거나 관행을 계속적으로 적용하여 온 경우에는 **법인세법 및 조세특례제한법에서 달리 규정하고 있는 경우를 제외하고는 해당 기업회계기준 또는 관행에 따른다.** 여기서 기업회계기준 또는 관행은 다음에 해당하는 회계기준(해당 회계기준에 배치되지 아니하는 것으로서 일반적으로 공정·타당하다고 인정되는 관행을 포함함)으로 한다(법인세 집행기준 43-79-1).

① 한국채택국제회계기준
② 한국회계기준원이 정한 회계처리기준(일반기업회계기준)
③ 증권선물위원회가 정한 업종별회계처리준칙
④ 공기업·준정부기관 회계규칙
⑤ 「상법 시행령」에 따른 중소기업회계기준
⑥ 기타 법령에 따라 제정된 회계처리기준으로서 기획재정부장관의 승인을 얻은 것

## 02 자산의 판매손익 등의 귀속사업연도

자산의 양도 등으로 인한 익금 및 손금의 귀속사업연도는 다음의 날이 속하는 사업연도로 한다(법인세법 시행령 68).

| 거래유형 | 손익귀속시기 |
|---|---|
| ① 상품(부동산 제외)·제품 또는 기타 생산품의 판매 | **그 상품 등을 인도하는 날**<br>\* 상품 등을 인도한 날의 판정을 함에 있어서 다음의 경우에는 다음에 규정된 날로 한다(법인세법 시행규칙 33).<br>  (1) 납품계약 또는 수탁가공계약에 의하여 물품을 납품하거나 가공하는 경우 : 당해 물품을 계약상 인도하여야 할 장소에 보관한 날. 다만, 계약에 따라 검사를 거쳐 인수 및 인도가 확정되는 물품의 경우에는 당해 검사가 완료된 날<br>  (2) 물품을 수출하는 경우 : 수출물품을 계약상 인도하여야 할 장소에 보관한 날 |
| ② 상품 등의 시용판매 | 상대방이 그 상품 등에 대한 **구입의사를 표시한 날**<br>다만, 일정기간 내에 반송하거나 거절의 의사를 표시하지 아니하면 특약 등에 의하여 그 판매가 확정되는 경우에는 그 기간의 만료일로 한다. |
| ③ 상품 등 외의 자산의 양도 | **그 대금을 청산한 날**<br>다만, 대금을 청산하기 전에 소유권 등의 이전등기·등록을 하거나 당해 자산을 인도하거나 상대방이 당해 자산을 사용수익하는 경우에는 그 **이전등기일·등록일·인도일 또는 사용수익일 중 빠른 날**로 한다. |
| ④ 자산의 위탁매매 | 수탁자가 그 **위탁자산을 매매한 날** |
| ⑤ 증권시장에서 증권시장업무 규정에 따라 보통거래방식으로 한 유가증권의 매매 | 매매계약을 체결한 날 |
| ⑥ 장기할부조건\*에 의한 자산의 판매·양도 | 인도기준<br>• 특례 ① 결산상 회수기일도래기준 적용 시 인정<br>• 특례 ② 결산상 현재가치 평가 시 인정<br>• 특례 ③ 중소기업은 회수기일도래기준 신고조정 허용 |
| ⑦ 매출할인 | 상대방과의 약정에 의한 **지급기일 또는 지급한 날** |
| ⑧ 프로젝트금융투자회사인 토지개발사업자의 완공 전 토지양도 | 대금청산일, 소유권 이전등기일, 인도일 또는 사용수익일 중 빠른 날<br>• 특례: 결산상 진행기준 적용 시 인정 |

\* 장기할부조건이라 함은 자산의 판매 또는 양도로서 판매금액 또는 수입금액을 월부·연부 기타의 지불방법에 따라 <u>2회 이상으로</u> 분할하여 수입하는 것 중 당해 목적물의 인도일의 다음날부터 최종의 할부금의 지급기일까지의 기간이 <u>1년 이상인 것</u>을 말한다.

다음은 ㈜경희(중소기업)의 제8기(1.1~12.31.) 할부판매 관련 자료이다. 아래의 자료를 바탕으로 할부판매 관련 세무조정을 행하시오.

1. 모든 할부판매는 인도일이 속하는 달의 말일부터 매월 1,000,000원씩 할부기간에 거쳐 대금을 회수하기로 약정하였으며, 거래 상세내역은 다음과 같다.

| 구 분 | 원가율 | 제품인도일 | 총판매대금 | 할부기간 | 제8기 대금회수액 |
|---|---|---|---|---|---|
| 거래 A | 70% | 6.3. | 10,000,000원 | 10개월 | 6,000,000원 |
| 거래 B | 80% | 8.15. | 20,000,000원 | 20개월 | 4,000,000원 |

2. 제8기 법인세 부담의 최소화를 가정한다.

[CASE 1] 모든 할부판매에 대해 인도일에 총판매대금을 매출액으로 계상한 경우
[CASE 2] 모든 할부판매에 대해 실제 회수한 금액을 회수일에 각각 매출액으로 계상한 경우

[풀이]
[CASE 1] 인도기준으로 매출을 인식한 경우

| 구 분 | 장부상 계상액 | 세무상 금액 | 세무조정 |
|---|---|---|---|
| 거래 A (단기할부) | (인도기준)<br>매출 10,000,000원<br>매출원가 7,000,000원 | (인도기준)<br>매출 10,000,000원<br>매출원가 7,000,000원 | – |
| 거래 B (장기할부) | (인도기준)<br>매출 20,000,000원<br>매출원가 16,000,000원 | (회수기일도래기준)<br>매출 5,000,000원<br>매출원가 4,000,000원 | 익금불산입 15,000,000원(△유보)<br>손금불산입 12,000,000원(유보) |

\* 중소기업은 인도기준에 따라 매출액을 계상하였더라도 회수기일도래기준 신고조정이 허용된다.

[CASE 2] 회수기준으로 매출을 인식한 경우

| 구 분 | 장부상 계상액 | 세무상 금액 | 세무조정 |
|---|---|---|---|
| 거래 A (단기할부) | (회수기준)<br>매출 6,000,000원<br>매출원가 4,200,000원 | (인도기준)<br>매출 10,000,000원<br>매출원가 7,000,000원 | 익금산입 4,000,000원(유보)<br>손금산입 2,800,000원(△유보) |
| 거래 B (장기할부) | (회수기준)<br>매출 4,000,000원<br>매출원가 3,200,000원 | (회수기일도래기준)<br>매출 5,000,000원<br>매출원가 4,000,000원 | 익금산입 1,000,000원(유보)<br>손금산입 800,000원(△유보) |

\* 법인이 결산서에 회수기일도래기준으로 매출을 인식한 경우 세법도 이를 허용한다. 위 사례의 경우 회사가 회수기준에 의해 회계처리하였더라도 이는 착오에 의한 것으로 보아 회수기일도래기준과의 차액만을 조정한다.

## 03 용역제공 등에 의한 손익의 귀속사업연도

### (1) 원칙 : 진행기준

건설 등(건설·제조 기타 용역으로서 도급공사 및 예약매출을 포함함)의 제공으로 인한 익금과 손금은 그 목적물의 건설 등의 착수일이 속하는 사업연도부터 그 목적물의 인도일 (용역제공의 경우에는 그 제공을 완료한 날)이 속하는 사업연도까지 **그 목적물의 건설 등을 완료한 정도(작업진행률)를 기준으로** 하여 계산한 수익과 비용을 각각 해당 사업연도의 익금과 손금에 산입한다.

---

① 익금 = 계약금액 × 작업진행률 − 직전 사업연도말까지 익금에 산입한 금액
② 손금 = 당해 사업연도에 발생된 총비용

---

\* 작업진행률에 의한 익금 또는 손금이 공사계약의 해약으로 인하여 확정된 금액과 차액이 발생된 경우에는 그 차액을 해약일이 속하는 사업연도의 익금 또는 손금에 산입한다(법인세법 시행령 69 ③).

위 산식에 의한 '작업진행률'이란 다음의 구분에 따른 비율을 말한다. 다만, 건설의 수익 실현이 건설의 작업시간 등과 비례관계가 있고, 전체 작업시간 등에서 이미 투입되었거나 완성된 부분이 차지하는 비율을 객관적으로 산정할 수 있는 건설의 경우에는 그 비율로 할 수 있다(법인세법 시행규칙 34).

---

$$작업진행률 = \frac{해당 \ 사업연도 \ 말까지 \ 발생한 \ 총공사비 \ 누적액}{총 \ 공사 \ 예정비}$$

---

\* 총공사예정비는 기업회계기준을 적용하여 계약 당시에 추정한 공사원가에 해당 사업연도말까지의 변동상황을 반영하여 합리적으로 추정한 공사원가로 한다.
\* 자재비를 부담하지 아니하는 조건으로 도급계약을 체결한 경우에 장기도급공사의 작업진행률을 계산함에 있어서 해당 사업연도말까지 발생한 총공사비누적액에는 자기가 부담하지 아니한 자재비는 포함하지 아니한다(법인세법 기본통칙 40−69…6).

## (2) 특례 : 인도기준

다음 어느 하나에 해당하는 경우에는 그 목적물의 인도일이 속하는 사업연도의 익금과 손금에 산입할 수 있다(**인도기준 선택가능**).

① 중소기업인 법인이 수행하는 계약기간이 1년 미만인 건설 등의 경우
② 기업회계기준에 따라 그 목적물의 인도일이 속하는 사업연도의 수익과 비용으로 계상한 경우

작업진행률을 계산할 수 없다고 인정되는 경우로서 법인이 비치 · 기장한 장부가 없거나 비치 · 기장한 장부의 내용이 충분하지 아니하여 당해 사업연도 종료일까지 실제로 소요된 총공사비누적액 또는 작업시간 등을 확인할 수 없는 경우에는 그 목적물의 인도일이 속하는 사업연도의 익금과 손금에 각각 산입한다(**인도기준 강제**).

\* 법인세 집행기준 40-69-6 【아파트 등을 분양하는 경우의 손익귀속시기】
① 주택 · 상가 또는 아파트 등의 예약매출로 인한 익금과 손금의 귀속사업연도를 작업진행률에 의하는 경우에 해당 아파트 등의 부지로 사용될 토지의 취득원가는 총공사비 등에 산입하지 아니하고 작업진행률에 따라 안분하여 손금에 산입한다.
② 법인이 상가 등을 신축 분양함에 있어 그 목적물의 완공일 이전에 분양계약이 이루어진 부분은 예약매출로 보아 손익을 인식하며, 그 목적물이 완공된 이후에 분양계약이 이루어진 부분은 '상품 등 외의 자산의 양도'로 보아 손익을 인식한다.

## 04 이자소득 등의 귀속사업연도

### (1) 이자소득

법인이 수입하는 이자 및 할인액(이자소득)은 **소득세법에 따른 수입시기**에 해당하는 날이 속하는 사업연도의 익금으로 한다. 다만, 금융보험업을 영위하는 법인의 경우에는 실제로 수입된 날로 하되, 선수입이자 및 할인액은 제외한다.

그러나 원천징수되는 이자소득을 제외한 이자소득에 대해 결산을 확정할 때 이미 경과한 기간에 대응하는 미수이자를 해당 사업연도의 수익으로 계상하였다면 경과기간에 발생한 이자상당액 전액을 그 계상한 사업연도의 익금으로 한다(법인세법 시행령 70 ① (1)).

| 구 분 | | 원 칙 | 특 례 |
|---|---|---|---|
| 이자수익 | 일반법인 | 실제로 받은 날 또는 받기로 한 날(「소득세법 시행령」제45조에 따른 수입시기에 해당하는 날) | 원천징수대상이 아닌 이자소득에 한하여 결산 확정시 기간 경과분 미수이자를 수익으로 계상한 경우에는 그 계상한 사업연도(발생주의) |
| | 금융보험업을 영위하는 법인 | 실제로 수입된 날(선수입이자 등 제외) | |

 • 예제 5-2  이자수익에 대한 귀속시기 •

제조업을 영위하는 ㈜경희(1.1.~12.31.)의 제3기 및 제4기의 세무조정을 행하시오.

1. ㈜경희는 제3기에 이미 경과한 기간에 대한 원천징수대상 정기적금 미수이자 2백만원을 이자수익으로 인식하였다.

2. ㈜경희는 제4기에 정기적금 이자 4백만원을 수령하고 다음과 같이 회계처리하였다.

| 제3기 | (차) 미수수익 | 2,000,000 | (대) 이자수익 | 2,000,000 |
|---|---|---|---|---|
| 제4기 (약정일) | (차) 현    금 | 4,000,000 | (대) 미수수익 | 2,000,000 |
| | | | 이자수익 | 2,000,000 |

[풀이]

1. 제3기의 세무조정

| 장부상 회계처리 | 법인세법상 회계처리 |
|---|---|
| (차) 미수수익  2,000,000 (대) 이자수익  2,000,000 | - |
| 세무조정 : 익금불산입 2,000,000원 (△유보) | |

2. 제4기의 세무조정

| 장부상 회계처리 | 법인세법상 회계처리 |
|---|---|
| (차) 현 금  4,000,000 (대) 미수수익  2,000,000<br>이자수익  2,000,000 | (차) 현 금  4,000,000 (대) 이자수익  4,000,000 |
| 세무조정 : 익금산입 2,000,000원 (유보) | |

## (2) 이자비용

법인이 지급하는 이자 및 할인액(이자비용)은 **소득세법에 따른 수입시기**에 해당하는 날이 속하는 사업연도의 손금으로 한다. 다만, 결산을 확정할 때 이미 경과한 기간에 대응하는 이자비용(차입일부터 이자지급일이 1년을 초과하는 특수관계인과의 거래에 따른 이자비용은 제외)을 해당 사업연도의 손비로 계상한 경우에는 그 계상한 사업연도의 손금으로 한다(법인세법 시행령 70 ① (2)).

| 구 분 | 원 칙 | 특 례 |
|---|---|---|
| 이자비용 | **실제로 지급한 날 또는 지급하기로 한 날**(「소득세법 시행령」 제45조에 따른 수입시기에 해당하는 날) | 결산을 확정함에 있어서 이미 경과한 기간에 대응하는 이자 등*을 해당 사업연도의 손금으로 계상한 경우에는 그 계상한 사업연도(**발생주의**) |

\* 차입일부터 이자지급일이 1년을 초과하는 특수관계인과의 거래에 따른 이자비용은 제외(2021.1.1. 이후)

## (3) 배당금수익

법인이 수입하는 배당금은 **소득세법에 따른 수입시기**에 해당하는 날이 속하는 사업연도의 익금에 산입한다. 다만, 금융회사 등이 금융채무등불이행자의 신용회복 지원과 채권의 공동추심을 위하여 공동으로 출자하여 설립한 「자산유동화에 관한 법률」에 따른 유동화전문회사로부터 수입하는 배당금은 실제로 지급받은 날이 속하는 사업연도의 익금에 산입한다(법인세법 시행령 70 ②).

| 구 분 | 원 칙 | 특 례 |
|---|---|---|
| 배당금수익 | **지급받은 날 또는 잉여금처분결의일**(「소득세법 시행령」 제45조에 따른 수입시기에 해당하는 날) | 금융회사 등이 금융채무등불이행자의 신용회복 지원과 채권의 공동추심을 위하여 공동으로 출자하여 설립한 자산유동화에 관한 법률에 따른 유동화전문회사로부터 수입하는 배당금은 **실제로 지급받은 날**이 속하는 사업연도(**현금주의**) |

\* 분할등기일 후 주주총회 결의에 따라 배당이 확정되어 분할신설법인이 수령하는 배당금은 분할법인의 권리와 의무를 승계받은 분할신설법인의 익금으로 한다(법인세 집행기준 40-70-6).

## (4) 금융보험업을 영위하는 법인의 수입보험료 등

금융보험업을 영위하는 법인이 수입하는 보험료 등(보험료·부금·보증료 또는 수수료)의 귀속사업연도는 그 보험료 등이 **실제로 수입된 날**이 속하는 사업연도로 하되, 선수입보험료 등을 제외한다. 다만, 결산을 확정함에 있어서 이미 경과한 기간에 대응하는 보험료상당액 등을 해당 사업연도의 수익으로 계상한 경우에는 그 계상한 사업연도의 익금으로 한다(법인세법 시행령 70 ③).

* 투자회사 등이 결산을 확정할 때 증권 등의 투자와 관련된 수익 중 이미 경과한 기간에 대응하는 이자소득과 배당소득을 해당 사업연도의 수익으로 계상한 경우에는 위의 이자소득과 배당금수익의 귀속시기에도 불구하고 그 계상한 사업연도의 익금으로 한다(법인세법 시행령 70 ④).

* 「자본시장과 금융투자업에 관한 법률」에 따른 신탁업자가 운용하는 신탁재산(같은 법에 따른 투자신탁재산은 제외)에 귀속되는 이자소득금액과 투자신탁이익의 귀속사업연도는 위의 이자소득과 배당금수익의 귀속시기에도 불구하고 그 원천징수일이 속하는 사업연도로 한다(법인세법 시행령 70 ⑤).

* 보험회사 또는 주택도시보증공사가 보험계약과 관련하여 수입하거나 지급하는 이자ㆍ할인액 및 보험료 등으로서 「보험업법」 제120조에 따른 책임준비금(주택도시보증공사의 경우에는 「주택도시기금법 시행령」 제24조에 따른 공사책임준비금) 산출에 반영되는 항목은 보험감독회계기준에 따라 수익 또는 손비로 계상한 사업연도의 익금 또는 손금으로 한다(법인세법 시행령 70 ⑥). 이러한 일반원칙에도 불구하고 주택도시보증공사는 보험계약국제회계기준을 최초로 적용하는 사업연도(최초적용사업연도) 개시일 현재 공사책임준비금에서 최초적용사업연도 직전 사업연도에 손금에 산입한 미경과보험료적립금을 뺀 금액에 기획재정부령에서 정하는 바에 따라 계산한 금액을 최초적용사업연도와 다음 4개 사업연도에 균등하게 나누어 손금에 산입한다(법인세법 시행령 70 ⑦).

* 주택도시보증공사가 최초적용사업연도의 직전 사업연도의 소득금액을 계산할 때 손금에 산입한 미경과보험료적립금은 최초적용사업연도의 익금에 산입하지 아니하고, 주택도시보증공사가 최초적용사업연도 개시일 현재 공사책임준비금은 최초적용사업연도의 손금에 산입하지 아니한다(법인세법 시행령 70 ⑧, ⑨).

## 05 임대료 등 기타 손익의 귀속사업연도

### (1) 임대료 손익

자산의 임대로 인한 익금과 손금의 귀속사업연도는 다음의 날이 속하는 사업연도로 한다.

---

① 계약 등에 의하여 임대료의 지급일이 정하여진 경우 : 그 지급일
② 계약 등에 의하여 임대료의 지급일이 정하여지지 아니한 경우 : 그 지급을 받은 날

---

다만, 결산을 확정함에 있어서 이미 경과한 기간에 대응하는 임대료 상당액과 이에 대응하는 비용을 당해 사업연도의 수익과 손비로 계상한 경우 및 임대료 지급기간이 1년을 초과하는 경우 이미 경과한 기간에 대응하는 임대료 상당액과 비용은 이를 각각 당해 사업연도의 익금과 손금으로 한다(법인세법 시행령 71 ①).

| 구　분 | | 원　칙 | 특　례 |
|---|---|---|---|
| 임대료<br>손익 | 단기임대료<br>(임대료 지급기간이<br>1년 이하) | • 계약상 지급일<br>• 계약상 지급일이 없으면 지급받<br>은 날 | 법인 결산확정시 기간 경과분 임<br>대료를 손익에 계상한 경우에는<br>이를 인정함(발생주의 선택) |
| | 장기임대료<br>(임대료 지급기간이<br>1년 초과) | 기간경과분 임대료에 대하여는 결산반영 여부와 관계없이 당해 사업<br>연도의 손익으로 함(발생주의 강제) | |

\* 임대료 지급기간이라 함은 임대계약기간이 4년이라 할 때 임대료를 2년마다 지급하기로 한 경우 그 2년(임대료 지급대상기간)을 말하는 것이다(서이 46012-10818, 2002. 4. 18.).

 • 예제 5-3  임대료 손익에 대한 귀속시기 •

임대업을 영위하는 ㈜경희의 임대계약 내용은 다음과 같다. 이와 관련하여 ㈜경희의 제7기 (20×7.1.1.~20×7.12.31.) 및 제8기(20×8.1.1.~20×8.12.31.) 사업연도에 대한 세무조정을 행하시오.

1. ㈜경희는 K씨와 20×7.8.1.~20×9.7.31.을 임대기간으로 하는 임대차계약을 체결하고, 임대기간 동안의 임대료 24,000,000원을 일시에 지급받고, 전체 금액에 대해 임대료수익을 인식하였다.

2. ㈜경희는 제8기에 위 임대차계약과 관련된 회계처리를 하지 않았다.

[풀이]

임대료 지급기간이 1년을 초과하는 경우 이미 경과한 기간에 대응하는 임대료 상당액과 비용은 당해 사업연도의 익금과 손금으로 한다(발생주의 강제).

| 구분 | 장부상 회계처리 | 법인세법상 회계처리 | 세무조정 |
|---|---|---|---|
| 제7기 | (차) 현 금  24,000,000  (대) 임대료수익 24,000,000 | (차) 현 금   24,000,000  (대) 임대료수익   5,000,000<br><br>선수금        19,000,000 | 익금불산입<br>19,000,000<br>(△유보) |
| 제8기 | – | (차) 선수금  12,000,000  (대) 임대료수익  12,000,000 | 익금산입<br>12,000,000<br>(유보) |

## (2) 금전등록기 설치법인의 수익

영수증을 작성·교부할 수 있는 업종을 영위하는 법인이 금전등록기를 설치·사용하는 경우에는 그 수입하는 물품대금과 용역대가의 귀속사업연도는 그 금액이 **실제로 수입된 사업연도(현금주의)**로 할 수 있다(법인세법 시행령 71 ②).

## (3) 사채할인발행차금

법인이 사채를 발행하는 경우에 상환할 사채금액의 합계액에서 사채발행가액(사채발행 수수료와 사채발행을 위하여 직접 필수적으로 지출된 비용을 차감한 후의 가액)의 합계액을 공제한 금액(사채할인발행차금)은 **기업회계기준에 의한 사채할인발행차금의 상각방법(유효이자율법)**에 따라 이를 손금에 산입한다(법인세법 시행령 71 ③).

## (4) 유동화자산의 양도 및 매출채권·받을어음 배서양도

「자산유동화에 관한 법률」 제13조에 따른 방법에 의하여 보유자산을 양도하는 경우 및 매출채권 또는 받을어음을 배서양도하는 경우에는 **기업회계기준에 의한 손익인식방법에** 따라 관련 손익의 귀속사업연도를 정한다(법인세법 시행령 71 ④). 즉, 매각거래로 보는 경우 처분손실은 양도시 일시에 손금으로 인정되며, 차입거래로 보는 경우 이자비용은 차입기간에 안분하여 손금으로 인정된다.

## (5) 개발완료 전 취소된 개발비

법인이 개발비로 계상하였으나 해당 제품의 판매 또는 사용이 가능한 시점이 도래하기 전에 개발을 취소한 경우에는 **다음의 요건을 모두 충족하는 날이 속하는 사업연도**의 손금에 산입한다(법인세법 시행령 71 ⑤).

> ① 해당 개발로부터 상업적인 생산 또는 사용을 위한 해당 재료·장치·제품·공정·시스템 또는 용역을 개선한 결과를 식별할 수 없을 것
> ② 해당 개발비를 전액 손비로 계상하였을 것

## (6) 목적물 인도없이 차액을 금전으로 정산하는 파생상품

계약의 목적물을 인도하지 아니하고 목적물의 가액변동에 따른 차액을 금전으로 정산하는 파생상품의 거래로 인한 손익은 **그 거래에서 정하는 대금결제일**이 속하는 사업연도의 익금과 손금으로 한다(법인세법 시행령 71 ⑥).

## (7) 그 밖의 기타 손익

법인세법 · 법인세법 시행령 및 조세특례제한법에서 규정한 것 외의 익금과 손금의 귀속사업연도에 관하여는 법인세법 시행규칙으로 정한다(법인세법 시행령 71 ⑦). 법인세법 시행규칙에서 별도로 규정한 것 외의 익금과 손금의 귀속사업연도는 **그 익금과 손금이 확정된 날**이 속하는 사업연도로 한다(법인세법 시행규칙 36). ⇨ 기타 손익의 귀속시기는 법인세법 기본통칙에서 규정하고 있음.

* 관세환급금의 손익 귀속시기는 다음의 날이 속하는 사업연도로 한다(법인세법 기본통칙 40-71…6).
  ① 수출과 동시에 환급받을 관세 등이 확정되는 경우 : 해당 수출을 완료한 날
  ② 수출과 동시에 환급받을 관세 등이 확정되지 아니하는 경우 : 환급금의 결정통지일 또는 환급일 중 빠른 날
* 법인이 가격안정을 위하여 정부로부터 교부받은 국고보조금의 귀속시기는 동 국고보조금의 교부통지를 받은 날이 속하는 사업연도로 한다(법인세법 기본통칙 40-71…7).
* 변호사에게 지급한 사건착수금과 보수 또는 사례금 등은 소송비용에 해당하지 아니하는 것이므로 사건의 종결여부에 관계없이 지급한 사업연도의 손금으로 하는 것이며, 소송비용의 손금 귀속시기는 사건이 종결되는 날이 속하는 사업연도로 한다. 이 경우 소송비용 등이 소송의 내용에 따라 자산의 취득이나 상표권, 영업권, 광업권 등 고정자산가액을 형성하는 성질의 것인 경우에는 취득원가에 산입한다(법인세법 기본통칙 40-71…17).
* 인지세는 과세문서에 종이문서용 전자수입인지를 첨부하여 납부하게 되는 것이므로 그 손금의 귀속시기는 해당 법인의 종이문서용 전자수입인지를 첩용한 날이 속하는 사업연도로 한다(법인세법 기본통칙 40-71…18).

## 01 자산의 취득가액

### (1) 취득가액 계산의 일반원칙

내국법인이 매입·제작·교환 및 증여 등에 의하여 취득한 자산의 취득가액은 다음의 구분에 따른 금액으로 한다(법인세법 41, 법인세법 시행령 72 ②).

| 구 분 | 취득가액 |
|---|---|
| ① 타인으로부터 매입한 자산(단기금융자산 제외) | **매입가액 + 부대비용**[취득세(농어촌특별세와 지방교육세 포함), 등록면허세, 그 밖의 부대비용]<br>* 법인이 토지와 그 토지에 정착된 건물 등을 함께 취득하여 토지의 가액과 건물 등의 가액의 구분이 불분명한 경우 시가에 비례하여 안분계산한다. |
| ② 외국자회사를 인수하여 취득한 주식 등으로서 그 주식 등의 취득에 따라 내국법인이 외국자회사로부터 받은 수입배당금액이 다음의 요건을 모두 갖춘 경우에 해당하는 주식 등 | 매입가액 − 수입배당금액*<br>* 다음의 요건을 모두 갖춘 수입배당금액을 말한다.<br>ⓐ 내국법인이 외국자회사의 의결권 있는 발행주식총수 또는 출자총액의 10%(해외자원개발사업을 하는 외국법인의 경우에는 5%) 이상을 최초로 보유하게 된 날의 직전일 기준 이익잉여금을 재원으로 한 수입배당금액일 것<br>ⓑ 익금에 산입되지 않았을 것 |
| ③ 단기금융자산 등(기업회계기준에 따라 단기매매항목으로 분류된 금융자산 및 파생상품) | **매입가액**<br>* 단기금융자산 등의 부대비용은 취득가액에 포함하지 않고 발생 당시 손금산입한다. |
| ④ 자기가 제조·생산 또는 건설하거나 그 밖에 이에 준하는 방법으로 취득한 자산 | 제작원가 [**원재료비·노무비·운임·하역비·보험료·수수료·공과금**(취득세와 등록세 포함)·**설치비**] + 부대비용 |
| ⑤ 합병·분할 또는 현물출자에 따라 취득한 자산(피합병법인·분할법인의 자산을 승계한 법인 또는 현물출자를 받은 피출자법인의 입장) | ⓐ 적격합병 또는 적격분할의 경우* : **장부가액**<br>ⓑ 그 밖의 경우 : **해당 자산의 시가**<br>* 합병·분할·현물출자 시 적격요건을 갖춘 합병 등이라 하더라도 피합병법인 등이 양도손익에 대한 과세이연을 선택한 경우를 말한다. |
| ⑥ 물적분할에 따라 분할법인이 취득하는 주식 등 | **물적분할한 순자산의 시가** |

| 구 분 | 취득가액 |
|---|---|
| ⑦ 현물출자에 따라 출자법인이 취득한 주식 등 | ⊙ 출자법인(출자법인과 공동으로 출자한 자를 포함)이 현물출자로 인하여 피출자법인을 새로 설립하면서 그 대가로 주식만 취득하는 현물출자의 경우\*: **현물출자한 순자산의 시가**<br>ⓛ 그 밖의 경우 : **해당 주식의 시가**<br>\* 출자법인이 피출자법인의 발행주식총수의 100%를 주식으로 취득하는 경우를 말한다. |
| ⑧ 합병 또는 인적분할에 따라 취득한 주식 등 | 종전의 장부가액<br>+ 합병·분할로 인한 의제배당액<br>+ 불공정자본거래로 분여받은 이익<br>− 합병·분할교부금<br>= **해당 주식의 취득가액** |
| ⑨ 채무의 출자전환에 따라 취득한 주식 등(채권자의 입장) | ⊙ 법률·협약에 따른 출자전환의 경우 : **출자전환된 채권**(대손불능채권 제외)**의 장부가액**<br>ⓛ 그 밖의 경우 : **취득당시의 시가**<br><br>〰️ **실무** ●<br><br>법인이 보유한 채권을 채무자인 법인에 출자전환하여 취득하는 주식의 가액은 취득당시의 시가에 의하며, 소멸한 채권의 가액이 주식의 취득가액을 초과하는 경우에는 채권자인 법인의 대손으로 처리한다(재법인 46012 – 248, 2003.4.18.). |
| ⑩ 공익법인 등이 기부받은 일반기부금에 해당하는 자산(금전 외의 자산만 해당) | ⊙ 특수관계인으로부터 기부받은 경우 : **기부 당시의 시가**<br>ⓛ 특수관계인 외의 자로부터 기부받은 경우 : **기부 당시 장부가액** [사업소득과 관련이 없는 자산(개인인 경우만 해당)의 경우에는 **취득당시의 취득가액**]<br>\* 상속세 및 증여세법에 따라 증여세 과세가액에 산입되지 아니한 출연재산이 그 후에 과세요인이 발생하여 그 과세가액에 산입되지 아니한 출연재산에 대하여 증여세의 전액이 부과되는 경우에는 기부 당시의 시가를 취득가액으로 한다. |
| ⑪ 정부로부터 무상으로 할당받은 온실가스배출권 | 영(0)원 |
| ⑫ 그 밖의 방법으로 취득한 자산 | **취득당시의 시가** |

[예시] A법인과 B법인이 제7기 사업연도(1.1.~12.31.)에 동종자산인 기계장치 A(장부가액 45, 시가 40)와 B(장부가액 30, 시가 50)를 교환하였다면 A법인이 교환으로 취득하는 기계장치 B의 취득가액은?

→ A법인이 취득하는 기계장치 B의 취득가액 = 50 (취득하는 자산의 시가)

## (2) 취득가액 계산의 특례

취득가액에는 다음의 금액을 포함하거나 포함하지 않는 것으로 한다(법인세법 시행령 72 ③, ④).

### 1) 고가 · 저가매입

| 구 분 | | 취득가액 |
|---|---|---|
| 고가매입 | 특수관계인으로부터 시가보다 고가매입한 경우 | 취득당시 시가 |
| | 특수관계인 외의 자로부터 정상가액보다 고가매입한 경우 | 정상가액(시가×130%) |
| 저가매입 | 일반적인 경우 | 실제 매입가격 |
| | 특수관계인인 개인으로부터 유가증권 저가매입한 경우 | 취득당시 시가 |

예제 5-4  취득가액 계산의 특례 – 고가매입

제조업을 영위하는 ㈜경희는 제20기(1.1.~12.31.)에 시가 5,000,000원인 토지를 정당한 사유없이 특수관계인이 아닌 ㈜B로부터 10,000,000원에 취득하고 재무상태표에 취득가액으로 계상하였다. 이에 대한 세무조정을 행하시오.

1. 토지취득과 관련한 제20기의 회계처리는 다음과 같다.

(차) 토지              10,000,000      (대) 현금              10,000,000

2. ㈜B는 기부금단체가 아니다.

[풀이]

특수관계인 외의 자로부터 정상가액(시가의 130%)보다 고가매입한 경우 취득가액은 정상가액으로 한다. 또한 정당한 사유없이 정상가액보다 높은 가액으로 매입하는 거래는 정상가액을 초과하는 매입금액을 실질적으로 증여한 금액으로 보아 기부금으로 본다.

| 장부상 회계처리 | 법인세법상 회계처리 |
|---|---|
| (차) 토지   10,000,000   (대) 현금   10,000,000 | (차) 토지   6,500,000   (대) 현금   10,000,000<br><br>기부금(손不) 3,500,000 |

세무조정 : 손금산입 3,500,000원 (△유보), 손금불산입 3,500,000원 (기타사외유출)

## 2) 자산의 취득과 관련된 이자비용

| 구 분 | | 법인세법 | 기업회계 |
|---|---|---|---|
| 건설<br>자금<br>이자 | ① 재고자산·투자자산 | 손금산입 | • K-IFRS : 강제자본화<br>• 일반기업회계기준 : 선택<br>자본화 |
| | ② 유형자산·무형자산 | • 특정차입금 이자 : 강제자본화<br>• 일반차입금 이자 : 선택자본화 | |
| 연지급수입의 지급이자 | | • 원칙 : 취득가액에 포함 | • 취득가액에 포함하지 않고<br>이자비용 계상 |
| | | • 특례 : 이자비용 계상 인정 | |

* '연지급수입'이라 함은 다음의 수입을 말한다(법인세법 시행규칙 37 ③).
  ① 은행이 신용을 공여하는 기한부 신용장방식 또는 공급자가 신용을 공여하는 수출자신용방식에 의한 수입방법에 의하여 그 선적서류나 물품의 영수일부터 일정기간이 경과한 후에 당해 물품의 수입대금 전액을 지급하는 방법에 의한 수입
  ② 수출자가 발행한 기한부 환어음을 수입자가 인수하면 선적서류나 물품이 수입자에게 인도되도록 하고 그 선적서류나 물품의 인도일부터 일정기간이 지난 후에 수입자가 해당 물품의 수입대금 전액을 지급하는 방법에 의한 수입
  ③ 정유회사, 원유·액화천연가스 또는 액화석유가스 수입업자가 원유·액화천연가스 또는 액화석유가스의 일람불방식·수출자신용방식 또는 사후송금방식에 의한 수입대금결제를 위하여 「외국환거래법」에 의한 연지급수입기간 이내에 단기외화자금을 차입하는 방법에 의한 수입
  ④ 그 밖에 ①~③과 유사한 연지급수입

### 3) 현재가치에 따른 평가의 수용

| 구　분 | 취득가액 | | 기업회계 |
|---|---|---|---|
| | 법인세법 | | |
| 장기할부조건의 매입거래 | ① 원칙 : 채무의 명목가액<br>* 현재가치할인차금도 취득가액에 포함 | | 채무의 현재가치를 취득가액으로 함<br>* 비상장 중소기업 등은 채무의 명목가액을 취득가액으로 할 수 있음 |
| | ② 특례 : 채무의 현재가치<br>* 현재가치할인차금은 취득가액에 포함하지 않음 | | |
| 장기금전대차거래 | 채무의 명목가액* | | |

\* 장기금전대차거래에서 발생하는 채권·채무를 현재가치로 평가하여 명목가액과 현재가치의 차액을 현재
  가치할인차금으로 계상하여 당기손익으로 처리한 경우 이를 각 사업연도 소득금액 계산상 익금 또는 손금
  에 산입하지 아니하며, 추후 현재가치할인차금을 상각 또는 환입하면서 이를 이자비용 또는 이자수익으로
  계상한 경우에도 각 사업연도 소득금액 계산상 익금 또는 손금에 산입하지 아니한다(법인세법 기본통칙
  42-0…1).

### 4) 유형자산의 취득과 함께 매입한 국·공채

유형자산의 취득과 함께 국·공채를 매입하는 경우 기업회계기준에 따라 그 국·공채의
매입가액과 현재가치의 차액을 해당 유형자산의 취득가액으로 계상한 금액은 자산의 취득
가액에 포함한다.

| 구　분 | 법인세법 | | 기업회계 |
|---|---|---|---|
| 유형자산 취득시 국·공채의 매입 | ① 원칙 : 채권의 취득가액<br>* 해당 채권의 매입금액과 현재가치의 차액은 자산의 취득가액에 불포함 | | 국·공채의 매입가액과 현재가치와의 차액을 자산의 취득가액으로 계상 |
| | ② 특례 : 국·공채의 매입가액과 현재가치와의 차액을 자산의 취득가액으로 계상한 경우 인정 | | |

## (3) 취득가액의 변동

법인이 보유하는 자산에 대하여 다음 어느 하나에 해당하는 사유가 발생한 경우의 취득
가액은 다음과 같다(법인세법 시행령 72 ⑤).

### 1) 법 규정에 의한 평가를 한 경우

법인세법이 인정하는 평가를 한 경우 그 평가를 인정하여 **그 평가액**을 취득가액으로 한
다. 평가에 관하여는 자산·부채의 평가기준 부분에서 구체적으로 살펴보기로 한다.

## 2) 자본적 지출이 있는 경우

법인이 소유하는 감가상각자산의 내용연수를 연장시키거나 해당 자산의 가치를 현실적으로 증가시키기 위하여 지출한 수선비(자본적 지출)이 있는 경우에는 **그 금액을 가산한 금액을 취득가액으로 한다.** 자본적 지출에 관하여는 즉시상각의제 부분에서 자세히 살펴보기로 한다.

## 3) 불공정자본거래로 인하여 특수관계인으로부터 분여받은 이익이 있는 경우

특수관계인인 법인간의 합병 또는 분할합병으로 분여받은 이익이 있는 경우에는 그 이익을 **가산한 금액을 취득가액으로 한다.**

## 4) 자본준비금을 감액하여 배당을 받은 경우

「상법」에 따라 자본준비금을 감액하여 배당(감액배당)을 받은 경우에는 종전의 장부가액에서 **과세되지 않은 감액배당금액을 차감한 금액**(주식의 장부가액 한도)을 취득가액으로 한다.

## 5) 무증자합병을 한 경우

적격합병에 해당하는 경우로서 합병법인으로부터 취득하는 주식 등이 없는 경우 보유한 합병법인 주식의 취득가액에 **소멸한 피합병법인 주식 등의 취득가액을 가산**하고 **현금 등의 합병대가는 차감한 금액**을 취득가액으로 한다.

## 02 자산·부채의 평가기준

### (1) 기본원칙 : 평가불인정

내국법인이 보유하는 **자산과 부채의 장부가액을 증액 또는 감액**(감가상각은 제외하며, 이하 '평가'라 함)한 경우에는 그 평가일이 속하는 사업연도와 그 후의 각 사업연도의 소득금액을 계산할 때 **그 자산과 부채의 장부가액은 평가 전의 가액으로 한다**(법인세법 42 ①). 즉 원칙적으로 법인세법에서는 자산·부채의 평가를 인정하지 않고 있다.

## (2) 예외 : 평가인정

다만, 다음의 어느 하나에 해당하는 경우에는 자산·부채의 평가를 인정한다.

### 1) 평가이익을 인정하는 경우

보험업법이나 그 밖의 법률에 따른 유형자산 및 무형자산 등의 평가이익

### 2) 평가손실을 인정하는 경우

다음의 어느 하나에 해당하는 자산은 자산의 장부가액을 해당 감액사유가 발생한 사업연도(파손 또는 멸실이 확정된 사업연도를 포함)에 다음에 따른 평가액으로 감액하고, 그 감액한 금액을 해당 사업연도의 손비로 계상하는 경우에는 그 장부가액을 감액할 수 있다(결산조정사항).

| 구 분 | 평가액 |
|---|---|
| ① 재고자산으로서 **파손·부패** 등의 사유로 정상가격으로 판매할 수 없는 것 | 사업연도 종료일 현재의 처분가능한 시가 |
| ② 유형자산으로서 **천재지변·화재**·법령에 의한 **수용**·채굴예정량의 채진으로 인한 **폐광** 등의 사유로 파손되거나 멸실된 것 | 사업연도 종료일 현재의 시가 |
| ③ 다음의 주식 등으로서 해당 주식 등의 발행법인이 ㉠ **부도가 발생한 경우** 또는 ㉡ **회생계획인가의 결정**을 받았거나 ㉢ **부실징후기업이 된 경우**<br>• 주권상장법인이 발행한 주식 등<br>• 벤처투자회사 또는 신기술사업금융업자가 보유하는 주식 등 중 각각 창업자 또는 신기술사업자가 발행한 것<br>• 특수관계가 없는 비상장법인이 발행한 것(특수관계 여부를 판단함에 있어 지분율 5% 이하이면서 취득가액 10억원 이하는 소액주주 등으로 본다) | 사업연도 종료일 현재의 시가(비망가액 1,000원) |
| ④ **주식 등**으로서 해당 주식 등을 발행한 법인이 **파산**한 경우 | 사업연도 종료일 현재의 시가(비망가액 1,000원) |

예제 5-5 자산의 평가

한국채택국제회계기준을 적용하고 있는 영리내국법인 ㈜경희는 제11기 사업연도(1.1.~12.31.)에 재평가모형을 채택하여 제11기 말 장부가액 10억원인 토지를 12억원으로 재평가하였다. 이에 따라 자산재평가차익 2억원을 기타포괄손익누계액으로 계상하였을 경우 토지재평가와 관련된 세무조정을 행하시오.

| (차) 토지 | 200,000,000 | (대) 재평가잉여금 | 200,000,000 |

[풀이] 익금불산입 200,000,000원 (△유보), 익금산입 200,000,000원 (기타)

법인세법은 보험업법이나 그 밖의 법률에 따른 유형자산 및 무형자산의 평가증만 인정한다. 즉 원칙적으로 법인세법에서는 자산·부채의 평가를 인정하지 않고 있다.
- 1차 조정 : 평가증을 부인하여 토지의 자산기액을 감소시킨다.
  → 익금불산입 200,000,000원 (△유보)
- 2차 조정 : 1차 조정으로 인해 각 사업연도 소득에 차감된 2억원을 상쇄시키는 조정을 한다.
  → 익금산입 200,000,000원 (기타)

## 03 재고자산의 평가

### (1) 평가방법의 종류

재고자산의 평가는 다음의 하나에 해당하는 방법 중 법인이 납세지 관할세무서장에게 신고한 방법에 의한다(법인세법 시행령 74 ①).

| ① 원가법 | 개별법, 선입선출법, 후입선출법, 총평균법, 이동평균법, 매출가격환원법 |
|---|---|
| ② 저가법 | 재고자산을 원가법과 기업회계기준이 정하는 바에 따라 시가로 평가한 가액 중 낮은 가액을 평가액으로 하는 방법 |

### (2) 평가방법의 선택

재고자산을 평가함에 있어서는 해당 자산을 '제품 및 상품', '반제품 및 재공품', '원재료', '저장품'으로 구분하여 종류별·영업장별로 각각 다른 방법에 따라 평가할 수 있다. 이 경우 수익과 비용을 영업의 종목별 또는 영업장별로 각각 구분하여 기장하고, 종목별·영업장별로 제조원가보고서와 손익계산서를 작성하여야 한다(법인세법 시행령 74 ②).

재고자산을 영업장별로 각각 다른 방법에 따라 평가하고자 하는 법인은 재고자산 평가방법신고서에 영업장별 평가방법을 명시하여야 한다. 이 경우 영업장별 평가방법의 신고가 없는 경우에는 본점 또는 주사업장의 신고방법을 적용하여 평가한다. 재고자산의 평가를 월별·분기별 또는 반기별로 행하는 경우에는 전월·전분기 또는 전반기와 동일한 평가방법을 적용한다(법인세법 시행규칙 38).

## (3) 평가방법의 신고와 변경

### 1) 평가방법 신고기한

법인이 재고자산의 평가방법을 신고하고자 하는 때에는 다음의 기한 내에 재고자산 등 평가방법신고(변경신고)서를 납세지 관할세무서장에게 제출해야 한다. 이 경우 저가법을 신고하는 경우에는 시가와 비교되는 원가법을 함께 신고하여야 한다(법인세법 시행령 74 ③).

① 신설법인과 새로 수익사업을 개시한 비영리내국법인 : 당해 법인의 설립일 또는 수익사업개시일이 속하는 사업연도의 법인세과세표준의 신고기한
② 평가방법을 신고한 법인으로서 그 평가방법을 변경하고자 하는 법인 : **변경할 평가방법을 적용하고자 하는 사업연도의 종료일 이전 3월이 되는 날**

법인이 재고자산의 평가방법을 기한이 경과된 후에 신고한 경우에는 그 신고일이 속하는 사업연도까지는 무신고·임의변경시의 평가방법에 의하고, 그 후의 사업연도에 있어서는 법인이 신고한 평가방법에 의한다(법인세법 시행령 74 ⑤).

### 2) 무신고 · 임의변경시의 평가방법

법인이 기한 내에 평가방법을 신고하지 않는 경우(무신고) 또는 신고한 평가방법 외의 방법으로 평가하거나 기한 내에 평가방법 변경신고를 하지 않은 경우(임의변경)에는 납세지 관할세무서장이 다음에 의하여 재고자산을 평가한다(법인세법 시행령 74 ④).

| 구 분 | 무신고시 평가방법 | 임의변경시 평가방법 |
|---|---|---|
| 재고자산 | 선입선출법 | Max(선입선출법, 신고한 평가방법) |
| 매매목적용 부동산 | 개별법 | Max(개별법, 신고한 평가방법) |

* 재고자산 중 일부를 신고방법과 다르게 평가한 경우 해당 사유에 해당하는 각목별 자산에 한하여 재고자산 평가규정을 준용한다(법인세법 기본통칙 42-74…9).
* 재고자산평가방법을 신고하고 신고한 방법에 의하여 평가하였으나 기장 또는 계산상의 착오가 있는 경우에는 재고자산의 평가방법을 달리하여 평가한 것으로 보지 아니한다(법인세법 기본통칙 42-74…10).

## 04 유가증권의 평가

### (1) 평가방법의 종류

유가증권의 평가는 다음의 방법 중 법인이 납세지 관할세무서장에게 신고한 방법에 의한다(법인세법 시행령 75 ①). ⇨ 원가법

| 채권 | 개별법, 총평균법, 이동평균법 |
|------|------------------------------|
| 주식 | 총평균법, 이동평균법 |

\* 투자회사 등이 보유한 집합투자재산은 시가법에 따라 평가한다. 다만, 환매금지형집합투자기구가 보유한 시장성 없는 자산은 개별법(채권의 경우에 한함), 총평균법, 이동평균법 또는 시가법 중 해당 환매금지형 집합투자기구가 법인세 과세표준신고와 함께 납세지 관할세무서장에게 신고한 방법에 따라 평가하되, 그 방법을 이후 사업연도에 계속 적용하여야 한다(법인세법 시행령 75 ③).

\* 보험회사가 보유한 변액보험계약에 속하는 자산은 개별법(채권의 경우에 한함), 총평균법, 이동평균법 또는 시가법 중 해당 보험회사가 법인세 과세표준신고와 함께 납세지 관할세무서장에게 신고한 방법에 따라 평가하되, 그 방법을 이후 사업연도에도 계속 적용하여야 한다(법인세법 시행령 75 ④).

### (2) 평가방법의 신고와 변경

#### 1) 평가방법 신고기한

법인이 유가증권의 평가방법을 신고하고자 하는 때에는 다음의 기한 내에 유가증권 평가방법신고(변경신고)서를 납세지 관할세무서장에게 제출해야 한다(법인세법 시행령 74 ③, 75 ②).

① 신설법인과 새로 수익사업을 개시한 비영리내국법인 : 당해 법인의 설립일 또는 수익 사업개시일이 속하는 사업연도의 법인세과세표준의 신고기한
② 평가방법을 신고한 법인으로서 그 평가방법을 변경하고자 하는 법인 : **변경할 평가방 법을 적용하고자 하는 사업연도의 종료일 이전 3월이 되는 날**

법인이 유가증권의 평가방법을 기한이 경과된 후에 신고한 경우에는 그 신고일이 속하는 사업연도까지는 무신고·임의변경시의 평가방법에 의하고, 그 후의 사업연도에 있어서는 법인이 신고한 평가방법에 의한다(법인세법 시행령 74 ⑤, 75 ②).

#### 2) 무신고·임의변경시의 평가방법

법인이 기한 내에 평가방법을 신고하지 않는 경우(무신고) 또는 신고한 평가방법 외의

방법으로 평가하거나 기한 내에 평가방법 변경신고를 하지 않은 경우(임의변경)에는 납세지 관할세무서장이 다음에 의하여 재고자산을 평가한다(법인세법 시행령 74 ④, 75 ②).

| 구 분 | 무신고시 평가방법 | 임의변경시 평가방법 |
|---|---|---|
| 유가증권 | 총평균법 | Max(총평균법, 신고한 평가방법) |

## 05 외화자산 · 부채의 평가

### (1) 외화채권 · 채무의 외환차손익

내국법인이 **상환받거나 상환하는 외화채권 · 채무의 원화금액과 원화기장액의 차익 또는 차손**은 당해 사업연도의 익금 또는 손금에 이를 산입한다. 다만, 「한국은행법」에 따른 한국은행의 외화채권 · 채무 중 외화로 상환받거나 상환하는 금액의 환율변동분은 한국은행이 정하는 방식에 따라 해당 외화금액을 매각하여 원화로 전환한 사업연도의 익금 또는 손금에 산입한다(법인세법 시행령 76 ⑤).

### (2) 외화자산 · 부채의 평가손익(외화환산손익)

#### 1) 평가대상 외화자산 · 부채

| 구 분 | 외화자산 · 부채 | 통화선도 등 |
|---|---|---|
| 일반법인 | 기업회계기준에 따른 **화폐성\*** 외화자산 · 부채 (비화폐성은 평가대상 아님) | **환위험 회피용** 통화선도 · 통화스왑 · 환변동보험 |
| 특정금융회사\* | | 통화선도 · 통화스왑 · 환변동보험 |

\* 「은행법」에 의한 인가를 받아 설립된 은행, 한국산업은행, 중소기업은행, 한국수출입은행, 농업협동조합중앙회, 농협은행, 수산업협동조합중앙회, 수협은행
\* 화폐성 외화자산 · 부채란 화폐가치의 변동과 상관없이 수취금액이나 지급금액이 계약 등으로 인하여 일정액의 화폐액으로 고정되어 있는 외화자산 · 부채를 말한다. (예) 외화채권 · 채무, 외화현금 · 예금, 외화대여금 등

#### 2) 외화자산 · 부채의 평가손익

외화평가손익은 해당 사업연도의 익금 또는 손금에 산입한다.

> 외화평가손익 = 평가한 원화금액(외화금액 × 적용환율) − 평가 전 금액

| 구 분 | 외화자산·부채 | 통화선도 등 |
|---|---|---|
| 일반법인 | 다음의 어느 하나에 해당하는 방법 중 관할세무서장에게 신고한 방법에 따라 평가하여야 한다(**선택**). 평가방법 신고 전까지 ①을 적용한다.<br>① 외화평가 하지 않는 경우 : 외화자산 및 부채를 취득일 또는 발생일(통화선도 등의 경우에는 계약체결일) 현재의 매매기준율 등으로 평가하는 방법<br>② 외화평가 하는 경우 : 사업연도 종료일 현재의 매매기준율 등으로 평가하는 방법 | |
| 특정금융회사 | 사업연도 종료일 현재의 매매기준율 등으로 평가(**강제**)<br>* 「외국환거래규정」에 따른 매매기준율 또는 재정 매매기준율 | 다음의 어느 하나에 해당하는 방법 중 관할세무서장에게 신고한 방법에 따라 평가하여야 한다(**선택**).<br>① 외화평가 하지 않는 경우 : 외화자산 및 부채를 취득일 또는 발생일(통화선도 등의 경우에는 계약체결일) 현재의 매매기준율 등으로 평가하는 방법<br>② 외화평가 하는 경우 : 사업연도 종료일 현재의 매매기준율 등으로 평가하는 방법 |

* 신고한 평가방법은 그 후의 사업연도에도 계속하여 적용하여야 한다. 다만, 일반법인은 신고한 평가방법을 적용한 사업연도를 포함하여 5개 사업연도가 지난 후에는 다른 방법으로 신고를 하여 변경된 평가방법을 적용할 수 있다(법인세법 시행령 76 ③).

---

**연습문제 1**

「법인세법」상 손익귀속시기에 대한 설명이다. 옳지 않은 것은?　　　2020 CPA 1차 수정

① 금융보험업 이외의 법인이 원천징수되는 이자로서 이미 경과한 기간에 대응하는 이자를 해당 사업연도의 수익으로 계상한 경우 그 계상한 사업연도의 익금으로 본다.

② 중소기업이 수행하는 계약기간 1년 미만인 건설용역의 제공으로 인한 수익은 그 목적물의 인도일이 속하는 사업연도에 익금에 산입할 수 있다.

③ 세법에 따라 영수증을 작성·교부할 수 있는 사업을 영위하는 법인이 금전등록기를 설치·사용하는 경우 그 수입하는 물품대금과 용역대가의 귀속사업연도는 그 금액이 실제로 수입된 사업연도로 할 수 있다.

④ 중소기업의 경우 장기할부매출에 대하여 결산상 회계처리에 관계없이 장기할부조건에 따라 각 사업연도에 회수하였거나 회수할 금액과 이에 대응하는 비용을 각각 해당 사업연도의 익금과 손금에 산입할 수 있다.

⑤ 결산을 확정함에 있어 이미 경과한 기간에 대응하는 임대료 상당액과 이에 대응하는 비용을 당해 사업연도의 수익과 손비로 계상한 경우 이를 각각 당해 사업연도의 익금과 손금으로 한다.

[풀이] ①

　원천징수되는 이자소득을 제외한 이자소득에 대해 결산을 확정할 때 이미 경과한 기간에 대응하는 미수이자를 해당 사업연도의 수익으로 계상하였다면 경과기간에 발생한 이자상당액 전액을 그 계상한 사업연도의 익금으로 한다.

제조업을 영위하는 영리내국법인 ㈜경희의 제8기 사업연도(20×8.1.1.~20×8.12.31.) 세무조정 및 소득처분에 관한 내용이다. 옳지 않은 것은? 전기까지 세무조정은 적정하게 이루어졌다.

2019 CPA 1차 수정

① 상업적 실질이 없는 교환으로 취득한 자산(공정가치 700,000원)의 취득원가를 제공한 자산의 장부가액(500,000원)으로 회계처리한 부분에 대해 200,000원을 익금산입·유보로 조정하였다.

② 전기 초 2년분 임차료 500,000원을 지급하고 장부상 전액 비용으로 처리 후 당기 말 250,000원을 (차)임차료비용과 (대)잡이익으로 회계처리한 부분에 대해 익금불산입 △유보로 조정하였다.

③ 직원에게 이익처분으로 지급한 상여금 1,500,000원을 손금산입 기타로 조정하였다.

④ 유형자산의 임의평가이익 2,000,000원을 재무상태표상 자산과 기타포괄손익누계액의 증가로 회계처리한 부분에 대해 익금불산입 △유보와 익금산입 기타로 각각 조정하였다.

⑤ 시가 5,000,000원인 토지를 정당한 사유 없이 특수관계인이 아닌 ㈜B로부터 현금 10,000,000원에 취득하고 재무상태표에 취득가액으로 계상한 것에 대해, 손금산입 3,500,000원 △유보와 손금불산입 3,500,000원 기타사외유출로 각각 조정하였다.

[풀이] ③

    3) 이익처분에 의한 성과배분상여금은 손금에 산입할 수 없다.

    5) 간주기부금 = 10,000,000 − 5,000,000 × 130% = 3,500,000원

        손금산입 토지 3,500,000원 △유보, 손금불산입 비지정기부금 3,5000,000원 기타사외유출

법인의 설립 시 「법인세법」상 유가증권 평가방법을 적법하게 신고한 법인이 그 평가방법을 변경하고자 하는 경우, 해당 평가방법 변경에 대한 신고기한으로 옳은 것은? 2021 CTA 1차 수정

① 평가방법을 변경한 사업연도의 최초 유가증권 취득일
② 평가방법을 변경한 이후 최초 손익발생일
③ 변경할 평가방법을 적용하고자 하는 사업연도의 종료일
④ 변경할 평가방법을 적용하고자 하는 사업연도의 종료일 이전 3월이 되는 날
⑤ 변경할 평가방법을 적용하고자 하는 사업연도의 법인세과세표준의 신고기한

[풀이] ④

법인이 유가증권의 평가방법을 신고하고자 하는 때에는 다음의 기한 내에 유가증권 평가방법신고(변경신고)서를 납세지 관할세무서장에게 제출해야 한다.

1) 신설법인과 새로 수익사업을 개시한 비영리내국법인 : 당해 법인의 설립일 또는 수익사업개시일이 속하는 사업연도의 법인세과세표준의 신고기한
2) 평가방법을 신고한 법인으로서 그 평가방법을 변경하고자 하는 법인 : 변경할 평가방법을 적용하고자 하는 사업연도의 종료일 이전 3월이 되는 날

다음은 영리내국법인 ㈜경희의 제5기 사업연도(1.1.~12.31.)의 기말 재고자산 평가와 관련한 자료이다. 제5기말 세무상 재고자산평가액은?(단 주어진 자료 이외에는 고려하지 않음)  2020 CTA 1차

| 구 분 | 장부상 평가액 | 후입선출법 | 총평균법 | 선입선출법 |
|---|---|---|---|---|
| 제 품 | 10,000,000원 | 7,000,000원 | 8,700,000원 | 10,000,000원 |
| 재공품 | 5,000,000원 | 4,500,000원 | 4,800,000원 | 5,000,000원 |
| 원재료 | 3,000,000원 | 2,700,000원 | 3,000,000원 | 3,500,000원 |
| 저장품 | 1,500,000원 | 1,000,000원 | 1,200,000원 | 1,400,000원 |

(1) 법인의 설립일이 속하는 사업연도의 법인세 과세표준 신고기한까지 관할세무서 장에게 제품, 재공품, 저장품에 대한 평가방법을 모두 총평균법으로 신고하였으나, 원재료에 대한 평가방법은 신고하지 않았다.
(2) 10월 5일에 제품 평가방법을 총평균법에서 선입선출법으로 변경신고하였다.
(3) 저장품은 총평균법으로 평가하였으나 계산착오로 300,000원이 과대계상되었다.

① 19,500,000원                        ② 19,700,000원
③ 19,900,000원                        ④ 20,000,000원
⑤ 20,700,000원

[풀이] ②
　　1. 제품은 변경신고기한(9.30)을 경과하여 변경신고하였으므로 임의변경으로 보아 Max(평균법, 선입선출법) = 10,000,000원이 세법상 평가액이다.
　　2. 재공품은 변경신고 없이 임의로 선입선출법으로 평가하였으므로 임의변경으로 보아 Max(평균법, 선입선출법) = 5,000,000원이 세법상 평가액이다.
　　3. 원재료는 평가방법을 신고하지 않았으므로 무신고에 해당한다. 무신고 시 세법상 평가방법은 선입선출법 3,500,000원이다.
　　4. 저장품은 신고한 방법으로 평가하였으나 계산착오가 있으므로 임의변경으로 보지 않는다. 그러므로 세법상 평가방법은 총평균법 1,200,000원이다.
　　그러므로 세법상 재고자산평가액은 19,700,000원이고 재고자산회사계상액은 19,500,000원이다.

제**6**장

# 자산의 감가상각

'감가상각'이란 유형자산 및 무형자산의 취득원가에서 잔존가액을 차감한 금액을 합리적인 방법으로 당해 자산의 내용연수에 걸쳐 비용으로 배분하는 과정이다. 기업회계는 감가상각의 방법에 있어 합리성·체계성을 바탕으로 폭넓은 선택을 허용하는 반면, 법인세법은 조세부담의 공평성을 추구하기에 감가상각에 필요한 제반요소들을 구체적으로 규정함으로써 상각범위액을 초과하는 감가상각비를 손금불산입하고 있다.

## 01 감가상각대상자산

감가상각대상이 되는 감가상각자산은 토지를 제외한 다음의 유형자산과 무형자산으로 한다(법인세법 시행령 24 ①).

| 유형자산 | 무형자산 |
|---|---|
| ① 건축물(건물 및 그 부속설비, 구축물) | ① 영업권(합병 또는 분할로 인해 합병법인 등이 계상한 영업권은 제외), 디자인권, 실용신안권, 상표권 |
| ② 차량 및 운반구, 공구, 기구 및 비품 | |
| ③ 선박 및 항공기 | ② 특허권, 어업권, 양식업권, 해저광물자원채취권, 유료도로관리권, 수리권, 전기가스공급시설이용권, 공업용수도시설이용권, 수도시설이용권, 열공급시설이용권 |
| ④ 기계 및 장치 | |
| ⑤ 동물 및 식물 | ③ 광업권, 전신전화전용시설이용권, 전용측선이용권, 하수종말처리장시설관리권, 수도시설관리권 |
| ⑥ 그 밖에 ①~⑤와 유사한 유형자산 | |
| | ④ 댐사용권 |
| | ⑤ 개발비 |
| | ⑥ 사용수익기부자산가액 |
| | ⑦ 주파수이용권, 공항시설관리권 및 항만시설관리권 |

* 개발비 : 상업적인 생산 또는 사용 전에 재료·장치·제품·공정·시스템 또는 용역을 창출하거나 현저히 개선하기 위한 계획 또는 설계를 위하여 연구결과 또는 관련 지식을 적용하는데 발생하는 비용으로서 기업회계기준에 따른 개발비 요건을 갖춘 것(「산업기술연구조합 육성법」에 따른 산업기술연구조합의 조합원이 해당 조합에 연구개발 및 연구시설 취득 등을 위하여 지출하는 금액을 포함함)
  ⇨ 감가상각대상 개발비 요건 보완
    – 2020.12.31.까지 : 해당 법인이 개발비로 계상한 것
    – 2021.1.1. 이후 : 기업회계기준에 따른 개발비 요건을 갖춘 것
* 사용수익기부자산가액 : 금전 외의 자산을 국가 또는 지방자치단체, 특례기부금 대상 단체 및 지정기부금

대상 공익법인 등에게 기부한 후 그 자산을 사용하거나 그 자산으로부터 수익을 얻는 경우 해당 자산의 장부가액

⇨ 비지정기부금 대상 단체에 기부한 경우에는 비지정기부금으로 본다.

 **감가상각자산에 포함하지 아니하는 자산**

감가상각자산은 다음의 자산을 포함하지 아니하는 것으로 한다(법인세법 시행령 24 ③).

| 감가상각자산에 포함하는 자산 | 감가상각자산에 포함하지 아니하는 자산 |
|---|---|
| ① 장기할부조건으로 매입한 자산<br>   * 법인이 해당 자산의 가액 전액을 자산으로 계상하고 사업에 사용하는 경우에는 그 대금의 청산 또는 소유권의 이전여부에 관계없이 이를 감가상각자산에 포함한다.<br>② 리스자산<br>   * 금융리스자산은 리스이용자, 금융리스외의 자산은 리스회사의 감가상각자산으로 한다. | ① 사업에 사용하지 아니하는 자산(유휴설비 제외)<br>② 건설중인 자산<br>   * 설치중인 자산 또는 그 성능을 시험하기 위한 시운전기간에 있는 자산을 포함한다. 다만, 건설중인 자산의 일부가 완성되어 당해 부분이 사업에 사용되는 경우 그 부분은 이를 감가상각자산에 해당하는 것으로 한다.<br>③ 시간의 경과에 따라 그 가치가 감소되지 아니하는 자산(토지, 서화, 골동품 등) |

 **리스자산의 감가상각**

리스자산 중 금융리스자산은 리스이용자의 감가상각자산으로, 금융리스 외의 리스자산은 리스회사의 감가상각자산으로 한다(법인세법 시행령 24 ⑤). 「자산유동화에 관한 법률」에 의한 유동화전문회사가 동법에 의한 자산유동화계획에 따라 금융리스의 자산을 양수한 경우 당해 자산에 대하여는 리스이용자의 감가상각자산으로 한다(법인세법 시행령 24 ⑥).

## 제2절 감가상각 시부인계산의 구조

### 01 감가상각 시부인계산의 원리

　감가상각비의 시부인 계산이란 법인이 손금계상한 감가상각비와 세법상 상각범위액을 비교하여 법인이 계상한 감가상각비를 시인할 것인지 부인할 것인지의 여부를 결정하는 것을 말한다. 내국법인이 각 사업연도의 결산을 확정할 때 감가상각자산에 대한 감가상각비를 손비로 계상한 경우에는 상각범위액의 범위에서 그 계상한 감가상각비를 해당 사업연도의 소득금액을 계산할 때 손금에 산입하고, 그 계상한 금액 중 상각범위액을 초과하는 금액은 손금에 산입하지 아니한다(법인세법 23 ①).

| 당기의 처리 | | | 차기 이후의 처리 |
|---|---|---|---|
| 회사계상 감가상각비 − 상각범위액 = | (+) 상각부인액 | 손금불산입 (유보) | ① 차기 이후 사업연도에 시인부족액이 발생한 경우 : 시인부족액을 한도로 손금(△유보) ② 해당 자산을 양도한 경우 : 손금산입(△유보) |
| | (−) 시인부족액 | 세무조정 없음* | 발생 연도에 소멸되므로 차기 이후에 상각부인액이 발생하여도 충당하지 않는다. |

\* 전기이월 상각부인액이 있는 경우 : 전기이월 상각부인액과 당기 시인부족액 중 적은 금액을 손금산입(△유보)

### (1) 결산조정의 원칙

　감가상각비는 결산 시 손금으로 계상한 경우에 한하여 이를 손비로 보는 것이므로 다음에 해당하는 경우를 제외하고는 결산 시 손금에 계상하지 아니한 금액은 이를 세무조정에 의하여 손금산입하거나 경정청구 할 수 없다(법인세법 기본통칙 23-0…1). ⇨ 결산조정사항

① K-IFRS를 적용하는 법인의 유형자산과 내용연수가 비한정인 무형자산의 감가상각비
② 특수관계인으로부터 양수한 자산의 장부가액이 시가에 미달하는 경우 감가상각비 손금산입 특례
③ 감가상각의 의제가 적용되는 법인의 감가상각비
④ 2016.1.1. 이후 개시하는 사업연도에 취득한 업무용승용차의 감가상각비

## (2) 임의상각제도

유형자산 등에 대한 감가상각비는 법인이 각 사업연도의 결산을 확정할 때 이를 손비로 계상한 경우에 상각범위액 내에서 해당 사업연도의 소득금액을 계산할 때 손금에 산입하는 결산조정사항이다. 이는 **법인 스스로가 상각범위액을 초과하지 않는 범위 내에서 감가상각비의 계상 여부나 금액 또는 손금산입시기를 임의적으로 선택할 수 있음을** 의미한다.

##  감가상각 시부인계산의 단위

감가상각비의 시부인 계산은 개별자산별로 하는 것으로 내용연수가 같은 자산이라도 각각 세무조정 하여야 한다.

• 예제 6-1 감가상각 – 임의상각제도 •

㈜경희(1.1.~12.31.)는 제8기 1월 5일에 사업용자산 비품A를 2,000,000원에 취득하였다. 법인세법에 따른 상각방법은 정액법이고, 내용연수는 5년이라고 가정하고 감가상각비 관련 세무조정을 행하시오.

[CASE 1] 취득 후 매년 500,000원씩 감가상각비를 계상한 경우
[CASE 2] 취득 후 매년 200,000원씩 감가상각비를 계상한 경우

[풀이]

법인이 상각범위액 내에서 감가상각비를 계상한 경우, 해당 사업연도의 소득금액을 계산할 때 손금에 산입한다. 이는 법인 스스로가 상각범위액을 초과하지 않는 범위 내에서 손금산입시기를 임의적으로 선택할 수 있음을 의미한다.

[CASE 1] 취득 후 매년 500,000원씩 감가상각비를 계상한 경우

| 구 분 | 장부상 계상액 | 세무상 금액 | 세무조정 |
|---|---|---|---|
| 제8기 | 500,000원 | 400,000원 | 손금불산입 100,000원 (유보) |
| 제9기 | 500,000원 | 400,000원 | 손금불산입 100,000원 (유보) |
| 제10기 | 500,000원 | 400,000원 | 손금불산입 100,000원 (유보) |
| 제11기 | 500,000원 | 400,000원 | 손금불산입 100,000원 (유보) |
| 제12기 | – | 399,000원* | 손금산입 399,000원 (△유보) |

\* 감가상각이 종료되는 감가상각자산에 대하여는 취득가액의 100분의 5와 1천원 중 적은 금액을 당해 감가상각자산의 장부가액으로 하고, 동 금액에 대하여는 이를 손금에 산입하지 아니한다.

→ 내용연수보다 단기에 감가상각을 완료할 수 없음.

[CASE 2] 취득 후 매년 200,000원씩 감가상각비를 계상한 경우

| 구 분 | 장부상 계상액 | 세무상 금액 | 세무조정 |
|---|---|---|---|
| 제8기 | 200,000원 | 400,000원 | △ 200,000원 (시인부족액)<br>세무조정 없음 |
| 제9기 | 200,000원 | 400,000원 | △ 200,000원 (시인부족액)<br>세무조정 없음 |
| 제10기 | 200,000원 | 400,000원 | △ 200,000원 (시인부족액)<br>세무조정 없음 |
| 제11기 | 200,000원 | 400,000원 | △ 200,000원 (시인부족액)<br>세무조정 없음 |
| 제12기 | 200,000원 | 400,000원 | △ 200,000원 (시인부족액)<br>세무조정 없음 |
| 제13기 | 200,000원 | 400,000원 | – |
| 제14기 | 200,000원 | 400,000원 | – |
| 제15기 | 200,000원 | 400,000원 | – |
| 제16기 | 200,000원 | 400,000원 | – |
| 제17기 | 200,000원 | 199,000원* | 손금불산입 1,000원 (유보) |

* 감가상각이 종료되는 감가상각자산에 대하여는 취득가액의 100분의 5와 1천원 중 적은 금액을 당해
  감가상각자산의 장부가액으로 하고, 동 금액에 대하여는 이를 손금에 산입하지 아니한다.
  → 내용연수보다 장기에 감가상각을 완료하는 것은 허용됨.

㈜경희(1.1.~12.31.)는 제8기에 다음과 같이 감가상각을 하였다. 이에 관한 세무조정을 행하시오.

| 구 분 | 비품 A | 비품 B |
|---|---|---|
| 전기말 상각부인 누계액 | – | 1,500,000원 |
| 장부상 감가상각비 계상액 | 28,000,000원 | 4,000,000원 |
| 세법상 상각범위액 | 20,000,000원 | 7,000,000원 |
| 당기 시부인액 | 8,000,000원 | △3,000,000원 |

[풀이]

감가상각비의 시부인계산은 개별자산별로 하는 것으로 내용연수가 같은 자산이라도 각각 세무조정해야 한다.

1) 비품A : 손금불산입 8,000,000원 (유보)
2) 비품B : 손금산입 1,500,000원 (△유보)

# 01 감가상각방법의 선택과 신고

## (1) 감가상각방법

법인은 감가상각자산별로 하나의 감가상각방법을 선택하여 법인이 납세지 관할세무서장에게 기한 내에 신고하여야 하며, 상각방법을 신고하지 아니한 경우에는 세법에서 정한 상각방법을 적용한다(법인세법 시행령 26 ①. ④).

| 구 분 | | 신고시 상각방법 | 무신고시 상각방법 |
|---|---|---|---|
| 유형자산 | ① 유형자산(건축물 제외) | 정액법 또는 정률법 | 정률법 |
| | ② 건축물 | 정액법 | 정액법 |
| | ③ 광업용 유형자산 | 정액법, 정률법, 생산량비례법 중 선택 | 생산량비례법 |
| | ④ 폐기물매립시설 | 정액법, 생산량비례법 중 선택 | 생산량비례법 |
| 무형자산 | ⑤ 무형자산 | 정액법 | 정액법 |
| | ⑥ 광업권(해저광물채취권 포함) | 정액법, 생산량비례법 중 선택 | 생산량비례법 |
| | ⑦ 개발비 | 판매 또는 사용시점부터 20년 범위에서 정액법 | 판매 또는 사용시점부터 5년 동안 정액법 |
| | ⑧ 사용수익기부자산 | 자산의 사용수익기간(기간에 관한 특약이 없는 경우 신고내용연수)에 따라 균등 상각 <br> * 기부자산의 멸실 또는 계약이 해지된 경우 잔액 일시상각 | |
| | ⑨ 주파수이용권·공항시설관리권 및 항만시설관리권 | 주무관청에서 고시하거나 주무관청에 등록한 기간내에서 사용기간에 따라 균등액을 상각 | |

## (2) 감가상각방법 선택·신고

법인이 상각방법을 신고하려는 때에는 위의 구분에 따른 자산별로 하나의 방법을 선택하여 감가상각방법신고서를 다음에서 정하는 날이 속하는 사업연도의 법인세 과세표준의 신고기한까지 납세지 관할세무서장에게 제출하여야 한다(법인세법 시행령 26 ③).

| 구 분 | 정하는 날 |
|---|---|
| ① 신설법인과 새로 수익사업을 개시한 비영리법인 | 영업개시일 |
| ② ①외의 법인이 위의 구분에 따른 감가상각자산을 새로 취득한 경우 | 취득일 |

## 02 상각범위액의 계산방법

### (1) 정액법

> 상각범위액 = 취득가액 × 상각률(1/내용연수)

* 취득가액은 세법상 취득가액(장부상 취득가액 + 비용계상한 자본적 지출액의 누계액)을 말한다.

### (2) 정률법

> 상각범위액 = 미상각잔액(당기 감가상각비 계상 전) × 상각률

* 미상각잔액은 '취득가액 - 감가상각누계액 + 상각부인액'으로 계산한다.
* 미상각잔액은 세무계산상 미상각잔액을 말하며 다음의 ⊙ 또는 ⓒ과 같이 계산한다(법인세 집행기준 23 - 26 - 2).
    ⊙ 당기말 B/S상 취득가액(취득가액 + 당기 자산계상한 자본적 지출액) - 당기말 B/S상 감가상각누계액 + (당기 감가상각비 계상액 + 당기 비용계상한 자본적 지출액) + 전기말 상각부인누계액
    ⓒ (전기말 B/S상 취득가액 - 전기말 B/S상 감가상각누계액) + (당기 자산계상한 자본적 지출액 + 당기 비용계상한 자본적 지출액) + 전기말 상각부인누계액

### (3) 생산량비례법

> 상각범위액 = 취득가액 × $\dfrac{\text{해당 사업연도 중 그 광구에서 채굴한 양}}{\text{그 자산이 속하는 광구의 총채굴 예정량}}$

* 취득가액은 세법상 취득가액(장부상 취득가액 + 비용계상한 자본적 지출액의 누계액)을 말한다.
* 폐기물매립시설의 상감범위액도 위 식을 준용하여 계산한다.

## 03 특수한 경우의 상각범위액 계산방법

### (1) 사업연도가 1년 미만인 경우

#### 1) 본래 사업연도가 1년 미만인 경우

상각범위액 = 감가상각 자산가액 × 환산내용연수에 해당하는 상각률

* 환산내용연수 = 내용연수 × 12/사업연도월수
* 월수는 역에 따라 계산하되, 1월 미만 일수는 1월로 한다.

#### 2) 일시적으로 사업연도가 1년 미만인 경우

상각범위액 = 일반적인 상각범위액 × 해당 사업연도의 월수/12

* 월수는 역에 따라 계산하되, 1월 미만 일수는 1월로 한다.

### (2) 사업연도 중 신규취득한 자산의 경우

$$\text{상각범위액} = \text{일반적인 상각범위액} \times \frac{\text{사업에 사용한 날부터 해당 사업연도 종료일까지의 월수}}{12}$$

* 월수는 역에 따라 계산하되, 1월 미만 일수는 1월로 한다.

### (3) 자본적 지출의 경우

기존 감가상각자산에 대한 자본적 지출액은 신규취득의 경우와는 달리 자본적 지출이 발생한 후의 월수를 고려하지 않고 그 감가상각자산의 취득가액에 합산하여 그 자산의 내용연수를 그대로 적용하여 상각범위액을 계산한다.

[예시] 20×7.1.1. 건물 취득 100원 (내용연수 20년)
20×7.7.1. 건물에 대한 자본적 지출액 20원

$$→ 20×7 \text{ 건물의 감가상각비} = (100원 + 20원) × \frac{1}{20} = 6원$$

## 04 감가상각방법의 변경

### (1) 상각방법 변경의 사유 및 방법

법인이 신고한 상각방법(상각방법을 신고하지 않은 경우에는 무신고시 상각방법)은 그 후의 사업연도에도 계속하여 그 상각방법을 적용하여야 한다(법인세법 시행령 26 ⑤). 다만, 다음의 사유에 해당하는 경우에는 납세지 관할세무서장의 승인을 얻어 변경할 수 있다(법인세법 시행령 27 ①).

① 상각방법이 서로 다른 법인이 합병(분할합병 포함)한 경우
② 상각방법이 서로 다른 사업자의 사업을 인수 또는 승계한 경우
③ 외국투자자가 내국법인의 주식 등을 100분의 20 이상 인수 또는 보유하게 된 경우
④ 해외시장의 경기변동 또는 경제적 여건의 변동으로 인하여 종전의 상각방법을 변경할 필요가 있는 경우
⑤ 다음의 경우로 인해 회계정책이 변경되어 결산상각방법이 변경되고 그 결산상각방법과 동일한 방법으로 감가상각방법이 변경된 경우
   ㉠ 국제회계기준을 최초로 적용한 사업연도에 결산상각방법을 변경하는 경우
   ㉡ 국제회계기준을 최초로 적용한 사업연도에 지배기업의 연결재무제표 작성 대상에 포함되는 종속기업이 지배기업과 회계정책을 일치시키기 위하여 결산상각방법을 지배기업과 동일하게 변경하는 경우

위 사유 외에 외국인투자법인이 해당 법인에 투자한 외국법인의 감가상각방법과 일치시키기 위한 것, 자산재평가와 내용연수의 증가 등은 상각방법의 변경사유에 해당하지 않는다. 법인이 변경승인을 얻지 아니하고 상각방법을 변경한 경우 상각범위액은 변경하기 전의 상각방법에 의하여 계산한다(법인세법 시행령 27 ⑤).

상각방법의 변경승인을 얻고자 하는 법인은 그 변경할 상각방법을 적용하고자 하는 최초 사업연도의 종료일까지 감가상각방법변경신청서를 납세지 관할세무서장에게 제출하여야 한다. 신청서를 접수한 납세지 관할세무서장은 신청서의 접수일이 속하는 사업연도 종료일부터 1개월 이내에 그 승인여부를 결정하여 통지하여야 한다(법인세법 시행령 27 ②, ③). 신청을 받은 관할세무서장이 통지기한까지 그 승인 여부를 통지하지 아니한 경우 해당 법인은 변경하기 전의 상각방법에 따라 감가상각비를 계상하여야 한다(법인세 집행기준 23-27-2).

## (2) 상각방법 변경 시 상각범위액 계산(전진법)

### 1) 정액법으로 변경하는 경우

상각범위액 = (감가상각누계액을 공제한 장부가액 + 전기이월 상각부인액 누계액) × 상각률

### 2) 정률법으로 변경하는 경우

상각범위액 = (감가상각누계액을 공제한 장부가액 + 전기이월 상각부인액 누계액) × 상각률

### 3) 생산량비례법으로 변경하는 경우

$$상각범위액 = (감가상각누계액을 공제한 장부가액 + 전기이월 상각부인액 누계액) \times \frac{해당 사업연도 중 그 광구에서 채굴한 양}{총채굴예정량 - 변경 전 사업연도까지의 총채굴량}$$

\* 총채굴예정량은 한국광물자원공사가 인정하는 총채굴량
\* 폐기물매립시설의 상감범위액도 위 식을 준용하여 계산한다.

상각범위액은 상각대상금액에 상각률을 곱하여 계산한다. ① 상각대상금액은 기초가액과 잔존가액에 의해 결정되고 ② 상각률은 내용연수와 상각방법에 의해 결정된다.

> 상각범위액 = ① 상각대상금액 × ② 상각률

## 01 기초가액

### (1) 감가상각자산의 취득가액

감가상각자산의 취득가액은 법인세법에서 정하는 일반적인 자산의 취득가액에 관한 규정(제5장 제2절 자산의 취득가액 참조)을 적용하여 계산한다.

### (2) 자본적지출 및 자산재평가로 인한 평가증액

법인이 특정지출을 함에 있어서 동 지출의 효익기간을 고려하여야 하는 바, 기간적으로 지출한 사업연도에 즉시 수익에 대응한 비용으로 계상할 것인가, 아니면 미래의 효익기간에 걸쳐서 점차적으로 비용을 계상할 것인가 하는 판단은 법인의 기간손익계산을 하는 데 매우 중요한 요소이다.

| 구 분 | 감가상각자산의 취득가액 |
|---|---|
| ① 보험업법이나 그밖의 법률의 규정에 따른 평가이익이 있는 경우 | 취득가액에 평가이익을 반영한 금액(평가금액) |
| ② 자본적 지출이 있는 경우 | 취득가액에 자본적 지출을 가산한 금액 |

여기서 '자본적 지출'이란 법인이 소유하는 감가상각자산의 내용연수를 연장시키거나 해당 자산의 가치를 현실적으로 증가시키기 위한 지출을 말하며, 그 외의 수선비 등 수익적지출에 해당하는 비용을 자본적 지출로 처리한 경우에는 장부상 자산 취득가액이 세무상 취득가액보다 크게 되므로 차이금액을 손금산입하고 △유보로 소득처분 해야 한다.

자본적 지출과 수익적 지출은 다음 어느 하나에 해당하는 지출을 말한다(법인세법 시행령 31 ②, 법인세법 시행규칙 17).

| 자본적 지출 | 수익적 지출 |
|---|---|
| ① 본래의 용도를 변경하기 위한 개조 | ① 건물 또는 벽의 도장 |
| ② 엘리베이터 또는 냉난방장치의 설치 | ② 파손된 유리나 기와의 대체 |
| ③ 빌딩 등에 있어서 피난시설 등의 설치 | ③ 기계의 소모된 부속품 또는 벨트의 대체 |
| ④ 재해 등으로 인하여 멸실 또는 훼손되어 본래의 용도에 이용할 가치가 없는 건축물·기계·설비 등의 복구 | ④ 자동차 타이어의 대체<br>⑤ 재해를 입은 자산에 대한 외장의 복구·도장 및 유리의 삽입 |
| ⑤ 기타 개량·확장·증설 등 ① 내지 ④의 지출과 유사한 성질을 가지는 것 | ⑥ 기타 조업가능한 상태의 유지 등 ① 내지 ⑤와 유사한 성질을 가지는 지출 |

## (3) 즉시상각의 의제

### 1) 원칙

법인이 감가상각자산의 **취득가액 및 자본적 지출에 해당하는 금액을 손비로 계상한 경우**에는 해당 사업연도의 소득금액을 계산할 때 감가상각비로 계상한 것으로 보아 상각범위액을 계산한다(법인세법 23 ④).

즉, 감가상각자산의 취득가액에 산입할 매입부대비용이나 자본적 지출액, 건설자금이자 등을 비용으로 계상한 경우에는 이를 **감가상각비로 보아 당초 감가상각비로 계상한 금액과 합산하여 감가상각비 시부인 계산을 해야 한다.** 따라서 시부인결과 시인부족액이 있을 경우에는 손금산입 될 것이나, **차기 이후의 사업연도에 있어 감가상각비 기초가액에는 당해 즉시상각 의제액을 가산하여 상각범위액을 계산해야 한다.**

### 2) 특례

위 규정에도 불구하고 일정금액 미만의 소액자산의 구입·자산의 폐기 등의 경우에는 자산이 아닌 비용으로 계상한 경우에는 감가상각 시부인계산 없이 손금으로 인정하거나, 진부화 등에 따라 손상차손을 계상한 경우에는 해당 금액을 감가상각비로 계상한 것으로 보아 상각범위액 내에서 손금에 산입하는 특례를 허용한다(법인세법 시행령 31 ③, ④, ⑥, ⑦, ⑧).

| 구 분 | 특례 내용 | 세무조정 |
|---|---|---|
| ① 소액자산의 취득 | 거래단위별로 취득가액 100만원 **이하**인 감가상각자산으로서 다음에 해당하지 않는 자산<br>• 그 고유업무의 성질상 대량으로 보유하는 자산<br>• 그 사업의 개시 또는 확장을 위하여 취득한 자산 | **그 사업에 사용한 날**이 속하는 사업연도의 손비로 계상한 것에 한정하여 손금에 산입 |
| ② 단기사용자산 및 소모성자산 | ① 어업에 사용되는 어구(어선용구 포함)<br>② 영화필름, 공구, 가구, 전기기구, 가스기기, 가정용 기구·비품, 시계, 시험기기, 측정기기 및 간판<br>③ 대여사업용 비디오테이프 및 음악용 콤팩트디스크로서 개별자산의 취득가액이 30만원 미만인 것<br>④ 전화기(휴대용 전화기 포함) 및 개인용 컴퓨터(주변기기 포함) | |
| ③ 소액·주기적 수선비 | ① 개별 자산별로 수선비로 지출한 금액이 600만원 미만인 경우<br>② 개별자산별로 수선비로 지출한 금액이 직전 사업연도 종료일 현재 재무상태표상의 **자산가액의 5%**에 미달하는 경우<br>③ **3년 미만의 기간**마다 주기적인 수선을 위하여 지출하는 경우 | **지출한 날**이 속하는 사업연도의 손비로 계상한 경우 손금에 산입 |
| ④ 생산설비의 폐기손실 | 다음 어느 하나에 해당하는 경우 당해 자산의 장부가액에서 1,000원(비망가액)을 공제한 금액<br>① 시설의 개체 또는 기술의 낙후로 인하여 **생산설비의 일부를 폐기**하는 경우<br>② 사업의 폐지 또는 사업장의 이전으로 임대차계약에 따라 임차한 사업장의 **원상회복을 위하여 시설물을 철거**하는 경우(2021.1.1. 이후 사업연도부터) | **폐기일**이 속하는 사업연도의 손금에 산입가능 |
| ⑤ 진부화 등에 따른 손상차손을 계상한 경우 | 감가상각자산이 **진부화, 물리적 손상** 등에 따라 시장가치가 급격히 하락하여 법인이 회계상 손상차손을 계상한 경우(천재지변·화재, 수용, 폐광 등의 사유로 파손 또는 멸실됨에 따라 장부가액을 감액하여 손금으로 산입한 경우는 전액 손금 인정) | 감가상각한 것으로 보아 상각범위액 내에서 손금산입 |

다음은 ㈜경희가 제7기(1.1.~12.31.)에 비용으로 계상한 수선비 내역이다. 이와 관련된 세무조정을 행하시오.

| 구 분 | 수선일자 | 수선비용 | 지출내역 | 기초 재무상태표상 미상각잔액(장부금액) | 상각률 | |
|---|---|---|---|---|---|---|
| | | | | | 정액법 | 정률법 |
| 공장 A | 1.5. | 10,000,000원 | 냉난방장치 설치 | 300,000,000원 | 0.05 | 0.140 |
| 공장 B | 7.9. | 10,000,000원 | 건물벽 도장 | 200,000,000원 | 0.05 | 0.140 |
| 기계 C | 8.15. | 15,000,000원 | 내용연수 연장시키는 지출 | 100,000,000원 | 0.125 | 0.313 |
| 기계 D | 10.7. | 5,000,000원 | 1년마다 주기적으로 발생하는 자본적 지출 | 50,000,000원 | 0.125 | 0.313 |
| 합 계 | - | 40,000,000원 | - | 650,000,000원 | - | - |

1. 당기에 기계장치 C에 대한 감가상각비 35,000,000원 외에 감가상각비 계상액은 없다.

2. ㈜경희가 보유한 모든 유형자산에 대하여 전기말 상각부인액은 없으며, 전기까지의 세무조정은 적정하게 이루어졌다.

3. 유형자산에 대해 감가상각방법을 신고하지 않았다.

[풀이] 손금불산입 14,005,000 (유보)

1. 공장 A
   1) 소액수선비 판단 : Max(6백만원, 3억원 × 5%) = 15,000,000원 〉 10,000,000원
   2) 당기에 지출한 수선비 10,000,000원은 소액수선비로서 지출한 날이 속하는 사업연도의 손비로 계상한 경우 감가상각 시부인계산 없이 손금으로 인정한다.

2. 공장 B
   건물 또는 벽의 도장을 위한 지출은 수익적 지출로서 지출한 당해연도의 손금으로 인정한다.

3. 기계C
   1) 소액수선비 판단 : Max(6백만원, 1억원 × 5%) = 6,000,000원 〈 15,000,000원
   2) 당기에 지출한 수선비 15,000,000원은 소액수선비에 해당하시 않는나.
   3) 법인이 자산의 자본적 지출에 해당하는 금액을 손비로 계상한 경우 감가상각비로 계상한 것으로 보아 당초 감가상각비로 계상한 금액과 합산하여 감가상각비 시부인 계산을 해야 한다.
      • B : 35,000,000원 + 15,000,000원 = 50,000,000원
      • T : (100,000,000원 + 15,000,000원) × 0.313 = 35,995,000원
      • D : 14,005,000원 → 손금불산입 (유보)

4. 기계D
3년 미만의 기간마다 주기적인 수선을 위하여 지출하는 주기적 수선비는 지출한 날이 속하는 사업연도의 손비로 계상한 경우 감가상각 시부인계산 없이 손금으로 인정한다.

##  02 잔존가액

잔존가액이란 자산의 내용연수 종료시점에 자산의 처분대가에서 처분비용을 차감한 금액을 말하며 기업회계기준은 잔존가치의 추정치를 인정하고 있다. 이에 반해 법인세법은 감가상각계산의 자의성을 방지하고자 상각범위액을 계산함에 있어서 **감가상각자산의 잔존가액은 '0'**으로 규정하고 있다. 다만, 정률법에 의하여 상각범위액을 계산하는 경우에는 취득가액의 5%에 상당하는 금액으로 하되, 그 금액은 당해 감가상각자산에 대한 미상각잔액이 최초로 취득가액의 5% 이하가 되는 사업연도의 상각범위액에 가산한다(법인세법 시행령 26 ⑥).

법인은 감가상각이 종료되는 감가상각자산에 대하여는 이러한 규정에도 불구하고 취득가액의 5%와 1,000원 중 적은 금액(비망가액)을 당해 감가상각자산의 장부가액으로 하고, 동 금액에 대하여는 이를 손금에 산입하지 아니한다(법인세법 시행령 26 ⑦). 상각이 완료된 자산은 실제 당해 자산이 법인 내에 존재함에도 불구하고 장부가액이 남지 않게 되는데, 이러한 부외자산이 존재하고 있다는 사실과 이에 대한 소유권 표시 등 사후관리를 위해 비망가액을 장부상에 남겨두도록 하였다.

## 03 내용연수

내용연수란 감가상각자산이 법인의 영업활동에 이용될 수 있는 사용기간을 의미한다. 기업회계기준은 내용연수 등에 대해 규정하고 있지 않으나 법인세법은 법인의 감가상각계산의 자의성을 방지하기 위해 자산별 내용연수와 해당 내용연수에 따른 상각률을 다음과 같이 규정하고 있다(법인세법 시행령 28 ①).

| 대상자산* | 내용연수 및 상각률 |  |
|---|---|---|
| ① 시험연구용자산 및 무형<br>자산 | • 법인세법 시행규칙 〈별표 2〉 및 〈별표 3〉에 규정된 내용연수와 그에<br>따른 규칙 〈별표 4〉에 규정된 상각률 | |
| ② 위 ①외의 감가상각자산 | 기준내용연수 | • 법인세법 시행규칙 〈별표 5〉 및 〈별표 6〉에 규정된<br>내용연수와 그에 따른 상각률 |
| | 신고내용연수 | • 법인세법 시행규칙 〈별표 5〉 및 〈별표 6〉에 규정된 기<br>준내용연수에 25%를 가감한 내용연수범위 안에서 법<br>인이 선택하여 신고한 내용연수와 그에 따른 상각률 |

\* 개발비 · 사용수익기부자산 · 주파수이용권 · 공항시설관리권 · 항만시설관리권은 제외

| 별표2 시험연구용자산의 내용연수표 |

| 내용연수 | 시험용연구자산 |
|---|---|
| 3년 | 광학기기, 시험기기, 측정기기, 공구, 기타 시험연구용 설비 |
| 5년 | 건물부속설비, 구축물, 기계장치 |

\* 법인이 시험연구용자산에 대해 〈별표2〉를 적용하지 않는 경우 〈별표5〉 또는 〈별표6〉 적용 가능

| 별표3 무형자산의 내용연수표 |

| 내용연수 | 무형자산 |
|---|---|
| 5년 | 영업권, 디자인권, 실용신안권, 상표권 |
| 7년 | 특허권(2015년 이전 취득한 특허권은 10년) |
| 10년 | 어업권, 해저광물개발법에 의한 채취권, 유료도로관리권, 수리권, 전기가스공급<br>시설이용권, (공업용)수도시설이용권, 열공급시설이용권 |
| 20년 | 광업권, 전신전화전용시설이용권, 전용측선이용권, 하수종말처리장시설관리권,<br>수도시설관리권 |
| 50년 | 댐사용권 |

| 별표5 건축물 등의 기준내용연수 및 내용연수범위표 |

| 내용연수 | 건축물 등 |
|---|---|
| 5년(4~6년) | 차량 및 운반구, 공구, 기구 및 비품 |
| 12년(9~15년) | 선박 및 항공기 |
| 20년(15~25년) | 연와조, 블록조, 콘크리트조, 토조, 목조 등의 모든 건물과 구축물 |
| 40년(30~50년) | 철골 · 철근콘크리트조, 석조, 연와석조 등의 건물과 구축물 |

| 내용연수 | 업종별자산 |
|---|---|
| 4년(3~5년) | 가죽·가방 및 신발제조업, 교육서비스업 |
| 6년(5~7년) | 전자부품·컴퓨터·영상·음향 및 통신장비 제조업, 정보통신업 |
| 8년(6~10년) | 숙박업, 음식점업 |

## (1) 기준내용연수와 신고내용연수

'기준내용연수'란 법인세법 시행규칙 〈별표5〉와 〈별표6〉의 구조 또는 자산별·업종별로 정하는 내용연수를 말한다. 이러한 기준내용연수에 기준내용연수의 100분의 25를 가감하여 범위를 정하고 있는데 이를 '내용연수범위'라 한다.

내용연수범위 안에서 법인이 선택하여 납세지 관할세무서장에게 신고한 내용연수를 '신고내용연수'라 하고, 신고기한 내에 신고하지 않은 경우에는 기준내용연수와 그에 따른 상각률을 적용한다. 법인이 자산별·업종별로 적용한 신고내용연수 또는 기준내용연수는 그 후의 사업연도에 있어서도 계속하여 그 내용연수를 적용하여야 한다(법인세법 시행령 28 ④).

## (2) 내용연수의 특례 또는 변경

시험연구용 자산과 무형자산 이외의 일반 감가상각자산은 기준내용연수에 기준내용연수의 25%를 가감하는 내용연수의 범위 안에서 선택한 내용연수를 신고하고 계속적으로 적용하여야 한다. 그럼에도 불구하고 법인이 다음 중 어느 하나에 해당하는 경우에는 **기준내용연수에 기준내용연수의 50%(아래 ⑤와 ⑥에 해당하는 경우에는 25%)를 가감하는 범위**에서 사업장별로 납세지 관할지방국세청장의 승인을 받아 내용연수범위와 달리 내용연수를 적용하거나 적용하던 내용연수를 변경할 수 있다(법인세법 시행령 29 ①).

① 사업장의 특성으로 자산의 부식·마모 및 훼손의 정도가 현저한 경우
② 영업개시 후 3년이 경과한 법인이 다음 중 하나를 선택하여 산정한 당해 사업연도의 생산설비(건축물 제외) 가동률이 직전 3개 사업연도의 평균가동률보다 현저히 증가한 경우

i) 생산량 기준 : $\dfrac{\text{당해 사업연도 실제 생산량}}{\text{연간 생산 가능량}} \times 100$

ii) 작업시간 기준 : $\dfrac{\text{연간 작업시간}}{\text{연간 작업가능시간}} \times 100$

③ 새로운 생산기술 및 신제품의 개발·보급 등으로 기존 생산설비의 가속상각이 필요한 경우

④ 경제적 여건의 변동으로 조업을 중단하거나 생산설비의 가동률이 감소한 경우

⑤ 일반 감가상각자산(시험연구용자산 및 무형자산 제외)에 대하여 K-IFRS를 최초로 적용하는 사업연도에 결산내용연수를 변경한 경우(결산내용연수가 연장된 경우 내용연수를 연장하고 결산내용연수가 단축된 경우 내용연수를 단축하는 경우만 해당하되 내용연수를 단축하는 경우에는 결산내용연수보다 짧은 내용연수로 변경할 수 없음)

⑥ 일반 감가상각자산(시험연구용자산 및 무형자산 제외)에 대한 기준내용연수가 변경된 경우. 다만, 내용연수를 단축하는 경우로서 결산내용연수가 변경된 기준내용연수의 25%를 가감한 범위 내에 포함되는 경우에는 결산내용연수보다 짧은 내용연수로 변경할 수 없음.

법인이 특례내용연수의 승인 또는 변경승인을 얻고자 할 때에는 다음 중 어느 하나의 정하는 날부터 3개월 또는 그 변경할 내용연수를 적용하고자 하는 최초 사업연도의 종료일까지 내용연수승인(변경승인)신청서를 납세지 관할세무서장을 거쳐 관할지방국세청장에게 제출하여야 한다. 이 경우 내용연수의 승인·변경승인의 신청은 연단위로 하여야 한다(법인세법 시행령 29 ②).

| 구 분 | 정하는 날 |
|---|---|
| ① 신설법인과 새로 수익사업을 개시한 비영리법인 | 영업개시일 |
| ② ①외의 법인이 위의 구분에 따른 감가상각자산을 새로 취득한 경우 | 취득일 |

내용연수승인(변경승인)신청서를 접수한 납세지 관할세무서장은 신청서의 접수일이 속하는 사업연도 종료일부터 1개월 이내에 관할지방국세청장으로부터 통보받은 승인 여부에 관한 사항을 통지하여야 한다. 또한 감가상각자산의 내용연수를 변경(재변경을 포함)한 법인이 당해 자산의 내용연수를 다시 변경하고자 하는 경우에는 변경한 내용연수를 최초로 적용한 사업연도 종료일부터 3년이 경과하여야 한다(법인세법 시행령 29 ③. ⑤).

## (3) 중고자산에 대한 수정내용연수

법인이 해당 내국법인에게 적용되는 **기준내용연수의 100분의 50 이상이 경과된 중고자산**을 다른 **법인 또는 개인사업자로부터 취득**(합병·분할에 의하여 자산을 승계한 경우를

포함)한 경우에는 ① 그 자산의 기준내용연수의 100분의 50에 상당하는 연수와 ② 기준내용연수의 범위에서 선택하여 납세지 관할세무서장에게 신고한 연수(수정내용연수)를 내용연수로 할 수 있다. **이 경우 수정내용연수를 계산할 때 1년 미만은 없는 것으로 한다**(법인세법 시행령 29의2 ①).

수정내용연수는 내국법인이 다음에 규정하는 기한 내에 내용연수변경신고서를 제출한 경우에 한하여 적용한다(법인세법 시행령 29의2 ⑤).
　① 중고자산 : 그 취득일이 속하는 사업연도의 법인세 과세표준 신고기한
　② 합병·분할로 승계한 자산 : 합병·분할등기일이 속하는 사업연도의 법인세 과세표준 신고기한

● 예제 6-4 수정내용연수 ●

㈜경희(1.1.~12.31.)는 제8기에 다음과 같이 감가상각을 하였다. 이에 관한 세무조정을 행하시오.

| 구 분 | 취득일자 | 취득가액 | 감가상각비 계상액 | 비 고 |
|---|---|---|---|---|
| 기계 A | 7.9. | 40,000,000원 | 8,000,000원 | 신규자산 취득 |
| 기계 B | 7.24. | 40,000,000원 | 10,000,000원 | ㈜A가 5년 2개월 사용한 중고자산을 취득 |
| 기계 C | 10.7. | 60,000,000원 | 6,000,000원 | ㈜B가 3년 8개월 사용한 중고자산을 취득 |

1. ㈜경희는 세부담 최소화를 위해 자산의 감가상각 시 짧은 내용연수를 선호한다.

2. ㈜경희의 기계장치의 기준내용연수의 8년이고, 신고내용연수는 7년이다. 상각방법은 신고하지 않았다.

3. 정률법 상각률
 • 4년 : 0.528  • 5년 : 0.451  • 6년 : 0.394  • 7년 : 0.349  • 8년 : 0.313

[풀이]

1. 기계 A (신고내용연수)
 • B : 8,000,000원
 • T : 40,000,000원 × 0.349 × 6/12 = 6,980,000원
 • D : 1,020,000원 손금불산입 (유보)

2. 기계 B (수정내용연수)
 • B : 10,000,000원
 • T : 40,000,000원 × 0.528 × 6/12 = 10,560,000원
 • D : △560,000원 → 세무조정 없음

3. 기계 C (신고내용연수)
 • B : 6,000,000원
 • T : 60,000,000원 × 0.349 × 3/12 = 5,235,000원
 • D : 765,000원 손금불산입 (유보)

법인이 손금에 산입하지 않은 상각부인액은 그 후의 사업연도에 해당 법인이 손비로 계상한 감가상각비가 상각범위액에 미달하는 경우에 그 **시인부족액을 한도로 손금에 산입**한다. 이 경우 법인이 감가상각비를 손비로 계상하지 않은 경우에도 상각범위액을 한도로 그 상각부인액을 손금에 산입한다(법인세법 시행령 32 ①).

## 01 감가상각자산을 양도한 경우

감가상각자산을 양도한 경우 당해 자산의 상각부인액은 **양도일이 속하는 사업연도의 손금**에 이를 산입한다(법인세법 시행령 32 ⑤). 감가상각자산의 일부를 양도한 경우 당해 양도자산에 대한 감가상각누계액 및 상각부인액 또는 시인부족액은 당해 감가상각자산 전체의 감가상각누계액 및 상각부인액 또는 시인부족액에 양도부분의 가액이 당해 감가상각자산의 전체 가액에서 차지하는 비율을 곱하여 계산한 금액으로 한다. 이 경우 그 가액은 취득당시의 장부가액에 의한다(법인세법 시행령 32 ⑥).

$$일부\ 양도부분의\ 시부인액 = 상각자산\ 전체의\ 시부인액 \times \frac{양도부분의\ 가액\ (취득당시의\ 장부가액)}{해당\ 감가상각자산의\ 전체가액\ (취득당시의\ 장부가액)}$$

## 02 감가상각자산을 평가증한 경우

법인이 감가상각자산의 장부가액을 증액한 경우 해당 감가상각자산의 상각부인액은 **평가증의 한도까지 익금에 산입된 것으로 보아 손금에 산입하고, 평가증의 한도를 초과하는 금액은 이를 그 후의 사업연도에 이월할 상각부인액으로 한다.** 이 경우 시인부족액은 소멸하는 것으로 한다. 법인이 감가상각자산에 대하여 감가상각과 평가증을 병행한 경우에는 먼저 감가상각을 한 후 평가증을 한 것으로 보아 상각범위액을 계산한다(법인세법 시행령 32 ③, ④).

내국법인이 이 법과 다른 법률에 따라 **법인세를 면제받거나 감면받은 경우**에는 해당 사업연도의 소득금액을 계산할 때 개별 자산에 대한 **상각범위액만큼 감가상각비를 손금에 산입하여야** 한다. 다만, K-IFRS을 적용하는 법인은 개별 자산에 대한 감가상각비를 추가로 손금에 산입할 수 있다(법인세법 23 ③, 법인세법 시행령 30 ①).

감가상각의 의제가 적용되는 경우 감가상각의제액이 발생하는 사업연도에 감가상각비를 손금에 산입해야 하며, 그 의제상각액은 차기 이후에는 감가상각비로 손금에 산입할 수 없다. 즉, 법인은 그 이후 사업연도의 상각범위액 계산 시 기초가액에서 의제상각액을 공제한 잔액을 기초가액으로 하여 상각범위액을 계산하게 되므로, 의제상각액은 해당 자산의 양도일이 속하는 사업연도에 손금으로 추인할 수 없다.

한편 추계결정 또는 경정을 하는 경우에는 감가상각자산에 대한 감가상각비를 손금에 산입한 것으로 본다(법인세법 시행령 30 ②).

법인세가 면제되거나 감면되는 법인에게 임의상각제도가 허용된다면 법인세가 면제 또는 감면되는 기간 중에 감가상각비를 계상하지 않고 면제 또는 감면기간이 종료되어 법인세가 과세될 때 감가상각비를 손금산입하려고 하는 유인이 발생할 것이다. 그렇게 되면 해당 법인에게 과세소득의 임의조정을 허용하여 이중으로 조세혜택을 부여하는 결과가 되므로 이를 규제하기 위하여 감가상각의 의제규정을 두어 강제상각을 적용하고 있다.

* 감가상각의제 대상 법인의 범위(법인세법 기본통칙 23-30…1).
  감가상각의제 대상으로 '법인세가 면제되거나 감면되는 사업을 영위하는 법인'이란 특정사업에서 생긴 소득에 대하여 법인세(토지 등 양도소득에 대한 법인세 제외)를 면제 또는 감면(소득공제 포함)받은 법인을 말하며, 감가상각의 의제규정 적용대상 여부를 예시하면 다음과 같다.

| 감가상각의제규정 적용 대상법인 | 감가상각의제규정 적용 제외법인 |
|---|---|
| • 농업회사법인에 대한 법인세 면제 등<br>• 창업중소기업 등에 대한 세액감면<br>• 중소기업에 대한 특별세액감면<br>• 수도권 밖으로 공장을 이전하는 기업에 대한 세액감면<br>• 산림개발소득에 대한 세액감면<br>• 외국인투자기업에 대한 세액감면 | • 기술이전 및 기술취득 등에 대한 과세특례<br>• 해외자원개발투자 배당소득에 대한 법인세의 면제 |

다음은 제조업을 영위하는 영리내국법인 ㈜경희의 제8기(1.1.~12.31.) 감가상각과 관련된 자료이다. 관련된 세무조정과 소득처분으로 옳은 것은? (단, 전기 이전의 모든 세무조정은 적정하였으며, 주어진 자료 이외에는 고려하지 않는다.)

2019 CTA 1차 수정

(1) 기계장치 취득가액 : 50,000,000원
(2) 기계장치 취득일 : 20×1.1.1.
(3) 감가상각방법 및 상각률 : 정률법(상각률 : 0.45)
(4) 감가상각비 장부상 계상금액
- 6기(20×1) : 25,000,000원
- 7기(20×2) : 9,000,000원
- 8기(20×3) : 6,500,000원

① 세무조정없음
② 손금산입 700,000원(△유보)
③ 손금불산입 700,000원(유보)
④ 손금산입 2,500,000원(△유보)
⑤ 손금불산입 2,500,000원(유보)

[풀이] ①

|  | 6기 | 7기 | 8기 |
|---|---|---|---|
| 회사계상액 | 25,000,000 | 9,000,000 | 6,500,000 |
| 세무상 상각범위액 | 22,500,000 | 12,375,000 | 7,200,000 |
| 차이금액 | 2,500,000 | △3,375,000 | △700,000 |
| 세무조정&소득처분 | 손금불산입 2,500,000 유보 | 손금산입 2,500,000(△유보) | – |

다음은 제조업을 영위하는 ㈜경희의 20×5년도(1.1.~12.31.) 재무상태표의 일부이다.

2003 CPA 1차 수정

| 기계장치 | 60,000,000 | |
| 감가상각누계액 | (20,000,000) | 40,000,000 |

㈜경희는 20×5년도에 기계장치와 관련된 감가상각비 8,000,000원을 계상하였다. 또한, ㈜경희는 20×4년과 20×5년 중에 기계장치에 대한 자본적 지출액 5,000,000원과 6,000,000원이 각각 발생하였으며 이를 각 사업연도의 수선비로 기록하였다. 기계장치와 관련된 전기의 세무조정은 적절하게 이루어졌으며, 전기말의 상각부인액 잔액은 2,000,000원이다. 감가상각비를 제외한 세무조정을 한 후의 20×5년도 각 사업연도 소득금액은 200,000,000원이다. ㈜경희가 정률법으로 신고한 경우와 정액법으로 신고한 경우에 20×5년도 각 사업연도 소득금액의 차이는 얼마인가? (정률법 상각률 : 0.259, 정액법 상각률 : 0.1)

① 6,396,000원       ② 6,900,000원
③ 7,404,000원       ④ 7,904,000원
⑤ 8,699,000원

[풀이] ④
  1) 정률법으로 신고한 경우
   B : 8,000,000 + 6,000,000 = 14,000,000원
   T : (40,000,000 + 8,000,000 + 6,000,000 + 2,000,000) × 0.259 = 14,504,000원
   D : △ 504,000원 ⇨ 손금산입 504,000원 유보추인 / 각사소 (-)504,000원 반영
  2) 정액법으로 신고한 경우
   B : 8,000,000 + 6,000,000 = 14,000,000원
   T : (60,000,000 + 6,000,000) × 0.1 = 6,600,000원
   D : 7,400,000원 ⇨ 손금불산입 유보 / 각사소 + 7,400,000원 반영

  1)과 2)의 차이는 7,400,000 - (-504,000) = 7,904,000원

제 **7** 장

# 충당금과 준비금

법인은 임원 또는 직원이 퇴직하는 경우 근로자퇴직급여보장법 또는 법인의 퇴직급여지급규정 등에 따라 퇴직하는 임원 또는 직원에게 퇴직급여를 지급하여야 한다. 이에 따라 법인이 임원 또는 직원의 퇴직급여를 지급하기 위하여 보험료·부금 또는 부담금(이하 '퇴직부담금 등')을 납입하고 손금으로 계상한 경우에는 일정 금액 범위 내에서 손금에 산입할 수 있다(법인세법 시행령 44의2 ①).

여기서 '퇴직부담금 등'이란 법인이 임원 또는 직원의 퇴직을 퇴직급여의 지급사유로 하고 임원 또는 직원을 수급자로 하는 연금으로서 다음 어느 하나에 해당하는 기관이 취급하는 퇴직연금을 말한다(법인세법 시행령 44의2 ②, 법인세법 시행규칙 23).

① 「보험업법」에 따른 보험회사
② 「자본시장과 금융투자업에 관한 법률」에 따른 신탁업자·집합투자업자·투자매매업자 또는 투자중개업자
③ 「은행법」에 따른 은행
④ 「산업재해보상보험법」에 따른 근로복지공단

\* 세법에서는 퇴직급여충당금을 사내에 100% 설정하더라도 기업의 도산 등의 사유가 발생한 경우에는 임직원의 퇴직급여가 전액 보호될 수 없기 때문에 2016년 1월 1일 이후 개시하는 사업연도부터는 퇴직급여충당금 설정에 따른 손금산입이 허용되지 아니하며, 퇴직연금 등으로 사외에 적립한 경우에만 퇴직급여추계액을 한도로 손금으로 인정하고 있다.

## 01 퇴직연금

퇴직연금제도라 함은, 퇴직시 일시금으로 받는 퇴직급여 대신에 사용자로 하여금 매월 또는 매년 일정금액을 사외의 금융기관에 적립·운용(확정기여형은 근로자가 운용)하도록 하고, 근로자는 퇴직 후 매월 또는 매년 연금으로 받을 수 있도록 하는 것이다. 다만, 근로자가 희망하는 경우에는 일시금으로 수령할 수도 있다.

퇴직연금의 유형은 확정급여형 퇴직연금과 확정기여형 퇴직연금으로 구분된다. 확정기

여형 퇴직연금이란 사용자의 부담금이 사전에 확정되고 근로자의 연금급여는 적립금 운용 결과에 따라 변동하는 형태이며, 확정급여형 퇴직연금이란 근로자의 연금급여가 사전에 확정되고 사용자의 적립부담은 적립금 운용 결과에 따라 변동하는 형태를 말한다.

## (1) 확정기여형 퇴직연금(Defined Contribution : DC)

법인이 확정기여형 퇴직연금 등의 부담금으로 지출하는 금액은 당해 사업연도의 소득금액 계산 시 **전액 손금에 산입한다**(법인세법 시행령 44의2 ②). 확정기여형 퇴직연금은 법인이 부담금(연간 임금총액의 1/12 이상)을 납입함으로써 이에 상당하는 법인의 퇴직급여 지급 의무가 소멸하게 되어 실제 퇴직급여를 지급하는 것과 동일한 효과를 가져오므로 손금산입 한도에 제한을 두지 않고 그 부담금 전액을 법인의 손금으로 인정한다. 기업회계기준에서도 법인이 퇴직연금 부담금을 지출한 경우 당기비용(퇴직급여)으로 인식하도록 규정하고 있으므로, 기업회계기준에 따라 회계처리 할 경우 별도의 세무조정은 발생하지 않는다.

| 구 분 | 기업회계 | | 법인세법 | |
|---|---|---|---|---|
| ① 납입시 | (차) 퇴직급여(비용) | 10,000,000 | (차) 퇴직급여(손금) | 10,000,000 |
| | (대) 현금 등 | 10,000,000 | (대) 현금 등 | 10,000,000 |
| ② 퇴직시 | – | | – | |

다만, 임원에 대한 부담금은 법인이 퇴직 시까지 부담한 부담금의 합계액은 퇴직급여로 보아 임원의 퇴직급여 손금산입 한도규정을 적용하되, 손금산입한도 초과금액이 있는 경우에는 퇴직일이 속하는 사업연도의 부담금 중 손금산입 한도 초과금액 상당액을 손금에 산입하지 아니하고, 손금산입 한도 초과금액이 퇴직일이 속하는 사업연도의 부담금을 초과하는 경우 그 초과금액은 퇴직일이 속하는 사업연도의 익금에 산입한다(법인세법 시행령 44의2 ③).

| 임원에 대한 확정기여형 퇴직연금 세무조정 |

| 구 분 | 1기 | 2기 | 3기(퇴직일) | 합 계 |
|---|---|---|---|---|
| 회사 납입액 | 200만원 | 200만원 | 200만원 | 600만원 |
| 세법상 임원 퇴직금 한도 | 100만원 | 100만원 | 100만원 | 300만원 |
| 세무조정 | 없음 | 없음 | 손금불산입 200만원 (상여) 익금산입 100만원 (상여) | 300만원 한도초과 |

- 임원에 대한 확정기여형 퇴직연금은 비록 납입 당시에 임원퇴직급여 지급기준이 정당하지 않더라도 납입일이 속하는 사업연도에 손금산입 후 퇴직하는 사업연도에 한도초과액을 손금불산입하여야 함(대법원 2016두48256, 2019.10.18.).

- 내국법인이 임원의 퇴직을 퇴직급여의 지급사유로 하고 확정기여형 퇴직연금의 부담금을 당해 사업연도 종료일 현재 정관상 산정되는 퇴직급여를 초과하여 선불입하는 경우 미리 불입한 부담금은 납입한 사업연도의 손금에 산입한 후 퇴직시점에 퇴직급여 한도초과액을 손금불산입함(서면 – 2020 – 법령해석법인 – 5074, 2020.12.18.).

## (2) 확정급여형 퇴직연금(Defined Benefit: DB)

법인은 근로자가 퇴직할 경우 적립금 운용결과와 관계없이 사전에 정해진 퇴직금(계속근로기간 1년에 30일분의 평균임금 이상)을 지급할 의무가 있고, 납입하는 부담금은 고정되어 있지 않다. 임원 또는 직원의 퇴직급여를 지급하기 위하여 지출하는 퇴직부담금 중 확정기여형 퇴직연금을 제외한 퇴직부담금은 **일정한 범위에서 손금산입이 가능하다**. 그리고 기업회계기준에서는 확정급여형 퇴직연금 부담금을 비용으로 인정하고 있지 않으므로 기업회계상 **신고조정이 원칙**이다. 그러나 법인세법은 결산조정과 신고조정 모두를 인정하여 각 사업연도 소득금액 계산 시 손금에 산입하도록 규정하고 있다.

### 1) 신고조정하는 경우(장부상 퇴직연금충당금을 설정하지 않은 경우)

| | | 장부상 회계처리 | | 세법상 회계처리 | | 세무조정 |
|---|---|---|---|---|---|---|
| ① 부담금 납입시 | (차) 퇴직연금운용자산 | 1,500 | (차) 퇴직연금운용자산 | 1,500 | | – |
| | (대) 현금 | 1,500 | (대) 현금 | 1,500 | | |
| 결산시 | – | | (차) 연금급여(손금) | 1,500 | | 손금산입 퇴직연금충당금 1,500 △유보 |
| | | | (대) 퇴직연금충당금 | 1,500 | | |
| ② 퇴직급여 지급시 | (차) 퇴직급여충당금 | 300 | (차) 퇴직급여충당금 | 200 | | 손금산입 퇴직급여충당금 100 △유보 |
| | (대) 현금 | 200 | **퇴직연금충당금** | 100 | | |
| | 퇴직연금운용자산 | 100 | (대) 현금 | 200 | | 손금불산입 퇴직연금충당금 100 유보 |
| | | | 퇴직연금운용자산 | 100 | | |

## 2) 결산조정하는 경우(장부상 퇴직연금충당금을 설정한 경우)

| | | 장부상 회계처리 | | | 세법상 회계처리 | | 세무조정 |
|---|---|---|---|---|---|---|---|
| ① 부담금 납입시 | (차) 퇴직연금운용자산 | 1,500 | | (차) 퇴직연금운용자산 | 1,500 | | – |
| | (대) 현금 | 1,500 | | (대) 현금 | 1,500 | | |
| 결산시 | (차) 연금급여(비용) | 1,500 | | (차) 연금급여(손금) | 1,500 | | – |
| | (대) 퇴직연금충당금 | 1,500 | | (대) 퇴직연금충당금 | 1,500 | | |
| ② 퇴직급여 지급시 | (차) 퇴직급여충당금 | 200 | | (차) 퇴직급여충당금 | 200 | | – |
| | 퇴직연금충당금 | 100 | | 퇴직연금충당금 | 100 | | |
| | (대) 현금 | 200 | | (대) 현금 | 200 | | |
| | 퇴직연금운용자산 | 100 | | 퇴직연금운용자산 | 100 | | |

\* 퇴직급여 지급방법에 따른 비교

| 구 분 | 퇴직연금 외 | 퇴직연금 | |
|---|---|---|---|
| | | 확정급여형 | 확정기여형 |
| 사내적립 | 결산 시 퇴직급여충당금 설정 (2016.1.1. 이후 손금산입 허용되지 않음) | – | – |
| 사외적립 | – | 부분 사외적립 (세법상 퇴직연금충당금 설정) | 전액 사외적립 (회사부담금 전액 손금인정) |

## 02 퇴직부담금의 세무조정

### (1) 퇴직급여충당금 설정에 대한 세무조정

법인이 각 사업연도의 결산을 확정할 때 임원이나 직원의 퇴직급여에 충당하기 위하여 퇴직급여충당금을 손비로 계상한 경우에는 세법상 퇴직급여충당금 손금산입 한도액의 범위에서 그 계상한 퇴직급여충당금을 해당 사업연도의 소득금액을 계산할 때 손금에 산입한다(법인세법 33 ①).

```
회사설정액 – 세법상한도액   = (+) 한도초과액    손금불산입(유보)
                          = (–) 한도미달액    세무조정없음 ⇨ 결산조정사항
```

세법상 퇴직급여충당금 손금산입한도액 = Min(①, ②) = 0원

① 해당 사업연도에 지급한 총급여액의 5%
② 퇴직급여추계액* × 0% + 퇴직금전환금 기말잔액* - 당기 설정전 세법상 퇴직급여충당금 잔액*

  * 퇴직급여추계액 = Max[①, ②] (확정기여형 퇴직연금설정자 및 손금에 산입하지 않는 퇴직급여 제외)
    ① 일시퇴직기준 추계액 : 해당 사업연도 종료일 현재 재직하는 임원 또는 직원의 전원이 퇴직할 경우에 퇴직급여로 지급되어야 할 금액의 추계액
    ② 보험수리기준 추계액 : ㉠+㉡
      ㉠ 매 사업연도 말일 현재를 기준으로 산정한 확정급여형 퇴직연금제도 가입자의 예상 퇴직시점까지의 가입기간에 대한 급여에 드는 비용 예상액의 현재가치에서 장래 근무기간분에 대하여 발생하는 부담금 수입 예상액의 현재가치를 뺀 금액으로서, 고용노동부령으로 정하는 방법에 따라 산정한 금액
      ㉡ 확정급여형퇴직연금제도에 가입하지 아니한 사람 전원이 퇴직할 경우에 퇴직급여로 지급되어야 할 금액의 추계액과 확정급여형퇴직연금제도에 가입한 사람으로서 그 재직기간 중 가입하지 아니한 기간이 있는 사람 전원이 퇴직할 경우에 그 가입하지 아니한 기간에 대하여 퇴직급여로 지급되어야 할 금액의 추계액을 더한 금액
  * 퇴직금전환금 기말잔액 : 1999.3.31. 이전에 국민연금법에 의하여 납부하고 기말 재무상태표에 계상된 퇴직전환금의 잔액
  * 당기 설정전 세법상 퇴직급여충당금 잔액 : 전기말 B/S상 충당금 잔액 - 충당금 부인 누계액(기초 전기이월 부인액) - 기중 충당금 감소액(기중 환입액 + 기중 퇴직급여 지급액)
  * 위 산식에서 ②의 금액이 음수(-)더라도 영(0)으로 한다.

세법상 퇴직급여충당금 손금산입 한도초과액으로 전기부인액이 있는 경우에는 사용인이 실제 퇴직함에 따라 지급하는 퇴직급여가 세법상 손금산입한 퇴직급여충당금을 초과하는 범위 내에서 전기부인액(유보)을 손금(△유보)으로 추인한다(법인세법 기본통칙 33-60…5).

〈사례〉 퇴직급여충당금 세무조정
㈜경희의 제7기 사업연도의 퇴직급여충당금 내역

| 기초잔액 | 당기지급 | 당기설정 | 기말잔액 |
| --- | --- | --- | --- |
| 250,000,000 | 200,000,000 | 170,000,000 | 220,000,000 |

1. 기초잔액 중 한도초과로 부인된 금액은 150,000,000원이다.
2. 당기지급액은 직원의 현실적 퇴직으로 지급한 200,000,000원이다.
3. 세법상 퇴직급여충당금 손금산입한도액은 0원이다.

세무조정
• 손금산입 퇴직급여충당금 100,000,000원 (△유보) → 전기부인액 추인
• 손금불산입 퇴직급여충당금 170,000,000 (유보) → 당기 한도초과액
• 자본금과 적립금 조정명세서(을)표상의 유보잔액 : 150,000,000원-100,000,000원 + 170,000,000원 = 220,000,000원

## (2) 퇴직연금충당금 설정에 대한 세무조정

퇴직부담금을 납입한 법인이 각 사업연도의 결산을 확정할 때 그 부담금에 대해 퇴직연금충당금을 손비로 계상한 경우에는 세법상 퇴직연금충당금 손금산입 한도액의 범위에서 인정하고, 법인이 이를 결산서에 손비로 계상하지 않은 경우에도 세법상 손금산입 한도액만큼 신고조정으로 손금산입한다(신고조정사항).

| | | |
|---|---|---|
| 회사설정액 − 세법상한도액 | = (+) 한도초과액 | 손금불산입(유보) |
| | = (−) 한도미달액 | 손금산입(△유보) ⇨ 신고조정사항 |

---

**세법상 퇴직연금충당금 손금산입한도액 = Min(①, ②) − 세법상 퇴직연금충당금 잔액**

① 퇴직급여추계액* − 세법상 퇴직급여충당금 기말 잔액*
② 퇴직연금운용자산 기말잔액

* 퇴직급여추계액 = Max[①, ②] (확정기여형 퇴직연금설정자 및 손금에 산입하지 않는 퇴직급여 제외)
  ① 일시퇴직기준 추계액 : 해당 사업연도 종료일 현재 재직하는 임원 또는 직원의 전원이 퇴직할 경우에 퇴직급여로 지급되어야 할 금액의 추계액
  ② 보험수리기준 추계액 : ㉠ + ㉡
    ㉠ 매 사업연도 말일 현재를 기준으로 산정한 확정급여형 퇴직연금제도 가입자의 예상 퇴직시점까지의 가입기간에 대한 급여에 드는 비용 예상액의 현재가치에서 장래 근무기간분에 대하여 발생하는 부담금 수입 예상액의 현재가치를 뺀 금액으로서, 고용노동부령으로 정하는 방법에 따라 산정한 금액
    ㉡ 확정급여형퇴직연금제도에 가입하지 아니한 사람 전원이 퇴직할 경우에 퇴직급여로 지급되어야 할 금액의 추계액과 확정급여형퇴직연금제도에 가입한 사람으로서 그 재직기간 중 가입하지 아니한 기간이 있는 사람 전원이 퇴직할 경우에 그 가입하지 아니한 기간에 대하여 퇴직급여로 지급되어야 할 금액의 추계액을 더한 금액
* 세법상 퇴직급여충당금 기말 잔액 : 2015년 이전 사업연도에 설정한 퇴직급여충당금 중 퇴직급여 지급액과 상계되고 남은 미상계 잔액
* 세법상 퇴직연금충당금 잔액 : 전기말까지 설정된 세법상 퇴직연금충당금 중에서 당기에 감소되고 남은 금액 (재무상태표상 기초 퇴직연금충당금 + 퇴직연금충당금 당기 감소액) ± 퇴직연금충당금 관련 유보·△유보 누계액

---

# 03 퇴직급여 지급순서

퇴직부담금을 손금에 산입한 법인이 임원이나 직원에게 퇴직금을 지급하는 경우에는 다음의 순서에 따라 지급한 것으로 본다(법인세법 기본통칙 26-44의2…2).

| 퇴직금 | ① 퇴직으로 인하여 보험회사 등으로부터 수령한 퇴직보험금, 퇴직일시금신탁, 퇴직연금<br>• **퇴직연금충당금과 상계**<br>• 신고조정에 의해 퇴직부담금을 손금산입하는 경우에는 해당 퇴직일시금 상당액을 퇴직급여로 계상한 후 그 금액을 손금불산입한다. |
|---|---|
| | ② **퇴직급여충당금과 상계** |
| | ③ **퇴직급여로 손금산입** |

### 예제 7-1 퇴직부담금의 세무조정

다음은 ㈜경희의 제17기 사업연도(1.1.~12.31.) 퇴직급여 관한 자료이다. 제17기 사업연도의 세무조정을 행할 경우 각 사업연도 소득금액에 미치는 순 영향은 얼마인지 계산하시오. (단, 전기까지 세무조정은 적법하게 이루어졌다.)

1. ㈜경희의 제17기 사업연도 퇴직연금운용자산, 퇴직연금충당금 및 퇴직급여충당금에 대한 내용은 다음과 같다.

| 계정과목 | 전기이월 | 당기감소 | 당기증가 | 기말잔액 |
|---|---|---|---|---|
| 퇴직연금운용자산 | 830,000,000 | 7,000,000 | 30,000,000 | 853,000,000 |
| 퇴직연금충당금 | – | – | – | – |
| 퇴직급여충당금 | 641,000,000 | 20,000,000 | 19,000,000 | 640,000,000 |

2. 전기이월 퇴직급여충당금 중 손금불산입된 금액이 626,000,000원이 있고, 전기이월 퇴직연금충당금 손금산입된 금액은 830,000,000원이 있다.

3. 퇴직급여충당금 감소액은 전액 직원의 현실적 퇴직으로 지급한 퇴직금과 상계한 것이다. 퇴직금 중 퇴직연금운용자산에서 지급한 금액 7,000,000원 외의 13,000,000원은 ㈜경희가 현금으로 지급하였다.

4. 기말 퇴직급여추계액은 일시퇴직기준 870,000,000원, 보험수리기준 880,000,000원이며, 해당 사업연도에 임직원에게 지급한 총급여액은 5억원이다. 또한 제17기 퇴직금전환금 기말잔액은 6,000,000원이다.

[풀이] △15,000,000원

## 1. 퇴직급여충당금

| 구 분 | 기초잔액 | 당기지급 | 당기설정 | 기말잔액 |
|---|---|---|---|---|
| 회사 계상액 | 641,000,000 | 20,000,000 | 19,000,000 | 640,000,000 |
| 세법상 금액 | 15,000,000 | 13,000,000 | 4,000,000[*2] | 6,000,000 |
| 세무조정 | – | 7,000,000[*1]<br>손금산입(△유보) | 15,000,000<br>손금불산입(유보) | – |

*1. 세법상 퇴직급여충당금 손금산입 한도초과액으로 전기부인액(626,000,000)이 있는 경우에는 사용인이 실제 퇴직함에 따라 지급하는 퇴직급여(13,000,000)가 세법상 손금산입한 퇴직급여충당금(15,000,000 = 641,000,000 – 626,000,000)을 초과하는 범위(없음) 내에서 전기부인액을 손금으로 추인한다(법인세법 기본통칙 33-60…5). → 전기 부인액에서 추인되는 조정은 없음.

다만, 전체 퇴직금 20,000,000원 중 7,000,000원은 퇴직연금운용자산에서 지급하였기에 그 외의 방법으로 지급한 13,000,000원만 퇴직급여충당금과 상계해야 한다. 그런데 전체 20,000,000원에 대해 퇴직급여충당금과 과다상계하였으므로 이에 대한 조정을 해야 한다.

*2. 세법상 퇴직급여충당금 손금산입한도 = Min(①, ②) = 4,000,000

① 500,000,000 × 5% = 25,000,000

② Max(870,000,000, 880,000,000) × 0% + 6,000,000 – (15,000,000 – 13,000,000) = 4,000,000

## 2. 퇴직연금충당금

| 구 분 | 기초잔액 | 당기지급 | 당기설정 | 기말잔액 |
|---|---|---|---|---|
| 회사 계상액 | – | – | – | – |
| 세법상 금액 | 830,000,000 | 7,000,000 | 30,000,000[*1] | |
| 세무조정 | | 7,000,000<br>손금불산입(유보) | 30,000,000<br>손금산입(△유보) | |

*1. 세법상 퇴직연금충당금 손금산입한도액 = Min(①, ②) – (830,000,000 – 7,000,000)

= 30,000,000

① Max(870,000,000, 880,000,000) – 6,000,000 = 874,000,000

② 853,000,000

기업회계기준에서는 법인이 보유하고 있는 채권 중 채무자의 파산 등으로 회수할 수 없는 채권의 금액은 사업연도의 소득금액을 계산할 때 **대손금**으로 손금에 산입한다. 또한 실제 회수불능채권으로 확정된 것은 아니지만 미래에 발생할 대손에 대비하여 회수불능추정액을 당기비용으로 인식함과 동시에 동 채권의 차감계정으로 **대손충당금**을 설정함으로써 채권의 순실현가치를 재무제표에 표시할 수 있다.

법인세법은 이러한 기업회계기준을 존중하면서 동시에 대손금 및 대손충당금 설정의 사의성을 배제하기 위하여 대손요건, 대손시기, 대손가능채권 범위 등에 대해 시행령에 규정하여 요건 등을 충족하는 경우에 한하여 손금에 산입하도록 하고 있다.

 대손금

법인의 영업활동에서 발생하는 외상매출금, 미수금, 대여금 등의 채권 중에서 회수불가능한 채권의 금액 즉, 대손금은 법인세법에 규정된 대손요건 등을 모두 충족한 경우 결산조정 또는 신고조정에 의해 손금에 산입한다. 이미 손금에 산입한 대손충당금이 있는 경우에는 대손충당금과 우선 상계 후 나머지 금액에 대해 손금으로 계상한다.

## (1) 대손금의 범위

### 1) 신고조정사항

다음 중 어느 하나에 해당하는 채권의 금액은 **해당 사유가 발생한 날**이 속하는 사업연도의 소득금액을 계산할 때 손금에 산입한다(법인세법 시행령 19의2 ③ (1)). 즉 소멸시효가 완성된 채권 등의 경우에는 신고조정에 의하여 손금에 산입할 수 있다. 이러한 신고조정사항에 해당하는 대손금을 해당 사업연도의 손금에 산입하지 아니한 때에는 경정을 통하여 손금에 산입한다.

| 구 분 | 구체적인 대손사유 |
|---|---|
| 소멸시효가 완성된 채권 | ① 「상법」에 따른 소멸시효가 완성된 외상매출금 및 미수금<br>② 「어음법」에 따른 소멸시효가 완성된 어음<br>③ 「수표법」에 따른 소멸시효가 완성된 수표<br>④ 「민법」에 따른 소멸시효가 완성된 대여금 및 선급금 |
| 법률에 따른 회수불능채권 | ⑤ 「채무자 회생 및 파산에 관한 법률」에 따른 회생계획인가의 결정 또는 법원의 면책결정에 따라 회수불능으로 확정된 채권<br>⑥ 「서민의 금융생활 지원에 관한 법률」에 따른 채무조정을 받아 신용회복지원협약에 따라 면책으로 확정된 채권<br>⑦ 「민사집행법」 제102조에 따라 채무자의 재산에 대한 경매가 취소된 압류채권 |

## 2) 결산조정사항

다음 중 어느 하나에 해당하는 채권의 금액은 **해당 사유가 발생하여 손비로 계상한 날이** 속하는 사업연도의 소득금액을 계산할 때 손금에 산입한다(법인세법 시행령 19의2 ③ (2)). 즉 이러한 대손금은 회사가 결산서에 비용으로 계상한 경우에만(결산조정) 손금에 산입할 수 있다.

그럼에도 불구하고 법인이 다른 법인과 합병하거나 분할하는 경우로서 결산조정사항에 해당하는 대손금을 합병등기일 또는 분할등기일이 속하는 사업연도까지 손비로 계상하지 아니한 경우 그 대손금은 해당 법인의 합병등기일 또는 분할등기일이 속하는 사업연도의 손비로 한다.

| 구 분 | 구체적인 대손사유 |
|---|---|
| ① 부도발생일부터 6개월 이상 지난 채권 | 부도발생일부터 6개월 이상 지난 수표 또는 어음상의 채권 및 외상매출금 (중소기업의 외상매출금으로서 부도발생일 이전의 것에 한정함). 다만, 해당 법인이 채무자의 재산에 대하여 저당권을 설정하고 있는 경우는 제외한다.<br>* 부도발생일은 소지하고 있는 부도수표나 부도어음의 지급기일(지급기일 전에 해당 수표나 어음을 제시하여 금융회사 등으로부터 부도확인을 받은 경우에는 그 부도확인일)로 한다.<br>* 대손금으로 손비에 계상할 수 있는 금액은 사업연도 종료일 현재 회수되지 아니한 해당 채권의 금액에서 1천원을 뺀 금액으로 한다. |
| ② 회수기일이 2년 이상 지난 중소기업의 외상매출금 등 | 중소기업의 외상매출금 및 미수금으로서 회수기일이 2년 이상 지난 외상매출금 등. 다만, 특수관계인과의 거래로 인하여 발생한 외상매출금 등은 제외함. |
| ③ 그 밖의 일정한 채무자에 대한 채권 | ① 물품의 수출 또는 외국에서의 용역제공으로 발생한 채권으로서 기획재정부령으로 정하는 사유에 해당하여 한국무역보험공사로부터 회수 |

| 구  분 | 구체적인 대손사유 |
|---|---|
| | 불능으로 확인된 채권 |
| | ② 채무자의 **파산, 강제집행,** 형의 집행, 사업의 폐지, 사망, 실종 또는 행방불명으로 회수할 수 없는 채권 |
| | ③ **재판상 화해 등** 확정판결과 같은 효력을 가지는 것으로서 ㉠「민사소송법」에 따른 화해, ㉡「민사소송법」에 따른 화해권고결정, ㉢「민사조정법」 제30조에 따른 조정을 갈음하는 결정, ㉣「민사조정법」에 따른 조정에 따라 회수불능으로 확정된 채권 |
| | ④ **회수기일이 6개월 이상 지난 채권 중 채권가액이 30만원 이하**(채무자별 채권가액의 합계액 기준)인 채권 |
| | ⑤ **금융회사 등의 채권**(신기술사업금융업자의 경우에는 신기술사업자에 대한 것에 한정함) 중 다음의 채권 |
| | ㉠ 금융감독원장이 기획재정부장관과 협의하여 정한 대손처리기준에 따라 금융회사 등이 금융감독원장으로부터 대손금으로 승인받은 것 |
| | ㉡ 금융감독원장이 위 ㉠의 기준에 해당한다고 인정하여 대손처리를 요구한 채권으로 금융회사 등이 대손금으로 계상한 것 |
| | ⑥ **벤처투자회사의 창업자에 대한 채권**으로서 중소벤처기업부장관이 기획재정부장관과 협의하여 정한 기준에 해당한다고 인정한 것 |

📈 **실무** ○

매출채권의 소멸시효가 완성된 경우 vs 회수기일 2년 경과한 중소기업의 외상매출금

중소기업이 보유하고 있는 매출채권이 「법인세법 시행령」 제19조의2 제1항 규정에 의하여 소멸시효가 완성된 사유로 회수할 수 없는 경우에는 소멸시효가 완성된 사업연도 이후 결산조정 요건을 충족하였다고 하더라도 소멸시효가 완성된 날이 속하는 사업연도의 손금에 산입하는 것임(서면 – 2020 – 법인 – 5988, 2021.1.29.).

→ 중소기업이 회수기일이 2년 경과한 외상매출금(소멸시효 미완성)을 보유한 경우 결산조정으로 손금산입이 가능하지만, 소멸시효 완성일 이후에는 해당 채권에 대한 손금산입이 불가하므로 경정청구를 통해 소멸시효 완성일이 속하는 사업연도의 손금으로 산입할 수 있다.

## (2) 대손대상 채권

법인세법은 다음의 대손불능채권을 제외하고는 대손요건을 충족하는 경우에는 별도의 제한없이 대손처리를 할 수 있도록 하였다. 대손불능채권은 대손금으로 손금산입할 수 없고, 대손충당금의 설정대상에서도 제외된다.

| 대손불능채권 | 회사가 대손처리한 경우 |
|---|---|
| ① 채무보증으로 인하여 발생한 **구상채권*** | 손금불산입(기타사외유출) |
| ② **특수관계인**에게 지급한 **업무무관가지급금*** | 손금불산입(배당·상여·기타사외유출) |
| ③ 대손세액공제를 받은 부가가치세 매출세액미수금 | 손금불산입(유보) |

* 위 ①, ②의 채권은 그 처분손실도 손금에 산입하지 않는다.
* 특수관계인에 대한 판단은 대여시점을 기준으로 한다(2021.1.1. 이후 대여하는 분부터 적용함).
* 다음의 법령에서 허용하는 일정한 채무보증으로 인하여 발생한 구상채권에 대해 대손금을 계상한 경우에는 손금에 산입한다
  ① 「독점규제 및 공정거래에 관한 법률」 제24조 각 호의 어느 하나에 해당하는 채무보증
    ㉠ 「조세특례제한법」에 따른 합리화기준에 따라 인수되는 회사의 채무와 관련된 채무보증
    ㉡ 기업의 국제경쟁력 강화를 위하여 필요한 경우 등 「독점규제 및 공정거래에 관한 법률 시행령」으로 정하는 경우에 대한 채무보증
  ② 법인세법 시행령 제61조 제2항 각 호의 어느 하나에 해당하는 금융회사 등이 행한 채무보증
  ③ 법률에 따라 신용보증사업을 영위하는 법인이 행한 채무보증
  ④ 대·중소기업 상생협력 촉진에 관한 법률에 따른 위탁기업이 수탁기업협의회의 구성원인 수탁기업에 대하여 행한 채무보증
  ⑤ 건설업 및 전기통신업을 영위하는 내국법인이 건설사업(미분양주택을 기초로 하는 유동화거래 포함)과 직접 관련하여 특수관계인에 해당하지 아니하는 자에 대한 채무보증. 다만, 다음의 어느 하나에 해당하는 자에 대한 채무보증은 특수관계인에 대한 채무보증을 포함함.
    ㉠ 사회기반시설에 대한 민간투자법 제2조 제7호에 따른 사업시행자
    ㉡ 국유재산법 제13조 제2항 제1호 또는 공유재산 및 물품 관리법 제7조 제2항 제1호에 따라 기부한 행정재산을 운영하는 내국법인
    ㉢ 법인세법 제51조의2 제1항 제1호·제2호·제4호·제6호에 해당하는 내국법인 또는 이와 유사한 투자회사로서 같은 항 제9호 각 목에 해당하는 요건을 갖춘 내국법인
  ⑥ 「해외자원개발 사업법」에 따른 해외자원개발사업자가 해외자원개발사업과 직접 관련하여 해외에서 설립된 법인에 대하여 행한 채무보증
  ⑦ 「해외건설 촉진법」에 따른 해외건설사업자가 해외자원개발을 위한 해외건설업과 직접 관련하여 해외에서 설립된 법인에 대해 행한 채무보증

## (3) 대손금의 회수

손금에 산입한 대손금 중 회수한 금액은 그 회수한 날이 속하는 사업연도의 소득금액을 계산할 때 **익금에 산입한다**(법인세법 19의2 ③).

• 예제 7-2 대손금의 세무조정 •

다음은 중소기업이 아닌 ㈜경희의 제19기(1.1.~12.31.) 대손금 관련 자료이다. 이에 관한 세무조정을 행하시오. 단, 전기까지 세무조정은 적법하게 이루어졌다.

1. ㈜경희가 다음의 회수할 수 없는 채권의 금액을 대손충당금과 상계한 명세는 다음과 같다.

| 구 분 | 금액(원) |
|---|---|
| ① 당기말 현재 부도발생일부터 8개월이 지난 A회사에 대한 어음 | 15,000,000 |
| ② 당기말 현재 부도발생일부터 7개월이 지난 B회사에 대한 외상매출금 | 20,000,000 |
| ③ 제17기에 소멸시효가 완성된 C회사에 대한 채권 | 5,000,000 |
| ④ 제18기에 사업의 폐지로 회수할 수 없는 D회사에 대한 채권 | 23,000,000 |
| 합 계 | 63,000,000 |

2. ㈜경희는 제18기에 대손금으로 계상한 30,000,000원을 당기에 회수하고 다음과 같이 회계처리하였다. 단, 해당 대손금 중 10,000,000원은 제18기에 손금불산입된 금액이다.

　(차) 현　금　　　　　　　　30,000,000　　　　(대) 대손충당금　　　　　　　　30,000,000

[풀이]

1. 대손금의 손금산입
   ① 당기말 현재 부도발생일부터 6개월 이상 경과한 어음 : 채권가액에서 1천원을 뺀 금액에 대해 손금 인정함.→ 손금불산입 1,000원 (유보)
   ② 당기말 현재 부도발생일부터 6개월 이상 경과한 외상매출금 : 중소기업의 외상매출금에 한해 손금 인정함. → 손금불산입 20,000,000원 (유보)
   ③ 제17기에 소멸시효가 완성된 채권 : 제17기의 손금으로 인정함. → 손금불산입 5,000,000원 (유보)
   ④ 제18기에 사업의 폐지로 회수할 수 없는 채권 : 결산조정사항으로 손비로 계상한 제19기의 손금으로 인정함.

2. 대손금의 회수
   손금에 산입한 대손금 중 회수한 금액은 그 회수한 날이 속하는 사업연도의 익금에 산입한다. 그러므로 손금불산입 된 대손금은 회수하였더라도 익금에 산입하지 않는다. → 익금불산입 10,000,000원 (△유보)

## 02 대손충당금

기업회계기준에서는 회수가 불확실한 채권에 대하여 합리적이고 객관적인 기준에 따라 산출한 대손예상액을 추정하여 당해 채권의 차감계정으로 대손충당금을 설정하도록 규정하고 있다. 한편, 법인세법은 법인이 각 사업연도의 결산을 확정할 때 외상매출금, 대여금 및 그 밖에 이에 준하는 채권의 대손에 충당하기 위하여 **대손충당금을 손비로 계상한 경우에는** 일정한 범위에서 그 계상한 대손충당금을 해당 사업연도의 소득금액을 계산할 때 손금에 산입한다(법인세법 34 ①).

\* 대손충당금을 손금에 산입한 내국법인이 합병하거나 분할하는 경우 그 법인의 합병등기일 또는 분할등기일 현재의 해당 대손충당금 중 합병법인 등이 승계(해당 대손충당금에 대응하는 채권이 함께 승계되는 경우만 해당)받은 금액은 그 합병법인 등이 합병등기일 또는 분할등기일에 가지고 있는 대손충당금으로 본다(법인세법 34 ④).

## (1) 설정대상채권

| 구 분 | 설정대상채권의 범위 | 설정제외채권 등 |
|---|---|---|
| (1) 외상매출금 | 상품·제품의 판매가액의 미수액과 가공료·용역 등의 제공에 의한 사업수입금액의 미수액 | – |
| (2) 대여금 | 금전소비대차계약 등\*에 의하여 타인에게 대여한 금액 | 특수관계인에게 지급한 **업무무관가지급금** |
| (3) 그 밖에 이에 준하는 채권 | 어음상의 채권·미수금, 그밖에 기업회계기준에 따라 대손충당금 설정대상이 되는 채권(부당행위계산 부인 규정을 적용받는 시가초과액에 상당하는 채권은 제외) | ① 금융기관에 할인한 상업어음<br>② 채무보증으로 인하여 발생한 **구상채권**<br>③ **특수관계인과의 거래에서 발생한 시가 초과액에 상당하는 채권**<br>④ 귀속시기가 도래하지 아니한 미수이자<br>⑤ 수탁업자의 수탁판매미수금 |

\* 상기 '금전소비대차계약 등'이라 함은 금전소비대차약정의 유무에 관계 없이 실질적인 대여금은 모두 대손충당금 설정대상채권에 해당함을 뜻한다.

\* 특수관계인에 대한 판단은 대여시점을 기준으로 한다(2021.1.1. 이후 대여하는 분부터 적용함).

## (2) 손금산입한도액

대손충당금 손금산입한도액은 다음에 따라 계산한 금액으로 한다(법인세법 시행령 61 ②, ③).

> 대손충당금 손금산입한도액
> = 해당 사업연도 종료일 현재의 설정대상채권 장부가액 합계액 × Max(1%, 대손실적률)

* 일정한 금융회사 등의 경우에는 금융위원회가 기획재정부장관과 협의하여 정하는 대손충당금적립기준에 따라 적립하여야 하는 금액과 법인세법 상 대손충당금 손금산입한도액 중 큰 금액으로 한다.

### 1) 해당 사업연도 종료일 현재의 설정대상채권 장부가액 합계액

해당 사업연도 종료일 현재의 설정대상채권 장부가액 합계액은 **세무상 장부가액**을 말하는 것으로, 만약 세무상 해당 사업연도말 현재 대손금 부인누계액(세무상 대손의 요건을 충족하지 못하여 세무상 채권으로 유보된 금액)이 있는 경우에는 동 금액에 대하여도 대손충당금 설정이 가능하다.

> 설정대상채권의 세무상 장부가액 합계액
> = 재무상태표상 장부가액 합계액 ± 채권관련 유보잔액 − 설정제외채권가액

### 2) 대손실적률

대손실적률은 다음 산식에 따라 계산한 비율로 한다(법인세법 시행령 61 ③).

$$대손실적률 = \frac{\text{해당 사업연도의 대손금(요건을 충족한 것에 한정함)}}{\text{직전 사업연도 종료일 현재의 채권잔액}}$$

## (3) 상계와 환입

대손충당금을 손금에 산입한 법인은 대손금이 발생한 경우 그 대손금을 대손충당금과 먼저 상계하여야 하고, 상계하고 남은 대손충당금의 금액은 다음 사업연도의 소득금액을 계산할 때 익금에 산입한다(법인세법 34 ③).

대손충당금을 설정하고 환입하는 방법으로는, 장부상 직전 사업연도에 설정된 대손충당금의 잔액을 전액 환입하고 해당 사업연도에 설정할 금액을 다시 손비로 계상하는 방법(총

액법)과 해당 사업연도에 있어 총 대손충당금 설정액에서 직전 사업연도의 대손충당금의 잔액을 공제하고 미달하는 금액만을 추가적으로 계상하는 방법(보충법)이 있다. 법인세법은 총액법을 원칙으로 하되 법인이 보충법을 적용하여 당해 사업연도의 대손충당금 손금산입 범위액에서 익금에 산입하여야 할 대손충당금을 차감한 잔액만을 대손충당금으로 계상한 경우 차감한 금액은 이를 각각 익금 또는 손금에 산입한 것으로 본다(법인세법 시행규칙 32 ①). 즉 회사가 보충법에 의해 회계처리를 하였더라도 법인세법은 총액법 회계처리로 바꾸어 놓고 세무조정한다.

⇨ 당해 사업연도 대손충당금 설정범위액에서 익금산입하여야 할 대손충당금을 차감한 잔액만을 설정한 경우에도 이는 단순한 기표의 생략에 불과한 것이므로 각각 익금 또는 손금에 산입한 것으로 보는 것이다.

### (4) 동일인에 대한 매출채권과 매입채무의 상계 여부

법인이 동일인에 대하여 매출채권과 매입채무를 가지고 있는 경우에는 당해 매입채무를 상계하지 아니하고 대손충당금을 계상할 수 있다. 다만, 당사자간의 약정에 의하여 상계하기로 한 경우에는 상계하기로 한다(법인세법 시행규칙 32 ②).

## 03 대손금과 대손충당금의 세무조정

| 구 분 | 법인세법 |
|---|---|
| (1) 대손발생시<br>　① 대손충당금과 상계<br>　② 대손상각비로 계상 | 비용으로 계상한 것으로 본다.<br>① 대손요건 충족한 경우 : 세무조정 없음<br>② 대손요건 미충족한 경우 : 손금불산입(유보) |
| (2) 대손처리한 채권 회수시<br>　① 대손충당금과 상계<br>　② 대손상각비로 계상 | 수익으로 계상한 것으로 본다.<br>① 손금인정받은 금액 : 세무조정 없음<br>② 손금불산입된 금액 : 익금불산입(△유보) |
| (3) 대손충당금 한도액 계산시 | ① 한도초과금액 : 손금불산입(유보) → 차기에 손금산입(△유보)로 추인<br>② 한도미달금액 : 세무조정 없음 |

제조업을 영위하는 영리내국법인 ㈜경희의 제20기(1.1.~12.31.) 대손금 및 대손충당금 관련 자료이다. 이와 관련하여 발생한 세무조정이 제20기의 각 사업연도 소득금액에 미치는 영향으로 옳은 것은?

CPA 2020 1차

1. 제20기 대손충당금 계정

대손충당금

(단위 : 원)

| | | | |
|---|---|---|---|
| 당기상계* | 5,000,000 | 전기이월 | 15,000,000 |
| 차기이월 | 30,000,000 | 당기설정 | 20,000,000 |
| | 35,000,000 | | 35,000,000 |

  * 당기상계액 중 2,000,000원은 법령상 대손요건을 충족하지 못한 외상매출금이다.

2. 전기 이월된 대손충당금 한도초과액 유보잔액은 3,000,000원이다.

3. 전기에 대손부인된 외상매출금 17,000,000원 중 7,000,000원은 당기에 상법상 소멸시효가 완료되었다.

4. 제20기말 재무상태표상 채권 잔액은 850,000,000원이고, 대손실적률은 1.5%로 가정한다.

[풀이] + 9,070,000원

대손충당금(총액법)

(단위 : 원)

| | | | |
|---|---|---|---|
| 당기상계* | 5,000,000 | 전기이월 | 15,000,000 |
| 당기환입 | 10,000,000 | | |
| 차기이월 | 30,000,000 | 당기설정 | 20,000,000 |
| | | | +10,000,000 |
| | 35,000,000 | | 35,000,000 |

1. 대손충당금 환입에 대한 세무조정
   B : 0 + 10,000,000 = 10,000,000
   T : (15,000,000 − 3,000,000) − 5,000,000 = 7,000,000
   D : 3,000,000 → 익금불산입(△유보) : 전기 대손충당금 한도초과액 부인액 추인

2. 대손금에 대한 세무조정
   − 법령상 대손요건을 충족하지 못한 외상매출금 2,000,000원 손금불산입(유보)
   − 전기 대손부인된 외상매출금 중 소멸시효 완성된 7,000,000원 손금산입(△유보)

3. 대손충당금 설정에 대한 세무조정
   B : 20,000,000 + 10,000,000 = 30,000,000
   T : (850,000,000 + 2,000,000 + 17,000,000 − 7,000,000) × 1.5% = 12,930,000
   D : 17,070,000 → 손금불산입(유보)

**일시상각충당금과 압축기장충당금**

　법인세법상 국고보조금·공사부담금 및 보험차익은 법인의 순자산을 증가시키므로 법인세법상 모두 익금에 해당한다. 그런데 이러한 국고보조금 등에 대해 과세한다면 사업용 자산의 취득자금의 일부를 세금으로 납부하게 되어 자산을 취득하지 못하게 되는 결과가 발생한다. 이에 법인세법은 국고보조금 등으로 취득한 사업용 자산가액에 대해 일시상각충당금 또는 압축기장충당금을 손금산입하여 과세시기를 국고보조금 등의 지급시점에서 감가상각시점 또는 처분시점으로 이연시키고 있다.

## 01 손금산입 요건 및 범위액

### (1) 국고보조금등으로 취득한 사업용자산가액의 손금산입

　법인이 「보조금 관리에 관한 법률」, 「지방자치단체 보조금 관리에 관한 법률」, 「농어촌전기공급사업 촉진법」, 「전기사업법」, 「사회기반시설에 대한 민간투자법」, 「한국철도공사법」, 「농어촌정비법」, 「도시 및 주거환경정비법」, 「산업재해보상보험법」, 「환경정책기본법」, 「산업기술혁신 촉진법」에 따른 국고보조금 등을 지급받아 그 지급받은 날이 속하는 사업연도의 종료일까지 사업용자산(사업용 유형자산 및 무형자산과 석유류)을 취득하거나 개량하는 데에 사용한 경우 또는 사업용자산을 취득하거나 개량하고 이에 대한 국고보조금등을 사후에 지급받은 경우에는 해당 사업용자산의 가액 중 그 사업용자산의 취득 또는 개량에 사용된 국고보조금등 상당액을 그 사업연도의 소득금액을 계산할 때 손금에 산입할 수 있다(법인세법 36 ①, 법인세법 시행령 64 ①, ②).

| 구 분 | 손금산입 범위액 |
|---|---|
| ① 국고보조금 등으로 사업용자산을 취득한 경우 | 개별 사업용 자산별로 해당 사업용 자산의 가액 중 그 취득 또는 개량에 사용된 국고보조금 등에 상당하는 금액 |
| ② 사업용자산을 취득한 후 국고보조금 등을 지급받은 경우 | 개별 사업용 자산별로 해당 사업용 자산의 가액 중 그 취득 또는 개량에 사용된 국고보조금 등에 상당하는 금액. 단, 지급일이 속한 사업연도 이전 사업연도에 이미 손금에 산입한 감가상각비에 상당하는 금액은 손금에 산입하는 금액에서 제외함 |

## (2) 공사부담금으로 취득한 사업용자산가액의 손금산입

전기사업, 도시가스사업, 액화석유가스 충전사업, 액화석유가스 집단공급사업 및 액화석유가스 판매사업, 집단에너지공급사업, 초연결지능정보통신기반구축사업, 수도사업을 하는 법인이 그 사업에 필요한 시설을 하기 위하여 해당 시설의 수요자 또는 편익을 받는 자로부터 그 시설을 구성하는 토지 등 유형자산 및 무형자산(이하 '사업용자산')을 제공받은 경우 또는 공사부담금을 제공받아 그 제공받은 날이 속하는 사업연도의 종료일까지 사업용자산의 취득에 사용하거나 사업용자산을 취득하고 이에 대한 공사부담금을 사후에 제공받은 경우에는 해당 사업용자산의 가액(공사부담금을 제공받은 경우에는 그 사업용자산의 취득에 사용된 공사부담금 상당액)을 그 사업연도의 소득금액을 계산할 때 손금에 산입할 수 있다(법인세법 37 ①, 법인세법 시행령 65 ①, ②).

| 구 분 | 손금산입 범위액 |
| --- | --- |
| ① 사업용자산을 제공받은 경우 | 개별 사업용자산별로 해당 자산가액에 상당하는 금액 |
| ② 공사부담금을 제공받아 사업용자산을 취득하는 경우 | 개별 사업용자산별로 그 취득에 사용된 공사부담금에 상당하는 금액 |
| ③ 사업용자산을 취득하고 공사부담금을 제공받은 경우 | 개별 사업용자산별로 그 취득에 사용된 공사부담금에 상당하는 금액. 단, 지급일이 속한 사업연도 이전 사업연도에 이미 손금에 산입한 감가상각비에 상당하는 금액은 손금에 산입하는 금액에서 제외함 |

## (3) 보험차익으로 취득한 자산가액의 손금산입

법인이 유형자산(이하 '보험대상자산')의 멸실이나 손괴로 인하여 보험금을 지급받아 그 지급받은 날이 속하는 사업연도의 종료일까지 멸실한 보험대상자산과 같은 종류의 자산*을 대체 취득하거나 손괴된 보험대상자산을 개량(그 취득한 자산의 개량을 포함함)하는 경우에는 해당 자산의 가액 중 그 자산의 취득 또는 개량에 사용된 보험차익 상당액을 그 사업연도의 소득금액을 계산할 때 손금에 산입할 수 있다(법인세법 38 ①, 법인세법 시행령 66 ①, ②).

| 구 분 | 손금산입 범위액 |
| --- | --- |
| 보험차익으로 대체취득·개량한 경우 | 개별보험대상자산별로 해당 자산의 가액 중 그 취득 또는 개량에 사용된 보험차익에 상당하는 금액 |

* 멸실한 보험대상자산과 같은 종류의 자산 : 종류의 자산은 멸실한 보험대상자산을 대체하여 취득한 유형자산으로서 그 용도나 목적이 멸실한 보험대상자산과 같은 것

이 경우 해당 보험대상자산의 가액이 지급받은 보험금에 미달하는 경우에는 보험금 중 보험차익 외의 금액을 먼저 사용한 것으로 본다.

## 02 사용기한 및 미사용금액의 처리

국고보조금·공사부담금·보험차익을 지급받은 날이 속하는 사업연도의 종료일까지 사업용자산을 취득하거나 개량하지 아니한 법인이 그 사업연도의 다음 사업연도 개시일부터 **1년 이내(보험차익은 2년 이내)에 사업용자산을 취득하거나 개량하려는 경우에는 취득 또는 개량에 사용하려는 국고보조금 등의 금액을 손금에 산입할 수 있다**(법인세법 36 ②, 37 ②, 38 ②). 이 경우 다음과 같은 사유로 국고보조금·공사부담금을 기한 내에 사용하지 못한 경우에는 해당 사유가 끝나는 날이 속하는 사업연도의 종료일을 그 기한으로 본다(법인세법 시행령 64 ⑦, 법인세법 시행령 65 ③).

① 공사의 허가 또는 인가 등이 지연되는 경우
② 공사를 시행할 장소의 미확정 등으로 공사기간이 연장되는 경우
③ 용지의 보상 등에 관한 소송이 진행되는 경우
④ 그 밖에 ①~③에 준하는 사유가 발생한 경우

국고보조금·공사부담금·보험차익으로 취득한 사업용자산가액을 손금에 산입한 법인이 손금에 산입한 금액을 기한 내에 사업용자산의 취득 또는 개량에 사용하지 아니하거나 사용하기 전에 폐업 또는 해산하는 경우 그 **사용하지 아니한 금액은 해당 사유가 발생한 날이 속하는 사업연도의 소득금액을 계산할 때 익금에 산입한다.** 다만, 합병하거나 분할하는 경우로서 합병법인 등이 그 금액을 승계한 경우는 제외하며, 이 경우 그 금액은 합병법인 등이 손금에 산입한 것으로 본다(법인세법 36 ③, 37 ②, 38 ②).

## 03 손금산입한도 및 시기

손금에 산입하는 금액은 당해 사업용 자산별로 다음의 구분에 따라 일시상각충당금 또는 압축기장충당금으로 계상하여야 한다(법인세법 시행령 64 ③, 65 ③, 66 ③).

① 감가상각자산 : 일시상각충당금
② 그 외의 자산 : 압축기장충당금

손비로 계상한 일시상각충당금과 압축기장충당금은 다음의 어느 하나에 해당하는 방법으로 익금에 산입한다(법인세법 시행령 64 ④, 65 ③, 66 ③).

| 구 분 | 처리방법 |
|---|---|
| ① 일시상각충당금 | • 해당 사업용자산의 감가상각비와 상계<br>상계할 금액 = 감가상각비 × $\dfrac{\text{일시상각충당금}}{\text{취득가액}}$<br>• 해당 자산을 처분하는 경우 : 미상각잔액 전액 익금산입 |
| ② 압축기장충당금 | • 해당 자산을 처분하는 경우 : 전액 익금산입 |

\* 해당 사업용자산의 일부를 처분하는 경우의 익금산입액은 해당 사업용자산의 가액 중 일시상각충당금 또는 압축기장충당금이 차지하는 비율로 안분계산한 금액에 의한다(법인세법 시행령 64 ⑤).

법인이 법인세법 시행령 또는 「조세특례제한법 시행령」에 따른 일시상각충당금 또는 압축기장충당금을 세무조정계산서에 계상하고 이를 법인세 과세표준 신고 시 손금에 산입한 경우 그 금액은 손비로 계상한 것으로 본다(신고조정 허용\*). 이 경우 각 자산별로 해당 자산의 일시상각충당금 또는 압축기장충당금과 감가상각비에 관한 명세서를 세무조정계산서에 첨부하여 제출하여야 한다(법인세법 시행령 98 ②).

\* 본래 일시상각충당금 또는 압축기장충당금의 손금산입은 결산조정사항이나 이러한 충당금은 기업회계기준에 위배되는 것이기 때문에 법인세법에서 신고조정을 허용하고 있는 것이다.

## 제4절 준비금

법인세법은 원칙적으로 손비의 귀속사업연도를 의무가 확정된 사업연도의 손금으로 인정하므로 해당 부채에 따른 의무가 확정되기 전에는 그 상대계정인 비용을 회사의 손금에 산입할 수 없다. 그러나 법인이 법인세법상 고유목적사업준비금·책임준비금·비상위험준비금·해약환급금준비금 및 조세특례제한법상 준비금을 손비로 계상한 경우 손금으로 인정하고 이후 사업연도에 익금에 환입하여 과세함으로 과세이연의 효과를 초래한다.

## 01 법인세법에 따른 준비금

| 구 분 | 고유목적사업준비금 | 책임준비금 | 비상위험준비금 | 해약환급금준비금 |
|---|---|---|---|---|
| ① 설정<br>대상<br>법인 | 비영리내국법인 | 보험사업을 하는 내국법인 | | 「보험업법」에 따른<br>보험회사 |
| ② 손금<br>산입<br>한도 | 이자소득 등 특정 소득<br>금액 × 100% + 기타<br>수익사업소득금액 × 50% | ①+②+③<br>① 사업연도말 현재 모든 보험계약이 일시에 해약된 경우에 지급하여야 할 환급액(해약공제액 포함)<br>② 해당 사업연도말 현재 보험사고가 발생하였으나 보험금이 확정되지 아니한 경우에 그 보험금 추정액(손해사정, 보험대위 및 구상권 행사 등에 소요될 것으로 예상되는 금액을 포함)<br>③ 보험계약자에게 배당하기 위하여 적립한 배당준비금으로 | Min(①, ②)<br>① 해당 사업연도의 보험종목(화재보험, 해상보험, 자동차보험, 특종보험, 보증보험, 해외수재 및 해외원보험을 말한다. 이하 이 조에서 같다)별 적립대상보험료의 합계액 × 금융위원회가 정하는 보험종목별 적립기준율<br>② 비상위험준비금의 누적액 한도 : 해당 사업연도의 보험종목별 적립대상보험료의 합계액의 50%(자동차보험의 경우 40%, 보증보험의 경우 150%)<br>단, 한국채택국제회 | 해약환급금준비금(보험회사가 보험계약의 해약 등에 대비하여 적립하는 금액)으로서 「보험업법 시행령」 제65조 제2항 제3호에 따라 해약환급금준비금에 관하여 금융위원회가 정하여 고시하는 방법으로 계산한 금액 |

| 구 분 | 고유목적사업준비금 | 책임준비금 | 비상위험준비금 | 해약환급금준비금 |
|---|---|---|---|---|
| | | 서 행정안전부장관 등이 기획재정부장관과 협의하여 정한 손금산입기준에 따라 적립한 금액 | 계기준을 적용하는 내국법인이 신고조정으로 손금에 산입한 경우, 상기 ① 금액의 90% 한도 | |
| ③ 사용 | 고유목적사업 등에 사용한 금액과 상계 | 보험계약자에게 지급한 배당금과 순차적으로 상계 | – | – |
| ④ 환입 | • 5년이 되는 날이 속하는 사업연도<br>• 해산·폐지·취소된 경우 | • ① 및 ② : 다음 사업연도<br>• ③ : 3년이 되는 날이 속하는 사업연도 | 「보험업법 시행령」 및 「보험업법 시행규칙」에 따라 금융위원회가 정하는 바에 따름 | 「보험업법 시행령」 및 「보험업법 시행규칙」에 따라 금융위원회가 정하는 바에 따름 |
| ⑤ 이자상당액 | 5년이 되는 날이 속하는 사업연도에 1일 10만분의 22의 율을 적용한 이자상당액을 가산하여 납부해야 함 | 3년이 되는 날이 속하는 사업연도에 1일 10만분의 22의 율을 적용한 이자상당액을 가산하여 납부해야 함 | – | – |
| ⑥ 절차 | 결산조정 (외부회계감사 대상 비영리내국법인은 신고조정 허용) | 결산조정 | 결산조정 (K-IFRS 적용법인은 신고조정 허용) | 신고조정 |
| ⑦ 명세서 | 법인세과세표준신고와 함께 고유목적사업준비금조정명세서 제출 | 법인세과세표준신고와 함께 책임준비금명세서 제출 | 법인세과세표준신고와 함께 비상위험준비금명세서 제출 | 법인세과세표준신고와 함께 해약환급준비금명세서 제출 |

## 02 조세특례제한법에 따른 준비금

조세특례제한법상 준비금은 당해 사업연노에 실제 비용 또는 손실이 발생하지 않았지만 특정사업과 관련하여 장래에 발생할 비용이나 시설투자 또는 개체 등에 사용할 수 있도록 일정액을 세무상 손금으로 미리 인정하여 과세를 유예하였다가 해당 목적에 사용한 사업연도에 이미 계상한 준비금과 상계하여 익금에 환입함으로써 과세하는 제도를 말한다.

그러나 대부분 준비금제도가 일몰종료되고, 자본확충목적회사 및 신용회복목적회사의 손실보전준비금에 대한 과세특례제도가 시행되고 있다(조세특례제한법 104의3, 104의12).

* 자본확충목적회사에 대한 과세특례제도는 2021.12.31. 적용기한이 종료되었다.

법인세법상 손금으로 인정하는 대손금에는 해당 사유가 발생한 날이 속하는 사업연도의 손금으로 산입하는 것(신고조정사항)과 해당 사유가 발생하여 손비로 계상한 날이 속하는 사업연도의 손금으로 산입하는 것(결산조정사항)의 2가지로 분류된다. 이 분류를 적용할 경우 다음 중 성격이 다른 하나는? (단, 영리내국법인을 가정함)                    2020 CTA 1차 수정

① 부도발생일로부터 6개월 이상 지난 수표 또는 어음
② 특수관계인이 아닌 자와의 거래로 발생한 중소기업의 외상매출금으로서 회수기일이 2년 이상 지난 외상매출금
③ 「어음법」에 따른 소멸시효가 완성된 어음
④ 회수기일이 6개월 이상 지난 채권 중 채무자별 채권가액의 합계액이 30만원 이하인 채권
⑤ 「민사소송법」에 따른 화해권고결정에 따라 회수불능으로 확정된 채권

[풀이] ③

다음은 제조업을 영위하는 영리내국법인 ㈜A의 대손충당금에 관한 자료이다. 다음 자료를 이용하여 제8기(1.1.~12.31.) 세무조정시 각 사업연도소득금액에 미치는 영향금액은 얼마인가? (단, 전기 이전의 모든 세무조정은 적정하였고, 주어진 자료 이외에는 고려하지 않는다)                    2019 CTA 1차 수정

(1) 대손충당금 변동
    가. 회사계상 대손충당금 내역

대손충당금

| 당기상계 | 10,000원 | 전기이월 | 20,000원 |
|---|---|---|---|
| 차기이월 | 26,000원 | 당기설정 | 16,000원 |

    나. 당기 상계액 10,000원은 거래처의 파산으로 회수불가능하다고 판단한 매출채권 금액이다.
    다. 대손충당금 전기이월액 20,000원 중 대손충당금 한도초과액은 3,000원이다.

| 구 분 | 당기말 | 전기말 |
|---|---|---|
| 매출채권 | 260,000원 | 160,000원 |
| 미수금 | 100,000원 | 40,000원 |

| 구 분 | 당기말 | 전기말 |
|---|---|---|
| 선급금 | 40,000원 | – |
| 구상채권 | 10,000원 | – |
| 합계액 | 410,000원 | 200,000원 |

(2) 회사계상 기말 채권 상세내역

　　가. 전기말 채권 중 대손부인된 채권은 없다.

　　나. 미수금은 비품 처분과 관련된 것이다.

　　다. 자회사의 채무보증으로 인하여 발생한 구상채권이다.

① 3,000원 　　　　　　　　　　② 4,000원

③ 5,000원 　　　　　　　　　　④ 6,000원

⑤ 7,000원

[풀이] ①

### 대손충당금(총액법)

| | | | |
|---|---|---|---|
| 당기상계 | 10,000원 | 전기이월 | 20,000원 |
| 당기환입 | 10,000원 | | |
| 차기이월 | 26,000원 | 당기설정 | 26,000원 |

익금환입에 대한 세무조정

B: 0 + 10,000 = 10,000원

T: (20,000 - 3,000) - 10,000 = 7,000원

D: 3,000원 ; 익금불산입(-유보)

손금산입에 대한 세무조정

B: 16,000 + 10,000 = 26,000원

T: 400,000 × 5% = 20,000원

D: 6,000원 ; 손금불산입(유보)

* 대손실적률 = 당기 대손상각비 / 기초 채권잔액 = 10,000원 / 200,000원 = 5% 〉1%

　각 사업연도소득에 영향을 미치는 금액은 6,000원 - 3,000원 = 3,000원

제조업을 영위하는 영리내국법인 ㈜A의 제21기(20×1.1.1.~20×1.12.31.) 자료이다. 국고보조금 및 일시상각충당금 관련 세무조정이 제21기 각 사업연도 소득금액에 미치는 순영향으로 옳은 것은?

2021 CPA 1차

(1) 20×1년 1월 1일 「보조금 관리에 관한 법률」에 따른 국고보조금 50,000,000원을 수령하고 건물을 취득하여 사업에 사용하기 시작하였다. 이에 따른 회계처리는 다음과 같다.

| (차) 현　　금 | 50,000,000 | (대) 영업외수익 | 50,000,000 |
| (차) 건　　물 | 100,000,000 | (대) 현　　금 | 100,000,000 |

(2) 20×1년 4월 1일 「보조금 관리에 관한 법률」에 따른 국고보조금 20,000,000원을 수령하고 기계장치를 80,000,000원에 취득하여 사업에 사용하기 시작하였다. ㈜A는 국고보조금을 기계장치에서 차감하는 형식으로 회계처리하였다.

(3) 건물은 정액법(신고내용연수 10년, 잔존가치 없음)으로 상각하며, 기계장치도 정액법(신고내용연수 5년, 잔존가치 없음)으로 상각한다. ㈜A는 기계장치 관련 국고보조금을 감가상각비와 상계처리하고 있다(상각부인액 및 시인부족액 없음).

(4) ㈜A는 건물 및 기계장치와 관련하여 일시상각충당금을 신고조정에 의해 손금산입하였다.

① (－)5,000,000원　　　　　　② (－)15,000,000원
③ (－)20,000,000원　　　　　　④ (－)45,000,000원
⑤ (－)65,000,000원

[풀이] ④

1. 건물관련 세무조정 : 각 사업연도 소득 － 45,000,000원

| 구분 | 장부상 회계처리 | | | 법인세법상 회계처리 | | | 세무조정 |
|---|---|---|---|---|---|---|---|
| 취득시 | (차) 현 금　　　50,000,000 (대) 영업외수익　　50,000,000 건 물　100,000,000　　현 금　100,000,000 | | | (차) 현 금　50,000,000 (대) 익 금　50,000,000 건 물　100,000,000　현 금　100,000,000 손 금　50,000,000　일시상각충당금　50,000,000 | | | 손금산입 50,000,000 (△유보) |
| 감가상각 | (차) 감가상각비 10,000,000 (대) 감가상각누계액 10,000,000 | | | (차) 감가상각비　10,000,000 (대) 감가상각누계액　10,000,000 일시상각충당금 5,000,000　익 금　5,000,000 | | | 익금산입 5,000,000 (유보) |

2. 기계관련 세무조정 : 각 사업연도 소득 ± 0원

| 구분 | 장부상 회계처리 | | | | 법인세법상 회계처리 | | | | 세무조정 |
|---|---|---|---|---|---|---|---|---|---|
| 취득시 | (차) 현 금<br>기 계 | 20,000,000<br>80,000,000 | (대) 국고보조금<br>현 금 | 20,000,000<br>80,000,000 | (차) 현 금<br>기 계<br>손 금 | 20,000,000<br>80,000,000<br>20,000,000 | (대) 익 금<br>현 금<br>일시상각충당금 | 20,000,000<br>80,000,000<br>20,000,000 | 익금산입<br>20,000,000<br>(유보)<br>손금산입<br>20,000,000<br>(△유보) |
| 감가상각 | (차) 감가상각비<br>국고보조금 | 12,000,000<br>3,000,000 | (대) 감가상각누계액<br>감가상각비 | 12,000,000<br>3,000,000 | (차) 감가상각비<br>일시상각충당금 | 12,000,000<br>3,000,000 | (대) 감가상각누계액<br>익 금 | 12,000,000<br>3,000,000 | 손금산입<br>3,000,000<br>(△유보)<br>익금산입<br>3,000,000<br>(유보) |

법인세법상 충당금의 손금산입에 관한 설명으로 옳지 않은 것은?

① 법인이 임원 또는 직원의 퇴직급여를 지급하기 위하여 보험료·부금 또는 부담금을 납입하고 손금으로 계상한 경우에는 일정 금액 범위 내에서 손금에 산입할 수 있다.

② 특수관계인에게 지급한 업무무관가지급금은 대손금으로 손금산입할 수 없고, 대손충당금의 설정대상에서도 제외된다. 이 때, 특수관계인에 대한 판단은 대손시점을 기준으로 한다.

③ 법인이 동일인에 대하여 매출채권과 매입채무를 가지고 있는 경우에는 당해 매입채무를 상계하지 아니하고 대손충당금을 계상할 수 있다. 다만, 당사자간의 약정에 의하여 상계하기로 한 경우에는 상계한다.

④ 국고보조금·공사부담금·보험차익을 지급받은 날이 속하는 사업연도의 종료일까지 사업용자산을 취득하거나 개량하지 아니한 법인이 그 사업연도의 다음 사업연도 개시일부터 1년 이내(보험차익은 2년 이내)에 사업용자산을 취득하거나 개량하려는 경우에는 취득 또는 개량에 사용하려는 국고보조금 등의 금액을 손금에 산입할 수 있다.

⑤ 국고보조금·공사부담금·보험차익으로 취득한 사업용자산가액을 손금에 산입한 법인이 손금에 산입한 금액을 기한 내에 사업용자산의 취득 또는 개량에 사용하는 경우 그 사용하지 아니한 금액은 해당 사유가 발생한 날이 속하는 사업연도의 소득금액을 계산할 때 익금에 산입한다.

[풀이] ②

특수관계인에게 지급한 업무무관가지급금은 대손금으로 손금산입할 수 없고, 대손충당금의 설정대상에서도 제외된다. 이 때, 특수관계인에 대한 판단은 대여시점을 기준으로 한다.

제 **8** 장

# 부당행위계산의 부인

##  의의

내국법인의 행위 또는 소득금액의 계산이 특수관계인과의 거래로 인하여 그 법인의 소득에 대한 조세의 부담을 부당하게 감소시킨 것으로 인정되는 경우에는 그 법인의 행위 또는 소득금액의 계산(이하 "부당행위계산")과 관계없이 **그 법인의 각 사업연도의 소득금액을 새로이 계산한다**(법인세법 52 ①).

부당행위계산의 부인제도는 법인이 특수관계인과 거래를 통해 경제적 합리성을 무시한 비정상적인 거래형태를 취함으로써 조세부담을 부당하게 감소시킨 경우에 과세관청이 이를 부인하고 세법상의 기준에 의하여 객관적이고 타당하다고 보여지는 소득이 있는 것으로 의제하여 과세함으로써 조세회피를 방지하여 과세의 공평을 기하는 데 그 의의가 있다(대법원 95누8751, 1996.7.26.). 이처럼 부당행위계산부인은 **소득금액의 재계산을 위한 제도일 뿐, 일반 법률관계에서 적법하게 성립되고 실존하는 거래행위 또는 계산을 부인하는 것은 아니다.**

---

〈사례〉 부당행위계산부인

내국법인 A ———— 토지 (장부가액 5억원, 시가 10억원) ————→ 임원 / 주주
양도가액 : 7억원

**세무조정**
- 익금산입 3억원 (상여 / 배당)
  * 특수관계인 간 부동산 저가양도행위는 경제적 합리성을 벗어난 부정행위로서 부당행위계산부인을 적용한 처분은 적법함(대법원 2017두66312, 2018.1.31.).

---

## 02 적용요건

### (1) 특수관계인과의 거래

특수관계인간의 거래에는 특수관계인 외의 자를 통하여 이루어진 거래 즉, 제3자를 통한 특수관계인간의 간접거래도 포함한다(법인세법 시행령 88 ②).

부당행위계산의 부인은 납세자에게 법적 안정성과 예측가능성을 보장하기 위해 조세법률주의에 입각하여 특수관계인과의 거래에 대하여만 부당행위계산의 부인을 적용해야 한다. 그러므로 특수관계가 성립하지 않는 부당행위에 대하여는 부당행위계산의 부인을 적용할 수 없고 기업업무추진비나 기부금, 업무무관경비 등의 손금불산입 규정을 적용해야 한다.

* 특수관계 있는 자에 해당되지 아니한 자에게 금전을 무상으로 대여하거나 기계장치를 무상으로 임대한 때에는 부당행위계산의 부인을 적용하지 아니하는 것이나 타인이 주로 사용하고 있는 기계장치에 대한 감가상각비는 손금불산입하는 것이다(법인 22601-1322, 1991.7.3.).
* 법인이 특수관계 없는 자에게 정당한 사유 없이 자산을 정상가액보다 낮은 가액으로 양도함으로써 그 차액 중 실질적으로 증여한 것으로 인정되는 금액은 기부금으로 본다(법인 46012-3846, 1993.12.7.).

### 1) 범위

법인세법상 특수관계인의 범위는 법인과 경제적 연관관계 또는 경영지배관계 등 다음의 어느 하나에 해당하는 관계에 있는 자를 말한다(법인세법 시행령 2 ⑤). ⇨ 열거주의

이 경우 본인도 그 특수관계인의 특수관계인으로 본다(**쌍방관계**). 즉, 본인 또는 상대방 기준으로 특수관계가 성립되면 그 쌍방관계 각각 특수관계인에 해당되는 것이다. 이는 법인세법이 특수관계인의 범위에 관해 광범위하게 규정하고 있음을 의미한다.

| 특수관계인의 유형 | |
|---|---|
| ① 실질적 지배자와 그 친족 | 임원의 임면권의 행사, 사업방침의 결정 등 해당 법인의 경영에 대해 사실상 영향력을 행사하고 있다고 인정되는 자와 그 친족 |
| ② 비소액주주 등과 그 친족 | 소액주주 등을 제외한 주주와 그 친족<br>* 소액주주 등이란 발행주식총수 또는 출자총액의 100분의 1에 미달하는 주식 등을 소유하고 지배주주 등과 특수관계가 없는 주주 등을 말한다. |
| ③ 임직원 및 그 친족 | ㉠ 법인의 임원·직원 또는 비소액주주 등의 직원(비소액주주 등이 영리법인인 경우에는 그 임원을, 비영리법인인 경우에는 그 이사 및 설립자를 말함)이나 ㉡ 법인 또는 비소액주주 등의 금전이나 그 밖의 자산에 의해 생계를 유지하는 자 및 ㉠, ㉡과 생계를 함께 하는 친족 |

| 특수관계인의 유형 | |
|---|---|
| ④ 지배적 영향력을 행사하고 있는 다른 법인(1차 지배) | 해당 법인이 직접 또는 ①~③의 관계에 있는 자를 통해 어느 법인의 경영에 대해 지배적인 영향력을 행사하고 있는 경우 그 법인 |
| ⑤ 지배적 영향력을 행사하고 있는 다른 법인(2차 지배) | 해당 법인이 직접 또는 ①~④의 관계에 있는 자를 통해 어느 법인의 경영에 대해 지배적인 영향력을 행사하고 있는 경우 그 법인 |
| ⑥ 30% 이상 출자하고 있는 법인에 30% 이상 출자한 법인이나 개인 | 해당 법인에 100분의 30 이상을 출자하고 있는 법인에 100분의 30 이상을 출자하고 있는 법인이나 개인<br>* 연속적으로 30% 이상 지분을 소유한 법인이나 개인 출자자도 궁극적으로 경영에 대하여 지배적인 영향력을 행사할 수 있으므로 특수관계인의 범위로 보는 것이나, 법 규정대로 2단계 간접관계까지만 특수관계인으로 본다. |
| ⑦ 기업집단 소속 계열회사 및 그 임원 | 해당 법인이 독점규제 및 공정거래에 관한 법률에 의한 기업집단에 속하는 법인인 경우 그 기업집단에 소속된 다른 계열회사 및 그 계열회사의 임원 |

* 친족이란 국세기본법 시행령 제1조의2 제1항에 해당하는 자를 말한다(법인세법 시행령 2 ⑤ (1)).
  ① 4촌 이내의 혈족
  ② 3촌 이내의 인척
  ③ 배우자(사실상의 혼인관계에 있는 자 포함)
  ④ 친생자로서 다른 사람에게 친양자 입양된 자 및 그 배우자·직계비속
  ⑤ 혼외 출생자의 생부·생모(본인의 금전이나 그 밖의 재산으로 생계를 유지하는 자 또는 생계를 함께하는 자로 한정)
* 소액주주등에 해당하기 위해서는 다음의 요건을 모두 충족하여야 한다(법인세법 시행령 50 ②).
  ① 발행주식총수 또는 출자총액의 1%에 미달하는 주식등을 소유할 것
  ② 해당 법인의 국가·지방자치단체가 아닌 지배주주등과 특수관계가 없을 것
* 지배주주 등은 법인의 발행주식총수 또는 출자총액의 1% 이상의 주식 또는 출자지분을 소유한 주주 등으로서 그와 특수관계에 있는 자와의 소유 주식 또는 출자지분의 합계가 해당 법인의 주주 등 중 가장 많은 경우의 해당 주주 등을 말한다(법인세 집행기준 2-2-1 ②).
* 다음의 구분에 따른 요건에 해당하는 경우 해당 법인의 경영에 대하여 지배적인 영향력을 행사하고 있는 것으로 본다(국세기본법 시행령 1의2 ④).

| 구분 | 경영 지배적인 영향력 행사 |
|---|---|
| 영리법인 | ㉠ 법인의 발행주식총수 또는 출자총액의 100분의 30 이상을 출자한 경우<br>㉡ 임원의 임면권 행사, 사업방침 결정 등 법인의 경영에 대하여 사실상 영향력을 행사하고 있다고 인정되는 경우 |
| 비영리법인 | ㉠ 법인의 이사의 과반수를 차지하는 경우<br>㉡ 법인의 출연재산(설립을 위한 출연재산)의 100분의 30 이상을 출연하고 그 중 1인이 설립자인 경우 |

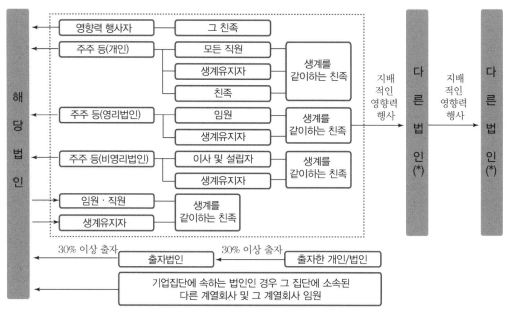

(*) 다른 법인에는 영리법인과 비영리법인을 포함

## 2) 판정시기

부당행위계산의 판정기준시점은 다음과 같다(법인세 집행기준 52-88-5 ①).

| 구 분 | 판정기준 |
|---|---|
| 일반적인 경우 | 그 **행위당시를 기준**으로 하여 해당 법인과 특수관계인간의 거래(특수관계인 외의 자를 통하여 이루어진 거래를 포함)에 대하여 적용함 |
| 불공정 합병의 경우 | **합병등기일이 속하는 사업연도의 직전사업연도의 개시일**(그 개시일이 서로 다른 법인이 합병한 경우에는 먼저 개시한 날)**부터 합병등기일까지의 기간**에 의함 |

### 실무

부당행위계산의 판정기준시점

- 법인이 특수관계인과 임대차 거래를 함에 있어서 부당행위계산의 유형에 해당하는지 여부는 임대차 계약일을 기준으로 판단하는 것이며, 법인이 특수관계인에게 양도하는 주식의 거래가액이 해당 주식의 매매계약일 현재 확정된 경우 해당 거래가 부당행위의 유형에 해당하는지 여부는 매매계약일 현재를 기준으로 판단한다(법인세 집행기준 52-88-5 ②, ③).
- 법인소유 주택을 분양받은 자의 배우자가 주택을 분양받을 당시 법인이사를 퇴임하여

법인과의 내부적 위임관계가 유지되고 있다고 볼 수 없어 분양받은 자와 법인은 특수관계가 아니다(서울고등법원 2011누31880, 2012.5.18.).

- 풋옵션계약을 이행함에 있어 해당 거래가 부당행위계산부인 적용대상인지 여부는 거래 당사자 간에 체결한 <u>풋옵션계약일을 기준</u>으로 하여 판단하는 것임(서면－2014－법령해석법인－21852, 2015.7.21.).
- 부당행위계산 판단의 기준시점인 '그 행위당시'란 <u>**주요 거래조건을 확정하고, 이에 대해 거래당사자 간 구속력 있는 합의가 있는 시점임**</u>. 다만, 거래당사자 간 합의가 구속력이 있는지 여부는 해당 합의의 목적 및 내용, 그러한 내용이 기재된 경위와 당사자의 진정한 의사 등을 종합적으로 고려하여 판단할 사항임(기획재정부 법인세제과－48, 2016.1.18., 기획재정부 법인세제과－350, 2022.8.31.).

## (2) 조세부담의 부당한 감소

조세의 부담을 부당하게 감소시킨 것으로 인정되는 경우란 다음의 어느 하나에 해당하는 경우를 말한다(법인세법 시행령 88 ①). 특수관계인과의 거래에 있어서 법인의 부당한 행위 또는 계산은 정상적인 사인간의 거래, 건전한 사회통념 내지 상관행을 기준으로 판정하므로(법인세법 기본통칙 52－0…1), 법인세법에 열거된 부당행위계산의 유형이라 하더라도 거래의 정당성이 입증되면 부당행위계산의 부인대상에 해당하지 않는다.

| 구 분 | 부당행위계산의 유형 |
|---|---|
| 고가매입<br>·저가양도 | ① 자산을 시가보다 높은 가액으로 매입 또는 현물출자받았거나 그 자산을 과대상각한 경우<br>② 자산을 무상 또는 시가보다 낮은 가액으로 양도 또는 현물출자한 경우. 다만, 주식매수선택권 등*의 행사 또는 지급에 따라 주식을 양도하는 경우는 제외 |
| 저리대여<br>·고리차용 | ③ 금전, 그 밖의 자산 또는 용역을 무상 또는 시가보다 낮은 이율·요율이나 임대료로 대부하거나 제공한 경우. 다만, 다음의 경우는 부당행위계산의 부인을 적용하지 아니한다.<br>  ㉠ 주식매수선택권 등의 행사 또는 지급에 따라 금전을 제공하는 경우<br>  ㉡ 주주 등이나 출연자가 아닌 임원(소액주주 등인 임원을 포함) 및 사용인에게 사택(임차사택을 포함)을 제공하는 경우<br>  ㉢ 연결납세방식을 적용받는 연결법인 간에 연결법인세액의 변동이 없는 등 법인세법 시행규칙 제42조의5의 요건을 갖추어 용역을 제공하는 경우<br>④ 금전, 그 밖의 자산 또는 용역을 시가보다 높은 이율·요율이나 임차료로 차용하거나 제공받은 경우 |

| 구 분 | 부당행위계산의 유형 |
|---|---|
| 자본거래 | ⑤ 불공정합병, 불균등증자 및 불균등감자에 해당하는 자본거래로 인하여 주주 등(소액주주 등 제외)인 법인이 특수관계인인 다른 주주 등(소액주주 등 제외)에게 이익을 분여한 경우<br>⑥ 기타불균등 자본거래를 통해 법인의 이익을 분여하였다고 인정되는 경우. 다만, 주식매수선택권 등* 중 주식매수선택권을 임직원 등에게 부여하고 그 임직원 등이 이를 행사함에 따라 주식을 발행하는 경우에는 부당행위계산의 부인을 적용하지 아니한다. |
| 기타 | ⑦ 특수관계인인 법인 간 합병(분할합병 포함)·분할에 있어서 불공정한 비율로 합병·분할하여 합병·분할에 따른 양도손익을 감소시킨 경우(다만, 「자본시장과 금융투자업에 관한 법률」 제165조의4에 따라 합병(분할합병 포함)·분할하는 경우 제외)<br>⑧ 무수익 자산을 매입 또는 현물출자받았거나 그 자산에 대한 비용을 부담한 경우<br>⑨ 불량자산을 차환하거나 불량채권을 양수한 경우<br>⑩ 출연금을 대신 부담한 경우<br>⑪ 파생상품에 근거한 권리를 행사하지 아니하거나 그 행사기간을 조정하는 등의 방법으로 이익을 분여하는 경우<br>⑫ **기타 위에 준하는 행위 또는 계산 및 그 외에 법인의 이익을 분여하였다고 인정되는 경우** ⇨ 포괄 규정 but 조세법률주의의 원칙상 유추해석이나 확대해석은 허용되지 않음 |

\* 상기 ①, ②, ③, ④ 및 이에 준하는 ⑫에 해당하는 행위 또는 계산에 대하여는 시가와 거래가액의 차액이 3억원 이상이거나 시가의 100분의 5에 상당하는 금액 이상인 경우에 한하여 부당행위계산부인을 적용한다 (법인세법 시행령 88 ③). 다만, 주권상장법인이 발행한 주식을 2021.2.17. 이후 거래한 경우에는 현저한 이익요건(3억원 or 5% 이상)을 적용하지 않는다(법인세법 시행령 88 ④).

\* 조세의 부담을 부당하게 감소시킨 것으로 인정되는 경우와 인정되지 않는 경우의 예시

| 인정되는 경우의 예시<br>(법인세법 기본통칙 52-88…2) | 인정되지 않는 경우의 예시<br>(법인세법 기본통칙 52-88…3) |
|---|---|
| ① 특수관계인으로부터 영업권을 적정대가를 초과하여 취득한 때<br>② 주주 등이 부담하여야 할 성질의 것을 법인이 부담한 때<br>③ 주주 또는 출자자인 비영리법인에게 주식비율에 따라 기부금을 지급한 때<br>④ 사업연도기간 중에 가결산에 의하여 중간배당금 등의 명목으로 주주 등에게 금전을 지급한 때 (상법상 이사회 결의에 따른 중간배당의 경우 제외)<br>⑤ 대표자의 친족에게 무상으로 금전을 대여한 때(이 경우에는 대표자에게 대여한 것으로 본다) | ① 법인의 업무를 수행하기 위하여 초청된 외국인에게 사택 등을 무상으로 제공한 때<br>② 「채무자 회생 및 파산에 관한 법률」에 따른 범위 내에서 법정관리인에게 보수를 지급한 때<br>③ 「채무자 회생 및 파산에 관한 법률」에 따른 법정관리인이 법원의 허가를 받아 통상의 이율이나 요율보다 낮게 이자나 임대료를 받은 때<br>④ 건설공제조합이 조합원에게 대출하는 경우의 이자율이 금융기관의 일반대출 금리보다 낮은 경우로서 정부의 승인을 받아 이자율을 정한 때<br>⑤ 정부의 지시에 의하여 통상판매가격보다 낮은 가격으로 판매한 때<br>⑥ 특수관계인 간에 보증금 또는 선수금 등을 수수한 경우에 그 수수행위가 통상의 상관례의 범위를 벗어나지 아니한 때<br>⑦ 사용인(주주 등이 아닌 임원과 비소액주주 등인 임원 포함)에게 포상으로 지급하는 금품의 가액이 해당 사용인의 근속기간, 공적 |

| 인정되는 경우의 예시<br>(법인세법 기본통칙 52-88…2) | 인정되지 않는 경우의 예시<br>(법인세법 기본통칙 52-88…3) |
|---|---|
| ⑥ 연임된 임원에게 퇴직금을 지급한 때 | 내용, 월급여액 등에 비추어 적당하다고 인정되는 때<br>⑧ 사용인에게 자기의 제품이나 상품 등을 할인판매하는 경우로서 통상적인 수준일 것<br>⑨ 대리점으로부터 판매대리와 관련하여 보증금을 받고 해당 보증금에 대한 이자를 적정이자율을 초과하지 아니하는 범위내에서 지급하는 때<br>⑩ 특수관계인 간의 거래에서 발생된 외상매출금 등의 회수가 지연된 경우에도 사회통념 및 상관습에 비추어 부당함이 없다고 인정되는 때<br>⑪ 사용인이 부당유용한 공금을 보증인 등으로부터 회수하는 때(법에 의한 제반절차를 취했음에도 무재산으로 회수불능할 때 포함)<br>⑫ 특수관계인에 대한 가지급금 등의 채권액이「채무자 회생 및 파산에 관한 법률」에 따라 정리채권으로 동결된 때<br>⑬ 법인이 합병으로 인하여 취득하는 자기주식에 대하여 배당을 하지 아니하는 때<br>⑭ 법인이「국세기본법」제39조에 따른 제2차 납세의무자로서 특수관계인의 국세를 대신 납부하고 가지급금 등으로 처리한 경우<br>⑮ 법인이「근로자복지기본법」에 의한 우리사주조합의 조합원에게 자사주를 시가에 미달하는 가액으로 양도하는 경우. 다만, 금융지주회사의 자회사인 비상장법인이 해당 금융지주회사의 우리사주조합원에게 양도하는 경우에는 해당 법인의 종업원이 취득하는 경우에 한한다. |

## 03 판단기준

부당행위계산의 부인규정을 적용함에 있어서 그 판단기준이 되는 시가란 건전한 사회 통념 및 상관행과 특수관계인이 아닌 자간의 정상적인 거래에서 적용되거나 적용될 것으로 판단되는 가격(요율·이자율·임대료 및 교환 비율과 그 밖에 이에 준하는 것을 포함)을 말한다(법인세법 52 ②).

### (1) 일반적인 시가산정방법

해당 거래와 유사한 상황에서 해당 법인이 특수관계인 외의 **불특정다수인과 계속적으로 거래한 가격 또는 특수관계인이 아닌 제3자간에 일반적으로 거래된 가격**이 있는 경우에는 그 가격으로 한다. 다만, 주권상장법인이 발행한 주식을 다음의 어느 하나에 해당하는 방법*으로 거래한 경우 해당 주식의 시가는 그 거래일(거래소 휴장 중에 거래한 경우에는 그 거래일의 직전일)의 한국거래소 최종시세가액으로 한다(법인세법 시행령 89 ①).

① 증권시장 외에서 거래하는 방법
② 일정 수량 또는 금액 이상의 요건을 충족하는 경우에 한정하여 매매가 성립하는 대량매매 등의 방법

\* 2021.2.16. 이전 상장주식 거래분은 거래일의 최종시세가액을 시가로 보고, 2021.2.17. 개정 이후 거래분부터는 장내에서 대량매매 외의 방법으로 거래한 경우에는 해당 거래가격이 시가가 된다.
\* 최대주주 또는 최대출자자가 변경되거나, 최대주주 등 간의 거래에서 주식 등의 보유비율이 1% 이상 변동되는 사실상 경영권의 이전이 수반되는 경우 그 가액의 100분의 20을 가산하여 시가를 산정한다.

## (2) 시가가 불분명한 경우 시가산정방법

시가가 불분명한 경우에는 **다음 차례로 적용**하여 계산한 금액에 따른다.

| 적용순서 | 시가산정방법 |
|---|---|
| 1순위 | 「감정평가 및 감정평가사에 관한 법률」에 따른 감정평가법인 등이 감정한 가액(감정한 가액이 2 이상인 경우에는 그 평균액). 다만, 주식 등 및 가상자산은 제외한다. |
| 2순위 | 「상속세 및 증여세법」상 보충적평가액. 이 경우 비상장주식을 평가할 때 비상장주식을 발행한 법인이 보유한 상장주식의 평가금액은 평가기준일의 거래소 최종시세가액으로 한다.<br>• 토지 : 개별공시지가<br>• 주택 : 개별/공동주택가격<br>• 오피스텔 및 상업용건물 : 기준시가<br>• 상장주식 : 평가기준일 전·후 2개월간 공표된 거래소 최종시세가액의 평균액<br>• 비상장주식 : 순손익가치와 순자산가치의 가중평균액 등 |

\* 시가가 불분명한 주식 등 및 가상자산의 가액은 법 규정의 순서에 따라 먼저 감정평가법인 등의 감정가액을 적용하지 않고, 상속세 및 증여세법의 규정에 의하여 평가한 가액을 시가로 본다.
\* 가상자산에 대해 감정가액의 적용을 배제하는 것은 2022.1.1. 이후 거래하는 분부터 적용한다.

## (3) 금전의 대여·차용의 경우 시가산정방법

금전의 대여 또는 차용의 경우에는 위 (1), (2)에도 불구하고 가중평균차입이자율을 시가로 한다. 다만, 가중평균차입이자율의 적용이 불가능하거나 대여기간이 5년을 초과하는 대여금이 있거나, 과세표준 신고를 할 때 당좌대출이자율을 시가로 선택한 경우에는 당좌대출이자율을 시가로 한다(법인세법 시행령 89 ③).

\* 2016.3.7. 이후 부당행위계산의 부인 시 적용하는 당좌대출이자율은 4.6%이다(법인세법 시행규칙 43 ②).

* 당좌대출이자율을 시가로 선택한 경우에는 선택한 사업연도와 이후 2개 사업연도는 당좌대출이자율을 시가로 한다.
* 법인이 당좌대출이자율로 선택하여 3개 사업연도 적용 후 4차 사업연도에 당좌대출이자율로 신고한 경우에는 3개 사업연도가 지난 후 당좌대출이자율을 신규로 선택하여 신고한 것으로 보아 그 이후 2개 사업연도에 대해서도 계속 적용하여야 한다(법인세법 기본통칙 52-89…3).

## (4) 자산(금전 제외)·용역 제공할 경우 시가산정방법

자산·용역을 제공할 때 위 (1), (2)를 적용할 수 없는 경우에는 다음에 따라 계산한 금액을 시가로 한다(법인세법 시행령 89 ④).

| 구 분 | 시가산정방법 |
|---|---|
| 자산의 제공 | (당해 자산의 시가 × 50% − 전세금 또는 보증금) × 정기예금이자율* |
| 용역의 제공 | 당해 용역의 제공에 소요된 직·간접원가 × (1 + 수익률*) |

* 정기예금이자율은 법인세법 시행규칙 제6조에 의한 이자율로서 연간 1천분의 35를 말한다.

* 수익률 $= \dfrac{\text{기업회계기준에 따라 계산한 매출액} - \text{원가}}{\text{원가}}$

##  04 부당행위계산 부인의 세무조정

### (1) 소득금액의 재계산

부당행위계산에 해당하는 경우에는 **시가와의 차액 등을 익금에 산입**하여 당해 법인의 각 사업연도 소득금액을 계산한다(법인세법 시행령 89 ⑤). 부당행위계산의 부인으로 발생되는 소득의 처분은 당해 법인의 소득의 증감여부에 관계없이 귀속자를 기준으로 배당·상여·기타사외유출 또는 기타소득으로 소득처분한다(법인세법 기본통칙 67-106…8).

부당행위계산의 부인은 당해 법인의 과세소득 계산에만 영향을 미치고 거래상대방의 행위계산에는 미치지 않는다. 다만, 부당행위계산의 부인에 따른 시가와의 차액 등이 거래상대방에게 귀속되어 소득처분된 경우에는 상대방의 소득금액에 영향을 미칠 수는 있으나 이는 당해 법인의 행위계산을 부인한 결과일 뿐 상대방의 행위를 부인하는 것은 아니다.

* 특수관계 있는 법인간에 자산을 저가로 양도한 경우, 세부담이 감소한 양도법인의 소득금액만 재계산할 뿐 당해 거래의 효력에는 영향을 미치지 않는다. 즉, 특수관계법인간에 자산을 저가양수도한 경우 양수법인은 별도의 세무조정이나 회계처리가 필요 없다(법인 22601-2002, 1986.6.20.).

## (2) 사법상 효력에 미치는 영향

법인세법상 부당행위계산의 부인은 법인의 특수관계자와의 거래에 있어 정상적인 경제인의 합리적인 방법에 의하지 아니하고 조세부담을 부당하게 회피하거나 경감시켰다고 하는 경우에 과세권자의 입장에서 이를 부인하고 객관적이고 타당하다고 보여지는 소득이 있은 것으로 의제하는 제도이다. 그러므로 당사자 사이에 유효·적법하게 성립된 행위계산 자체의 사법상 효력을 부인하는 것은 아니다(대법원 97누8960, 1998.9.18.).

**제2절 가지급금 인정이자의 계산**

 **01 의의**

법인이 **특수관계인에게 금전 등을 무상 또는 시가(적정이자율)보다 낮은 이자율로 대부한 경우**에는 부당행위계산의 부인대상이 된다. 이 경우 시가는 세법상 적정이자율(가중평균이자율 또는 당좌대출이자율)에 의해 계산한 이자수익을 말하는데, 이를 '인정이자'라 한다. 즉 가지급금 인정이자의 계산은 인정이자와 실제 이자수익과의 차액을 익금에 산입*하고 귀속자에 따라 배당·상여 등으로 소득처분하는 것을 말한다.

\* 시가와 거래가액의 차액이 3억원 이상이거나 시가의 100분의 5에 상당하는 금액 이상인 경우에 한하여 부당행위계산부인을 적용한다(법인세법 시행령 88 ③).

 **02 가지급금의 범위**

인정이자 계산대상인 가지급금은 명칭여하에 불구하고 법인이 ① <u>특수관계인에게 지급한 실질적인 자금의 대여액</u>을 말한다. 이는 지급이자 손금불산입 대상이 되는 업무무관 가지급금과는 그 범위가 다르다. 업무무관 가지급금은 명칭여하에 불구하고 법인의 업무와 관련이 없는 자금의 대여액을 말하는 반면 ② <u>**업무관련성이 있더라도 적정이자를 수취하지 않으면**</u> 가지급금 인정이자 계산대상이 된다.

| 판단기준 | 인정이자 대상 가지급금 | 지급이자 손금불산입 대상 가지급금 |
|---|---|---|
| 자금의 대여 | 특수관계인에 대한 지급금액 | 특수관계인에 대한 지급금액 |
| 업무관련성 | 업무관련성 불문 | 업무무관 대여액 |
| 적정이자 수취 | 적정이자 수취 시 적용배제 | 적정이자 수취 불문 |

\* 특수관계인에게 대여금 명목으로 선급금을 지급하고 이자를 수령하지 아니한 행위는 부당행위계산부인에 해당한다(부산고등법원 2021누21255, 2021.10.15.).

\* 특수관계 있는 자에게 외상매출금 등의 회수가 지연되어 당해 매출채권이 실질적인 소비대차로 전환되는 것으로 인정되는 때에는 가지급금으로 보아 인정이자를 계산한다(서면2팀-29, 2005.1.5.).

\* 계속적·반복적으로 대금지급기일을 훨씬 경과하였음에도 상당하는 이자를 지급받지 않고 매출채권을 지연회수한 것은 건전한 사회통념이나 상관행에 비추어 경제적 합리성이 결여된 것으로 볼 수 있고, 특수관계 법인의 경영상 어려움을 매출채권 지연회수의 정당한 사유라고 보기 어렵다(조심 2019서2309, 2020.5.28.).

인정이자의 계산은 특수관계가 소멸하는 날까지 적용하는 것이며, 특수관계가 소멸한 이후에는 인정이자를 계산하지 아니한다. 인정이자를 계산함에 있어 동일인에 대하여 가지급금과 가수금이 함께 있는 경우에는 이를 상계한 금액으로 계산한다. 다만, 가수금에 대하여 별도로 상환기간 및 이자율 등에 관한 약정이 있어 가지급금과 상계할 수 없는 경우에는 이를 상계하지 아니하고 인정이자를 계산한다(법인세 집행기준 52-89-5 ②, ③).

상기 서술한 내용에도 불구하고 다음의 가지급금에 대해서는 인정이자 계산 규정을 적용하지 않는다(법인세 집행기준 52-89-6).

## (1) 미지급소득에 대한 소득세 대납액

소득세법 제131조 제1항 및 제135조 제3항에 따라 지급한 것으로 보는 배당소득 및 상여금에 대한 소득세(개인지방소득세와 미지급소득으로 인한 중간예납세액상당액을 포함)를 법인이 납부하고 이를 가지급금 등으로 계상한 금액(해당 소득을 실지로 지급할 때까지의 기간에 상당하는 금액에 한함)

$$미지급소득에\ 대한\ 소득세액\ =\ 종합소득\ 총결정세액\ \times\ \frac{미지급소득}{종합소득금액}$$

## (2) 국외투자법인 직원의 급여 지급액

국외에 자본을 투자한 내국법인이 해당 국외투자법인에 종사하거나 종사할 자의 여비·급료 기타 비용을 대신하여 부담하고 이를 가지급금 등으로 계상한 금액(그 금액을 실지로 환부받을 때까지의 기간에 상당하는 금액에 한함)

## (3) 우리사주조합원의 주식취득자금 대여액

법인이 우리사주조합 또는 그 조합원에게 해당 법인의 주식취득(조합원간에 주식을 매매하는 경우와 조합원이 취득한 주식을 교환하거나 현물출자함으로써 「독점규제 및 공정거래에 관한 법률」에 의한 지주회사 또는 「금융지주회사법」에 의한 금융지주회사의 주식을 취득하는 경우를 포함함)에 소요되는 자금을 대여한 금액(상환할 때까지의 기간에 상당하는 금액에 한함)

### (4) 국민연금법에 의한 퇴직금전환금

「국민연금법」에 의하여 근로자가 지급받은 것으로 보는 퇴직금전환금(해당 근로자가 퇴직할 때까지의 기간에 상당하는 금액에 한함)

### (5) 대표자 상여처분 금액에 대한 소득세 대납액

소득처분 시 귀속이 불분명하여 대표자에게 상여 처분한 금액에 대한 소득세를 법인이 납부하고 이를 가지급금으로 계상한 금액(특수관계가 소멸될 때까지의 기간에 상당하는 금액에 한함)

### (6) 월정급여액 범위 안의 가불금

직원에 대한 월정급여액의 범위 안에서의 일시적인 급료의 가불금

### (7) 직원 경조사비 또는 학자금 대여액

직원에 대한 경조사비 또는 학자금(자녀의 학자금을 포함)의 대여액

### (8) 중소기업 직원의 주택 구입 · 임차자금 대여액

중소기업에 근무하는 직원(지배주주 등인 직원 제외)에 대한 주택구입 또는 전세자금 대여액

### (9) 한국자산관리공사가 출자총액의 전액을 출자하여 설립한 법인에 대여한 금액

## 03 인정이자의 계산

> 인정이자 = 가지급금 등의 적수* × 적정이자율 × 1/365(윤년의 경우 1/366)

\* 가지급금 등의 적수 계산은 일별 적수계산방법에 따르며, 가지급금이 발생한 초일은 산입하고 가지급금이 회수된 날은 제외한다.

## (1) 적정이자율

| 원칙 | 가중평균이자율 = $\dfrac{\text{자금대여시점 현재 각각의 차입금 잔액} \times \text{차입 당시의 각각의 이자율}}{\text{해당 차입금잔액의 총액}}$<br>* 특수관계인으로부터의 차입금은 제외한다. |
|---|---|
| 예외 | 다음의 경우에는 당좌대출이자율(현행 4.6%)을 적용한다.<br>① (ㄱ) 특수관계인이 아닌 자로부터 차입한 금액이 없거나, (ㄴ) 차입금 전액이 불분명한 경우 또는 (ㄷ) 대여법인의 가중평균차입이자율이 차입법인의 가중평균차입이자율을 초과하여 해당 사업연도의 가중평균차입이자율이 없는 것으로 보는 경우에는 해당 대여금 또는 차입금에 한정하여 당좌대출이자율을 적용한다.<br>② 대여일(갱신일)부터 해당 사업연도 종료일까지의 기간이 5년을 초과하는 대여금이 있는 경우 해당 대여금 또는 차입금에 한정하여 당좌대출이자율을 적용한다.<br>③ 해당 법인이 법인세 신고와 함께 당좌대출이자율을 시가로 선택한 경우 선택한 사업연도와 이후 2개 사업연도는 당좌대출이자율을 적용한다. |

## (2) 익금산입액

인정이자(시가)와 실제 이자수취액과의 차액이 3억원 또는 인정이자의 5% 이상인 경우에 한하여 해당 차액을 익금에 산입하고 귀속자를 기준으로 배당·상여·기타사외유출 또는 기타소득으로 소득처분한다.

## 04 가지급금의 미수이자 관련 세무조정

### (1) 상환기간 및 이자율에 대한 약정이 있는 경우

가지급금에 대한 이자의 원칙적인 귀속시기는 이자지급 약정일이므로 상환기간 및 이자율 등에 관한 약정이 있는 경우 약정일이 속하는 사업연도에 미수이자(자산)를 계상할 수 있다. 그러나 가지급금 및 그 이자를 정당한 사유없이 다음의 날까지 회수하지 않은 경우 미수이자계상액을 익금불산입(△유보)하고 동시에 인정이자상당액을 익금산입하고 귀속자에 따라 소득처분한다.

| 구 분 | 회수기한 |
|---|---|
| ① 특수관계가 소멸되는 날까지 회수하지 않은 가지급금과 미수이자 | 특수관계가 소멸되는 날까지 |

| 구 분 | 회수기한 |
|---|---|
| ② 특수관계가 소멸되지 않은 경우로서 가지급금의 미수이자 | 이자발생일이 속하는 사업연도 종료일부터 1년이 되는 날까지 |

📈 **실무** ○

폐업일까지 미회수된 가지급금

해산 및 청산절차가 개시되지 않았다고 하더라도 <u>사업장이나 종업원 등 인적·물적 시</u><u>설이 존재하지 않아 회사의 실체가 없고, 영리를 목적으로 하는 사업을 계속하고 있지</u><u>않아 사실상 해산 또는 청산된 것과 다름없는</u> 상태에 이르렀는데도 해산 또는 청산이 이루어지지 않았다는 이유로 특수관계인에 대하여 장기간 세금을 부과할 수 없다면 청산절차가 종결된 법인에 비하여 불공평한 취급을 하게 되는 결과가 되어 조세평등의 원칙에 반하는 경우와 같은 특별한 사정이 있는 경우에는 <u>폐업 시에 특수관계가 소멸 하</u><u>였다고 볼 수 있다</u>(대법원 2014두8377, 2014.9.16.).

## (2) 상환기간 및 이자율에 대한 약정이 없는 경우

법인이 특수관계인간의 금전거래에 있어서 상환기간 및 이자율 등에 대한 약정이 없는 대여금 및 가지급금 등에 대하여 결산상 미수이자를 계상한 경우에도 해당 미수이자는 익금불산입하고, 가지급금 인정이자를 계산하여 인정이자상당액을 익금에 산입하고 귀속자에 따라 소득처분한다(법인세 집행기준 52-89-7).

* 특수관계법인간 대여금 회수 포기시 인정이자 계산(법인세 집행기준 52-89-8)
  특수관계법인간 대여금의 회수를 포기하고 대손 처리한 경우에는 대손금의 손금처리를 부인하고, 채무자에게는 채무면제이익으로 익금산입하며, 포기이후부터는 지급이자의 부인 및 인정이자의 익금산입을 하지 아니한다.

법인세법상 부당행위계산의 부인에 관한 설명으로 옳지 않은 것은?　2019 CTA 1차 수정

① 내국법인의 행위 또는 소득금액의 계산이 특수관계인과의 거래로 인하여 그 법인의 소득에 대한 조세의 부담을 부당하게 감소시킨 것으로 인정되는 경우에는 그 법인의 행위 또는 소득금액의 계산과 관계없이 그 법인의 각 사업연도의 소득금액을 계산한다.

② 부당행위계산에 있어서의 시가란 건전한 사회통념 및 상관행과 특수관계인이 아닌 자 간의 정상적 거래에서 적용되거나 적용될 것으로 판단되는 가격을 말한다.

③ 토지의 시가가 불분명한 경우로 「감정평가 및 감정평가사에 관한 법률」에 의한 감정평가업자가 감정한 가액이 2 이상인 경우에는 그 감정한 가액의 평균액을 적용한다.

④ 특수관계인에 대한 금전 대여의 경우 대여기간이 5년을 초과하는 대여금이 있으면 해당 대여금에 한정하여 가중평균차입이자율을 시가로 한다.

⑤ 특수관계인에게 자산을 무상 또는 시가보다 낮은 가액으로 양도하는 경우에는 시가와 거래가액의 차액이 3억원 이상이거나 시가의 100분의 5에 상당하는 금액 이상인 경우에 한하여 부당행위계산의 부인규정을 적용한다.

풀이 ④

　　특수관계인에 대한 금전 대여의 경우 대여기간이 5년을 초과하는 대여금이 있으면 해당 대여금에 한정하여 당좌대출이자율을 시가로 한다.

제 **9** 장

# 과세표준과 세액의 계산

내국법인의 각 사업연도의 소득에 대한 법인세의 과세표준은 각 사업연도의 소득의 범위에서 이월결손금, 비과세소득, 소득공제액을 차례로 공제한 금액으로 한다(법인세법 13 ①). 과세표준을 계산할 때 비과세소득 및 소득공제액은 해당 사업연도의 다음 사업연도 이후로 이월하여 공제할 수 없다(법인세법 13 ②).

「법인세과세표준 및 세액조정계산서」일부

| ②<br>과<br>세<br>표<br>준<br>계<br>산 | ⑱ 각 사업연도소득금액<br>(⑱=⑯) | | | … 이월공제 가능 |
|---|---|---|---|---|
| | ⑲ 이 월 결 손 금 | 07 | | … 이월공제 가능 |
| | ⑩ 비 과 세 소 득 | 08 | | … 이월공제 불가 |
| | ⑪ 소 득 공 제 | 09 | | … 이월공제 불가 |
| | ⑫ 과 세 표 준<br>(⑱ − ⑲ − ⑩ − ⑪) | 10 | | … 이월결손금, 비과세소득, 소득공제액을<br>차례로 공제한 금액 |

## 01 결손금

내국법인의 각 사업연도의 결손금은 그 사업연도에 속하는 손금의 총액이 그 사업연도에 속하는 익금의 총액을 초과하는 경우에 그 초과하는 금액을 말하고, 해당 결손금이 다음 사업연도로 이월된 경우에는 '이월결손금'이라 한다(법인세법 14 ②, ③). ⇨ 기업회계상의 결손금(비용 − 수익)이 아닌 세무상의 결손금(손금 − 익금)을 말한다.

법인세법은 법인의 소득을 계산하는 과세기간인 사업연도를 기준으로 과세하므로 법인의 존속기간 동안 전체소득은 동일하더라도 소득의 발생이 불규칙하여 특정 사업연도에 결손금이 발생하는 법인은 소득의 발생이 규칙적인 법인에 비해 법인세 부담이 커지게 되는 과세 불평등이 초래된다. 이러한 기간과세제도의 문제점을 완화하기 위해 법인세법은 특정 사업연도에 발생한 결손금에 대해 소급공제와 이월공제의 두 가지 결손금 공제제도를 두고 있다. 결손금이 발생하는 경우 소급공제를 먼저 (선택)적용하고 잔존액은 이월공제를 위하여 차기 이후로 이월된다.

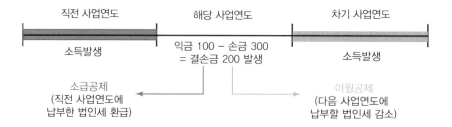

| 직전 사업연도 | 해당 사업연도 | 차기 사업연도 |
|---|---|---|
| 소득발생 | 익금 100 − 손금 300<br>= 결손금 200 발생 | 소득발생 |
| 소급공제<br>(직전 사업연도에<br>납부한 법인세 환급) | | 이월공제<br>(다음 사업연도에<br>납부할 법인세 감소) |

## (1) 결손금 소급공제(carry - back)

해당 사업연도에 발생한 결손금을 1년간 소급공제하여 직전 사업연도 소득에서 공제하는 방법으로 직전 사업연도에 이미 납부한 법인세를 환급받게 된다.

### 1) 적용요건

결손금 소급공제에 의한 법인세 환급은 다음의 요건을 모두 충족한 경우에 한하여 적용한다(법인세 집행기준 72 - 110 - 1 ①).

① 「조세특례제한법 시행령」 제2조에 의한 중소기업에 해당하는 법인이어야 한다.
② 직전 사업연도의 소득에 대하여 과세된 법인세액이 있어야 하며, 해당 사업연도에는 결손금이 발생해야 한다.
③ 직전 사업연도와 결손금이 발생한 사업연도의 법인세의 과세표준 및 세액을 각각 정기신고한 경우이어야 한다.
④ 결손금이 발생한 사업연도의 법인세 신고기한까지 환급신청을 해야 한다.

\* 법인세 신고기한 내에 "소급공제 법인세액 환급신청서"를 제출하지 않은 경우, 해당 결손금은 차기로 이월되고 경정 등의 청구에 의하여 소급공제하지 않는다(법인세 집행기준 72 - 110 - 1 ③).

### 2) 환급세액 = Min(①, ②)

---

① 환급세액 = 직전 사업연도의 법인세 산출세액\* − (직전 사업연도 과세표준 − 소급공제 결손금액\*) × 직전 사업연도의 법인세율
② 한도(직전 사업연도 법인세액) = 직전 사업연도의 법인세 산출세액 − 직전 사업연도의 공제 또는 감면세액

---

\* '직전 사업연도의 법인세 산출세액'에서 토지 등 양도소득에 대한 법인세는 제외한다.
\* '소급공제 결손금액'은 직전 사업연도의 과세표준을 한도로 한다.

## 3) 환급

납세지 관할세무서장은 소급공제 환급신청을 받으면 지체 없이 환급세액을 결정하여 환급금의 결정일부터 30일 내에 환급하여야 하며, 환급이 지연되는 경우에는 국세환급가산금을 가산하여 지급하여야 한다(법인세법 72 ③, 국세기본법 51, 52).

* 환급가산금의 이자율은 기획재정부령으로 정하는 이자율로서 현재 연 1천분의 35를 말한다.

## 4) 환급세액의 추징

납세지 관할세무서장은 다음의 어느 하나에 해당되는 경우에는 환급세액에 이자상당액을 가산한 금액을 해당 결손금이 발생한 사업연도의 법인세로서 징수한다(법인세법 72 ⑤). 다만, 결손금 중 그 일부 금액만을 소급공제받은 경우에는 소급공제받지 아니한 결손금이 먼저 감소된 것으로 본다(법인세법 시행령 110 ③, ④).

① 결손금 소급공제에 의하여 법인세를 환급한 후 **결손금이 발생한 사업연도에 대한 법인세의 과세표준과 세액을 경정함으로써 결손금이 감소된 경우**(감소된 결손금에 상당하는 환급세액)
② 결손금이 발생한 사업연도의 **직전 사업연도에 대한 법인세의 과세표준과 세액을 경정함으로써 환급세액이 감소된 경우**
③ 중소기업에 해당하지 아니하는 법인이 법인세를 환급받은 경우

$$추징세액 = ㉠ + ㉡$$

㉠ 환급추징세액 $=$ 당초 환급세액 $\times$ $\dfrac{\text{감소된 결손금} - \text{소급공제받지 않은 결손금}}{\text{소급공제받은 결손금액}}$

㉡ 이자상당액 $=$ 환급추징세액 $\times$ 일수 $\times$ 22/100,000

* 일수 : 당초 환급세액의 통지일의 다음날부터 고지일까지의 기간
* 납세자가 법인세액을 과다하게 환급받는데 정당한 사유가 있는 때에는 국세환급가산금의 이자율(현재 연 1천분의 35)을 적용한다.

## 5) 환급세액의 재결정

결손금 소급공제에 의한 환급을 받은 법인이 경정으로 인하여 직전 사업연도의 법인세 과세표준금액이 증가한 경우 또는 결손금이 발생한 사업연도의 결손금이 증가된 경우에는 경정청구 절차에 따라 추가로 환급 신청을 할 수 있다. 다만, 당초부터 환급 신청서를 제출하지 아니한 경우는 제외한다(법인세 집행기준 72-110-4).

## (2) 결손금 이월공제(carry-over)

해당 사업연도에 발생한 결손금을 이월하여 다음 사업연도 이후에서 발생하는 사업연도 소득에서 공제하도록 하는 방법이다.

### 1) 공제대상 결손금

법인세 과세표준 계산 시 공제가능한 이월결손금은 ① 각 사업연도의 개시일 전 15년* 이내에 개시한 사업연도에서 발생한 결손금으로서 그 후의 각 사업연도의 과세표준 계산시 공제되지 않은 금액*으로 하며, ② 정기신고·수정신고하거나 과세관청에 의해 결정·경정되어 과세표준에 포함된 결손금을 말한다.

* 결손금의 이월공제기간

| 결손금 발생 사업연도 | 공제기간 |
|---|---|
| 2020.1.1. 이후에 개시한 사업연도 | 15년 |
| 2009.1.1.~ 2019.12.31. 이전에 개시한 사업연도 | 10년 |

* 각 사업연도의 과세표준계산에 있어서 공제된 것으로 보는 결손금과 공제된 것으로 보지 아니하는 결손금을 예시하면 다음과 같다(법인세 집행기준 13-10-1).

| 공제된 것으로 보는 결손금 | 공제된 것으로 보지 않는 결손금 |
|---|---|
| 1. 채무의 출자전환에 따른 주식발행액면초과액 중 시가를 초과하는 금액으로서 해당 사업연도에 익금에 산입하지 아니하고 그 이후의 사업연도에 발생한 결손금의 보전에 충당한 경우 그 충당된 결손금<br>2. 무상으로 받은 자산의 가액 및 채무의 면제 또는 소멸에 따른 부채의 감소액으로 충당된 이월결손금<br>3. 중소기업이 직전 사업연도의 소득에서 소급하여 공제받은 결손금 | 1. 법인세가 과세되지 않은 자본잉여금(주식발행액면초과액, 감자차익·합병차익 및 분할차익)으로 충당된 이월결손금 |

* 폐업한 후 사업을 재개한 법인의 각 사업연도 소득에 대한 법인세의 과세표준을 계산함에 있어서 공제기한이 경과하지 아니한 폐업 전 사업연도의 결손금은 각 사업연도의 소득의 범위 안에서 공제할 수 있다.
* 개인이 영위하던 사업을 포괄적으로 현물출자하여 법인으로 전환하거나 법인에게 포괄적으로 양도하는 경우 개인사업에서 발생한 결손금은 해당 법인의 법인세 과세표준 계산에 있어서 공제되지 아니한다.

### 2) 공제한도

이월결손금에 대한 공제는 각 사업연도 소득의 100분의 80을 한도*로 하고, 중소기업과 회생계획을 이행 중인 기업 등*은 100분의 100을 한도로 한다(법인세법 13 ① 단서). 또한 결손금을 공제할 때에는 먼저 발생한 사업연도의 결손금부터 차례대로 공제한다.

* 개별납세방식을 적용하는 내국법인(중소기업 등 제외)의 이월결손금 공제 한도
  · 2023.1.1. 이후 : 각 사업연도 소득금액의 80%
  · 2019.1.1. 이후 : 각 사업연도 소득금액의 60%

- 2018.1.1.~2018.12.31. : 각 사업연도 소득금액의 70%
- 2016.1.1.~2017.12.31. : 각 사업연도 소득금액의 80%
- 2015.12.31. 이전 : 각 사업연도 소득금액의 100%

* 각 사업연도의 소득의 100%를 이월결손 공제한도로 하는 '회생계획을 이행 중인 기업 등'은 다음 어느 하나에 해당하는 법인을 말한다(법인세법 시행령 10 ①).
  1. 회생계획·기업개선계획 등을 이행 중인 법인
  2. 유동화전문회사 등
  3. 조세특례제한법 제74조 중 수익사업소득을 전액 고유목적사업준비금으로 손금산입하는 비영리내국법인

### 3) 공제배제

① 당기순이익 과세를 적용받는 조합법인은 이월결손금을 공제할 수 없다. 다만, 당기순이익 과세법인이 당기순이익 과세포기 등의 사유로 당기순이익 과세법인에서 제외된 경우에는 당기순이익 과세법인에서 제외된 사업연도 이후에 발생한 결손금에 대하여만 이월결손금으로 공제한다.

② 법인의 각 사업연도의 소득에 대한 법인세의 과세표준과 세액을 추계결정 또는 경정하는 경우(천재지변 등으로 장부나 그 밖의 증명서류가 멸실되어 추계하는 경우 제외)에는 이월결손금공제를 적용하지 않는다. 그러나, 법인세의 과세표준과 세액을 추계결정 또는 경정함에 따라 공제되지 않은 이월결손금은 차기 이후의 사업연도 소득금액에서 공제할 수 있다(법인세법 시행규칙 4 ②).

## 02 비과세소득

비과세소득은 조세정책적 목적으로 국가가 과세권을 포기한 소득을 말하며, 비과세소득에 대해 법인세법과 조세특례제한법에서 규정하고 있다.

| 구 분 | 비과세소득 | 규 정 |
|---|---|---|
| (1) 법인세법 | 「공익신탁법」에 따른 공익신탁의 신탁재산* | 법인세법 제51조 |
| (2) 조세특례제한법 | ① 벤처투자회사 등의 주식양도차익 등에 대한 비과세 | 조세특례제한법 제13조 |
| | ② 벤처투자회사 등의 소재·부품·장비전문기업 주식양도차익 등에 대한 비과세 | 조세특례제한법 제13조의4 |

* 비과세소득으로 열거되어 있는 '공익신탁'이란 공익사업을 목적으로 하는 신탁법에 따른 신탁으로서 법무부장관의 인가를 받은 신탁을 말한다(법인세 집행기준 51-0-1).

# 03 소득공제

소득공제는 조세정책적 목적으로 특정한 소득에 대해 과세소득의 일부를 과세표준에서 공제하는 것을 말하며, 소득공제에 대해 법인세법과 조세특례제한법에서 규정하고 있다.

## (1) 법인세법상 소득공제

유동화전문회사 등은 다음과 같은 요건을 충족한 경우 일정한 금액을 해당 사업연도의 소득금액에서 공제할 수 있다(법인세법 51의2). 유동화전문회사 등에 대한 소득공제를 적용받고자 하는 법인은 법인세 과세표준신고와 함께 소득공제신청서에 해당 배당소득에 대한 실질귀속자(해당 소득과 관련하여 법적 또는 경제적 위험을 부담하고 그 소득을 처분할 수 있는 권리를 가지는 등 그 소득에 대한 소유권을 실질적으로 보유하고 있는 자)별 명세를 첨부하여 납세지 관할세무서장에게 제출해야 한다(법인세법 시행령 86의3 ⑨).

| 구 분 | 내 용 |
|---|---|
| (1) 대상법인 | 1. 「자산유동화에 관한 법률」에 따른 유동화전문회사<br>2. 「자본시장과 금융투자업에 관한 법률」에 따른 투자회사, 투자목적회사, 투자유한회사, 투자합자회사(경영참여형 사모집합투자기구는 제외) 및 투자유한책임회사<br>3. 「기업구조조정 투자회사법」에 따른 기업구조조정투자회사<br>4. 「부동산투자회사법」에 따른 기업구조조정부동산투자회사 및 위탁관리부동산투자회사<br>5. 「선박투자회사법」에 따른 선박투자회사<br>6. 「민간임대주택에 관한 특별법」 또는 「공공주택 특별법」에 따른 특수 목적 법인<br>7. 「문화산업진흥 기본법」에 따른 문화산업전문회사<br>8. 「해외자원개발 사업법」에 따른 해외자원개발투자회사 |
| (2) 공제요건 | 배당가능이익의 90% 이상을 배당하는 경우<br>* 소득공제 대상 배당에는 현금배당과 주식배당을 모두 포함한다. 이 경우 재무제표상 배당가능이익의 한도를 초과하여 관련법령에 따라 배분하는 경우를 포함한다. |
| (3) 공제금액 | • 다음과 같이 계산한 배당가능이익의 90% 이상을 배당하는 경우 그 배당금액<br><br>$$\text{배당가능이익} = \text{당기순이익} + \text{이월이익잉여금} - \text{이월결손금} - \text{상법에 따라 적립한 이익준비금}$$<br><br>* '당기순이익'은 기업회계기준에 의하여 작성한 재무제표상의 법인세비용 차감 후 당기순이익을 말한다.<br>* 당기순이익, 이월이익잉여금 및 이월결손금 중 유가증권평가에 따른 손익은 제외하되, 투자회사 등의 집합투자재산의 평가손익에 대하여는 제외하지 않는다.<br>* 배당가능이익에서 법인세법 제18조 제8호에 따른 자본준비금을 감액하여 받은 배당은 제외한다. |

| 구 분 | 내 용 |
|---|---|
| | • 배당금액이 해당 사업연도의 소득금액에서 이월결손금과 이월공제배당금액을 뺀 금액(음수인 경우 0으로 한다)을 초과하는 경우에는 그 초과하는 금액(당기분 및 전기 미공제 이월분)을 해당 사업연도의 다음 사업연도 개시일부터 5년 이내에 끝나는 각 사업연도로 이월하여 그 이월된 사업연도의 소득금액에서 공제할 수 있다.<br>  * 이월된 사업연도에 배당가능이익의 90% 이상을 배당하는 경우에 그 이월된 금액을 공제할 수 있다.<br>  * 이월공제배당금액을 해당 사업연도의 소득금액에서 공제하는 경우에는 다음의 방법에 따라 공제한다.<br>    1. 이월공제배당금액을 해당 사업연도의 배당금액보다 먼저 공제할 것<br>    2. 이월공제배당금액이 둘 이상인 경우에는 먼저 발생한 이월공제배당금액부터 공제할 것 |
| (4) 공제시기 | 해당 배당을 결의한 잉여금 처분의 대상이 되는 사업연도에 적용<br>* 배당소득공제 대상법인이 배당가능이익의 90% 이상을 배당처분 결의하고, 해당 배당금을 미지급금으로 계상한 경우에도 해당 잉여금 처분의 대상이 되는 사업연도에 소득공제를 적용한다. |
| (5) 공제배제 | 1. 배당을 받은 주주 등에 대하여 그 배당에 대한 소득세 또는 법인세가 비과세되는 경우<br>2. 배당을 지급하는 내국법인이 다음의 요건에 모두 해당하는 경우<br>  ㉠ 사모방식으로 설립된 법인일 것<br>  ㉡ 개인 2인 이하 또는 개인 1인 및 그 친족이 발행주식총수 또는 출자총액의 95% 이상의 주식 등을 소유하는 법인일 것. 다만, 개인 등에게 배당 및 잔여재산의 분배에 관한 청구권이 없는 경우를 제외한다. |

* 외국법인의 국내사업장은 자산유동화전문회사인 경우에도 배당소득에 대한 소득공제를 받을 수 없다 (법인세 집행기준 51의2-86의3-2).

## (2) 조세특례제한법상 소득공제

| 구 분 | 내 용 |
|---|---|
| 자기관리 부동산투자회사 등에 대한 과세특례 (조세특례제한법 제55조의2) | 자기관리 부동산투자회사가 2021년 12월 31일 이전에 1) 다음의 어느 하나에 해당하는 주택을 신축하거나 2) 취득당시 입주된 사실이 없는 다음의 어느 하나에 해당하는 주택을 매입하여 임대업을 경영하는 경우에는 그 임대업으로부터 최초로 소득이 발생한 사업연도(임대사업 개시일부터 5년이 되는 날이 속하는 사업연도까지 그 사업에서 소득이 발생하지 아니하는 경우에는 5년이 되는 날이 속하는 사업연도)와 그 다음 사업연도 개시일부터 8년(②에 해당하는 주택은 5년) 이내에 끝나는 사업연도까지 해당 주택의 임대로 발생한 임대소득금액의 100%를 각 사업연도의 소득금액에서 공제한다. <br> ① 공공지원민간임대주택 또는 장기일반민간임대주택으로서 연면적(공동주택은 전용면적)이 85㎡ 이하인 주택 <br> ② 위 ①에 해당하지 아니하는 주택으로서 연면적(공동주택은 전용면적)이 149㎡ 이하인 주택 |
| 프로젝트금융투자회사에 대한 소득공제 (조세특례제한법 제104조의31) | 법인세법 제51조의2 규정에 따른 투자회사와 유사한 투자회사로서 요건*을 모두 갖춘 법인이 2025년 12월 31일 이전에 끝나는 사업연도에 대하여 배당가능이익의 100분의 90 이상을 배당한 경우 그 배당금액은 해당 배당을 결의한 잉여금 처분의 대상이 되는 사업연도의 소득금액에서 공제한다. <br> * 다음의 요건을 모두 갖춘 법인을 말한다. <br> ① 회사 자산을 설비투자, 사회간접자본 시설투자, 자원개발, 그 밖에 상당한 기간과 자금이 소요되는 특정사업에 운용하고 그 수익을 주주에게 배분하는 회사일 것 <br> ② 본점 외의 영업소를 설치하지 아니하고 직원과 상근하는 임원을 두지 않을 것 <br> ③ 한시적으로 설립된 회사로서 존립기간이 2년 이상일 것 <br> ④ 상법이나 그 밖의 법률의 규정에 따른 주식회사로서 발기설립의 방법으로 설립할 것 <br> ⑤ 발기인, 이사, 감사가 일정한 요건을 충족할 것 <br> ⑥ 자본금 규모, 자산관리업무와 자금관리업무의 위탁 및 설립신고 등에 관하여 일정한 요건을 갖출 것 |

내국법인의 각 사업연도의 소득에 대한 법인세 산출세액은 과세표준에 세율(토지 등 양도소득에 대한 법인세액 및 투자·상생협력 촉진을 위한 과세특례를 적용하여 계산한 법인세액이 있으면 이를 합한 금액으로 함)을 적용하여 계산한 금액을 말한다(법인세법 55 ①).

「법인세과세표준 및 세액조정계산서」 일부

| ③신출세액계산 | | | |
|---|---|---|---|
| | ⑬ 과 세 표 준(⑫+⑲) | 56 | |
| | ⑭ 세　　　　　율 | 11 | … 9~24% 4단계 초과누진세율 |
| | ⑮ 산　출　세　액 | 12 | |

## 01 법인세율

| 과세표준 | 세 율 | |
|---|---|---|
| | 일반 내국법인 | 성실신고확인대상 소규모 법인* |
| 2억원 이하 | 과세표준 × 9% | 과세표준 × 19% |
| 2억원 초과 200억원 이하 | 1천8백만원 + (과세표준 - 2억원) × 19% | |
| 200억원 초과 3천억원 이하 | 37억8천만원 + (과세표준 - 200억원) × 21% | 37억8천만원 + (과세표준 - 200억원) × 21% |
| 3천억원 초과 | 625억8천만원 + (과세표준 - 3천억원) × 24% | 625억8천만원 + (과세표준 - 3천억원) × 24% |

\* '성실신고확인대상 소규모 법인'이란 부동산임대업을 주된 사업으로 하는 등 다음 요건을 모두 갖춘 법인을 말한다(법인세법 60의 2 ① (1)).

　㉠ 해당 사업연도 종료일 현재 내국법인의 지배주주등이 보유한 주식등의 합계가 해당 내국법인의 발행주식총수 또는 출자총액의 100분의 50을 초과할 것

　㉡ 해당 사업연도에 부동산 임대업을 주된 사업으로 하거나 다음 가.~다.의 금액 합계가 기업회계기준에 따라 계산한 매출액(가.부터 다.까지에서 정하는 금액이 포함되지 않은 경우에는 이를 포함하여 계산함)의 100분의 50 이상일 것

가. 부동산 또는 부동산상의 권리의 대여로 인하여 발생하는 수입금액(「조세특례제한법」 제138조 제1
　　항에 따라 익금에 가산할 금액을 포함)
나. 「소득세법」 제16조 제1항에 따른 이자소득의 금액
다. 「소득세법」 제17조 제1항에 따른 배당소득의 금액
　ⓒ 해당 사업연도의 상시근로자 수가 5명 미만일 것

 **사업연도가 1년 미만인 경우**

　사업연도가 1년 미만인 내국법인의 각 사업연도의 소득에 대한 법인세는 다음과 같이 산
출세액을 계산한다(법인세법 55 ②).

$$\text{산출세액} = \left( \text{과세표준} \times \frac{12}{\text{사업연도의 월수}} \right) \times \text{세율} \times \frac{\text{사업연도의 월수}}{12}$$

\* 월수는 태양력에 따라 계산하되, 1개월 미만의 일수는 1개월로 한다(법인세법 시행령 92).

　즉, 법인의 사업연도가 1년 미만인 경우에는 해당 사업연도의 과세표준을 1년으로 환산
하여 세액을 계산하고, 그 세액을 다시 해당 사업연도의 월수로 환산하여 산출세액을 계산
한다. 이는 정관 등에서 사업연도를 1년 미만으로 정하는 경우, 중도에 사업연도를 변경하
거나 또는 신설법인 등의 경우에 사업연도가 다름에 따라 산출세액이 달리 계산되어 과세
불평등이 발생하지 않도록 하기 위함이다.

〈사례〉 법인세 산출세액 계산
A법인의 제7기(1.1~12.31.) 사업연도의 과세표준이 2억4천만원이고, B법인의 제1기(7.
9.~12.31.) 사업연도의 과세표준은 1억2천만원이다. 각 법인의 산출세액은?
단, A법인은 법인세법 제60조의2 제1항 제1호에 해당하는 내국법인이 아니다.

[정답] 80,000,000원,
　　　A법인의 산출세액 = 1천8백만원 + (2억4천만원 － 2억원) × 19% = 25,600,000원
　　　B법인의 산출세액 = [1천8백만원 + (1억2천만원 × 12/6 － 2억원) × 19%] × 6/12
　　　　　　　　　　　 = 12,800,000원
(비교) B법인의 과세표준을 1년으로 환산하지 않는 경우 산출세액은 10,800,000원(＝1억2천만원 × 9%)
　　　으로 환산한 경우의 산출세액에 비해 2백만원의 차이가 발생한다.

## 01 차감납부할세액의 계산

차감납부할세액은 산출세액에서 세액감면과 세액공제를 적용하고 가산세가 있으면 가산한 후 기납부세액을 차감하여 계산한다.

「법인세과세표준 및 세액조정계산서」 일부

| | | | | | | | | |
|---|---|---|---|---|---|---|---|---|
| ④ 납 부 할 세 액 계 산 | | ⑳ 산 출 세 액(⑳ = ⑲) | | | | | | |
| | | ㉑ 최 저 한 세 적 용 대 상 공 제 감 면 세 액 | 17 | | | | | |
| | | ㉒ 차 감 세 액 | 18 | | | | | |
| | | ㉓ 최 저 한 세 적 용 제 외 공 제 감 면 세 액 | 19 | | | | | |
| | | ㉔ 가 산 세 액 | 20 | | | | | |
| | | ㉕ 가 감 계(㉒ − ㉓+㉔) | 21 | | | | | |
| | 기 납 부 세 액 | 기 한 내 납 부 세 액 | ㉖ 중 간 예 납 세 액 | 22 | | | | | |
| | | | ㉗ 수 시 부 과 세 액 | 23 | | | | | |
| | | | ㉘ 원 천 납 부 세 액 | 24 | | | | | |
| | | | ㉙ 간접투자회사등의 외 국 납 부 세 액 | 25 | | | | | |
| | | | ㉚ 소 계 (㉖ + ㉗ + ㉘+㉙) | 26 | | | | | |
| | | ㉛ 신고납부전가산세액 | 27 | | | | | |
| | | ㉜ 합 계(㉚+㉛) | 28 | | | | | |
| | | ㉝ 감 면 분 추 가 납 부 세 액 | 29 | | | | | |
| | | ㉞ 차 감 납 부 할 세 액 (㉕ − ㉜+㉝) | 30 | | | | | |

## 02 감면 및 세액공제의 적용순위

법인세의 감면에 관한 규정과 세액공제에 관한 규정이 동시에 적용되는 경우 그 적용순위는 별도의 규정이 있는 경우를 제외하고는 다음에 의한다(법인세법 59 ①).

| 적용순위 | 감면 및 세액공제 |
|---|---|
| 1순위 | 세액감면(면제 포함) ⇨ **이월감면 규정 없음** |
| 2순위 | 이월공제가 인정되지 않는 세액공제 |
| 3순위 | 이월공제가 인정되는 세액공제 |
| 4순위 | 사실과 다른 회계처리에 기인한 경정에 따른 세액공제 |

* 세액감면과 이월공제가 인정되지 않는 세액공제의 합계액이 법인이 납부할 법인세액(토지 등 양도소득에 대한 법인세액, 투자·상생협력 촉진을 위한 과세특례를 적용하여 계산한 법인세액 및 가산세 제외)을 초과하는 때에는 그 초과하는 금액은 없는 것으로 본다.
* 이월된 미공제액이 함께 있는 때에는 이월된 미공제액을 먼저 공제한다.

「조세특례제한법」상 최저한세가 적용되는 감면 등과 그 밖의 감면 등이 동시에 적용되는 경우 최저한세가 적용되는 감면 등을 먼저 적용한다(조세특례제한법 132 ③, 법인세 집행기준 59-0-1).

## 제4절 세액감면

## 01 의의

'세액감면'은 조세정책적 목적으로 일정한 요건을 만족하는 경우 산출세액을 기준으로 일정한 비율을 산출세액에서 감액하는 것을 말한다.

## 02 감면세액의 계산

세액감면 또는 면제를 하는 경우 그 감면 또는 면제되는 세액은 별도의 규정이 있는 경우를 제외하고는 산출세액(토지 등 양도소득에 대한 법인세액, 투자·상생협력 촉진을 위한 과세특례를 적용하여 계산한 법인세액은 제외)에 그 감면 또는 면제되는 소득이 과세표준에서 차지하는 비율(100분의 100을 한도로 함) 및 감면율을 곱하여 산출한 금액으로 한다 (법인세법 59 ②).

$$감면세액 = 산출세액^* \times \frac{감면대상소득금액 - 공제액\ 등^*}{과세표준} \times 감면율$$

* '산출세액'은 토지 등 양도소득에 대한 법인세액, 투자·상생협력 촉진을 위한 과세특례를 적용하여 계산한 법인세액은 제외한다.
* '공제액 등'이란 각 사업연도의 과세표준 계산 시 공제한 이월결손금·비과세소득·소득공제액이 있는 경우 다음의 금액을 말한다.
  1. 공제액 등이 감면사업에서 발생한 경우 : 공제액 전액
  2. 공제액 등이 감면사업에서 발생한 것인지의 여부가 불분명한 경우 : 공제액 등 $\times \dfrac{감면소득}{각\ 사업연도소득}$

## 03 세액감면의 종류

현행 세액감면은 조세특례제한법에서 다음과 같이 열거하고 있다.

| 구 분 | 세액감면 | 감면비율 | 규정 |
|---|---|---|---|
| (1) 감면기간 있음(5년 또는 7년) | ① 창업중소기업 등에 대한 세액감면 | 5년간 50%·75%·100% | 조세특례제한법 6 |
| | ② 연구개발특구에 입주하는 첨단기술기업 등에 대한 법인세 등의 감면 | 3년간 100% 2년간 50% | 조세특례제한법 12의2 |
| | ③ 공공기관이 혁신도시 등으로 이전하는 경우 법인세 등 감면 | 3년간 100% 2년간 50% | 조세특례제한법 62 |
| | ④ 수도권 밖으로 공장을 이전하는 기업에 대한 세액감면 등 | 7년(5년)간 100% 3년(2년)간 50% | 조세특례제한법 63 |
| | ⑤ 수도권 밖으로 본사를 이전하는 법인에 대한 세액감면 등 | 7년(5년)간 100% 3년(2년)간 50% | 조세특례제한법 63의2 |
| | ⑥ 농공단지 입주기업 등에 대한 세액감면 | 5년간 50% | 조세특례제한법 64 |
| | ⑦ 농업회사법인에 대한 법인세의 면제 등 | 5년간 50% | 조세특례제한법 68 ① |
| | ⑧ 사회적기업 및 장애인 표준사업장에 대한 법인세 등의 감면 | 3년간 100% 2년간 50% | 조세특례제한법 85의6 |
| | ⑨ 위기지역 창업기업에 대한 법인세 등의 감면 | 5년간 100% 2년간 50% | 조세특례제한법 99의9 |
| | ⑩ 해외진출기업의 국내복귀에 대한 세액감면 | 7년(3년)간 100% 3년(2년)간 50% | 조세특례제한법 104의24 |
| | ⑪ 제주첨단과학기술단지입주기업에 대한 법인세 등의 감면 | 3년간 100% 2년간 50% | 조세특례제한법 121의8 |
| | ⑫ 제주투자진흥지구 또는 제주자유무역지역 입주기업에 대한 법인세 등의 감면 | 3년간 50%·100% 2년간 25%·50% | 조세특례제한법 121의9 |
| | ⑬ 기업도시개발구역 등의 창업기업 등에 대한 법인세 등의 감면 | 3년간 50%·100% 2년간 25%·50% | 조세특례제한법 121의17 |
| | ⑭ 아시아문화중심도시 투자진흥지구 입주기업 등에 대한 법인세 등의 감면 등 | 3년간 100% 2년간 50% | 조세특례제한법 121의20 |
| | ⑮ 금융중심지 창업기업 등에 대한 법인세 등의 감면 등 | 3년간 100% 2년간 50% | 조세특례제한법 121의21 |
| | ⑯ 첨단의료복합단지 및 국가식품클러스터 입주기업에 대한 법인세 등의 감면 | 3년간 100% 2년간 50% | 조세특례제한법 121의22 |
| | ⑰ 기획발전특구의 창업기업 등에 대한 법인세 등의 감면 | 5년간 100% 2년간 50% | 조세특례제한법 121의33 |

| 구 분 | 세액감면 | 감면비율 | 규정 |
|---|---|---|---|
| (2) 감면기간<br>제한 없음 | ① 중소기업에 대한 특별세액감면 | 5~30% | 조세특례제한법 7 |
| | ② 기술이전 및 기술취득 등에 대한 과세특례 | 50% | 조세특례제한법 12 ① |
| | | 25% | 조세특례제한법 12 ③ |
| | ③ 공공차관도입에 따른 과세특례 | 공공차관협약에서<br>정함 | 조세특례제한법 20 |
| | ④ 국제금융거래에 따른 이자소득 등에 대한<br>법인세 등의 면제 | 100% | 조세특례제한법 21 |
| | ⑤ 해외자원개발투자 배당소득에 대한 법인세<br>의 면제 | 100% | 조세특례제한법 22 |
| | ⑥ 영농조합법인 등에 대한 법인세의 면제 등 | 100% | 조세특례제한법 66 ① |
| | ⑦ 영어조합법인 등에 대한 법인세의 면제 등 | 100% | 조세특례제한법 67 ① |
| | ⑧ 소형주택 임대사업자에 대한 세액감면 | (1호) 30% · 75%<br>(2호 이상) 20% · 50% | 조세특례제한법 96 |

'세액공제'란 조세정책적 목적으로 일정한 요건을 만족하는 경우 산출세액과 관계없이 일정한 금액을 산출세액에서 공제하는 것을 말하며, 세액공제에 대해 법인세법과 조세특례제한법에서 규정하고 있다.

| 구 분 | 세액공제 | 이월공제 |
|---|---|---|
| (1) 법인세법 | 외국 납부 세액공제 등 | 10년간 |
| | 재해손실에 대한 세액공제 | – |
| | 사실과 다른 회계처리로 인한 경정에 따른 세액공제 | 기간제한 없음 |
| (2) 조세특례제한법 | 연구 · 인력개발비에 대한 세액공제 | 10년간 |
| | 투자세액공제 등 | |
| | 그 밖의 세액공제 | |

## 01 법인세법상 세액공제

### (1) 외국납부세액공제

내국법인의 국외원천소득 등에 대해 원천지국 및 거주지국에서 모두 과세하면 2개국 이상의 국가가 동일한 납세의무자에게 동일한 과세소득에 대해 과세하는 문제가 발생하는데 이를 '국제적 이중과세'라 한다. 현행 법인세법은 이러한 이중과세를 방지하기 위해 내국법인이 외국(원천지국)에서 납부한 외국납부세액을 해당 사업연도의 산출세액에서 공제하는 외국납부세액공제제도를 두고 있다.

### 1) 적용요건

내국법인의 ① 각 사업연도의 소득에 대한 과세표준에 국외원천소득이 포함되어 있는 경우로서 ② 그 국외원천소득에 대하여 외국법인세액을 납부하였거나 납부할 것이 있는 경우에는 외국법인세액을 해당 사업연도의 산출세액에서 공제할 수 있다(법인세법 57 ①).

## 2) 외국법인세액의 범위

① 직접외국납부세액 : 국외원천소득에 대해 외국정부 등에 납부하였거나 납부할 다음
   의 세액(가산세 제외)

   1. 초과이윤세 및 기타 법인의 소득 등을 과세표준으로 하여 과세된 세액

   2. 법인의 소득 등을 과세표준으로 하여 과세된 세의 부가세액

   3. 법인의 소득 등을 과세표준으로 하여 과세된 세와 동일한 세목에 해당하는 것으로
      서 소득외의 수익금액 기타 이에 준하는 것을 과세표준으로 하여 과세된 세액

② 간주외국납부세액 : 국외원천소득이 있는 내국법인이 조세조약의 상대국에서 해당
   국외원천소득에 대하여 법인세를 감면받은 세액 상당액

   * 조세조약 체결국가에서 발생한 소득이 면세(비과세, 감면 포함)되는 경우 간주외국납부세액공제는
     그 면세 등이 상대국가의 특별법에 의한 것이고, 조세조약에 간주외국납부세액공제가 규정되어 있
     는 경우에만 적용한다(법인세 집행기준 57-94-6 ②).

③ 간접외국납부세액 : 내국법인의 각 사업연도의 소득금액에 외국자회사로부터 받는
   수입배당금액이 포함되어 있는 경우 그 외국자회사의 소득에 대하여 부과된 외국법
   인세액 중 그 수입배당금액에 대응하는 것으로서 다음에 따라 계산한 금액

$$\text{외국 자회사의 해당 사업연도 법인세액*} \times \frac{\text{수입배당금액}}{\text{외국자회사의 해당 사업연도 소득금액} - \text{외국자회사의 해당 사업연도 법인세액}}$$

* 조세조약에서 간접외국납부세액공제제도를 채택하고 있지 아니하거나 조세조약을 체결하지 아니한 국가
  또는 지역에 소재한 외국자회사로부터 배당금을 수취한 경우에도 세액공제 또는 손금에 산입되는 외국법
  인세액으로 본다(법인세 집행기준 57-94-8).
* '외국자회사'란 내국법인이 의결권 있는 발행주식총수 또는 출자총액의 100분의 10(해외자원개발사업을
  하는 외국법인의 경우에는 5%) 이상을 출자하고 있는 외국법인으로서, 해당 외국자회사의 배당기준일 현
  재 6개월 이상 계속하여 보유하고 있는 법인을 말한다(법인세법 57 ⑤).
* '외국자회사의 해당 사업연도 법인세액'은 다음의 세액으로서 외국자회사가 외국납부세액으로 공제받았거
  나 공제받을 금액 또는 해당 수입배당금액이나 제3국(본점이나 주사무소 또는 사업의 실질적 관리장소 등
  을 둔 국가 외의 국가를 말함) 지점 등 귀속소득에 대하여 외국자회사의 소재지국에서 국외소득 비과세·
  면제를 적용받았거나 적용받을 경우 해당 세액 중 100분의 50에 상당하는 금액을 포함하여 계산하고, 수입
  배당금액(외국자회사가 외국손회사로부터 지급받는 수입배당금액을 포함함)은 이익이나 잉여금의 발생순
  서에 따라 먼저 발생된 금액부터 배당되거나 분배된 것으로 본다(법인세법 시행령 94 ⑧).
  1. 외국자회사가 외국손회사로부터 지급받는 수입배당금액에 대하여 외국손회사의 소재지국 법률에 따라
     외국손회사의 소재지국에 납부한 세액
  2. 외국자회사가 제3국의 지점 등에 귀속되는 소득에 대하여 그 제3국에 납부한 세액
* '외국자회사의 해당 사업연도 소득금액'은 세율을 곱하기 전의 과세표준을 의미한다.
* '외국손회사'란 다음의 요건을 모두 갖춘 법인을 말한다(법인세법 시행령 94 ⑩)

1. 해당 외국자회사가 직접 외국손회사의 의결권 있는 발행주식총수 또는 출자총액의 10%(해외자원개발사업을 경영하는 외국법인의 경우에는 5%) 이상을 해당 외국손회사의 배당기준일 현재 6개월 이상 계속하여 보유하고 있을 것
2. 내국법인이 외국손회사의 의결권 있는 발행주식총수 또는 출자총액의 10%(해외자원개발사업을 경영하는 외국법인의 경우에는 5%) 이상을 외국자회사를 통하여 간접 소유할 것. 이 경우 주식의 간접소유비율은 내국법인의 외국자회사에 대한 주식소유비율에 그 외국자회사의 외국손회사에 대한 주식소유비율을 곱하여 계산한다.

### 3) 세액공제액

① 외국납부세액공제액의 계산

---

외국납부세액공제액 = Min(㉠, ㉡)

㉠ 납부하였거나 납부할 것으로 확정된 직접·간주·간접외국납부세액

㉡ 공제한도 금액 = 해당 사업연도의 산출세액* × $\dfrac{\text{국외원천소득}^* - \text{공제액 등}^*}{\text{해당 사업연도의 과세표준}}$

---

* '해당 사업연도의 산출세액'은 토지 등 양도소득에 대한 법인세액, 투자·상생협력 촉진을 위한 과세특례를 적용하여 계산한 법인세액은 제외한다.
* '국외원천소득' 계산 시 조세특례제한법이나 그 밖의 법률에 따라 세액감면 또는 면제를 적용받는 경우에는 세액감면 또는 면제 대상 국외원천소득에 세액감면 또는 면제 비율을 곱한 금액은 제외한다.
* 외국납부세액공제를 선택한 경우 간접외국납부세액은 익금에 산입(법인세법 15 ② (2))하므로 국외원천소득에 합산한다.
* '공제액 등'이란 각 사업연도의 과세표준 계산 시 공제한 이월결손금·비과세소득·소득공제액이 있는 경우 다음의 금액을 말한다.
  1. 공제액 등이 국외원천소득에서 발생한 경우 : 공제액 전액
  2. 공제액 등이 국외원천소득에서 발생한 것인지의 여부가 불분명한 경우 :

  공제액 등 × $\dfrac{\text{국외원천소득}}{\text{각 사업연도소득}}$

② 국외사업장이 2 이상의 국가에 있는 경우

위 공제한도금액을 계산할 때 국외사업장이 2 이상의 국가에 있는 경우에는 국가별로 구분하여 이를 계산한다(법인세법 시행령 94 ⑦). 이 때 어느 국가의 소득금액이 결손인 경우의 기준 국외원천소득금액 계산은 각국별 소득금액에서 그 결손금액을 총소득금액에 대한 국가별 소득금액 비율로 안분계산하여 차감한 금액으로 한다(법인세법 기본통칙 57-94…1).

| 국별 외국납부세액공제 한도액 계산 |

| 국가별 | 외국납부세액 | 국별소득 | 기준국외원천소득 | 세액공제한도액 | 비고 |
|---|---|---|---|---|---|
| A국 | 100 | 500 | $500 - 600 \times \dfrac{500}{1,000} = 200$ | $120 \times \dfrac{200}{400} = 60$ | |
| B국 | 0 | △600 | − | − | 산출세액 120 가정 |
| C국 | 60 | 300 | $300 - 600 \times \dfrac{300}{1,000} = 120$ | $120 \times \dfrac{120}{400} = 36$ | |
| 국내 | − | 200 | − | − | |
| 계 | 160 | △600 + 1,000 = 400 | 320 | 96 | |

| 국별한도제와 일괄한도제 사례 비교 |

| 구 분 | | | | 일괄한도액 | | | 국별한도액 | | |
|---|---|---|---|---|---|---|---|---|---|
| 구분 | 소득금액 | 세율 | 외국납부세액 | 공제한도 | 공제세액 | 미공제세액 | 공제한도 | 공제세액 | 미공제세액 |
| A국 | 1,000 | 25% | 250 | | | | 300 | 250 | − |
| B국 | 2,000 | 35% | 700 | | | | 600 | 600 | 100 |
| C국 | 3,000 | 37.5% | 1,125 | 1,800 | 1,800 | 275 | 900 | 900 | 225 |
| 국내 | 4,000 | 30% | − | | | | − | − | − |
| 계 | 10,000 | − | 2,075 | | | | − | 1,750 | 325 |

| 총부담세액( = ㉠ + ㉡) | ㉠ 2,075<br>㉡ 3,000 − 1,800 = 1,200<br>㉠ + ㉡ = 3,275 | ㉠ 2,075<br>㉡ 3,000 − 1,750 = 1,250<br>㉠ + ㉡ = 3,325 |
|---|---|---|

\* 공제한도액 계산내역

- 일괄한도액 $= (10,000 \times 30\%) \times \dfrac{6,000}{10,000} = 1,800$

- 국별한도액(A국) $= (10,000 \times 30\%) \times \dfrac{1,000}{10,000} = 300$

- 국별한도액(B국) $= (10,000 \times 30\%) \times \dfrac{2,000}{10,000} = 600$

- 국별한도액(C국) $= (10,000 \times 30\%) \times \dfrac{3,000}{10,000} = 900$

### ③ 한도초과액 이월공제

외국정부에 납부하였거나 납부할 외국법인세액이 해당 사업연도의 공제한도금액을 초과하는 경우 그 초과하는 금액은 해당 사업연도의 다음 사업연도 개시일부터 **10년 이내**에 끝나는 각 사업연도로 이월하여 그 이월된 사업연도의 공제한도금액 내에서 공제받을 수 있다. 다만, 외국정부에 납부하였거나 납부할 외국법인세액을 이월공제기간 내에 공제받지 못한 경우 그 공제받지 못한 외국법인세액은 이월공제기간의 종료일 다음 날이 속하는 사업연도의 소득금액을 계산할 때 손금에 산입할 수 있다(법인세법 57 ②).

### 4) 공제세액계산서의 제출

외국납부세액은 해당 국외원천소득이 과세표준에 산입되어 있는 사업연도의 산출세액에서 공제하므로 해당 사업연도에 세액공제를 적용받으려는 내국법인은 법인세 과세표준 신고와 함께 「외국납부세액공제세액계산서」를 납세지 관할세무서장에게 제출해야 한다(법인세법 시행령 94 ③).

만일 외국정부의 국외원천소득에 대한 법인세의 결정·통지의 지연, 과세기간의 상이 등의 사유로 법인세 과세표준 신고와 함께 「외국납부세액공제세액계산서」를 제출할 수 없는 경우에는 외국정부의 국외원천소득에 대한 법인세 결정통지를 받은 날부터 3개월 이내에 외국납부세액 공제세액계산서에 증빙서류를 첨부하여 제출할 수 있다(법인세법 시행령 94 ④).

### 5) 외국납부세액공제의 배제

법인의 각 사업연도의 소득에 대한 법인세의 과세표준과 세액을 추계결정 또는 경정하는 경우(천재지변 등으로 장부나 그 밖의 증명서류가 멸실되어 추계하는 경우 제외)에는 외국납부세액공제를 적용하지 않는다(법인세법 68).

## (2) 재해손실세액공제

### 1) 적용요건

내국법인이 각 사업연도 중 천재지변이나 그 밖의 재해로 인하여 자산총액의 20% 이상을 상실하여 납세가 곤란하다고 인정되는 경우에 일정한 금액을 산출세액에서 공제한다(법인세법 58).

## 2) 세액공제액

---
재해손실세액공제액 = Min(㉠, ㉡)

㉠ (산출세액 + 가산세액 − 공제·감면세액)* × 재해상실비율*
㉡ 공제한도 금액 : 상실된 자산가액

---

\* 공제대상 법인세액 = ①+②
  ① 재해발생일 현재 부과되지 아니한 법인세와 부과된 법인세로서 미납된 법인세(장부·신고·납부 관련 가산세 포함)
  ② 재해발생일이 속하는 사업연도의 소득에 대한 법인세(장부·신고·납부 관련 가산세 포함)
\* 자산총액이란 토지를 제외한 사업용 자산과 타인 소유의 자산으로서 그 상실로 인한 변상책임이 해당 법인에게 있는 것을 말한다.

\* 재해상실비율 $= \dfrac{\text{재해로 인하여 상실된 자산가액}}{\text{상실전 자산총액}}$

\* 재해손실 자산가액의 계산(법인세 집행기준 58−95−2)
  ① 자산상실비율은 재해발생일 현재 그 법인의 장부가액에 따라 계산하되, 장부가 소실 또는 분실되어 장부가액을 알 수 없는 경우에는 납세지 관할세무서장이 조사하여 확인한 가액에 따라 이를 계산한다.
  ② 법인이 재해로 인하여 수탁받은 자산을 상실하고 그 자산가액의 상당액을 보상하여 주는 경우에는 이를 재해로 인하여 상실된 자산의 가액 및 상실전의 자산총액에 포함한다.
  ③ 예금·받을어음·외상매출금 등은 해당 채권추심에 관한 증서가 멸실된 경우에는 이를 상실된 자산의 가액에 포함하지 아니한다.
  ④ 재해자산이 보험에 가입되어 있어 보험금을 수령하는 때에는 그 재해로 인하여 상실된 자산의 가액을 계산함에 있어서 동 보험금을 차감하지 아니한다.
  ⑤ 타인 소유의 자산으로서 그 상실로 인한 변상책임이 해당 법인에게 있는 것은 상실된 자산의 가액에 포함하되 자산의 상실 없이 재해로 인하여 비로소 법인이 부담하게 된 채무 등은 포함하지 아니한다.

## 3) 공제세액계산서의 제출

재해손실세액공제를 받고자 하는 내국법인은 다음의 기한 내에 「재해손실세액공제신청서」를 납세지 관할세무서장에게 제출하여야 한다(법인세법 시행령 95 ⑤).

① 재해발생일 현재 과세표준신고기한이 지나지 않은 법인세의 경우 : 그 신고기한. 단만, 재해발생일부터 신고기한까지의 기간이 3개월 미만인 경우에는 재해발생일부터 3개월로 한다.

② 재해발생일 현재 미납된 법인세와 납부해야 할 법인세의 경우 : 재해발생일부터 3개월

### 4) 납부기한연장 및 납부고지 유예

납세지 관할세무서장은 법인이 재해손실세액공제를 받을 법인세에 대하여 해당 세액공제가 확인될 때까지 국세징수법에 따라 그 법인세의 지정납부기한·독촉장에서 정하는 기한을 연장하거나 납부고지를 유예할 수 있다(법인세법 시행령 95 ⑥).

## (3) 사실과 다른 회계처리로 인한 경정에 따른 세액공제

분식회계로 경고·주의 등을 받은 법인이 사실과 다른 회계처리에 따른 경정을 받은 때에는 과다 납부한 세액을 환급하지 아니하고 그 경정일이 속하는 사업연도부터 각 사업연도의 법인세액에서 과다 납부한 세액을 공제한다(법인세법 58의3). 이는 분식회계를 통해 사회·경제 전반에 피해를 끼친 법인에 대한 제재를 가함으로써 기업의 투명성을 제고하기 위함이다.

### 1) 적용요건

다음의 요건을 모두 충족하는 내국법인이 과다계상한 과세표준 및 세액에 대해 경정청구를 통한 경정을 받은 때

① 「자본시장과 금융투자업에 관한 법률」 제159조에 따른 사업보고서 및 「주식회사 등의 외부감사에 관한 법률」 제23조에 따른 감사보고서를 제출할 때 수익 또는 자산을 과다 계상하거나 손비 또는 부채를 과소 계상할 것
② 내국법인, 감사인 또는 그에 소속된 공인회계사가 대통령령으로 정하는 경고·주의 등의 조치를 받을 것

### 2) 세액공제액

① 각 사업연도별로 공제하는 금액은 과다 납부한 세액의 20%를 한도로 하고, 공제 후 남아있는 과다 납부한 세액은 이후 사업연도에 이월하여 공제한다. 다만, 내국법인이 해당 사실과 다른 회계처리와 관련하여 그 경정일이 속하는 사업연도 이전의 사업연도에 수정신고를 하여 납부할 세액이 있는 경우에는 그 납부할 세액에서 과다 납부한 세액의 20%를 한도로 먼저 공제하여야 한다(법인세법 58의3 ①, ②).
② 동일한 사업연도에 사실과 다른 회계처리로 인한 경정청구의 사유 외에 다른 경정청구의 사유가 있는 경우에는 다음의 산식에 따라 계산한 금액을 그 공제세액으로 한다(법인세법 시행령 95의3 ②).

$$\text{과다납부한 세액} = \frac{\text{사실과 다른 회계처리로 인하여 과다계상한 과세표준}}{\text{과다계상한 과세표준의 합계액}}$$

### 3) 미공제세액이 남아있는 법인이 해산하는 경우

과다 납부한 세액을 공제받은 내국법인으로서 과다 납부한 세액이 남아있는 내국법인이 해산하는 경우에는 다음에 따른다(법인세법 58의3 ③).

① 합병 또는 분할에 따라 해산하는 경우 : 합병법인 또는 분할신설법인(분할합병의 상대방 법인을 포함함)이 남아 있는 과다 납부한 세액을 승계하여 세액공제한다.
② 위 ① 외의 방법에 따라 해산하는 경우 : 납세지 관할세무서장 또는 관할지방국세청장은 남아 있는 과다 납부한 세액에서 청산소득에 대한 법인세 납부세액을 빼고 남은 금액을 즉시 환급하여야 한다.

## 02 조세특례제한법상 세액공제

### (1) 연구 · 인력개발비에 대한 세액공제 = 1) + 2) + 3)

내국인의 연구개발 및 인력개발을 위한 비용 중 연구 · 인력개발비가 있는 경우에는 다음의 금액을 합한 금액을 해당 과세연도의 법인세에서 공제한다. 이 경우 다음 1), 2)는 2027년 12월 31일까지 발생한 해당 연구 · 인력개발비에 대해서만 적용하며, 1), 2)를 동시에 적용받을 수 있는 경우에는 납세의무자의 선택에 따라 그 중 하나만을 적용한다(조세특례제한법 10 ①).

\* 연구 및 인력개발비에 대한 세액공제는 동 비용이 발생된 각 과세연도마다 적용한다.
\* 연구 및 인력개발비에 대한 세액공제는 그 비용을 연구개발비 등 자산계정으로 처리한 경우에도 적용한다.

### 1) 신성장 · 원천기술 연구개발비에 대한 세액공제

연구 · 인력개발비 중 미래 유망성 및 산업 경쟁력 등을 고려하여 지원할 필요성이 있다고 인정되는 기술로서 신성장 · 원천기술 연구개발비에 대해서는 해당 과세연도에 발생한 신성장 · 원천기술연구개발비에 ①의 비율과 ②의 비율을 더한 비율을 곱하여 계산한 금액

$$\boxed{\text{세액공제액 } = \text{ 신성장 · 원천기술 연구개발비 당기발생액 } \times \text{ 공제율(①+②)}}$$

\* 신성장 · 원천기술 연구개발비 세액공제의 공제율

| 구 분 | 기업유형에 따른 비율(①) | 수입금액에서 연구개발비가 차지하는 비율(②) |
|---|---|---|
| 중소기업 | 30% | |
| 중소기업 유예기간 경과 3년 내 기업 | 25% | $\text{Min}\left(\dfrac{\text{신성장 · 원천기술 연구개발비}}{\text{수입금액}} \times 3,\ 10\%\right)$ |
| 그 외의 기업 | 20% | |

## 2) 국가전략기술연구개발비에 대한 세액공제

연구 · 인력개발비 중 국가안보 차원의 전략적 중요성이 인정되고 국민경제 전반에 중대한 영향을 미치는 기술로서 국가전략기술연구개발비에 대해서는 해당 과세연도에 발생한 국가전략기술연구개발비에 ①의 비율과 ②의 비율을 더한 비율을 곱하여 계산한 금액

$$\boxed{\text{세액공제액 } = \text{ 국가전략기술연구개발비 당기발생액 } \times \text{ 공제율(①+②)}}$$

\* 국가전략기술연구개발비 세액공제의 공제율

| 구 분 | 기업유형에 따른 비율(①) | 수입금액에서 연구개발비가 차지하는 비율(②) |
|---|---|---|
| 중소기업 | 40% | |
| 중소기업 유예기간 경과 3년 내 기업 | 35% | $\text{Min}\left(\dfrac{\text{국가전략기술연구개발비}}{\text{수입금액}} \times 3,\ 10\%\right)$ |
| 그 외의 기업 | 30% | |

## 3) 일반연구 · 인력개발비에 대한 세액공제

위 1), 2)에 해당하지 않거나 1), 2)를 선택하지 않은 내국인의 연구 · 인력개발비의 경우에는 다음 중에서 선택하는 어느 하나에 해당하는 금액. 다만, 해당 과세연도의 개시일부터 소급하여 4년간 일반연구 · 인력개발비가 발생하지 않거나 직전 과세연도에 발생한 일반연구 · 인력개발비가 해당 과세연도의 개시일부터 소급하여 4년간 발생한 일반연구 · 인력개발비의 연평균 발생액보다 적은 경우에는 ②에 해당하는 금액

세액공제액 = ①, ② 중 선택

① 초과증가분에 의한 세액공제
= (일반연구·인력개발비 당기발생액 - 일반연구·인력개발비 전기발생액) × 공제율
② 당기발생분에 의한 세액공제
= 일반연구·인력개발비 당기발생액 × 공제율

* 초과증가분에 의한 일반연구·인력개발비 세액공제의 공제율

| 구　분 | 공제율 |
|---|---|
| 중소기업 | 50% |
| 중견기업 | 40% |
| 그 외의 기업 | 25% |

* 당기발생분에 의한 일반연구·인력개발비 세액공제의 공제율

| 구　분 | 공제율 |
|---|---|
| 중소기업 | 25% |
| 중소기업 유예기간 경과 3년 내 기업 | 20% |
| 중소기업 유예기간 경과 3년 이후 2년 내 기업 | 15% |
| 위에 해당하지 않는 중견기업 | 8% |
| 그 외의 기업 | $\text{Min}\left( \dfrac{\text{일반연구·인력개발비}}{\text{수입금액}} \times \dfrac{1}{2}, \ 2\% \right)$ |

* 4년간의 일반연구·인력개발비의 연평균 발생액은 다음 계산식에 따라 계산한 금액으로 한다(조세특례제한법 시행령 9 ⑥).

$$\dfrac{\text{해당 과세연도 개시일부터 소급하여 4년간 발생한 일반연구·인력개발비의 합계액}}{\substack{\text{해당 과세연도 개시일부터 소급하여}\\ \text{4년간 일반연구·인력개발비가 발생한 과세연도의 수}\\ \text{(그 수가 4 이상인 경우 4로 한다)}}} \times \dfrac{\text{해당 과세연도의 개월 수}}{12}$$

## (2) 통합투자세액공제

소비성서비스업 및 부동산임대·공급업 외의 사업을 경영하는 내국인이 일정한 자산(중고품 및 임대용자산은 제외함)에 투자하는 경우에는 기본공제 금액과 추가공제 금액을 합한 금액을 해당 투자가 이루어지는 과세연도의 법인세에서 공제한다(조세특례제한법 24 ①).

* 투자가 2개 이상의 과세연도에 걸쳐서 이루어지는 경우에는 그 투자가 이루어지는 과세연도마다 해당 과세연도에 투자한 금액에 대하여 적용한다.

## 1) 공제대상 자산

① 기계장치 등 사업용 유형자산. 다만, 토지와 건축물 등 기획재정부령으로 정하는 자산
은 제외함.

② 위 ①에 해당하지 않는 유형자산과 무형자산으로서 다음의 자산

    1. 연구·시험, 직업훈련, 에너지 절약, 환경보전 또는 근로자복지 증진 등의 목적으로
사용되는 사업용자산으로서 기획재정부령으로 정하는 자산

    2. 운수업을 경영하는 자가 사업에 직접 사용하는 차량 및 운반구 등 기획재정부령으
로 정하는 자산

    3. 중소기업 및 중견기업이 취득한 법률에 따라 최초로 설정등록받은 특허권·실용신
안권·디자인권(단, 특수관계인으로부터 취득한 자산은 제외함)

## 2) 공제금액 = ① + ②

① 기본공제 금액 : 해당 과세연도에 투자한 금액 × 1%(중견기업 5%, 중소기업 유예기
간 경과 3년 내 기업 7.5%, 중소기업 10%)

    * 다만, 다음 어느 하나에 해당하는 경우에는 다음의 구분에 따른 금액으로 한다.

       1. 신성장·원천기술의 사업화를 위한 시설에 투자하는 경우 : 투자금액 × 3%(중견기업 6%, 중소
기업 유예기간 경과 3년 내 기업 9%, 중소기업 12%) 상당하는 금액

       2. 국가전략기술의 사업화를 위한 시설에 2027년 12월 31일까지 투자하는 경우 : 투자금액 × 15%
(중소기업 유예기간 경과 3년 내 기업 20%, 중소기업 25%)

② 추가공제 금액 : 해당 과세연도에 투자한 금액이 해당 과세연도의 직전 3년간 연평균
투자 또는 취득금액을 초과하는 금액 × 10%

    * 다만, 추가공제 금액이 기본공제 금액을 초과하는 경우에는 기본공제 금액의 2배를 그 한도로 한다.

---

**임시투자세액공제 금액 (2023.12.31.이 속하는 과세연도에 투자한 금액에 대해 적용함)**

① 기본공제 금액 : 2023.12.31.속하는 과세연도에 투자한 금액 × 3%(중견기업 7%, 중소기업 12%)

    * 다만, 다음 어느 하나에 해당하는 경우에는 다음의 구분에 따른 금액으로 한다.

       1. 신성장·원천기술의 사업화를 위한 시설에 투자하는 경우 : 투자금액 × 6%(중견기업 10%, 중소기업
18%) 상당하는 금액

       2. 국가전략기술의 사업화를 위한 시설에 투자하는 경우 : 투자금액 × 15%(중소기업 25%)

② 추가공제 금액 : 2023.12.31.속하는 과세연도에 투자한 금액이 해당 과세연도의 직전 3년간 연평
균 투자 또는 취득금액을 초과하는 금액 × 10%

    * 다만, 추가공제 금액이 기본공제 금액을 초과하는 경우에는 기본공제 금액의 2배를 그 한도로 한다.

---

## 3) 사후관리

세액공제받은 자가 투자완료일부터 5년 이내의 기간 중 ① 사업용자산으로서 건축물 또는 구축물은 5년, ② 그 외의 사업용자산은 2년 내에 그 자산을 다른 목적으로 전용하는 경우에는 공제받은 세액공제액 상당액에 이자 상당 가산액을 가산하여 납부해야 한다(조세특례제한법 24 ③, 조세특례제한법 시행령 21 ⑤).

## (3) 그 밖의 세액공제

| 구 분 | 세액공제액 | 규정 |
|---|---|---|
| (1) 상생결제 지급금액에 대한 세액공제 | 세액공제액 = Min(①, ②)<br>① 일정지급기한 내 상생결제제도를 통한 지급금액 × 0.5% · 0.3% · 0.15%<br>② 해당 과세연도 법인세의 10% | 조세특례제한법 7의4 |
| (2) 상생협력을 위한 기금 출연 등에 대한 세액공제 | 출연금 × 10% | 조세특례제한법 8의3 ① |
| | 유형자산 장부가액 × 3% | 조세특례제한법 8의3 ② |
| | 기증한 자산의 시가 × 10% | 조세특례제한법 8의3 ④ |
| (3) 기술혁신형 합병에 대한 세액공제 | 합병법인이 피합병법인에게 지급한 양도가액 중 기술가치금액 × 10% | 조세특례제한법 12의3 |
| (4) 기술혁신형 주식취득에 대한 세액공제 | 매입가액 중 기술가치금액 × 5% | 조세특례제한법 12의4 |
| (5) 내국법인의 벤처기업 등에의 출자에 대한 과세특례 | 주식 또는 출자지분 취득가액 × 5% | 조세특례제한법 13의2 |
| (6) 내국법인의 소재 · 부품 · 장비전문기업에의 출자 · 인수에 대한 과세특례 | 주식 또는 출자지분 취득가액 × 5% | 조세특례제한법 13의3 |
| (7) 성과공유 중소기업의 경영성과급에 대한 세액공제 등 | 경영성과급 × 10% | 조세특례제한법 19 ① |
| (8) 영상콘텐츠 제작비용에 대한 세액공제 | 세액공제액 = ① + ②<br>① 기본공제 : 영상콘텐츠 제작비용 × 5%<br>　(중견기업 10%, 중소기업 15%)<br>② 추가공제 : 제작비용 × 10%<br>　(중소기업 15%) | 조세특례제한법 25의6 |

| 구 분 | 세액공제액 | 규정 |
|---|---|---|
| (9) 내국법인의 문화산업전문회사에의 출자에 대한 세액공제 | 출자액 중 영상콘텐츠 제작비용 ×3% | 조세특례제한법 25의7 |
| (10) 산업수요맞춤형고등학교등 졸업자를 병역 이행 후 복직시킨 기업에 대한 세액공제 | 복직자에게 복직일 이후 2년 이내에 지급한 인건비 ×30%(중견기업 15%) | 조세특례제한법 29의2 |
| (11) 경력단절 여성 고용 기업 등에 대한 세액공제 | 고용한 날부터 2년이 되는 날이 속하는 달까지 해당 경력단절 여성에게 지급한 인건비 ×30%(중견기업 15%) | 조세특례제한법 29의3 ① |
| | 복직한 날부터 1년이 되는 날이 속하는 달까지 육아휴직복귀자에게 지급한 인건비 ×30%(중견기업 15%) | 조세특례제한법 29의3 ② |
| (12) 근로소득을 증대시킨 기업에 대한 세액공제 | 직전 3년 평균 초과 임금증가분 × 중소기업 20%(중견기업 10%) | 조세특례제한법 29의4 ① |
| | 정규직 전환 근로자에 대한 임금증가분 × 중소기업 20%(중견기업 10%) | 조세특례제한법 29의4 ③ |
| | 전체 중소기업의 평균임금증가분을 초과하는 임금증가분 ×20% | 조세특례제한법 29의4 ⑤ |
| (13) 고용을 증대시킨 기업에 대한 세액공제 | 세액공제액 = ① + ②<br>① 증가한 청년 등 상시근로자의 수×400만원<br>(중견기업 800만원, 중소기업 1,100만원, 수도권 밖 중소기업 1,200만원)<br>② 그 외 증가한 상시근로자의 수×0원<br>(중견기업 450만원, 수도권 내 중소기업 700만원, 수도권 밖 중소기업 770만원) | 조세특례제한법 29의7 |
| (14) 통합고용세액공제 | 세액공제액 = ① + ②<br>① 증가한 청년 등 상시근로자의 수×400만원<br>(중견기업 800만원, 중소기업 1,450만원, 수도권 밖 중소기업 1,550만원)<br>② 그 외 증가한 상시근로자의 수×0원<br>(중견기업 450만원, 수도권 내 중소기업 850만원, 수도권 밖 중소기업 950만원) | 조세특례제한법 29의8 ① |
| | 정규직 근로자로의 전환에 해당하는 인원 ×0원<br>(중견기업 900만원, 중소기업 1,300만원) | 조세특례제한법 29의8 ③ |
| | 육아휴직 복귀자 인원 ×0원(중견기업 900만원, 중소기업 1,300만원) | 조세특례제한법 29의8 ④ |

| 구　분 | 세액공제액 | 규정 |
|---|---|---|
| (15) 고용유지중소기업 등에 대한 과세특례 | 세액공제액 ＝ ① ＋ ②<br>① (직전 과세연도 상시근로자 1인당 연간 임금총액 – 해당 과세연도 상시근로자 1인당 연간 임금총액) × 해당 과세연도 상시근로자 수 × 10%<br>② Max{ (해당 과세연도 상시근로자 1인당 시간당 임금 – 직전 과세연도 상시근로자 1인당 시간당 임금 × 1.05) × 해당 과세연도 전체 상시근로자의 근로시간 합계 × 15%, 0 } | 조세특례제한법 30의3 |
| (16) 중소기업 사회보험료 세액공제 | 세액공제액 ＝ ① ＋ ②<br>① 청년 등 상시근로자 고용증가 인원의 사회보험료 × 100%<br>② 그 외 상시근로자 고용증가 인원의 사회보험료 × 50%(신성장서비스 중소기업 75%)<br>* 다음 사업연도의 종료일까지 전체 상시근로자 수가 감소하지 않은 경우, 동일 금액을 한 번 더 공제함. 단, 청년 등 상시근로자 수가 감소한 경우 ② 상당액만 공제함 | 조세특례제한법 30의4 |
| (17) 상가임대료를 인하한 임대사업자에 대한 세액공제 | 임대료 인하액 × 70%(해당 과세연도의 기준소득금액이 1억 초과 시, 50%) | 조세특례제한법 96의3 |
| (18) 전자신고 등에 대한 세액공제 | 2만원 | 조세특례제한법 104의8 |
| (19) 해외자원개발투자에 대한 과세특례 | 투자금액 또는 출자금액 × 3% | 조세특례제한법 104의15 |
| (20) 기업의 운동경기부 등 설치·운영에 대한 과세특례 | 운동경기부 설치 후 3년간 인건비·운영비 × 10% | 조세특례제한법 104의22 ① |
| | 장애인운동경기부 설치 후 5년간 인건비·운영비 × 20% | 조세특례제한법 104의22 ② |
| | 이스포츠(전자스포츠)경기부 설치 후 3년간 인건비·운영비 × 10% | 조세특례제한법 104의22 ③ |
| (21) 석유제품 전자상거래에 대한 세액공제 | 세액공제액 ＝ Min(①, ②)<br>① 공급가액 × 0.3%<br>② 해당 과세연도 법인세의 10% | 조세특례제한법 104의25 |

| 구 분 | 세액공제액 | 규정 |
|---|---|---|
| (22) 우수 선화주기업 인증을 받은 화주 기업에 대한 세액공제 | 세액공제액 = Min(①, ②)<br>① 외항정기화물운송사업자에게 지출한 운송비용 × 1% + 직전연도에 비해 증가한 운송비용 × 3%<br>② 해당 과세연도 법인세의 10% | 조세특례제한법 104의30 |
| (23) 용역제공자에 관한 과세자료의 제출에 대한 세액공제 | 세액공제액 = Min(①, ②)<br>① Max(제출하는 각각의 과세자료에 기재된 용역제공자 인원수 × 300원, 1만원)<br>② 200만원 | 조세특례제한법 104의32 |
| (24) 금사업자와 스크랩 등 사업자의 수입금액의 증가 등에 대한 세액공제<br>(적용기한 : ~2023.12.31.) | 세액공제액 = ①, ② 중 선택<br>(한도 : 법인세 산출세액)<br>① 금거래계좌 등 사용금액 증가분에 해당하는 산출세액 × 50%<br>② 해당 과세연도 금거래계좌 등 사용금액에 해당하는 산출세액 × 5% | 조세특례제한법 122의4 |
| (25) 성실신고 확인비용에 대한 세액공제 | 세액공제액 = Min(①, ②)<br>① 성실신고확인비용 × 60%<br>② 150만원 | 조세특례제한법 126의6 |

조세정책적 목적 등으로 세액공제·감면을 적용받는 경우라 할지라도 세부담의 형평성을 고려하여 소득이 있는 경우 납부해야 하는 최소한의 세금을 '최저한세(Minimum Tax)'라 하고, 감면·공제를 적용받은 후의 세액이 최저한세에 미달하는 경우 미달하는 세액만큼 감면 등을 배제한다.

「법인세과세표준 및 세액조정계산서」 일부

| | | | | | | |
|---|---|---|---|---|---|---|
| | ⑳ 산 출 세 액(⑳ = ⑲) | | | | | |
| | ㉑ 최 저 한 세 적 용 대 상<br>공 제 감 면 세 액 | 17 | | | | |
| | ㉒ 차 감 세 액 | 18 | | | | … 감면후세액 ≥ 최저한세 |
| | ㉓ 최 저 한 세 적 용 제 외<br>공 제 감 면 세 액 | 19 | | | | |
| | ㉔ 가 산 세 액 | 20 | | | | |
| ④<br>납<br>부<br>할<br>세<br>액<br>계<br>산 | ㉕ 가 감 계(㉒ − ㉓+㉔) | 21 | | | | |
| | 기<br>납<br>부<br>세<br>액 │ 기<br>한<br>내<br>납<br>부<br>세<br>액 │ ㉖ 중 간 예 납 세 액 | 22 | | | | |
| | ㉗ 수 시 부 과 세 액 | 23 | | | | |
| | ㉘ 원 천 납 부 세 액 | 24 | | | | |
| | ㉙ 간접투자회사등의<br>외 국 납 부 세 액 | 25 | | | | |
| | ㉚ 소 계<br>(㉖ + ㉗ + ㉘+㉙) | 26 | | | | |
| | ㉛ 신고납부전가산세액 | 27 | | | | |
| | ㉜ 합 계(㉚+㉛) | 28 | | | | |
| | ㉝ 감 면 분 추 가 납 부 세 액 | 29 | | | | |
| | ㉞ 차 감 납 부 할 세 액<br>(㉕ − ㉜+㉝) | 30 | | | | |

## 01 최저한세 적용대상

| 대상 법인 | 대상 법인세 |
|---|---|
| ① 내국법인(당기순이익 과세규정을 적용받는 조합법인은 제외) | 각 사업연도소득에 대한 법인세 |
| ② 국내원천소득이 종합과세되는 외국법인 | 종합과세되는 각 사업연도의 국내원천소득에 대한 법인세 |

\* 법인세 중 다음은 최저한세 대상에서 제외한다.
1. 토지 등 양도소득에 대한 법인세
2. 미환류소득에 대한 법인세
3. 외국법인의 지점세
4. 투자·상생협력 촉진을 위한 과세특례를 적용하여 계산한 법인세
5. 가산세
6. 사후관리에 따라 추징·납부하는 감면세액·이자상당가산액
7. 최저한세 적용대상으로 열거되지 아니한 세액공제 및 감면

## 02 최저한세의 적용

법인이 부담할 법인세는 다음에 의하여 계산된 세액으로 한다. 만일 감면 후 법인세액이 최저한세액에 미달하는 경우 그 미달하는 세액상당액에 대해서는 감면 등을 하지 않는다 (조세특례제한법 132 ①).

---

- 법인이 부담할 법인세액 = Max(①, ②)
  ① 최저한세 = 감면 전 과세표준* × 최저한세율
  ② 감면 후 법인세액

- 최저한세의 적용 : ② 〈 ①인 경우, 그 미달하는 세액상당액(①-②)에 대해서는 감면 등 배제함

---

\* '감면 전 과세표준'이란 최저한세 적용대상인 준비금 및 특별감가상각비, 소득공제, 손금산입, 익금불산입, 비과세를 적용하기 전의 과세표준을 말한다.

| 감면전 과세표준 | | 최저한세율 |
|---|---|---|
| 중소기업 | | 7%* |
| 일반기업 | 100억원 이하 | 10% |
| | 100억원 초과 1,000억원 이하 | 12% |
| | 1,000억원 초과 | 17% |

\* 중소기업이 최초로 중소기업에 해당하지 않게 된 경우에는 그 최초로 중소기업에 해당하지 아니하게 된

과세연도의 개시일부터 3년 이내에 끝나는 과세연도에는 8%, 그 다음 2년 이내에 끝나는 과세연도에는 9%로 한다.

최저한세가 적용되는 감면 등과 그 밖의 감면 등이 동시에 적용되는 경우 그 적용순위는 최저한세가 적용되는 감면 등을 먼저 적용한다(조세특례제한법 132 ③).

## 03 최저한세 적용대상 조세감면 등

| 구 분 | 조세지원제도 | 규 정 |
|---|---|---|
| (1) 손금산입·익금불산입액 | • 중소기업지원설비에 대한 손금산입액의 특례 등 | 조세특례제한법 8 |
| | • 상생협력 중소기업으로부터 받은 수입배당금의 익금불산입 | 조세특례제한법 8의2 |
| | • 연구개발관련 출연준비금 등의 과세특례 | 조세특례제한법 10의2 |
| | • 서비스업 감가상각비의 손금산입 특례 | 조세특례제한법 28 |
| | • 중소·중견기업 설비투자자산의 감가상각비 손금산입 특례 | 조세특례제한법 28의2 |
| | • 설비투자자산의 감가상각비 손금산입 특례 | 조세특례제한법 28의3 |
| | • 공장의 대도시 외 지역 이전에 대한 법인세 과세특례 | 조세특례제한법 60 ② |
| | • 법인본사의 수도권과밀억제권역 외 지역 이전에 대한 법인세 과세특례 | 조세특례제한법 61 ③ |
| | • 공공기관이 혁신도시로 이전하는 경우 양도차익 익금불산입 | 조세특례제한법 62 ① |
| | • 법인 공장 및 본사의 수도권 외의 지역으로의 이전에 대한 양도차익 익금불산입 | 조세특례제한법 63 ④ |
| | • 수도권 밖으로 본사를 이전하는 법인에 대한 본사를 양도함으로써 발생한 양도차익 익금불산입 | 조세특례제한법 63의2 ④ |
| (2) 세액공제 | • 기업의 어음제도개선을 위한 세액공제 | 조세특례제한법 7의2 |
| | • 상생결제 지급금액에 대한 세액공제 | 조세특례제한법 7의4 |
| | • 상생협력을 위한 기금 출연 등에 대한 세액공제 | 조세특례제한법 8의3 |
| | • 중소기업이 아닌 기업의 연구·인력개발비 세액공제 (중소기업이 아닌 경우만 해당함) | 조세특례제한법 10 |
| | • 기술이전 및 기술취득 등에 대한 과세특례 | 조세특례제한법 12 ② |
| | • 기술혁신형 합병에 대한 세액공제 | 조세특례제한법 12의3 |

| 구 분 | 조세지원제도 | 규 정 |
|---|---|---|
| (2) 세액공제 | • 기술혁신형 주식취득에 대한 세액공제 | 조세특례제한법 12의4 |
| | • 내국법인의 벤처기업 등에의 출자에 대한 과세특례 | 조세특례제한법 13의2 |
| | • 내국법인의 소재·부품·장비전문기업에의 출자·인수에 대한 과세특례 | 조세특례제한법 13의3 |
| | • 성과공유 중소기업의 경영성과급에 대한 세액공제 등 | 조세특례제한법 19 ① |
| | • 통합투자세액공제 | 조세특례제한법 24 |
| | • 영상콘텐츠 제작비용에 대한 세액공제 | 조세특례제한법 25의6 |
| | • 내국법인의 문화산업전문회사에의 출자에 대한 세액공제 | 조세특례제한법 25의7 |
| | • 고용창출투자세액공제 | 조세특례제한법 26 |
| | • 산업수요맞춤형고등학교등 졸업자를 병역 이행 후 복직시킨 기업에 대한 세액공제 | 조세특례제한법 29의2 |
| | • 경력단절 여성 고용 기업 등에 대한 세액공제 | 조세특례제한법 29의3 |
| | • 근로소득을 증대시킨 기업에 대한 세액공제 | 조세특례제한법 29의4 |
| | • 청년고용을 증대시킨 기업에 대한 세액공제 | 조세특례제한법 29의5 |
| | • 고용을 증대시킨 기업에 대한 세액공제 | 조세특례제한법 29의7 |
| | • 통합고용세액공제 | 조세특례제한법 29의8 |
| | • 고용유지중소기업 등에 대한 과세특례 | 조세특례제한법 30의3 |
| | • 중소기업 사회보험료 세액공제 | 조세특례제한법 30의4 |
| | • 중소기업 간의 통합에 대한 양도소득세의 이월과세 등 | 조세특례제한법 31 ⑥ |
| | • 법인전환에 대한 양도소득세의 이월과세 | 조세특례제한법 32 ④ |
| | • 선결제 금액에 대한 세액공제 | 조세특례제한법 99의12 |
| | • 전자신고 등에 대한 세액공제 | 조세특례제한법 104의8 |
| | • 제3자물류비용에 대한 세액공제 | 조세특례제한법 104의14 |
| | • 해외자원개발투자에 대한 과세특례 | 조세특례제한법 104의15 |
| | • 기업의 운동경기부 등 설치·운영에 대한 과세특례 | 조세특례제한법 104의22 |
| | • 석유제품 전자상거래에 대한 세액공제 | 조세특례제한법 104의25 |
| | • 우수 선화주기업 인증을 받은 화주 기업에 대한 세액공제 | 조세특례제한법 104의30 |
| | • 금사업자와 스크랩 등 사업자의 수입금액의 증가 등에 대한 세액공제 | 조세특례제한법 122의4 |
| | • 금 현물시장에서 거래되는 금지금에 대한 과세특례 | 조세특례제한법 126의7 ⑧ |

| 구 분 | 조세지원제도 | 규 정 |
|---|---|---|
| (3) 세액감면 | • 창업중소기업 등에 대한 세액감면 | 조세특례제한법 6 |
| | • 중소기업에 대한 특별세액감면 | 조세특례제한법 7 |
| | • 기술이전 및 기술취득 등에 대한 과세특례 | 조세특례제한법 12 ①, ③ |
| | • 연구개발특구에 입주하는 첨단기술기업 등에 대한 법인세 등의 감면 | 조세특례제한법 12의2 |
| | • 국제금융거래에 따른 이자소득 등에 대한 법인세 등의 면제 | 조세특례제한법 21 |
| | • 중소기업 간의 통합에 대한 양도소득세의 이월과세 등 | 조세특례제한법 31 ④, ⑤ |
| | • 법인전환에 대한 양도소득세의 이월과세 | 조세특례제한법 32 ④ |
| | • 공공기관이 혁신도시 등으로 이전하는 경우 법인세 등 감면 | 조세특례제한법 62 ④ |
| | • 수도권 밖으로 공장을 이전하는 기업에 대한 세액감면 등 | 조세특례제한법 63 |
| | • 농공단지 입주기업 등에 대한 세액감면 | 조세특례제한법 64 |
| | • 농업회사법인에 대한 법인세의 면제 등 | 조세특례제한법 68 |
| | • 소형주택 임대사업자에 대한 세액감면 | 조세특례제한법 96 |
| | • 상가건물 장기 임대사업자에 대한 세액감면 | 조세특례제한법 96의2 |
| | • 위기지역 창업기업에 대한 법인세 등의 감면 | 조세특례제한법 99의9 |
| | • 산림개발소득에 대한 세액감면 | 조세특례제한법 102 |
| | • 제주첨단과학기술단지입주기업에 대한 법인세 등의 감면 | 조세특례제한법 121의8 |
| | • 제주투자진흥지구 또는 제주자유무역지역 입주기업에 대한 법인세 등의 감면 | 조세특례제한법 121의9 |
| | • 기업도시개발구역 등의 창업기업 등에 대한 법인세 등의 감면 | 조세특례제한법 121의17 |
| | • 아시아문화중심도시 투자진흥지구 입주기업 등에 대한 법인세 등의 감면 등 | 조세특례제한법 121의20 |
| | • 금융중심지 창업기업 등에 대한 법인세 등의 감면 등 | 조세특례제한법 121의21 |
| | • 첨단의료복합단지 및 국가식품클러스터 입주기업에 대한 법인세 등의 감면 | 조세특례제한법 121의22 |
| | • 기회발전특구의 창업기업 등에 대한 법인세 등의 감면 | 조세특례제한법 121의33 |
| (4) 소득공제 | • 자기관리 부동산투자회사 등에 대한 과세특례 | 조세특례제한법 55의2 ④ |
| (5) 비과세 | • 벤처투자회사 등의 주식양도차익 등에 대한 비과세 | 조세특례제한법 13 |

# 04 최저한세 적용으로 인한 조세감면 등 배제순서

최저한세의 적용으로 감면 등이 배제되는 경우 납세의무자가 신고(수정신고 및 경정청구 포함)하는 경우에는 해당 법인이 배제순서를 임의선택할 수 있는 반면, 과세관청에 의해 경정되는 경우에는 다음의 순서에 따라 최저한세 적용대상 감면 등을 배제하여 세액을 계산한다(조세특례제한법 시행령 126 ⑤).

① 손금산입 및 익금불산입
② 세액공제
  * 이월공제세액이 있는 경우 나중에 발생한 것부터 적용배제함.

③ 세액감면
④ 소득공제 및 비과세

## 01 가산세의 종류

### (1) 국세기본법상 가산세

| 구　분 | 가산세액 | 규　정 |
|---|---|---|
| 무신고가산세 | (1) 일반무신고가산세액 ＝ Max(①, ②)<br>　① 무신고 납부세액 × 20%<br>　② 수입금액 × $\dfrac{7}{10,000}$<br>(2) 부정무신고가산세액 ＝ Max(①, ②)<br>　① 무신고 납부세액 × 40%(역외거래 60%)<br>　② 수입금액 × $\dfrac{14}{10,000}$ | 국세기본법 47의2 |
| 과소신고·초과<br>환급신고가산세 | (1) 일반과소신고가산세액 ＝ 과소신고 납부세액* × 10%<br>　* 과소신고납부세액 － 부정행위로 인한 과소신고납부세액<br>(2) 부정과소신고가산세액 ＝ Max(①, ②)<br>　① 부정과소신고납부세액 × 40%(역외거래 60%)<br>　② 부정과소신고수입금액 × $\dfrac{14}{10,000}$ | 국세기본법 47의3 |
| 납부지연가산세 | 가산세액 ＝ ① ＋ ②<br>* ②는 납부고지서에 따른 납부기한까지 완납하지 않은 경우에 한정함.<br>① 이자분 : 미납·과소납부 세액 × 미납기간 × $\dfrac{2.2}{10,000}$<br>② 체납분 : 미납·과소납부 세액 × 3% | 국세기본법 47의4 |
| 원천징수 등<br>납부지연가산세 | 가산세액 ＝ Min(①, ②)<br>① 미납·과소납부 세액 × 3% ＋ 미납·과소납부 세액 × 미납기간 × $\dfrac{2.2}{10,000}$<br>② 미납·과소납부 세액 × 50%(위 ①의 금액 중 법정납부기한의 다음 날부터 납부고지일까지의 기간에 해당하는 금액을 합한 금액은 10%) | 국세기본법 47의5 |

## (2) 법인세법상 가산세

| 구 분 | 가산세액 | 규 정 |
|---|---|---|
| (1) 주주등의 명세서 제출 불성실 가산세 | 해당 주주등이 보유한 주식의 액면금액(출자금액) × 0.5% | 법인세법 75의2 ① |
| (2) 주식등변동상황명세서 제출 불성실 가산세 | 그 주식등의 액면금액 또는 출자가액의 × 1% | 법인세법 75의2 ② |
| (3) 장부의 기록·보관 불성실 가산세 | 가산세액 = Max(①, ②)<br>① 산출세액 × 20%<br>② 수입금액 × $\dfrac{7}{10,000}$ | 법인세법 75의3 |
| (4) 기부금영수증 발급·작성·보관 불성실 가산세 | • 사실과 다르게 발급된 금액 × 5%<br>• 작성·보관하지 아니한 금액 × 0.2% | 법인세법 75의4 |
| (5) 증명서류 수취 불성실 가산세 | 증명서류 미수취·허위수취 금액 × 2% | 법인세법 75의5 |
| (6) 지급명세서 등 제출 불성실 가산세 | • 지급명세서 미제출·불분명 금액 × 1% (3개월 내 지연제출 시 0.5%)<br>• 일용·간이지급명세서 미제출·불분명 금액 × 0.25%[1개월(근로소득간이지급명세서는 3개월) 내 지연제출 시 0.125%] | 법인세법 75의7 |
| (7) 계산서 등 제출불성실 가산세 | • 미발급, 허위·가공 발급 또는 수취금액 × 2%<br>• 계산서에 필요적 기재사항의 부실기재금액 × 1%<br>• 계산서 등 합계표 미제출 또는 부실기재금액 × 0.5%(1개월 내 지연제출 시 0.3%) | 법인세법 75의8 |
| (8) 특정외국법인의 유보소득 계산 명세서 제출 불성실 가산세 | 해당 특정외국법인의 배당 가능한 유보소득금액 × 0.5% | 법인세법 75의9 |
| (9) 신용카드 및 현금영수증 발급 불성실 가산세 | • 통보받은 건별 거부금액 또는 사실과 다르게 발급한 금액 × 5%(건별 최소 5천원)<br>• 현금영수증가맹점 미가입기간의 수입금액 × 1%<br>• 현금영수증 미발급한 경우 미발급금액 × 20% (10일 이내 지연발급한 경우 10%) | 법인세법 75의6 |
| (10) 성실신고확인서 제출 불성실 가산세 | 가산세액 = Max(①, ②)<br>① 법인세 산출세액 × 5%<br>② 수입금액 × $\dfrac{2}{10,000}$ | 법인세법 75 |

| 구 분 | 가산세액 | 규 정 |
|---|---|---|
| (11) 업무용승용차 관련비용명세서 제출 불성실 가산세 | • 명세서를 제출하지 않은 경우 : 업무용승용차 관련비용 등으로 손금산입금액 × 1%<br>• 명세서를 사실과 다르게 제출한 경우 : 업무용승용차 관련비용 등으로 손금산입금액 중 사실과 다르게 적은 금액 × 1% | 법인세법 74의2 |

## 02 가산세의 감면

### (1) 수정신고의 경우

① 법정신고기한이 지난 후 1개월 이내 : 90% 감면

② 법정신고기한이 지난 후 1개월 초과 3개월 이내 : 75% 감면

③ 법정신고기한이 지난 후 3개월 초과 6개월 이내 : 50% 감면

④ 법정신고기한이 지난 후 6개월 초과 1년 이내 : 30% 감면

⑤ 법정신고기한이 지난 후 1년 초과 1년 6개월 이내 : 20% 감면

⑥ 법정신고기한이 지난 후 1년 6개월 초과 2년 이내 : 10% 감면

### (2) 기한 후 신고의 경우

① 법정신고기한이 지난 후 1개월 이내 : 50% 감면

② 법정신고기한이 지난 후 1개월 초과 3개월 이내 : 30% 감면

③ 법정신고기한이 지난 후 3개월 초과 6개월 이내 : 20% 감면

### (3) 과세전적부심사 결정 · 통지기간에 그 결과를 통지하지 아니한 경우 : 50% 감면

### (4) 세법에 따른 제출, 신고, 가입, 등록, 개설의 기한이 지난 후 1개월 이내 의무이행 시 : 50% 감면

### (5) 예정신고 및 중간신고를 하지 아니하였으나 확정신고기한까지 과세표준신고를 한 경우 : 50% 감면

## 03 가산세 한도

다음 어느 하나에 해당하는 가산세에 대해 그 의무위반의 종류별로 각각 1억원(중소기업 5천만원)을 한도로 한다. 다만, 해당 의무를 고의적으로 위반한 경우에는 그러하지 아니하다.

- 주주등의 명세서 등 제출 불성실 가산세
- 기부금영수증 발급·작성·보관 불성실 가산세
- 증명서류 수취 불성실 가산세
- 지급명세서 등 제출 불성실 가산세
- 계산서 등 제출 불성실 가산세(재화 또는 용역을 공급한 자가 계산서를 발급하지 아니한 경우에 해당하는 가산세 중 발급시기가 지난 후 해당 재화 또는 용역의 공급시기가 속하는 사업연도 말의 다음 달 25일까지 계산서를 발급한 경우에 부과되는 가산세만 해당함)
- 특정외국법인의 유보소득 계산 명세서 제출 불성실 가산세

## 01 중간예납세액

  **각 사업연도의 기간이 6개월을 초과하는 내국법인**은 해당 사업연도 개시일부터 6개월이되는 날까지의 기간을 중간예납기간으로 하여 그 기간에 대한 법인세(중간예납세액)를 중간예납기간이 지난 날부터 **2개월 이내에** 납부해야 한다(법인세법 63 ①, ②, ③).

* 사업연도를 변경한 경우 변경 후 사업연도의 중간예납기간은 변경한 사업연도의 개시일로부터 6개월이되는 날까지로 한다.
* 납부할 중간예납세액이 1천만원을 초과하는 경우에는 1개월(중소기업 2개월) 이내에 분납할 수 있다.

  다만, 다음 어느 하나에 해당하는 법인은 중간예납 의무가 없다.

① 「고등교육법」 제3조에 따른 사립학교를 경영하는 학교법인, 「국립대학법인 서울대학교 설립・운영에 관한 법률」에 따른 국립대학법인 서울대학교와 「국립대학법인 인천대학교 설립・운영에 관한 법률」에 따른 국립대학법인 인천대학교
② 신설법인(합병 또는 분할에 의한 신설법인 제외)의 최초 사업연도
③ 청산법인(청산기간 중에 해산 전의 사업을 계속하여 영위하는 경우로서 해당 사업에서 사업 수입금액이 발생하는 경우는 5외함)
④ 사업연도가 6개월 이내인 법인
⑤ 중간예납기간 중 휴업 등의 사유로 사업수입금액이 없는 것으로 확인한 휴업법인
⑥ 국내 사업장이 없는 외국법인
⑦ 직전 사업연도의 중소기업으로서 직전 사업연도의 실적을 기준으로 계산한 중간예납세액이 50만원 미만인 법인
⑧ 조세특례제한법 제121조의2에 의해 법인세 전액이 면제되는 외국인 투자기업

## 02 수시부과세액

  납세지 관할세무서장 또는 관할지방국세청장은 내국법인이 그 사업연도 중에 어느 하나에 해당하는 사유로 법인세를 포탈할 우려가 있다고 인정되는 경우에는 수시로 그 법인에

대한 법인세를 부과할 수 있다. 수시부과를 한 경우에도 법인세 과세표준 정기신고는 해야
한다(법인세법 69 ①).

① 신고를 하지 아니하고 본점 등을 이전한 경우
② 사업부진 기타의 사유로 인하여 휴업 또는 폐업상태에 있는 경우
③ 기타 조세를 포탈할 우려가 있다고 인정되는 상당한 이유가 있는 경우

## 03 원천납부세액

내국법인에 다음의 금액을 지급하는 자(원천징수의무자)는 그 지급하는 금액에 14%(비
영업대금의 이익인 경우 25%)의 세율을 적용하여 계산한 금액에 상당하는 법인세를 원천
징수하여 **그 징수일이 속하는 달의 다음 달 10일까지** 납세지 관할세무서등에 납부해야 한
다(법인세법 73 ①).

| 원천징수대상소득 | | 세 율 |
| --- | --- | --- |
| 이자소득금액 | 비영업대금의 이익 | 25% |
| | 기타 이자소득 | 14% |
| 투자신탁 이익 | | 14% |

* 법인에게 이자소득금액을 지급하는 때에는 법인세를 원천징수하는 것이며, 그 이자소득금액에 대한 원천
 납부 법인세은 그 이자소득금액을 지급받은 사업연도의 법인세 산출세액에서 이를 공제한다.
* 원천징수세액이 1,000원 미만인 경우에는 원천징수하지 않는다.

법인세법상 과세표준의 계산에 관한 설명이다. 옳은 것은?                    2019 CTA 1차

① 각 사업연도 소득금액에서 비과세소득, 소득공제, 이월결손금의 순서로 차감하여 과세 표준을 계산한다.

② 천재지변 등으로 장부나 그 밖의 증명서류가 멸실되어 과세표준과 세액을 추계결정하는 경우 결손금이월공제가 적용된다.

③ 법인은 합병시 승계한 이월결손금을 자산수증이익 및 채무면제이익으로 보전할 수 있다.

④ 중소기업이 전기 사업연도에 대한 법인세 과세표준과 세액을 신고기한 내에 신고하고, 당기 사업연도에 대한 법인세 과세표준과 세액은 기한 후 신고한 경우 결손금소급공제를 받을 수 있다.

⑤ 결손금소급공제 한도인 직전 사업연도 법인세액에는 가산세를 포함하며 토지 등 양도소득에 대한 법인세는 제외한다.

[풀이] ②

    ① 법인세 과세표준은 각 사업연도 소득금액에서 이월결손금, 비과세소득, 소득공제의 순서로 차감하여 계산한다.

    ③ 법인은 합병시 승계한 이월결손금은 자산수증이익 및 채무면제이익으로 보전할 수 없다.

    ④ 결손금소급공제를 적용받기 위해서는 직전사업연도와 결손금이 발생한 사업연도의 법인세의 과세표준 및 세액을 각각 정기신고한 경우이어야 한다.

    ⑤ 결손금소급공제 한도인 직전 사업연도 법인세액에는 가산세 및 토지 등 양도소득에 대한 법인세는 제외한다.

다음의 영리내국법인 ㈜A의 제22기 사업연도(1.1.~12.31.) 세무조정 관련 자료이다. 단, ㈜A는 개별납세방식을 적용하는 내국법인이고, 회생계획을 이행 중인 기업 등 대통령령으로 정하는 법인에 해당하지 않고 주어진 자료 이외에는 고려하지 않는다.

(1) 세무조정 내역

| 내 용 | 금 액 |
|---|---|
| (1) 손익계산서상 당기순이익 | 10,000,000원 |
| (2) 익금산입·손금불산입 | 17,000,000원 |
| (3) 손금산입·익금불산입 | 12,000,000원 |
| 계 | 15,000,000원 |

* 매입채무에 대한 채무면제이익 10,000,000원이 영업외수익으로 당기순이익에 포함되어 있으며, 이와 관련된 세무조정은 포함되어 있지 않다.

(2) 과거 사업연도에 공제되지 않은 세무상 이월결손금 내역

| 내 용 | 금 액 |
|---|---|
| 제10기 사업연도 | 5,000,000원 |
| 제20기 사업연도 | 5,000,000원 |
| 제21기 사업연도 | 5,000,000원 |
| 계 | 15,000,000원 |

1. 세부담 최소화를 가정할 경우 ㈜A의 제22기의 각 사업연도 소득금액은? 2020 CTA 1차 수정

① 0원                          ② 5,000,000원
③ 10,000,000원                 ④ 15,000,000원
⑤ 20,000,000원

[풀이] ②

채무면제이익 10,000,000원 중 이월결손금 10,000,000원을 보전하는 데에 충당하여 익금불산입 기타로 처분한다. 이에 제10기 및 제20기 이월결손금 10,000,000원은 과세표준을 계산할 때 공제된 것으로 본다.

각 사업연도 소득 = 당기순이익(10,000,000원) + 익금산입 · 손금불산입(17,000,000원) − 손금산입 · 익금불산입(22,000,000원) = 5,000,000원

2. 세부담 최소화를 가정할 경우 ㈜A의 제22기의 법인세 과세표준 금액은? 단, ㈜A는 중소기업이다.

① 0원                          ② 2,000,000원
③ 5,000,000원                 ④ 6,000,000원
⑤ 15,000,000원

[풀이] ①

각 사업연도의 소득에 대한 법인세의 과세표준은 각 사업연도의 소득에서 이월결손금, 비과세소득, 소득공제액을 차례로 공제한 금액으로 한다. 다만, 이월결손금에 대한 공제는 각 사업연도 소득의 100분의 80을 한도로 하고, 중소기업과 회생계획을 이행중인 기업 등은 100분의 100을 한도로 한다.

채무면제이익 10,000,000원 중 이월결손금 10,000,000원을 보전하는 데에 충당하여 익금불산입 기타로 처분한다. 이에 제10기 및 제20기 이월결손금 10,000,000원은 과세표준을 계산할 때 공제된 것으로 본다. 그러므로 과세표준을 계산할 때 사용가능한 이월결손금은 5,000,000원이다.

3. 세부담 최소화를 가정할 경우 ㈜A의 제22기의 법인세 과세표준 금액은? 단, ㈜A는 중소기업이 아니다.

① 0원                          ② 1,000,000원

③ 2,000,000원                                          ④ 5,000,000원

⑤ 6,000,000원

[풀이] ②

각 사업연도의 소득에 대한 법인세의 과세표준은 각 사업연도의 소득에서 이월결손금, 비과세소득, 소득공제액을 차례로 공제한 금액으로 한다. 다만, 이월결손금에 대한 공제는 각 사업연도 소득의 100분의 80을 한도로 하고, 중소기업과 회생계획을 이행중인 기업 등은 100분의 100을 한도로 한다. 채무면제이익 10,000,000원 중 이월결손금 10,000,000원을 보전하는 데에 충당하여 익금불산입 기타로 처분한다. 이에 제10기 및 제20기 이월결손금 10,000,000원은 과세표준을 계산할 때 공제된 것으로 본다. 그러므로 과세표준을 계산할 때 사용가능한 이월결손금은 5,000,000원이다. 중소기업이 아닌 ㈜A의 법인세 과세표준 = 각 사업연도 소득(5,000,000원) − 이월결손금 (5,000,000원×80%) = 1,000,000원

제 **10** 장

# 법인세 신고와 납부

# 01 법인세 과세표준의 신고

## (1) 신고기한

납세의무가 있는 법인은 **각 사업연도의 종료일이 속하는 달의 말일부터 3개월**(내국법인이 성실신고확인서를 제출하는 경우에는 4개월) **이내에** 해당 사업연도의 소득에 대한 법인세의 과세표준과 세액을 납세지 관할세무서장에게 신고하여야 한다(법인세법 60 ①).

* 내국법인으로서 각 사업연도의 소득금액이 없거나 결손금이 있는 법인의 경우에도 법인세 과세표준 신고를 해야 한다.
* 내국법인이 사업연도 중에 합병이나 분할(분할합병 포함)에 따라 해산한 경우에는 그 사업연도의 개시일로부터 합병등기일 또는 분할등기일까지의 기간을 그 해산한 법인(피합병법인 등)의 1사업연도로 보아 법인세 과세표준 신고를 하여야 하며, 이 경우 법인세 신고서 및 신고서에 첨부되는 재무제표에 표시한 명칭은 피합병법인 등으로 한다.
* 「주식회사 등의 외부감사에 관한 법률」 제4조에 따라 감사인에 의한 감사를 받아야 하는 내국법인이 해당 사업연도의 감사가 종결되지 아니하여 결산이 확정되지 아니하였다는 사유로 신고기한의 연장을 신청한 경우에는 그 신고기한을 1개월의 범위에서 연장할 수 있다.

## (2) 제출서류

법인세 과세표준 신고를 할 때에는 「법인세 과세표준 및 세액신고서」에 다음의 서류를 첨부해야 한다(법인세법 60 ②, 법인세 집행기준 60 - 97 - 2).

| 구 분 | 내 용 | 미제출 시 불이익 |
|---|---|---|
| 필수 제출서류 | ① 기업회계기준을 준용하여 작성한 개별 내국법인의 재무상태표*<br>② 기업회계기준을 준용하여 작성한 개별 내국법인의 포괄손익계산서*<br>③ 기업회계기준을 준용하여 작성한 개별 내국법인의 이익잉여금처분(결손금처리)계산서*<br>④ 세무조정계산서(법인세 과세표준 및 세액조정계산서) | 적법한 신고로 보지 않아 무신고가산세 적용(단, 수익사업을 영위하지 않는 비영리내국법인은 제외) |

| 구 분 | 내 용 | 미제출 시 불이익 |
|---|---|---|
| 기타 제출서류 | ⑤ 세무조정계산서 부속서류 및 기업회계기준에 의하여 작성한 현금흐름표*(외부감사 대상법인에 한정함)<br>⑥ 기능통화재무제표에 대해 표시통화를 원화로 하여 환산한 재무제표(표시통화재무제표)<br>⑦ 원화 외의 통화를 기능통화로 채택하여 재무제표를 작성하는 법인의 경우 기능통화를 선택하지 않고 계속해서 원화로 작성하였을 경우의 재무제표(원화재무제표) | 불이익 없음 |

* 표시통화를 기능통화로 채택한 경우에는 기업회계기준을 준용하여 작성한 기능통화로 표시된 재무제표 (기능통화재무제표)를 말함.

* 법인세의 과세표준 및 세액을 신고하는 경우에는 반드시 세무조정계산서를 첨부하여야 하고, 기업회계와 세무회계의 정확한 조정 또는 성실한 납세를 위하여 필요하다고 인정하여 정한 외부세무조정 대상법인의 경우 세무조정계산서는 세무사(「세무사법」에 의해 등록한 공인회계사 및 변호사를 포함)가 작성하여야 한다.

* 장부 및 증빙서류가 소실된 경우에는 천재 등으로 인한 기한의 연장에 의하여 정부의 승인을 얻어 그 기한을 연장할 수 있으며 장부 및 제증빙서류가 소실된 경우에도 재무상태표 등의 필수적인 첨부서류를 제출하지 아니하고 법인세 과세표준 및 세액신고서만을 제출한 경우에는 적법한 신고로 보지 아니한다. 다만, 이 경우에도 「국세기본법」 제48조 제1항에 의하여 가산세의 감면을 받을 수 있다.


## 02 법인세 납부

### (1) 납부세액의 계산

내국법인은 각 사업연도의 소득에 대한 법인세 산출세액에서 다음의 법인세액(가산세 제외)을 공제한 금액을 각 사업연도의 소득에 대한 법인세로서 법인세 과세표준 신고기한 까지 납부해야 한다(법인세법 64 ①).

> 납부세액 = 산출세액 − 공제·감면세액 − 중간예납세액 − 수시부과세액 − 원천징수세액

### (2) 분납

**납부할 세액이 1천만원을 초과하는 경우**에는 다음의 금액을 납부기한이 지난 날부터 1개월(중소기업 2개월) 이내에 분납할 수 있다. 다만, 가산세와 감면분 추가납부세액은 분납대상 세액에 포함하지 아니한다.

① 납부세액이 2천만원 이하인 경우 : 1천만원을 초과하는 금액
② 납부세액이 2천만원을 초과인 경우 : 납부세액의 50% 이하의 금액

## 03 성실신고확인제도

### (1) 성실신고확인서의 제출

다음 어느 하나에 해당하는 내국법인은 성실한 납세를 위하여 법인세의 과세표준과 세액을 신고할 때 세무사(「세무사법」에 의해 등록한 공인회계사 및 변호사를 포함)가 확인하고 작성한 성실신고확인서를 납세지 관할세무서장에게 제출해야 한다. 다만, 「주식회사 등의 외부감사에 관한 법률」 제4조에 따라 감사인에 의한 감사를 받은 내국법인은 이를 제출하지 않을 수 있다(법인세법 60의2 ①).

---

① 부동산임대업을 주된 사업으로 하는 다음의 요건을 모두 갖춘 법인
  ㉠ 해당 사업연도 종료일 현재 내국법인의 제43조 제7항에 따른 지배주주등이 보유한 주식등의 합계가 해당 내국법인의 발행주식총수 또는 출자총액의 100분의 50을 초과할 것
  ㉡ 해당 사업연도에 부동산 임대업을 주된 사업으로 하거나 다음의 금액 합계가 기업회계기준에 따라 계산한 매출액(가.부터 다.까지의 금액이 포함되지 않은 경우에는 이를 포함하여 계산함)의 100분의 70 이상일 것
    가. 부동산 또는 부동산상의 권리의 대여로 인하여 발생하는 수입금액(「조세특례제한법」 제138조 제1항에 따라 익금에 가산할 금액을 포함함)
    나. 「소득세법」 제16조 제1항에 따른 이자소득의 금액
    다. 「소득세법」 제17조 제1항에 따른 배당소득의 금액
  ㉢ 해당 사업연도의 상시근로자 수가 5명 미만일 것

② 「소득세법」 제70조의2 제1항에 따른 성실신고확인대상 사업자가 사업용고정자산의 현물출자 및 사업의 양도·양수 등의 방법에 따라 내국법인으로 전환한 내국법인(사업연도 종료일 현재 법인으로 전환한 후 3년 이내의 내국법인으로 한정함)

③ 위 ②에 따라 전환한 내국법인이 그 전환에 따라 경영하던 사업을 위 ②에서 정하는 방법으로 인수한 다른 내국법인(전환일부터 3년 이내인 경우로서 그 다른 내국법인의 사업연도 종료일 현재 인수한 사업을 계속 경영하고 있는 경우로 한정함)

---

## (2) 성실신고확인서 제출에 대한 규정

### 1) 과세표준 등의 신고기한 연장

내국법인이 성실신고확인서를 제출하는 경우 법인세 과세표준과 세액을 **각 사업연도의 종료일이 속하는 달의 말일부터 4개월 이내에** 납세지 관할세무서장에게 신고해야 한다.

### 2) 성실신고확인비용에 대한 세액공제

성실신고확인대상법인이 성실신고확인서를 제출한 경우 다음의 금액을 해당 과세연도의 법인세에서 공제한다(조세특례제한법 126의6).

세액공제액 = Min(①, ②)

① 성실신고확인비용 × 60%
② 150만원

### 3) 성실신고확인서 제출 불성실 가산세

성실신고 확인대상법인이 각 사업연도의 종료일이 속하는 달의 말일부터 4개월 이내에 성실신고확인서를 납세지 관할세무서장에게 제출하지 않은 경우에는 다음의 금액을 가산세로 해당 사업연도의 법인세액에 더하여 납부해야 한다(법인세법 75).

가산세액 = Max(①, ②)

① 법인세 산출세액* × 5%

② 수입금액 × $\dfrac{2}{10,000}$

* 토지등 양도소득에 대한 법인세액 및 투자·상생협력 촉진을 위한 과세특례를 적용하여 계산한 법인세액은 제외함.

**제2절** **결정 및 경정**

법인세는 신고납부세목으로 법인이 직접 과세표준 및 세액을 신고하는 것이 원칙이지만, 법인이 신고를 하지 않거나 신고한 내용에 수정이 필요한 경우 과세관청이 납세의무를 확정(결정)하거나 확정된 납세의무를 수정(경정)하게 된다.

## 01 결정 및 경정 사유

법인세 과세표준을 결정·경정하는 사유는 다음과 같다(법인세법 66 ①, ②).

| 구 분 | 사 유 |
|---|---|
| 결정 | 법인세 과세표준 및 세액을 신고하지 않은 경우 |
| 경정 | 법인세 과세표준 및 세액을 신고한 법인이 다음에 해당하는 경우<br>① 신고내용에 오류 또는 누락이 있는 경우<br>② 지급명세서, 매출·매입처별계산서합계표 등을 제출하지 아니한 경우<br>③ 다음 중 어느 하나에 해당하는 경우로서 시설규모나 업황으로 보아 신고내용이 불성실하다고 판단되는 경우<br>　가. 신용카드가맹점 가입 요건에 해당하는 법인 또는 현금영수증가맹점 가입대상자로 지정받은 법인이 정당한 사유 없이 신용카드가맹점 또는 현금영수증가맹점으로 가입하지 않은 경우<br>　나. 신용카드가맹점 또는 현금영수증가맹점이 정당한 사유 없이 신용카드에 의한 거래를 거부하거나 신용카드 매출전표를 사실과 다르게 발급한 경우 또는 현금영수증의 발급을 거부하거나 사실과 다르게 발급한 경우 |
| 재경정 | 법인세 과세표준 및 세액의 결정·경정내용에 오류나 탈루가 있는 경우 **즉시** |

## 02 결정 및 경정 방법

납세지 관할세무서장 또는 관할지방국세청장은 법인세의 과세표준과 세액을 결정 또는 경정하는 경우에는 장부나 그 밖의 증명서류를 근거로 하여야 한다. 다만, 장부나 그 밖의 증명서류에 의하여 소득금액을 계산할 수 없는 경우에는 다음의 방법에 따라 추계(推計)할 수 있다(법인세법 66 ③).

| 구 분 | 내 용 | |
|---|---|---|
| 추계 사유 | 법인세의 과세표준과 세액을 추계결정·경정하는 사유는 다음과 같다.<br>① 소득금액을 계산함에 있어서 필요한 장부 또는 증빙서류가 없거나 그 중요한 부분이 미비 또는 허위인 경우<br>② 기장의 내용이 시설규모, 종업원수, 원자재·상품·제품 또는 각종 요금의 시가 등에 비추어 허위임이 명백한 경우<br>③ 기장의 내용이 원자재사용량·전력사용량 기타 조업상황에 비추어 허위임이 명백한 경우 | |
| 추계 방법 | 기준경비율법 | 과세표준= 수입금액 × (1-기준경비율) - 주요경비 |
| | 동업자권형법 | 기준경비율이 결정되지 아니하였거나 천재지변 등으로 장부나 그 밖의 증명서류가 멸실된 때에는 기장이 가장 정확하다고 인정되는 동일 업종의 다른 법인의 소득금액을 참작하여 그 과세표준을 결정 또는 경정하는 방법. 다만, 동일업종의 다른 법인이 없는 경우에는 직전 사업연도의 소득률에 의하여 과세표준을 결정·경정함. |
| | 폐업한 소기업 특례<br>(단, 조세탈루혐의가 있는 경우 제외) | 과세표준 = Min(①, ②, ③)<br>① 수입금액 × (1-단순경비율)<br>② 수입금액 × 직전 사업연도의 소득률<br>③ 수입금액 × (1-기준경비율) - 주요경비 |

* 위 추계사유 ② 또는 ③에 해당하는 때에는 기준경비율법에 우선하여 해당 추계결정 또는 경정방법을 적용한다(법인세법 기본통칙 66-104…7).
* 일부 누락된 매출액에 관하여는 추계의 방법으로, 신고된 매출액에 관하여는 실지조사의 방법으로 과세표준을 산정하여 합산하는 것은 허용되지 않는다(법인세법 집행기준 66-104-1 ④).
* 과세표준을 추계결정 또는 경정하는 경우에는 추계소득금액에 다음의 금액을 가산하여 과세표준을 계산한다(법인세법 시행령 104 ③).
  ① 사업외수익 - 수익대응 원가상당액 - 지출한 손비 중 환입된 금액 - 부동산임대업을 영위하는 법인이 받는 수입이자 중 임대보증금에 대한 수입이자 상당액
  ② 특수관계 있는 자와의 거래에 있어 부당행위부인 규정에 따라 익금에 산입하는 금액
  ③ 법인세법 또는 조세특례제한법에 따라 익금에 산입하여야 할 준비금 또는 충당금

## 03 추계결정·경정하는 경우 불이익

법인의 각 사업연도의 소득에 대한 법인세의 과세표준과 세액을 추계결정 또는 경정하는 경우(천재지변 등으로 장부나 그 밖의 증명서류가 멸실되어 동업자권형법으로 추계하는 경우 제외)에는 ① 이월결손금공제를 적용하지 않고, ② 외국자회사 수입배당금액의 익금불산입 및 외국납부세액공제를 적용하지 않는다. 또한 ③ 추계에 의해 결정된 과세표준과 법인의 재무상태표상의 법인세차감전 당기순이익과의 차액은 대표자 상여로 처분한다.

## 제3절 징수 및 환급

### 01 징수

납세지 관할세무서장은 법인이 각 사업연도의 소득에 대한 법인세액(신고납부세액), 중간예납세액 및 원천징수세액의 전부 또는 일부를 납부하지 않으면 그 미납된 법인세액을 「국세징수법」에 따라 징수해야 한다(법인세법 71 ①, ②, ③).

### 02 환급

납세지 관할세무서장은 중간예납·수시부과 또는 원천징수한 법인세액이 각 사업연도의 소득에 대한 법인세액(가산세 포함)을 초과하는 경우, 그 초과하는 금액은 환급하거나 다른 국세 및 강제징수비에 충당하여야 한다(법인세법 71 ④).

> **법인세법상 신고 및 납부에 관한 설명으로 옳은 것은?**                       2016 CTA 1차
>
> ① 내국법인이 각 사업연도의 소득에 대한 법인세의 과세표준과 세액을 신고하는 경우, 「주식회사의 외부감사에 관한 법률」에 따라 감사인에 의한 감사를 받아야 하는 내국법인이 해당 사업연도의 감사가 종결되지 아니하여 결산이 확정되지 아니하였다는 사유로 법령으로 정하는 바에 따라 신고기한의 연장을 신청한 경우에는 그 신고기한을 1개월의 범위에서 연장할 수 있다.
> ② 내국법인의 납부할 세액이 2천만원을 초과하는 경우에는 납부할 세액에서 1천만원을 초과하는 금액을 납부기한이 지난 날부터 1개월 이내에 분납할 수 있다.
> ③ 내국법인이 직전 사업연도에 대한 법인세로서 확정된 산출세액을 직전 사업연도의 개월 수로 나눈 금액에 6을 곱하여 중간예납세액을 계산하는 경우, 해당 사업연도의 직전 사업연도에 대한 법인세로서 확정된 산출세액에는 「조세특례제한법」 제100조의32에 따른 투자·상생협력 촉진을 위한 과세특례를 적용하여 계산한 법인세액을 포함하며 가산세는 제외한다.
> ④ 내국법인은 각 사업연도의 소득에 대한 법인세 산출세액에 해당 사업연도의 원천징수된 세액을 합산한 금액을 각 사업연도의 소득에 대한 법인세로 납부해야 한다.

⑤ 법인세가 수시부과된 사업연도에 대해서는 당해 수시부과로써 그 신고의무가 완료된 것이므로 해당 각 사업연도의 소득에 대한 별도의 법인세 과세표준 등의 신고의무는 없다.

[풀이] ①
 2) 내국법인의 <u>납부할 세액이 1천만원을 초과하는 경우에는</u> 납부할 세액에서 1천만원을 초과하는 금액을 납부기한이 지난 날부터 1개월(중소기업은 2개월) 이내에 분납할 수 있다.
 3) 내국법인이 직전 사업연도에 대한 법인세로서 확정된 산출세액을 직전 사업연도의 개월 수로 나눈 금액에 6을 곱하여 중간예납세액을 계산하는 경우, 해당 사업연도의 직전 사업연도에 대한 법인세로서 확정된 산출세액에는 <u>가산세는 포함하고, 토지 등 양도소득에 대한 법인세액 및 「조세특례제한법」 제100조의32에 따른 투자·상생협력 촉진을 위한 과세특례를 적용하여 계산한 법인세액은 제외한다.</u>
 4) 내국법인은 각 사업연도의 소득에 대한 법인세 산출세액에 해당 사업연도의 원천징수된 세액을 <u>공제한</u> 금액을 각 사업연도의 소득에 대한 법인세로 납부해야 한다.
 5) 법인세가 수시부과된 사업연도에 대해서도 해당 각 사업연도의 소득에 대한 법인세 과세표준 등의 신고의무가 있다.

제 **11** 장

# 그 밖의 법인세

**토지 등 양도소득에 대한 법인세**

법인이 과세대상에 해당하는 **토지, 건물**(건물에 부속된 시설물과 구축물 포함), **주택을 취득하기 위한 권리로서 조합원입주권 및 분양권**을 양도한 경우에는 토지 등 양도소득에 대한 법인세를 각 사업연도소득에 대한 법인세에 추가하여 납부해야 한다(법인세법 55의2 ①).

* 토지 등 양도소득에 대한 법인세는 해당 사업연도에 결손금이 발생하거나 이월결손금 잔액이 있는 경우라도 추가로 납부해야 한다.

## 01 과세대상

| 과세대상 | 세 율 |
|---|---|
| ① 주택*(부수토지 포함) 및 별장* | 20%(미등기 40%) |
| ② 비사업용 토지 | 10%(미등기 40%) |
| ③ 주택을 취득하기 위한 권리로서 조합원입주권* 및 분양권* | 20% |

* 다음에 해당하지 않는 '주택'을 말한다.
  ① 읍·면 지역에 있으면서 농어촌 주택(부속토지 포함)
  ② 일정한 요건을 갖춘 임대주택
  ③ 임직원에게 10년 이상 제공한 사택
  ④ 저당권 실행으로 취득하거나 채권변제를 대신하여 취득 후 3년이 경과하지 않은 주택
  ⑤ 그 밖에 부득이한 사유로 보유하고 있는 주택으로서 기획재정부령으로 정하는 주택(주택도시보증공사가 매입한 주택)
* '별장'이란 주거용 건축물로서 상시 주거용으로 사용하지 않고 휴양·피서·위락 등의 용도로 사용하는 건축물을 말한다.
* '조합원입주권'이란 「도시 및 주거환경정비법」 제74조에 따른 관리처분계획의 인가 및 「빈집 및 소규모주택 정비에 관한 특례법」 제29조에 따른 사업시행계획인가로 인하여 취득한 입주자로 선정된 지위를 말한다. 이 경우 재건축사업 또는 재개발사업, 자율주택정비사업, 가로주택정비사업, 소규모재건축사업 또는 소규모재개발사업을 시행하는 정비사업조합의 조합원으로서 취득한 것(그 조합원으로부터 취득한 것을 포함함)으로 한정하며, 이에 딸린 토지를 포함한다.
* '분양권'이란 「주택법」 등 대통령령으로 정하는 법률에 따른 주택에 대한 공급계약을 통하여 주택을 공급받는 자로 선정된 지위(해당 지위를 매매 또는 증여 등의 방법으로 취득한 것을 포함함)를 말한다.

## 02 비과세대상

다음에 해당하는 토지(**미등기 토지 제외**)에 대하여는 토지 등 양도소득에 대한 법인세를 과세하지 않는다.

① 파산선고에 의한 토지 등의 처분으로 인하여 발생하는 소득
② 법인이 직접 경작하던 농지로서 「소득세법 시행령」제153조 제1항에 해당하는 농지의 교환 또는 분할·통합으로 인하여 발생하는 소득
③ 「도시 및 주거환경정비법」그 밖의 법률에 따른 환지처분으로 지목 또는 지번이 변경되거나 체비지로 충당됨으로써 발생하는 소득
④ 「소득세법 시행령」제152조 제3항에 따른 교환으로 발생하는 소득
⑤ 적격분할·적격합병·적격물적분할·적격현물출자·조직변경 및 교환(과세이연 요건을 갖춘 것에 한함)으로 인하여 발생하는 소득
⑥ 한국토지주택공사가 개발사업으로 조성한 토지 중 주택건설용지로 양도함으로써 발생하는 소득
⑦ 주택을 신축하여 판매하는 법인이 그 주택 및 부수토지로서 그 면적이 다음의 면적 중 넓은 면적 이내의 토지를 양도함으로써 발생하는 소득
　　㉠ 주택의 연면적(지하층의 면적, 지상층의 주차용으로 사용되는 면적 및 주민공동시설의 면적 제외)
　　㉡ 건물이 정착된 면적에 5배(도시지역 밖의 토지의 경우에는 10배)를 곱하여 산정한 면적
⑧ 「민간임대주택에 관한 특별법」에 따른 기업형 임대사업자에게 토지를 양도하여 발생하는 소득
⑨ 공공주택사업자가 공공매입임대주택을 건설할 자에게 2022.12.31.까지 주택건설을 위한 토지를 양도하여 발생하는 소득
⑩ 그 밖에 공공목적을 위한 양도 등 기획재정부령이 정하는 사유로 인하여 발생하는 소득

## 03 토지 등 양도소득에 대한 법인세 계산

> 토지 등 양도소득에 대한 법인세액 = (양도가액 − 세법상 장부가액) × 세율

* 법인이 해당 사업연도에 2 이상의 토지 등을 양도하는 경우, 토지 등 양도소득은 해당 사업연도에 양도한 자산별로 계산한 금액을 합산하여 토지 등 양도소득을 계산한다.
* 양도차손이 있는 토지 등이 있는 때에는 양도차손을 다음의 양도소득에서 순차로 차감하여 토지 등 양도소득을 계산한다(법인세법 시행령 92의2 ⑨).
  ① 양도차손이 발생한 자산과 같은 세율을 적용받는 자산의 양도소득
  ② 양도차손이 발생한 자산과 다른 세율을 적용받는 자산의 양도소득

## 04 토지 등 양도소득의 귀속시기

토지 등 양도소득의 귀속사업연도는 '그 대금을 청산한 날'이 속하는 사업연도로 한다. 다만, 대금을 청산하기 전에 소유권 등의 이전등기·등록을 하거나 당해 자산을 인도하거나 상대방이 당해 자산을 사용수익하는 경우에는 그 이전등기일·등록일·인도일 또는 사용수익일 중 빠른 날로 한다(법인세법 시행령 92의2 ⑥).

* 다만, 법인이 장기할부조건으로 토지 등을 양도한 경우에 회수하였거나 회수할 금액과 이에 대응하는 비용을 각각 수익과 비용으로 계상한 경우에도 회수기일도래기준을 적용하지 않는다.

**기업의 미환류소득에 대한 법인세**

일정한 내국법인이 투자, 임금 등으로 환류하지 아니한 소득이 있는 경우에는 미환류소득에 20%를 곱하여 산출한 미환류소득에 대한 법인세를 각 사업연도의 법인세에 추가하여 납부해야 한다(조세특례제한법 100의32 ①). 이는 기업의 소득이 투자, 임금 또는 배당을 통하여 가계의 소득으로 원활하게 흘러 들어가는 선순환 구조가 정착할 수 있도록 도입된 제도이다.

 **적용대상**

각 사업연도 종료일 현재 상호출자제한기업집단에 속하는 내국법인으로서 미환류소득이 있는 경우

\* 2023년 1월 1일 이후 개시하는 사업연도부터는 각 사업연도 종료일 현재 자기자본이 500억원을 초과하는 법인을 적용대상에서 제외하도록 개정되었다.

| 2022.12.31. 이전 적용대상 | 2023.1.1. 이후 적용대상 |
|---|---|
| ① 각 사업연도 종료일 현재 자기자본이 500억원을 초과하는 법인<br> \* 중소기업, 비영리법인, 프로젝트금융투자회사 등 및 유동화전문회사 등에 해당하는 법인은 제외한다.<br><br>② 각 사업연도 종료일 현재 상호출자제한기업집단에 속하는 법인 | 각 사업연도 종료일 현재 상호출자제한기업집단에 속하는 법인 |

 **미환류소득에 대한 법인세 계산**

### 1) 미환류소득의 산정

다음 방법 중 어느 하나를 선택하여 신고해야 한다. 만일 어느 하나의 방법을 선택하지 않은 경우에는 해당 법인이 최초로 미환류소득에 대한 납세의무가 발생한 사업연도에 미환류소득이 적게 산정되거나 초과환류액이 많게 산정되는 방법을 선택하여 신고한 것으로 본다(조세특례제한법 시행령 100의32 ⑰).

| 구  분 | 계산식 | 계속 적용기간 |
|---|---|---|
| ① 투자포함방법 | (기업소득 × 70%) − (투자합계액 + 상시근로자 임금증가액 + 상생협력지출금액 등 × 3) | 3년 |
| ② 투자제외방법 | (기업소득 × 15%) − (상시근로자 임금증가액 + 상생협력지출금액 등 × 3) | 1년 |

* 투자가 2개 이상의 사업연도에 걸쳐서 이루어지는 경우에는 그 투자가 이루어지는 사업연도마다 해당 사업연도에 실제 지출한 금액을 기준으로 투자합계액을 계산한다(조세특례제한법 시행령 100의32 ⑦).

* 미환류소득 산정금액이 음수인 경우에는 '초과환류액'이라 한다.

* 합병 또는 분할에 따라 피합병법인 또는 분할법인이 소멸하는 경우 합병법인 또는 분할신설법인은 미환류소득 및 초과환류액을 승계할 수 있다(조세특례제한법 시행령 100의32 ㉓).

* 기업소득은 각 사업연도의 소득금액에 다음을 가감한 금액(3천억원 한도)으로 하며, 음수인 경우에는 '0'으로 본다(조세특례제한법 시행령 100의32 ④).

| 가산항목 | 차감항목 |
|---|---|
| ① 국세 또는 지방세의 과오납금의 환급금에 대한 이자<br>② 기부금 한도초과 이월액의 손금산입액<br>③ 해당 사업연도에 투자합계액에 포함되는 자산으로 당해연도 감가상각비 계상액 | ① 해당 사업연도의 법인세액(내국법인이 직접 납부한 외국법인세액으로서 손금에 산입하지 않은 세액과 익금에 산입한 간접외국법인세액을 포함함), 법인세 감면에 대한 농어촌특별세액 및 법인지방소득세액<br>② 상법에 따라 해당 사업연도에 의무적으로 적립하는 이익준비금<br>③ 법령에 따라 의무적으로 적립하는 적립금으로서 기획재정부령으로 정하는 금액<br>④ 각 사업연도 소득에 대한 과세표준 계산 시 공제한 결손금<br>⑤ 과세이연요건을 충족하지 않은 합병시 피합병법인의 주주에 대한 의제배당금액(합병대가 중 주식 등으로 받은 부분만 해당함)으로서 해당 사업연도에 익금에 산입한 금액(수입배당금의 익금불산입을 적용하기 전의 금액을 말함)<br>⑥ 과세이연요건을 충족하지 않은 분할시 분할법인의 주주에 대한 의제배당금액(합병대가 중 주식 등으로 받은 부분만 해당함)으로서 해당 사업연도에 익금에 산입한 금액(수입배당금의 익금불산입을 적용하기 전의 금액을 말함)<br>⑦ 기부금 한도초과액 손금불산입액<br>⑧ 합병·분할양도손익으로서 해당 사업연도에 익금에 산입한 금액<br>⑨ 프로젝트금융회사에 대한 소득공제 또는 유동화전문회사 등에 대한 소득공제에 따라 배당한 금액<br>⑩ 외국법인이 발행한 주식등을 보유하는 내국법인 중 기획재정부령으로 정하는 요건을 충족하는 내국법인이 그 보유주식등을 발행한 외국법인으로부터 받는 배당소득으로서 해당 사업연도에 익금에 산입한 금액<br>⑪ 「공적자금관리 특별법」 제2조 제1호에 따른 공적자금의 상환과 관련하여 지출하는 금액으로서 기획재정부령으로 정하는 금액 |

## 2) 차기환류적립금의 적립 및 초과환류액의 이월

내국법인(무신고 법인 제외)은 해당 사업연도 미환류소득의 전부 또는 일부를 다음 2개 사업연도의 투자, 임금 등으로 환류하기 위한 금액(차기환류적립금)으로 적립하여 해당 사업연도의 미환류소득에서 차기환류적립금을 공제할 수 있다. 직전 2개 사업연도에 차기환류적립금을 적립한 경우 다음 계산식에 따라 계산한 금액을 해당 사업연도의 법인세액에 추가하여 납부하여야 한다(조세특례제한법 100의32 ⑤, ⑥). 해당 사업연도에 (차기환류적립금 공제 후)초과환류액이 있는 경우에는 그 초과환류액을 그 다음 2개 사업연도까지 이월하여 그 다음 2개 사업연도 동안 미환류소득에서 공제할 수 있다(조세특례제한법 100의32 ⑦).

$$Max\{(차기환류적립금 - 당해연도 초과환류적립금) \times 20\%, 0\}$$

## 3) 미환류소득에 대한 법인세 계산

$$미환류소득에 대한 법인세 = (미환류소득 - 차기환류적립금 - 이월된 초과환류액) \times 20\%$$

## 03 사후관리

내국법인이 ① 투자자산을 2년 이내 양도하거나 대여하는 경우, ② 업무용 건축물에 해당하지 아니하게 되는 등의 사유가 발생한 경우에는 사유발생일이 속하는 사업연도의 과세표준을 신고할 때 그 자산에 대한 투자금액의 공제로 인하여 납부하지 아니한 세액에 이자 상당액을 가산하여 납부해야 한다(조세특례제한법 100의32 ⑧, 조세특례제한법 시행령 100의32 ⑳, ㉑).

$$추징세액 = 투자금액의 공제로 납부하지 않은 세액 \times (1 + 기간^* \times 0.022\%)$$

* 투자금액을 공제받은 사업연도의 법인세 과세표준 신고일의 다음 날부터 이자상당액 납부일까지의 기간

내국법인이 해산(합병이나 분할에 의한 해산은 제외함)한 경우 그 청산소득금액은 그 법인의 해산에 의한 잔여재산의 가액에서 해산등기일 현재의 자기자본의 총액을 공제한 금액으로 한다(법인세법 79 ①). 이러한 청산소득에 대한 과세는 법인의 존속기간 동안 미처 각 사업연도 소득으로 과세되지 못한 나머지 소득에 대한 과세로서 각 사업연도의 소득에 대한 법인세가 최종적으로 정산되는 데 의의가 있다.

## 01 적용대상

**영리내국법인**은 청산소득에 대한 법인세 납세의무를 부담하며, 비영리내국법인과 외국법인은 그러하지 않는다(법인세법 4 ①).

## 02 청산소득에 대한 법인세 계산

### (1) 과세표준

청산소득에 대한 법인세의 과세표준은 청산소득금액으로 하고, 청산소득금액은 다음과 같이 계산한다.

#### 1) 일반적인 경우의 청산소득금액

> 청산소득금액 = 잔여재산가액 − 자기자본총액

* 해산법인의 청산소득금액 계산 시 보유중인 자기주식의 가액은 해산등기일 현재의 자본금(또는 출자금)에서 차감하지 아니하며, 잔여재산가액을 구성하는 자산총액에도 포함되지 않는다(법인세 기본통칙 79-0…3).
* 법인이 해산등기일 이후 청산기간 중에 해산 전의 사업을 계속하여 영위하는 경우 해당 사업에서 발생한 사업수입이나 임대수입, 공·사채 및 예금의 이자수입 등은 각 사업연도 소득으로 과세하며, 청산소득금액을 계산함에 있어서 그 법인의 잔여재산가액에 포함하지 않는다.

* 청산소득금액은 다음의 금액을 가감하여 계산한다.

| 청산소득금액 계산 시 포함되는 금액 | 청산소득금액 계산 시 공제되는 금액 |
|---|---|
| ① 법인이 해산등기일 현재의 자산을 청산기간 중에 처분한 금액(환가를 위한 재고자산의 처분액을 포함) | ① 해산등기일 현재의 잔여재산의 추심 또는 환가처분과 관련하여 발생한 각종 비용(계약서 작성비용, 공증비용, 인지대, 소개비 및 수수료, 청산인의 보수, 청산사무소의 비용 등) |
| ② 해산등기일 현재의 부채에 대하여 청산과정에서 채무면제를 받은 금액 | ② 해산등기일 현재 잔여재산가액에 포함된 채권가액 중 청산기간 중 법원의 확정판결 등에 의한 회수불능확정금액 및 지급해야 할 손해배상금 |
| ③ 해산등기일 현재 잔여재산의 존부와 관련하여 청산 기간 중 법원의 확정판결에 의해 지급받기로 한 손해배상금 | |

## 2) 해산 후 사업계속에 따른 청산소득금액

> 청산소득금액 = 해산등기일~사업계속등기일에 분배한 잔여재산분배액 총 합계액 − 해산등기일 현재의 자기자본 총액

* 청산기간 중에 잔여재산의 일부를 주주에게 분배한 후 「상법」에 따라 사업을 계속하는 경우의 자본금은 상법의 규정에 의하여 계산한다.

## (2) 잔여재산가액

잔여재산의 가액은 자산총액에서 부채총액을 공제한 금액으로 한다(법인세법 시행령 121 ①)

> 잔여재산가액 = 자산총액 − 부채총액

* 자산총액 : 해산등기일 현재 자산의 합계액
  ① 추심할 채권과 환가처분할 자산은 추심 또는 환가처분한 날 현재의 금액
  ② 추심 또는 환가처분 전에 분배한 경우에는 그 분배한 날 현재의 시가에 의하여 평가한 금액

## (3) 자기자본총액

> 자기자본총액 = 자본금 + 잉여금 + 환급법인세 − 이월결손금

* 청산기간에 「국세기본법」에 따라 환급되는 법인세액이 있는 경우 이에 상당하는 금액은 그 법인의 해산등기일 현재의 자기자본의 총액에 가산한다(법인세법 79 ③).

* 상계하는 이월결손금의 금액은 잉여금의 금액을 초과하지 못하며, 초과하는 이월결손금이 있는 경우에는 이를 없는 것으로 본다(자기자본총액에서 이미 상계되었거나 상계된 것으로 보는 이월결손금은 제외함).

## (4) 세율

내국법인의 청산소득에 대한 법인세는 각 사업연도 소득의 법인세율을 적용하여 계산한 금액을 그 세액으로 한다(법인세법 83).

| 과세표준 | 세 율 | |
|---|---|---|
| | 일반 내국법인 | 성실신고확인대상 소규모 법인* |
| 2억원 이하 | 과세표준 × 9% | 과세표준 × 19% |
| 2억원 초과 200억원 이하 | 1천8백만원 + (과세표준 − 2억원) × 19% | |
| 200억원 초과 3천억원 이하 | 37억8천만원 + (과세표준 − 200억원) × 21% | 37억8천만원 + (과세표준 − 200억원) × 21% |
| 3천억원 초과 | 625억8천만원 + (과세표준 − 3천억원) × 24% | 625억8천만원 + (과세표준 − 3천억원) × 24% |

* '성실신고확인대상 소규모 법인'이란 부동산임대업을 주된 사업으로 하는 등 다음 요건을 모두 갖춘 법인을 말한다(법인세법 60의 2 ① (1)).

　㉠ 해당 사업연도 종료일 현재 내국법인의 지배주주등이 보유한 주식등의 합계가 해당 내국법인의 발행주식총수 또는 출자총액의 100분의 50을 초과할 것

　㉡ 해당 사업연도에 부동산임대업을 주된 사업으로 하거나 다음 가.~다.의 금액 합계가 기업회계기준에 따라 계산한 매출액(가.부터 다.까지에서 정하는 금액이 포함되지 않은 경우에는 이를 포함하여 계산함)의 100분의 50 이상일 것

　　가. 부동산 또는 부동산상의 권리의 대여로 인하여 발생하는 수입금액(「조세특례제한법」 제138조 제1항에 따라 익금에 가산할 금액을 포함)

　　나. 「소득세법」 제16조 제1항에 따른 이자소득의 금액

　　다. 「소득세법」 제17조 제1항에 따른 배당소득의 금액

　㉢ 해당 사업연도의 상시근로자 수가 5명 미만일 것

## 03 신고 · 납부

청산소득에 대한 법인세의 납부의무가 있는 내국법인은 다음의 기한까지 청산소득에 대한 법인세의 과세표준과 세액을 납세지 관할세무서장에게 신고해야 한다(법인세법 84 ①).

청산소득금액이 없는 경우에도 청산소득의 과세표준 신고의무가 있다(법인세법 84 ③).

| 구 분 | 신고기한 |
|---|---|
| 해산의 경우 | 잔여재산가액확정일이 속하는 달의 말일부터 3개월 이내 |
| 사업계속의 경우 | 계속등기일이 속하는 달의 말일부터 3개월 이내 |

\* '잔여재산가액확정일'이란 다음의 날을 말한다(법인세법 시행령 124 ③).
  ① 해산등기일 현재의 잔여재산의 추심 또는 환가처분을 완료한 날
  ② 해산등기일 현재의 잔여재산을 그대로 분배하는 경우에는 그 분배를 완료한 날

---

**연습문제 1**

토지 등 양도소득에 대한 법인세 및 미환류소득에 대한 법인세와 관련된 설명 중 옳지 않은 것은?

① 법인이 과세대상에 해당하는 토지, 건물(건물에 부속된 시설물과 구축물 포함), 주택을 취득하기 위한 권리로서 조합원입주권 및 분양권을 양도한 경우에는 토지 등 양도소득에 대한 법인세를 각 사업연도소득에 대한 법인세에 추가하여 납부해야 한다.

② 법인이 해당 사업연도에 2 이상의 토지 등을 양도하는 경우, 토지 등 양도소득은 해당 사업연도에 양도한 자산별로 계산한 금액을 합산하여 토지 등 양도소득을 계산한다.

③ 토지 등 양도소득의 귀속사업연도는 '그 대금을 청산한 날'이 속하는 사업연도로 한다. 다만, 법인이 장기할부조건으로 토지 등을 양도한 경우에 회수하였거나 회수할 금액과 이에 대응하는 비용을 각각 수익과 비용으로 계상한 경우에는 이를 인정한다.

④ 내국법인은 해당 사업연도 미환류소득의 전부 또는 일부를 다음 2개 사업연도의 투자, 임금 등으로 환류하기 위한 금액으로 적립하여 해당 사업연도의 미환류소득에서 차기 환류적립금을 공제할 수 있다.

⑤ 내국법인이 투자자산을 2년 이내 처분하는 경우 사유발생일이 속하는 사업연도의 과세표준을 신고할 때 그 자산에 대한 투자금액의 공제로 인하여 납부하지 아니한 세액에 이자 상당액을 가산하여 납부해야 한다.

[풀이] ③
    토지 등 양도소득의 귀속사업연도는 '그 대금을 청산한 날'이 속하는 사업연도로 한다. 다만, 법인이 장기할부조건으로 토지 등을 양도한 경우에 회수하였거나 회수할 금액과 이에 대응하는 비용을 각각 수익과 비용으로 계상한 경우에도 <u>회수기일도래기준을 적용하지 않는다</u>.

---

**연습문제 2**

청산소득에 대한 법인세와 관련된 설명 중 옳지 않은 것은?

① 내국법인은 청산소득에 대한 법인세 납세의무가 있지만, 외국법인은 그러하지 않는다.

② 해산법인의 청산소득금액 계산 시 보유중인 자기주식의 가액은 해산등기일 현재의 자본금에서 차감하지 않는다.

③ 청산소득에 대한 법인세의 과세표준은 청산소득금액으로 하고, 청산소득금액은 잔여재산가액에서 해산등기일 현재의 자기자본총액을 차감하여 계산한다.

④ 청산기간 중에 잔여재산의 일부를 주주에게 분배한 후 「상법」에 따라 사업을 계속하는 경우의 자본금은 상법의 규정에 의하여 계산한다.

⑤ 청산기간에 「국세기본법」에 따라 환급되는 법인세액이 있는 경우 이에 상당하는 금액은 그 법인의 해산등기일 현재의 자기자본의 총액에 가산한다.

[풀이] ①

영리내국법인은 청산소득에 대한 법인세 납세의무를 부담하며, 비영리내국법인과 외국법인은 그러하지 않는다.

## |저|자|소|개|

### ■ 박성욱

**┃ 저자 약력**
- 서울대학교 인문대학 국어국문학과(학사)
- 서울대학교 대학원 경영학과 회계학전공(석사)
- 서울대학교 대학원 경영학과 회계학전공(박사)

- SSCI, SCI급 논문을 포함한 102편의 학술논문 게재
- 한국세무학회 우수논문상 수상
- 한국세무학회 최우수학위논문상 수상
- 한국세무학회 우수논문발표상 수상
- 한국경영학회 융합학술대회 우수논문상 수상
- 한국조세연구포럼 우수논문상 수상
- 국세청장 표창 수상
- 금융위원장 표창 수상
- 국가고시 출제위원

(현)
- 경희대학교 경영대학 회계·세무학과 교수
- 경희대학교 경영대학원 세무관리학과 학과장
- 한국세무관리학회 회장
- LH 기술심사 평가위원
- 한국수력원자력 특수계약 심의위원회 위원
- 경기도 물류단지 실수요검증위원회 위원
- 하남도시공사 기술자문위원
- 김포도시관리공사 계약심의위원회 위원
- 사단법인 한국회계정보학회 부회장
- 사단법인 한국조세연구포럼 부회장
- 사단법인 한국회계학회 상임이사

(전)
- 경희대학교 경영대학원 부원장
- 중부지방국세청 국세심사위원회 위원
- 국민체육진흥공단 자산위험관리위원회 위원
- 서울특별시 투자·출연기관 경영평가 위원
- 한국세무학회 〈세무학연구〉 편집위원장
- 한국세무학회 〈세무와회계저널〉 편집위원장
- 경희대 등록금심의위원회 위원장
- San Diego State University Visiting Scholar

### ■ 김지민

**┃ 저자 약력**
- 경희대학교 정경대학 경제학과(학사)
- 경희대학교 경영대학원 세무관리학과(석사)
- 경희대학교 대학원 회계·세무학과 세무회계전공(박사)

(현)
- 세무사
- 경희대학교 경영대학 회계·세무학과 겸임교수
- 한국세무관리학회 부회장
- 한국플라워교육협회 자문세무사

(전)
- 한양여자대학교 세무회계과 겸임교수
- 주택도시보증공사 세무직 근무
- 역삼세무서 납세자보호위원회 위원
- 서울시 마을세무사
- 국세청 「바른세금지킴이」
- 국세청 고객만족센터 종합소득세 및 근로·장려세제 상담위원

개정증보판 **법인세법 실무**

2022년 3월  3일 초판 발행
2025년 2월 28일  4판 발행

저  자 박 성 욱
김 지 민
발 행 인 이 희 태
발 행 처 **삼일피더블유씨솔루션**
서울특별시 용산구 한강대로 273 용산빌딩 4층
등록번호 : 1995. 6. 26 제3-633호
전    화 : (02) 3489-3100
F A X : (02) 3489-3141
I S B N : 979-11-6784-350-0  93320

저자협의
인지생략

정가 30,000원

※ '삼일인포마인'은 '삼일피더블유씨솔루션'의 단행본 브랜드입니다.

※ 파본은 교환하여 드립니다.